Jochanan Trilse-Finkelstein

Gelebter Widerspruch

Heinrich Heine 1842
Zeichnung von Samuel Friedrich Diez

Jochanan Trilse-Finkelstein

Gelebter Widerspruch

Heinrich Heine Biographie

Aufbau-Verlag

ISBN 3-351-02461-4

1. Auflage 1997
© Aufbau-Verlag GmbH, Berlin 1997
Einbandgestaltung Peix, Andreas Petzold
Frontispiz: Kupferstichkabinett/Staatliche Museen zu Berlin –
Preußischer Kulturbesitz
Typographie Christa Wendt
Satz Dörlemann Satz, Lemförde
Schrift 10,25 / 12,5 p Sabon Antiqua
Druck und Binden Clausen & Bosse, Leck
Printed in Germany

Den siebenundzwanzig Shoa-Opfern
meiner Familie gewidmet

»Sonne, du klagende Flamme!«

Heinrich Heine, »Deutschland.
Ein Wintermärchen«, Caput XIV

»Ach, teurer Leser, wenn du über jene Zerrissenheit klagen willst, so beklage lieber, daß die Welt selbst mitten entzweigerissen ist. Denn da das Herz des Dichters der Mittelpunkt der Welt ist, so mußte es wohl in jetziger Zeit jämmerlich zerrissen werden.«

Heinrich Heine, »Die Bäder von Lucca«,
Kapitel IV

Vorrede

»Ach! lieber Herr, laßt mich nicht umbringen.«
Der Narr zum Kaiser,
Reisebilder IV, Schlußwort

»Heinrich Heine – das letzte europäische Ereignis von Rang.« Diese Zeile steht auf einer Grafik von Horst Janssen. Sie hängt im Restaurant »Schnabelewopski« in Düsseldorf am Rhein, eben dort in jenem Hause, an dessen Stelle bis 1821 das Haus gestanden hat, in welchem der Dichter einst geboren. Und als Harry Heine ebendort aufgewachsen. In einem nicht sehr streng jüdischen Elternhaus, das indes doch jüdische Traditionen gepflegt und ganz sicher, ohne daß man darüber viel nachlesen kann, Hohe Jüdische Feiertage (etwa Pessach) begangen hatte. Immer mal wieder hat man sich in der Heine-Literatur darüber gewundert ob des Namens Harry. Ein englischer Geschäftsfreund des Vaters Samson Heine sei der Namenspate gewesen, was nicht allzu plausibel klingt. Wolfgang Hädecke meint, Harry sei die weltliche Version von Chaim oder Heymann, echten jüdischen Namen. Das nimmt sich gut aus, doch bewiesen ist es nicht.

Ich lese just in dieser Biografie von Hädecke, einem sehr guten Buch, am Tisch unter dem Janssen-Bild, genieße die Heinesche Sphäre und denke über so vieles nach, was mit dem europäischen Ereignis zusammenhängt. Darüber, daß Janssen ein wenig übertrieben hat mit seinem »letzten europäischen Ereignis von Rang«. Europäisch und von Rang – ja und dreimal ja. Aber »letztes«: Gab es nicht auch die Brüder Mann und Brecht, zu schweigen von den Ereignissen in andern Literaturen Europas? Letztes Ereignis in der deutschsprachigen Literatur des 19. Jahrhunderts – auch das stimmt. Man sollte sich mit der Formel »Weltereignis« bescheiden, denke ich. Schon zu Lebzeiten ward Heines Werk ins Japanische übersetzt, erschien, wenn auch unerlaubt, in den USA, und heute fehlt es kaum in irgendeiner wichtigen Sprache oder Literatur. Im Heinrich-Heine-Club in Mexiko trafen sich die antifaschistischen Emigranten in den dreißiger und vierziger Jahren.

Während ich mir ein gutes Essen und den Wein im »Schnabelewopski« schmecken lasse, auch da im Geiste meines Autors, der gern gut aß, stelle ich mir – nach einigen nachprüfenden Studien im sachlich wie atmosphärisch ausgezeichneten Heinrich-Heine-Institut, nach Kenntnisnahme neuerer und neuster Literatur, nach Gesprächen mit den dortigen Experten – noch einmal die Frage: Warum eine neue Heine-Biografie?

In meiner 1984 publizierten und seitdem in zwei weiteren Auflagen erschienenen Heine-Bildbiografie hatte ich nur relativ wenig Platz zur Verfügung und mußte auf vieles verzichten. Am schmerzlichsten waren die Verluste zur jüdischen Thematik. Seit den frühen achtziger Jahren habe ich mich der Kultur meiner Herkunft wieder genähert, bin tiefer in sie eingedrungen und sehe die jüdische Problematik schärfer als vorher, ja als Urgrund aller Widersprüche, die der Dichter gelebt und durchlitten hat. Grund genug, H. Heine, diesen meinen Dichter, neu zu lesen und zu beschreiben, ein neues und diesmal letztes Wort in dieser Sache zu sagen.

Die Frage nach dem Warum des GELEBTEN WIDERSPRUCHS kann zum zweiten nur in bezug auf den Forschungsstand und das vorhandene Denken über Heinrich Heine und sein Umfeld gestellt und beantwortet werden. Nach der Durststrecke eines ganzen Jahrhunderts, besonders der deutschen Forschung und Rezeption, ist seit 1956 viel geleistet worden: Zwei historisch-kritische Ausgaben sind fast fertig (die Düsseldorfer liegt in 16 hervorragend kommentierten Bänden vor, der von der DDR und Frankreich genuin zusammengestellten und in Weimar herausgegebenen Säkularausgabe fehlen noch einige Kommentar-Bände); 35 Jahrgänge Heine-Jahrbuch und zahlreiche gute und lesenswerte Biografien; das Heine-Handbuch von Gerhard Höhn sowie zahlreiche Einzelstudien – die Sekundärliteratur ist nahezu unübersehbar. Kann man nach der amerikanischen Biografie von Jeffrey L. Sammons, der russischen, auf Deutsch erschienenen von Lew Kopelew, dem hinreißenden Buch »Heinrich Heine als politischer Dichter« von Walter Grab oder Paul Peters' »Heinrich Heine ›Dichterjude‹«, nach der Augsburger Ausstellung »Heinrich Heine und das Judentum« von 1994 mit ihrem vorzüglichen Katalog und der zeitgleichen Augsburger Vortragsserie mit fast allen wichtigen Namen der Heine-Freunde (die des europäischen Ostens ausgenommen, weil übersehen) noch etwas dazugeben? Ich denke, man kann, und das will ich begründen.

Immer sind geistige Welten beschrieben worden. Es gibt den poetischen und den politischen Heine, den hellenistischen (Dolf Sternberger) und den jüdischen (Max Brod), den vollendeten (Manfred Windfuhr) und den gescheiterten oder gar unpolitischen Heine (F. J. Raddatz), den Philosophen, den Journalisten und den Poeten. Der Mensch wie der Schriftsteller Heine wurde beschimpft und gefeiert, verboten unendliche Male und gelegentlich zum Denkmal (etwa des Klassenkampfes) erhoben, verfälscht, entschärft und neuerlich auch vermarktet. Man zieh ihn des Verrats der heiligsten Zeichen der Nation, besonders von rechts, und des Verrats politischer Ideen, wie etwa der demokratischen Revolution oder gar des Klassenkampfes, wie meist von republikanischer Seite (im Begriffsverständnis des 19. Jahrhunderts) oder sozialistischlinker, meist allerdings sektiererisch-linker. Es gab kaum einen Vorwurf, dem er nicht ausgesetzt war. Und das im Grunde bis heute, was freilich für seine Lebendigkeit, seine Aktualität spricht. An einem toten Klassiker reibt man sich nicht mehr, den erforscht man nur noch, bis er irgendwann vergessen ist. »Die WUNDE HEINE beginnt zu vernarben, schief«, meinte Heiner Müller in Anlehnung an das Diktum

Theodor Adornos. Ich denke, hier irrte der Dramatiker. Die Wunde Heine ist nicht vernarbt, weder schief noch gerade. Seit Bücher und Menschen wieder brennen, ist sie so offen wie eh und je, und noch ist der heilende Speer nicht gefunden. Dies Buch soll das beweisen.

Warum also ein neues Heine-Buch? Generell ist erst einmal zu sagen, daß sich jede Generation auf neue Weise, mit ihren besonderen Erfahrungen den großen Gegenständen der Vergangenheit nähert. Zumal wenn es sich um eine Persönlichkeit und ein Werk handelt, die mit ihren Widersprüchen höchst lebendig ins Heute reichen. Die Faszination des Dichtermenschen Heine liegt darin, daß er die eigenen Widersprüche und die seiner Zeit und der Völker, in und zwischen denen er existierte, wie kaum ein zweiter verstanden und gelebt hat; daß er sie nicht verkleistert oder verdrängt, sondern aufgearbeitet und bewußt gemacht hat. Es sind *längsschnittliche* Widersprüche, die seine Biografie in unterschiedlicher Stärke und verschiedenem Gewicht durchziehen. Dabei denke ich zuvörderst an den als Jude, der sein Leben bestimmte wie kein zweiter. Danach folgen die des sich entwickelnden Demokraten, der sich von liberalen Prinzipien zu sozialistischen, fast kommunistischen bewegte, mit all ihren tragischen Kehrseiten.

Zum andern gibt es *querschnittliche* Widersprüche, die erst in der Breite einer Zeitperiode auszuloten sind. Man denke etwa an die Zensur-Verhältnisse in Altdeutschland, an Heines Konflikte mit den deutschen Burschenschaften der zwanziger Jahre oder an die mit den unterschiedlichen politischen Kräften in Frankreich, zum Beispiel den Republikanern, die ihn für einen Monarchisten hielten und die er seinerseits wegen ihrer Kurzsichtigkeit kritisierte. Man kann auch die Konflikte mit Platen und Börne als solche querschnittlichen Widersprüche verstehen, nur für einen relativ kurzen Zeitraum bestimmend, wenn auch aus langen geistig-künstlerischen Entwicklungen stammend. Er hatte zu jeder der damals sich

herausbildenden und wirkenden politischen oder literarischen Gruppierung seine – sich manchmal verändernde –
Position bezogen. Das war eine außerordentliche geistige Leistung und ward von vielen Zeitgenossen nicht verstanden,
die nur das Schillernde seiner Erscheinung sahen, nicht aber
das große facettenreiche Gesamtbild. Er spürte die Widersprüche zwischen politischen Formen und sozialen Inhalten,
zwischen Kapital und Arbeit. Heinrich Heine war ein Mann,
der bei Rothschild dinierte und dessen Bankhaus für sich spekulieren ließ und mit Karl Marx freundschaftlich über Fragen
sozialer Veränderungen disputierte.

Das gleiche gilt für die Widersprüche des Künstlers, von deren wichtigstem, dem Verhältnis zur Politik, bereits gehandelt
ward. Nicht aber der äußere Raum ist hier gemeint, sondern
die inneren Bezirke, zum Beispiel die Konstellation des Genies,
das immer ein Kind geblieben ist. Heine hatte stets etwas vom
staunend naiven Blick des Kindes, der sich jedoch in Reflexion
wandelte, und zwar auf höchstem intellektuellem Niveau. Damit ist sogleich das Verhältnis von Realität und Fantasie angesprochen, das sich am Falle Deutschlands exemplifizieren
läßt: Er kannte das Deutschland der Realität und eines seiner
Fantasie. Aus dieser Konstellation ergab sich auch der Widerspruch zwischen Poesie und Prosa bzw. Publizistik. Die Poesie
wandte sich dem Inneren oder den Geschichtsvisionen zu,
konnte indes ebenso im weitesten Sinne Spiegel sein wie Con-
tra-Entwurf, ob im »Buch der Lieder« oder in den beiden Vers-
poemen; die Prosa galt mehr der Gegenwart, wenn auch nicht
ausschließlich, denkt man an den »Rabbi von Bacherach«.
Manchmal war auch sie visionär (Schluß der »Reisebilder«).
Immer wieder diese – durchaus jüdischen – Spannungen zwischen Geschichte und Zukunft, Rückblick und Vision, Realismus und Fantasie, Tradition und Moderne. Heine dichtete in
klassischen Formen (Lied, Romanze der Sefarden) und schrieb
als Publizist modernste Prosa. Mit seinem Lebensgefühl leitete
er die Moderne ein, von Goethe widerspruchsvoll sich ab-

leitend, die Romantik differenzierend und ihr am Ende entlaufend in Richtung Baudelaire; zwischen Entfremdung und Heimat, in der noch nie einer war (Bloch), zwischen Gebrochenheit und nie voll erreichter Ganzheit. Dieser Schriftsteller, ganz homme de lettres, stellte sich den Spannungen sowohl des Ancien Régime wie eben dieser beginnenden Moderne, während andere Zeitgenossen sich mehr oder weniger in ästhetisch reine Räume oder in die Vergangenheit zurückzogen. Das wiederum macht ihn so unglaublich heutig, just zu einem Zeitpunkt gegen Ende der Moderne, so man das überhaupt sagen kann, da Rückzug und Selbstreflexion des Individuums, geistige Nabelschau oder gar neue »Bocksgesänge« uns in den Ohren liegen, lähmend.

Heinrich Heine lebte im wahren Sinn des Wortes zwischen den Zeitaltern, Völkern, Denkweisen, Ästhetiken, Kulturen, strebte das letztlich Unvereinbare an zwischen »es war« und »noch nicht«. Kurt Tucholsky, Verwandter im Geiste, begriff ihn »als einen Jahrhundertkerl seltnen Formats, als einen Propheten und als einen Allesüberschauer«.

Soviel zur zweiten Gruppe der Gründe, die mir im »Schnabelewopski« zu Düsseldorf in der Bolkerstraße eingefallen sind. Um ganz ehrlich zu sein, habe ich auch einige sehr persönliche Gründe, noch einmal und zum letztenmal in Sachen Heinrich Heine mich zu äußern.

Dieser Dichter begleitete mich durch mein Leben. An seinen Werken lernte ich lesen, und das im doppelten Sinne. Zunächst im einfachen: Als meine Eltern mit mir als Kleinkind 1933 Deutschland verließen und in vielen Ländern Exil lebten, nahmen sie einige Bücher mit, darunter Goethes »Faust« und den »Romanzero«, ein Lieblingsbuch meiner Mutter. Sie holte sich Kraft und Trost aus diesen Versen, und das Gedicht ihres Lebens ward schließlich »Enfant perdu«, dessen wichtigste Zeilen (»Meine Waffen sind nicht gebrochen, / Nur mein Herze brach«) auf ihrem Berliner Grabstein stehen, auf eigenen Wunsch. Das Gedicht hatte sich aufs fürchterlichste erfüllt an ihr und später im Grunde auch an mir. Im ersten Abschnitt des Exils, in Wien, hatte ich nur erste Eindrücke von einigen Texten – Mutter las mir »Karl I.« oft vor. Doch in den Jahren von 1938 bis 1946, als wir, mehr als uns lieb sein konnte, Ländergrenzen überschritten, bekam dies Buch einen ganz anderen Wert für mich: Ich lernte an ihm – wie am Goethe-Faust – Lesen und einiges an Weltverständnis. Und so begleiteten mich Heines Worte, Sätze, Strophen, Lieder, Texte fortan durch mein Leben; später selbstredend andere. Als ich endlich wieder ab 1946 zur Schule gehen konnte, brachte ich, sooft es ging, Heine in den Unterricht des Wiener Gymnasiums, an dem der Dichter zunächst nicht sehr gefragt war. Erst der zweite Rektor, ein exkommunizierter Jesuitenpater und Resistenza-Kämpfer, befaßte sich mit ihm im Literaturunterricht. Da schrieb ich auch schon begeistert Aufsätze über Texte von ihm.

Dasselbe wiederholte sich später auf meinen Universitäten, denn in Österreich erfreute sich Heine stets nur begrenzter Beliebtheit. Und in Frankfurt am Main gab es ein anderes Hindernis in Gestalt des Autors der »Wunde Heine«. Erst in Leipzig kam durch Hans Mayer das »europäische Ereignis«, welches auch ein »deutscher Skandal« war, voll zum Tragen. Hier paarten sich Geist und Begeisterung. Damals machte ich meine ersten Heine-Programme und zog als rezitierender Student durch die Lande. Das war Ende 1956 und 1957. Europäische Krisen wie der Suezkrieg, die Polen-Unruhen und die Befriedung Ungarns durch die Sowjetarmee warfen noch lange Schatten. Nie werde ich vergessen, als ich in einer sächsischen Kleinstadt um die Jahreswende 1956/57 anläßlich der damaligen Heine-Ehrung zum 100. Todestag auch »Im Oktober 1849« las und erheblichen Ärger mit DDR-Funktionären bekam: »Es fiel der Freiheit letzte Schanz / Und Ungarn blutet sich zu Tode«. Da verstanden diese Leute aber gar keinen Spaß, und ich hatte Mühe, mein Programm zu Ende zu bringen und davonzukommen.

Jahrelang konnte ich dann in Weimar an der Grundlegung der Heine-Säkularausgabe mitarbeiten, bis man mich nicht mehr ließ. Altstalinistische Führung und ein schleichender, indes verkappter Antisemitismus haben mich vertrieben. Doch den gesamten Heine bis in das Wunderwerk seiner verästelten Handschriften hinein habe ich dort kennengelernt. Gelernt, was ein künstlerisch-poetischer Arbeitsprozeß ist. Und so ziemlich alles gelesen, was über ihn und sein historisches Umfeld zu haben war, die diffamierende Literatur eingeschlossen. Trotz des abrupten Endes meiner Weimarer Tätigkeit war der Wunsch geblieben, zu diesem Dichter einiges zu sagen, zu schreiben. Dies geschah fortan: etliche Herausgaben, Essais, Rezensionen, Sendungen entstanden; die Bildbiografie fand guten Absatz, die »Neuen Gedichte«, versehen mit einem fiktiven Gespräch zwischen dem Dichter und mir, brachten es auf fünf Auflagen, eine späte Ehrenrettung dieses zweiten Gedichtbandes, der stets im Schatten vom »Buch der Lieder« und dem »Romanzero« stand; den »Schnabelewopski« konnte ich noch in einer »Fortsetzung« mit fingierten aufgefundenen Handschriften herausbringen, eine kleine Eulenspiegelei im Berliner Eulenspiegel-Verlag.

Doch es schien mir, als hätte ich das letzte Wort zu diesem Thema meines Lebens noch nicht gesagt, und so entstand die Idee zu diesem neuen Buch. In Günter de Bruyns bestem Text, dem über Jean Paul, steht der Satz: »Wenn Biographie mehr sein will als Denkmalsbau, darf sie die Widersprüche nicht verschweigen.« So soll es auch hier geschehen, zumal bei einem, der seine Widersprüche, die zumeist auch die unsrigen sind, gelebt hat wie kaum ein zweiter.

Der junge Heine in Deutschland

Herkunft – Lebensorte und Gesellschaft

> »Ich hatte die Wahl zwischen gänzlichem
> Waffenlegen oder lebenslänglichem Kampf,
> und ich wählte diesen, und wahrlich nicht
> mit Leichtsinn. Daß ich aber einst die Waffen
> ergriff, dazu war ich gezwungen durch frem-
> den Hohn, durch frechen Geburtsdünkel – in
> meiner Wiege lag schon meine Marschroute
> für das ganze Leben.«
>
> *An Varnhagen von Ense, 16. Juli 1833*

»Düsseldorf ist eine Stadt am Rhein, es leben da sechzehntau-
send Menschen, und viele hunderttausend Menschen liegen
noch außerdem da begraben. Und darunter sind manche,
von denen meine Mutter sagt, es wäre besser, sie lebten
noch, z.B. mein Großvater und mein Oheim, der alte Herr
v. Geldern und der junge Herr v. Geldern, die beide so berühmte Doktoren waren und so viele Menschen vom Tode
kuriert und doch selber sterben mußten. [...] Die Stadt Düsseldorf ist sehr schön, und wenn man in der Ferne an sie
denkt und zufällig dort geboren ist, wird einem wunderlich
zu Mute. Ich bin dort geboren, und es ist mir, als müßte ich
gleich nach Hause gehn. Und wenn ich sage, nach Hause
gehn, so meine ich die Bolkerstraße, und das Haus, worin ich
geboren bin. Dieses Haus wird einst sehr merkwürdig sein,
und der alten Frau, die es besitzt, habe ich sagen lassen, daß
sie beileibe das Haus nicht verkaufen solle. Für das ganze
Haus bekäme sie jetzt doch kaum so viel, wie schon allein
das Trinkgeld betragen wird, das einst die grünverschleier-
ten, vornehmen Engländerinnen dem Dienstmädchen geben,
wenn es ihnen die Stube zeigt, worin ich das Licht der Welt
erblickt, und den Hühnerwinkel, worin mich Vater gewöhnlich einsperrte, wenn ich Trauben genascht, und auch die
braune Türe, worauf Mutter mich die Buchstaben mit Kreide
schreiben lehrte – ach Gott! Madame, wenn ich ein berühm-

ter Schriftsteller werde, so hat das meiner armen Mutter genug Mühe gekostet.« (»Ideen. Das Buch Le Grand«)

»Ich bin geboren zu Ende des skeptischen achtzehnten Jahrhunderts und in einer Stadt, wo zur Zeit der Kindheit nicht bloß die Franzosen sondern auch der französische Geist herrschte.« (»Memoiren«)

So beschrieb Heinrich Heine seine Anfänge, nannte Raum und Zeit in wenigen Sätzen, dabei auf Personen seiner Familie eingehend und ironisch seinen Ruhm glossierend: Umfeld und Zeit kritischen, von Aufklärung und Klassik und vor allem der Französischen Revolution geprägten Seins und Denkens, welches sich – vom Westen übergreifend – sozial erprobte. Die Geburtsstadt mit etwa 19 000 Einwohnern gehörte abwechselnd mittel- oder unmittelbar zu Frankreich, bevor sie 1815, nach dem Wiener Kongreß, preußisch wurde.

Als Peira van Geldern, bekannt als Betty Heine, am 13. Dezember 1797 ihren ersten Sohn, Harry (Chaim oder Heymann), gebar, gehörte das Herzogtum Berg mit seiner Hauptstadt Düsseldorf zu Bayern, seit 1806 als Großherzogtum zu Frankreich. In Paris herrschte das Directoire, die europäischen Feudalmächte bereiteten ihren zweiten Koalitionskrieg (1798) vor und Napoléon Bonaparte den »18. Brumaire«, seine Alleinherrschaft als Erster Konsul (1799). 1815, als dieser Waterloo hinter sich und die absolutistisch-reaktionäre Koalition in Wien Europa neu aufgeteilt hatte, verließ Harry Heine seine nun preußisch gewordene Heimatstadt.

Sie hat ihn in mancher Hinsicht geprägt: politisch und kulturell, bildungsmäßig wie auch menschlich. Die politischen Wirren und gesellschaftlichen Umbrüche erlebte er aus ziemlicher Nähe und wuchs in sie hinein: Code Napoléon (Code civil), in gleichem Maße Rechtsgrundlage von Besitz und Eigentum, also Grundlage aller Konflikte der Menschheitsgeschichte, wie von Legislative und Exekutive auf bestimmten Grundlagen der Gleichheit und Freiheit nebst menschlichen Grundrechten; Aufhebung der Leib-

eigenschaft und aller Lehen- und Frondienste; Reorgani-
sation von Gerichts- und Schulwesen; häufige Umbildung
europäischer Länder, erst in Republiken, dann wieder in
Monarchien; vor allem aber in die rechtliche Befreiung der
Juden, für Heine von besonderer Wichtigkeit, auch ein
Grund für seine Napoléon-Sympathie.

Mannigfache kulturelle Einflüsse strömten ins Land und
auf den Knaben ein, nicht nur französische. Diese zuvorderst
und nicht allein durch Besatzung und Administration: Französische und belgisch-wallonische Bräuche und Gefüge wirkten hier bereits früher, in den Revolutions- und Empire-Jah-
ren freilich stärker. Emigranten arbeiteten im Schulwesen,
Jesuitenpriester, wie der Abbé d'Aulnoi, lehrten Französisch,
eine Sprache, die Heine später allmählich fast perfekt sprechen und in der er auch ziemlich gut Briefe schreiben, jedoch
nie dichten wird.

Einen anderen wesentlichen Einfluß vermittelte ihm der
deutsche Philosophieprofessor Ägidius Jakob Schalmayer,
seinerzeit Rektor des Lyceums, welches in vorrevolutionären
Zeiten ein Franziskaner-Kloster war wie Schalmayer ursprünglich ein Theologe. Dieser lehrte Religion und Philosophie, letztere durchaus aufklärerisch und freigeistig, was es
Heine später mit ermöglichte, selber ein wesentlicher Philosoph und Aufklärer zu werden, der dank hervorragender
Kenntnisse wirksam gegen Theologie und Theologen, vor allem gegen Kirchen und Priester angehen konnte, was nicht
heißen soll, gegen die Religion. Dazu muß man nur einmal
»Die Stadt Lucca« oder den »Schnabelewopski« lesen.

Der junge Mann lernte frühzeitig lesen und Bibliotheken
benutzen. So ist belegt, daß er seit seinem zwölften Lebensjahr die Klosterbibliothek und andere Büchersammlungen
der Stadt besucht hat. Ein intensiver Bibliotheksnutzer blieb
er nahezu lebenslang, ausgenommen die Krankheitsjahre, als
man ihm die Bücher brachte oder sandte, teils lieh, teils
schenkte (manche hat er auch gekauft), so daß am Ende

selbst beim ihm, dem ruhelosen Wohnungswechsler, eine
umfangreiche Bibliothek entstanden war.

Lesen lernte er auch in der Bibliothek seines Onkels Simon
van Geldern, eines Privatgelehrten, der im Haus »Zur Arche«,
Mertensgasse 1, in der Altstadt wohnte und der Bücher und
Handschriften des Großonkels Chevalier van Geldern besaß,
eines Orientreisenden und Astrologen, kurz, eines überaus
gebildeten Outsiders, dessen tatsächliche Abenteuer eine aus-
schweifende Fantasie vermuten lassen und des Jungen Fantasie ganz gewiß ungewöhnlich anregten. Die Schriftstelle-
reien dieses Großonkels haben sicherlich einen nicht unwe-
sentlichen, ja bildenden Eindruck hinterlassen, bereits zum
Romantischen vorweisend, einer allerdings sehr welthaltigen
und sinnlichen Romantik, fern dem deutschen Schulbegriff.

Der Dichter selbst hat ihn ausgewogen-heiter beschrieben:
»Eine rätselhafte Erscheinung, schwer zu begreifen, war dieser
Großoheim. Er führte eine jener wunderlichen Existenzen, die
nur im Anfang und in der Mitte des achtzehnten Jahrhunderts
möglich gewesen; er war halb Schwärmer, der für kosmo-
politische, weltbeglückende Utopien Propaganda machte, halb
Glücksritter, der im Gefühl seiner individuellen Kraft die morschen Schranken einer morschen Gesellschaft durchbricht oder
überspringt. Jedenfalls war er ganz ein Mensch. / Sein Char-
latanismus, den wir nicht in Abrede stellen, war nicht von
gemeiner Sorte. Er war kein gewöhnlicher Charlatan, der den
Bauern auf den Märkten ihre Zähne ausreißt, sondern er drang
mutig in die Paläste der Großen, [...] Klappern gehört zum
Handwerk, sagt das Sprichwort, und das Leben ist ein Handwerk wie jedes andre./Und welcher bedeutende Mensch ist
nicht ein bißchen Charlatan? Die Charlatane der Bescheiden-
heit sind die schlimmsten mit ihrem demütig tuenden Dünkel.
Wer gar auf die Menge wirken will, bedarf einer charlatani-
schen Zutat./Der Zweck heiligt die Mittel [...]« (»Memoiren«)

Dieser Simon Lazarus van Geldern war in der Tat mehr
als ein Abenteurer, das freilich auch: Sondergesandter an

verschiedenen Höfen, weitgereister Diplomat, Hauslehrer, Kunsthändler, auch Kavalier und Spieler, Kabbalist und überhaupt ein ausgezeichneter Jude, der viel für sein Volk getan hat. So beriet er maßgeblich den Abbé Grégoire bei dessen preisgekrönter Schrift über die Juden, der Grundlage für die Juden-Paragraphen in der zweiten Erklärung der Menschenrechte der französischen Nationalversammlung vom 13. November 1791. (In der ersten Erklärung von 1789 war die Judenbefreiung noch nicht enthalten.) Ein nobler Mann von historischen Verdiensten also, den Heine zu seinen Vorfahren zählte. Und wenn schon Abenteurer, dann einer von der Art Cagliostros, des Grafen von Saint-Germain oder gar Casanovas, die auf ihre Weise, quasi als Kehrseite der bürgerlichen Aufklärungs- und Emanzipationsbewegung, das Ihre zur antiabsolutistischen und bürgerlichen Befreiung taten. Der Chevalier van Geldern ein jüdischer Casanova also? Warum nicht? Einer, der es nur schwerer hatte als dieser. Eine sehr widersprüchliche Gestalt, gewiß, aber davon handeln wir hier.

Die jüdische Familie

Die Gelderns – mütterlicher Teil der Familie – sind allem Anschein nach sefardischer Herkunft. Die frühesten Vorfahren kamen nach der Vertreibung aus Spanien (1492) und Portugal (wenig später). Sefarden waren teilweise ostwärts gezogen, besonders in das Gebiet der heutigen Türkei, deren muselmanische Herrscher damals noch keinen – künstlich erzeugten – Judenhaß zeigten. Juden aus Portugal begaben sich nach Norden in die Niederlande, wo sie ihrerseits am Aufstand gegen und dem Abfall von Spanien beteiligt waren. Von dort verbreiteten sie sich südostwärts, vor allem in deutsche Gebiete.

Die Geldernsche Linie erschien erstmals in vollem Lichte mit Juspa van Geldern (Joseph Jakob), der zu Gelde gekommen und dem Kurfürsten Johann Wilhelm von der Pfalz als

Finanzagent nützlich war. Er ward der offenbar reichste Mann in den Herzogtümern Jülich und Berg. 1712 konnte Juspa vor der Düsseldorfer Berger Pforte (dem heutigen Hubertus-stift) ein luxuriöses Wohnhaus für sich und Familie sowie die erste Synagoge in Düsseldorf errichten. Sein Sohn Lazarus war seit 1716 mit Sara Lea Pressburg aus Wien verheiratet, Tochter von Simon Michael Pressburg, langjährigem kaiser-lichem Münzfaktor. Beide Familien entstammten also Hof-judenhäusern bzw. bildeten sie und hatten hohes Ansehen wie auch Weltläufigkeit, die sich vererbte.

Lazarus' und Sara Leas Sohn war Simon Lazarus van Gel-dern, 1720 geboren, der genannte Großonkel: der jüdische Cagliostro, Weltreisende und Palästina-Besucher, Besitzer einer Pessach-Haggada, dessen Todesdatum sowenig bekannt ist wie sein Grab. Sein Bruder, des Dichters Großvater müt-terlicherseits, war der Arzt Dr. Gottschalk van Geldern, von dem wir zumindest wissen, daß er bis 1795 praktizierte: Er war Peiras Vater. Peira van Geldern, spätere Betty Heine, lebte von 1771 bis 1859, hat also ihren großen Sohn überlebt. Sie hatte beträchtlichen, zuweilen überschätzten Anteil an seiner Bildung, Persönlichkeitsentwicklung und Weltbürger-lichkeit und erhoffte für ihn eine hohe, wenn auch andere als die tatsächliche Laufbahn. Der Dichter begegnete seiner Mutter lebenslang mit Liebe und Respekt, wie er überhaupt sehr familientreu war, trotz aller Entfernung.

Die Heines waren eine fast noch angesehenere jüdische Mischpoche: Ihr Name hatte stets mit Geld und mit Geist zu tun, wenn auch mehr mit Geld. Auch ihre Voreltern waren Banker an Fürstenhöfen in Hannover und Bückeburg, also so-genannte Geldjuden. Großvater Heymann Heine (von daher ist Heymann als Vorname des Harry denkbar, da es Sitte war, Kindeskinder mit großelterlichen Namen zu bedenken) lebte und arbeitete als Großkaufmann bis 1780 in Hannover. Er hatte eine Popert aus Altona geheiratet und sechs Söhne und zwei Töchter mit ihr gezeugt. Als Heymann gestorben war,

verband sich die Witwe mit Bendix Schiff, der sechs Kinder in
die Ehe gebracht hatte. Mit einem Nachfahren dieser Schiffs,
dem Schriftsteller Hermann Schiff, war Heine gut bekannt.

Die wichtigsten Söhne Heymanns waren: Isaac, dessen
Söhne später das Pariser Bankhaus Armand & Michel Heine
in Paris gründeten; Samson, der Vater des Dichters, geboren
1764 und 1828 nach langer epileptischer Erkrankung und
Entmündigung gestorben; und, als dritte Zentralgestalt und
Gegenspieler des Dichters, der Millionen-Onkel Salomon.
Zu nennen wäre noch der Onkel Henry, zu dem Heine ein
mehr oder weniger reibungsloses Verhältnis unterhielt. Von
einer Schwester und zwei weiteren Brüdern wird später noch
zu sprechen sein.

Samson war ein ebenso rührend besorgter wie wohl auch
schwacher Mann und Vater. Es heißt, er habe auf seiten der
konterrevolutionären Koalition gegen Frankreich gekämpft,
also auf der falschen Seite. Er war allerdings kein Held, sondern Proviantmeister. Von väterlicher Seite läßt sich Heines
revolutionäres Engagement sowenig begreifen wie sein zeitweiliger Bonapartismus. Nach dem ersten Koalitionskrieg
ließ sich Samson als Textilkaufmann in Düsseldorf nieder,
handelte mit englischen Velveteens, kommandierte eine Bür-
gergarde, stand einer Art Chewra Kaddischa (Beerdigungs-
bruderschaft) vor und heiratete 1797 Peira van Geldern.
Manchmal erscheint in der Zweitliteratur die Version, Sohn
Harry sei außerehelich gezeugt worden, die Heirat übereilt
gewesen, daher die Verlegung seines Geburtsdatums auf
1799. (Andere erklären das angebliche Geburtsjahr 1799 damit, daß Harry nach 1815, als er unter preußisches Gesetz
fiel, sonst einberufen worden wäre.)

Vom Sozialstatus waren diese Heines demnach Kleinbürger, im Unterschied zu den großbürgerlichen Hamburgern.
Das Ambiente in der Bolkerstraße wie auch Samsons Le-
bensstil, seine Prunk- und Trunkfreudigkeit sowie seine Art
des sich etwas anbiedernden wie biederen Umgangs mit sei-

ner jüdischen und nichtjüdischen Umgebung sprechen dafür. Der Dichter bespöttelte das liebevoll: »Den Garden meines Vaters fehlte es nicht an einer gewissen Tapferkeit, zumal, wo es galt, eine Batterie von Weinflaschen, deren Schlünde vom größten Kaliber, zu erstürmen. Aber ihr Heldenmut war doch von einer andern Sorte als die, welche wir bei der alten Kaisergarde fanden. Letztere starb und übergab sich nicht, während die Gardisten meines Vaters immer am Leben blieben und sich oft übergaben.« (»Memoiren«) Als Folie fungieren hier Napoléon und seine Heldengarden – um so krasser der Widerspruch und der Witz.

Ironie der Geschichte: Vaters Geschäft ward zwar auch durch seine Krankheit, die damit verbundene Unfähigkeit zu handeln und zu rechnen, ruiniert, vor allem aber durch die Wirtschaftsfolgen der Kontinentalsperre. Die Ökonomik der Revolution, für die Heine später eintreten würde, die Politik Napoléons, »seines Kaisers«, liquidierte seine und seiner Familie Lebensbasis. Daher die außergewöhnlichen Startschwierigkeiten, die sein ferneres Leben stark bestimmten.

In der Friedenszeit nach 1815 konnte sich Samson nicht mehr erholen, er ging 1819 bankrott und wurde entmündigt. Der Hauptbetreiber in dieser Sache war Salomon aus Hamburg. Dieser sollte lebensbedeutend für den Dichter werden. Der Großbourgeois war Förderer wie Unterdrücker, Mäzen wie Zensor, Mensch wie Institution. Und Familienoberhaupt. Es hat durchaus sehr jüdische Gründe, daß der Dichter, das Genie, sich von diesem Geldsack nie ganz freimachen konnte. Sie liegen nicht allein in der ungesicherten, vielfach noch unklaren gesellschaftlichen Stellung und Funktion des Schriftstellers, sondern in der jüdischen Familien- bzw. Sippenorganisation, in der Stellung der Mischpoche. Der Dichter liebte und haßte Salomon gleichermaßen und begriff ihn als Inkarnation des Kapitals – als dieses noch progressive Seiten hatte. Er war abhängig, demütigte sich vor dem Moloch, versuchte sich zu befreien, achtete und verachtete ihn zu-

gleich: »Das Beste an Dir ist, daß Du meinen Namen trägst.«
So der Dreißigjährige zum Alten, der ihm das nie verzieh und
ihn dennoch mochte. Es lag in dieser Geldbeziehung Ver-
wandtschaftliches, eben Jüdisch-Verwandtschaftliches, was
vom Solidaritätsprinzip getragen ist – Juden hatten über Jahrhunderte und Jahrtausende der Verfolgung Solidarität lernen
müssen. Die verbürgerlichten Nachfahren, vor allem in Gestalt des Sohnes von Salomon, Carl Heine, reduzierten das
mehr auf Sachbeziehungen. Die Heines verzweigten sich im
Zuge der Entwicklung von Finanzkapital und Kapitalismus
europäisch und verbanden sich vor allem mit französischen
Firmen: Carl Heine ehelichte eine Cécile Fould-Furtado.

Heinrich Heine hatte drei Geschwister: Die geliebte
Schwester Charlotte (Sara, 1800–1899), die sich 1822 mit
Moritz Embden verband und fünf Kinder hatte. Ihr Bruder
neckte sie in seinen auf besondere Art zärtlichen, doch im
großen und ganzen meist familiaren, oft inhaltsarmen Briefen,
indem er von ihrem häufigen »Kalben« sprach. Eines, Ludwig
Embden, später geadelt, spielte eine nicht eben rühmliche
Rolle beim Verwalten bzw. Vernichten des schriftstellerischen
Nachlasses und veröffentlichte fragwürdige Bücher über seinen berühmten Onkel. Gustav (Gottschalk, 1805–1886) war
erst Landwirt, später Soldat, Offizier der k.-k. Armee in Österreich, gab das konservative »Fremdenblatt«, eine Art Sudel-
und Boulevardblatt, heraus, wurde sehr reich und ebenfalls geadelt: Freiherr von Heine-Geldern. Maximilian (Meïr,
1807–1879) studierte Medizin, ging als Militärarzt nach Rußland und wurde kaiserlicher Leibarzt. Dem kranken Dichter
hatte er auch nicht mehr helfen können. Seltsam sind diese
Laufbahnen: Militärs und hochkonservative Adlige als Brüder
und Neffen des militanten Pazifisten und Demokraten.

Von drei weiteren prägenden Einflüssen muß noch die
Rede sein. Einer drang bereits durch bei der Familienbeschrei-
bung: Kaufmannstum und Bankgeschäft, Handelskapital und
Finanzbourgeoisie, Manager und Intelligenz im Dienst herr-

schender Klassen. Dieser Kreis formte den Juden Heine in seinen Anfängen; er hielt ihn ein Leben lang in den Zwängen,
daß er fast zerbrach. Andererseits lernte er, der spätere Doktor beider Rechte, frühzeitig Funktionsmechanismen des
Marktes kennen und sich im Buch- und Zeitungsgeschäft behaupten. Letztlich überwand er diesen Dunstkreis als philoso-
phischer Schriftsteller, indem er die Widersprüche lebte, und
ließ sie gänzlich hinter sich als Poet, indem er sie gestaltete.

Vom Ausgang her war diese seine Welt noch jüdisch. Die
Familie war nicht mehr orthodox oder gar gesetzestreu. Das
sah bei Simon van Geldern noch anders aus. Er sprach und
schrieb hebräisch, hatte mit Rabbonim Umgang und feierte
Schabbat und die Hohen Festtage, betete wohl auch im
Alltag. So ist zu lesen: »am heiligen Schabbat wurde ich als
Dritter zur Thora aufgerufen«. Er kannte sogar die Bezeich-
nungen einzelner Schabbate, z. B. »15. Oktober 1757: Sab-
bataugang des Sabbat Paraschat Bereschit, Vorabend des
1. Tages Cheschwan«. Inzwischen hatte sich ein halbes Jahrhundert und länger Emanzipation vollzogen, die zur Assimilation entartet war. Jüdischsein hatte sich von Volks- und
Kulturzugehörigkeit – die Religion als tragendes Element im-
plizierte – immer mehr zu einer Religionsangelegenheit entwickelt. Da die Aufklärung aber Religionen, vor allem die
christliche als machtfestigende, im kritischen Visier hatte,
war Jüdischsein auf Judentum, d. h. auf Religion reduziert
und damit ebenfalls Angriffen ausgesetzt. So erklärt sich zum
Beispiel, daß selbst ein Voltaire plötzlich als Judenfeind erscheint: er hatte Religion im Sinne, als er die Waffe der Kritik
gebrauchte. Die Heines waren von diesen Geistes- und Kul-
turbewegungen nicht ausgeschlossen.

Sie waren noch mehr oder weniger »rechtgläubig« in
ihrem Sinne, beteten und betrieben ihre Feste und Rituale.
Doch nahmen es weder die Heines noch die Gelderns allzu
ernst damit. Samson ging als einziger Frommer der Familie
zum Gottesdienst der Gemeinde. Peira las den Talmud, lieber

aber anderes. Wobei die oft erwähnte Rousseau-Lektüre mit Vorsicht zu betrachten ist: Ihre Briefe lassen einen geringeren Bildungsstand vermuten als oft angenommen.

Die Heines sprachen eine sonderbare Sprache, wie Peiras, aber auch des jungen Harry Briefe vermuten lassen, ein deutsch-hebräisches Mischidiom, »Jargon« genannt, nach Berthold Auerbach »ein schlechtes, mit hebräischen Phrasen verunziertes Deutsch«. Diese Sprache, die bereits Moses Mendelssohn kritisierte, unterscheidet sich in Satzbau und Wortstellung, sie weist Kasusverwechslungen auf sowie hebräische Worte, die aber meist nicht genau sind. Max Brod bezeichnete die Sprache der Düsseldorfer Juden als »Jiddisch«. Das allerdings ist nur schwer vorstellbar, wenn man die Wanderströme der Juden einigermaßen kennt. Jiddisch ist die Sprache der aschkenasischen Ostjuden, doch die Gelderns wie die Heines entstammten mehr oder weniger dem niederländischen oder zumindest dem nordwestdeutschen Bereich. Osteuropäisch-jüdischer Einfluß ist da nicht nachzuweisen. Möglicherweise haben die Heineschen Vorfahren sefardischer Herkunft auf ihren nicht weniger komplizierten Wegen so einen Mischjargon ausgebildet, den sie dann im Zuge ihrer Assimilation bzw. ihres Erwachsenwerdens wieder abstreiften. Auch bei H. Heine finden sich solche Elemente später nicht mehr, es sei denn, sie werden, wie etwa im »Romanzero«, als Kunstmittel eingesetzt.

Zudem besaß die Stadt Düsseldorf kein Ghetto für die etwa 150 Bürger israelitischer Abkunft und jüdischen Glaubens, der Bezirk mit 570 Juden ebenfalls nicht, die französischen Gesetze des Code Napoléon hatten weitere Gleichstellungen gebracht, kurz: Orthodoxie war nicht vorrangig gefragt, der »Jargon« verlor sich.

Dennoch: Heine wußte, was Jude-Sein bedeutet. Frühzeitig hatte er »Richess« (Judenhaß) kennengelernt, und später, während seiner Studienzeiten und bei der Berufswahl, sollte er Zurücksetzung, Ausgrenzung und Demütigung noch stärker erfahren: »in meiner Wiege lag schon meine Marschroute für das ganze Leben«. Ausgrenzung und Abstempelung zum Außenseiter waren das eine; zum andern war der Poet auch von Elementen jüdischer Kultur (was Religiöses einschließt) stark geprägt: Sie wurden ihm Stoff in frühen Gedichten wie im »Almansor«, im »Rabbi von Bacherach« bis zu den »Hebräischen Melodien«, beeinflußten Darstellungsweisen (Witz, Ironie und Satire), bestimmten Formenwahl (die sefardisch-spanische Romanze), bildeten Lebenspraxis aus sowie die Fähigkeit zum unversöhnlichen Jahwe-Haß, prägten sein Rechtsempfinden, seine Ablehnung des Corpus juris, dem er das mosaische Gleichheitsrecht entgegensetzte (»Geständnisse«), halfen ihm, unabhängig zu sein im Denken, und gaben dem Todkranken moralische, geradezu mosaische Kraft. Die jüdischen Heine-Biografen Max Brod und Ludwig Marcuse haben das deutlich herausgearbeitet, doch haben sie andererseits Heines Jüdisch-Sein zu isoliert behandelt. Umfassender gelingt das bereits Hans Mayer und Walter Grab, deutlich auch im Katalog »Heinrich Heine und das Judentum« zur gleichnamigen Ausstellung 1994 in Augsburg. Zu diesem Thema wird noch an mehreren Stellen ausführlich zu handeln sein, besonders im Umkreis des Berliner »Vereins für Cultur und Wissenschaft der Juden«, bei einzelnen Werken und im Zusammenhang der sogenannten religiösen Wende nach 1848/49. Hier sei festgehalten: Die zerreißenden und andererseits so produktiven Widersprüche, die dieser Mann gelebt hat, haben ihre Wurzeln in erster und letzter Instanz hier, in der Wiege, am Ursprung.

Rheinische Ortschaft, Schule und Lehre

Schließlich sei der Rheinländer Heine nicht vergessen. Sein Freimut, der Sinn für Schönheit und Offenheit, eine gewisse Eitelkeit, im übrigen ein Hang zu regem gesellschaftlich-

kollektivem Umgang haben rheinische Ursprünge; ebenso
seine Volksverbundenheit, die Synthese von Einfachheit und
höchstentwickeltem Kunstverstand, die klassische Kunstwerke gebiert. Oppositionslust gehört hierzu wie ein sinnlicher Katholizismus, den Heine ebenso rezipierte wie bestimmte Philosophien und Ansichten: er verwertete ihn – auf
Künstler- und Poetenart.

Ein umfängliches Bildungs- und Einflußfeld also, das einen
der gebildetsten Schriftsteller heranreifen ließ und die späteren Spannungen in sich trug! Auch die des ewig Zurückge-
setzten und materiell Minderbemittelten, der in Konflikt mit
den Besitzenden und Herrschenden gerät.

Vorerst jedoch ging er – vor dem Hintergrund von Weltgeschichte, die Düsseldorf oft unmittelbar berührte, so 1811, als
Napoléon I. im Zuge der Vorbereitung des Rußlandfeldzuges
in der Stadt weilte – zwölf Jahre zur Schule, von 1802 bis 1814.
Zuerst – mit vier Jahren – in eine Mädchenschule Hindermans,
dann in eine jüdische Privatschule namens Rintelsohn. Es wird
eine Art Cheder gewesen sein, eine jüdische Bildungsanstalt,
die vornehmlich Thora und Talmud unterrichtete. Hier lernten
die Kinder vor allem auswendig, das unbedingte Lernen selbst,
was einem jüdischen Grundgesetz entspricht. Hoch war das
Niveau freilich nicht, und es setzte viel Prügel. Möglicherweise
war diese Schule schon ein emanzipierter oder assimilierter
Cheder, und die Strafarten waren gemäßigt. Die nächste Station war eine bürgerliche Normalschule, und ab 1810 besuchte
der nunmehr Zwölf- oder Dreizehnjährige das Lyceum im
Franziskanerkloster bei Rektor Schalmayer, dem Pädagogen
Schramm und dem Abbé d'Aulnoi. 1814 mußte der knapp
Siebzehnjährige dieses Institut verlassen, Vater hatte kein Geld
mehr.

Damit begann Heines erste Leidenszeit – als Lehrling (Tex-
tilverkäufer) in Vaters Geschäft. Nebenbei hatte er aber doch
noch einigen Unterricht. Im Herbst des gleichen Jahres lernte
er einige Monate auf einer Handelsschule, sicherlich ohne

Lust. Viel lieber übersetzte er antike Klassiker in seine jüdische Regionalsprache. 1815 verließ er Düsseldorf das erste-
mal: einmal reiste er nach Hamburg zu Onkel Salomon, das
andere Mal nach Frankfurt, wo er mit dem Ghetto-Dasein
konfrontiert wurde. Hier soll der inzwischen knapp Acht-
zehnjährige – offiziell ist er erst sechzehn – »Millionär lernen«, das heißt praktisch Kaufmann: zuerst im Bankhaus
Rindskopf, dann in einem Spezereiladen (Lebensmittel, Fein-
kost), und beide Male scheiterte er. Vermutlich wollte er
scheitern. Dennoch war Frankfurt wichtig für ihn: der jahr-
zehntelange europäische Krieg war zu Ende gegangen, es
herrschte Ruhe in Deutschland, wenn auch die des Kirch-
hofs. Die Ghetto-Erlebnisse sollten Eindruck hinterlassen,
und außerdem sah er Vorbild, baldigen Kollegen und späteren Kontrahenten Ludwig Börne (Lew Baruch). Und er begann zu dichten: Die »Wünnebergiade« ist das erste überlieferte Gedicht, ein Poemchen in der Form des Heldengedichts
über seinen Freund Wünneberg. Ab 1816 schrieb er regelmäßig, 1817 veröffentlichte er zum erstenmal. Das geschah
in Hamburg, wo er als Lehrling im Kontor eines Bankhauses
von Salomon Heine arbeitete. Dort widerfuhr ihm mehr Unglück als anderes, vor allem dadurch, daß er sich in Salomons
Tochter Amalie Heine verliebte. Das hätte er in seinem Interesse lieber nicht tun sollen, im Interesse der Poesie war es
eher ein Glücksfall.

Diese Amalie war der Typus »Höhere Tochter« und hatte
nicht die geringste Vorstellung, wer sie da andichtete und
sich um sie bewarb. Ihr war ein Gutsbesitzer schließlich lieber. Allerdings wird sie in ihrer Entscheidung nicht frei gewesen sein. In diesem Hause sollte Geld zu Geld kommen.
Außerdem war freie Entscheidung damals kaum üblich,
schon gar nicht in Judenfamilien. Da bestimmten die Eltern,
vor allem die Väter, das Schicksal der Töchter.

Der Dichter badete in Schmerz und löste ihn auf – in Poesie. Das »Buch der Lieder« vor allem hat diesen Konflikt zum

Inhalt, einen Konflikt nicht nur um eine Liebe, sondern mit einer engen, schnöden Kleinwelt, die freilich Metapher für eine größere ist, für eine im tiefen Sinne entfremdete.

Zunächst bekam der ausgelernte Bankkaufmann ein eigenes Geschäft, in welchem er Vaters nicht abgesetzte Waren verramschen sollte. Der Laden ging schlecht, weil sein Besitzer sich nicht sonderlich dafür interessierte, lieber dichtete und sich Utopien ausdachte darüber, »wie man auf Erden besser und glücklich leben kann« – das Dauermotiv. So ward das Geschäft nach einem Jahr liquidiert. Heine mußte nicht mehr Kaufmann sein, hatte aber doch so viel vom Metier gelernt, daß er seine Bücher dereinst recht gut verkaufen wird. Außerdem hatte er das Großstadttreiben erlebt, einiges gelesen und die Gedichte Lord Byrons kennengelernt. War auch der schriftstellerische Weg noch nicht vorgezeichnet, so doch Heines intellektuelle Fähigkeit deutlich geworden. Das sahen Eltern und der Onkel ein und schickten den jungen, inzwischen 22 Jahre alten Mann im Oktober 1819 nach Bonn – zum Studium der Jurisprudenz.

Das Studium der Wissenschaften und der Eintritt in die Literatur

> »[...] jakobinisch unerbittlich, die Gefühle zerschneiden, der Wahrheit wegen.«

»Mein *inneres* Leben war ein brütendes Versinken, in den düstern, nur von phantastischen Lichtern durchblitzten Schacht der Traumwelt; mein *äußeres* Leben war toll, wüst, cynisch, abstoßend, mit einem Worte, ich machte es zum schneidenden Gegensatze meines innern Lebens, damit mich dieses nicht durch sein Uebergewicht zerstöre.« (An Wohlwill, 7. April 1823) Dieser Text ist uns in zweifacher Hinsicht wichtig: zum einen belegt er auf eindrucksvolle Weise – und für die frühen Jahre – unser Thema des gelebten Widerspruchs, in diesem Falle auf die eigene Person bezogen: die eigene Person als Spiegel der äußern, großen historischen Widersprüche. Zum andern belegt er des Dichter-Studenten intellektuelle Physiognomie, so verschieden nicht von der unseres Jahrhunderts.

Als Heine zu studieren begann, herrschten nicht eben die besten Bedingungen, sich mit freiem Mute dem freien Geiste und den Wissenschaften zuzuwenden. 1815 hatten die vereinigten Monarchien Frankreich besiegt – Waterloo war noch in aller Munde. Die antinapoleonischen Kriege hatten Europa zwar von einer expansionistischen Bourgeoisie und von einem gekrönten nachrevolutionären Selbstherrscher befreit, zugleich aber hatten sie alte Zustände wiederhergestellt, kurz: es begab sich Restauration. Eben im Jahre 1819 hatte der österreichische Staatskanzler Metternich die Karlsbader Beschlüsse durchgesetzt, die die Unterdrückung jeglicher freiheitlicher Bewegungen legalisieren sollten – die »Demagogenverfolgungen« begannen. (Als Demagogen wurden Liberale, Nationalliberale, Demokraten bezeichnet wie überhaupt alle, die gegen die Monarchie waren oder eine andere Meinung hatten.)

Heine kommentierte die Lage so: »[...] außerdem fühle ich mich ein bischen seltsam gestimmt wenn ich zufällig in der Zeitung lese daß auf den Straßen Londons einige Menschen erfroren und auf den Straßen Neapels einige Menschen verhungert sind. Obschon ich aber in England ein Radikaler und in Italien ein Carbonari bin, so gehöre ich doch nicht zu den Demagogen in Deutschland; aus dem ganz zufälligen und gringfügigen Grunde, daß bei einem Siege dieser letztern einige tausend jüdische Hälse, und just die besten, abgeschnitten werden.« (An Moritz Embden, 2. Februar 1823)

Doch völlig war das Rad der Geschichte nicht zurückzudrehen, Basisprozesse waren schon gar nicht anzuhalten. Fortschritte reiften heran, die nur wenige Jahrzehnte später neue politische und soziale Qualitäten zutage förderten. International waren Freiheitsbewegungen erst recht nicht zu unterdrücken – nicht in England, nicht in Italien, nicht in Spanien, wo die durch Napoléons Invasion ausgelösten und schließlich gegen ihn gerichteten Freiheitsbewegungen auch nach ihm nicht zum Schweigen zu bringen waren; schon gar nicht in Griechenland, wo sich ein uraltes Kulturvolk gegen eine Jahrhundertunterdrückung durch das Osmanische Reich erfolgreich zur Wehr setzte und eine Welle der Begeisterung in Europa auslöste, den Philhellenismus, dem sich auch Heine zeitweilig verschrieb.

Und in Deutschland? Vereinzelte Opposition gab es auch hier, meist im stillen Kämmerlein, auf intellektueller Ebene etwa in Berliner Salons und Caféhäusern oder in den Burschenschaften der Studenten. Diese Opposition war indes doppelgesichtig, u. a. judenfeindlich, worauf der Dichter im oben zitierten Brief ebenso aufmerksam macht wie auf die Widersprüche und ihre Kainsmale, die auf die Tragik der kommenden deutschen Revolutionsversuche hinweisen, fürwahr prophetisch!

Heine studierte nun sechs Jahre lang, und er hatte ein im wesentlichen gutes Studium. Es ist einigermaßen erstaunlich, was er alles belegte und wahrnahm, was er damals bereits studieren konnte und wie er studierte. So fein die Metternichschen Unterdrückungsmechanismen gesponnen waren, sie waren nicht fein genug, um die Universitäten ganz zu durchdringen. Wenn man mit späteren Zeitläuften vergleicht, erscheinen die damaligen Geistesburgen geradezu weltoffen: Von dem ebenso nationaldemokratischen wie antifranzösischen und antijüdischen Arndt über den so dialektischen wie weltkonservativ-vernünftigen Hegel, den universellen Poesiedenker A. W. Schlegel bis zu den Juristen und Cameralwissenschaftlern Sartorius und Welcker war eine bemerkenswerte Spannweite. Das aufklärerische Bürgertum hatte seine klassische Phase erst kurz hinter sich (Goethe und Hegel arbeiteten noch, doch auch ein so purer Rationalist wie der jüdische Aufklärer Saul Ascher). Es hatte vom romantischen

Denken zunächst mehr die grenzöffnenden, also progressiven, weniger die gefährlichen restaurativen Seiten für sich genutzt und schickte sich an, erneut weiterzudenken, Taten vorzubereiten, die dann meist nur als Halbheiten Praxis wurden. Kurz: Wer studieren wollte, es finanziell konnte, hatte Gelegenheiten – Heinrich Heine nutzte sie.

Damit begann er bereits in Bonn, wo er sich ein knappes Jahr, von Oktober 1819 bis September 1820, aufhielt. Die Universität war eine Neugründung mit zum Teil namhaften Professoren. Es gab dort eine lebhafte geistige und – so begrenzt auch immer im damaligen Fleckerl-Deutschland – politische Atmosphäre. Es betätigte sich eine Anzahl damals noch halbwegs nationalliberaler Burschenschaften; just im Oktober 1819 fand ein Fackelzug mit Manifestation anläßlich des Jahrestages der Schlacht bei Leipzig statt – der knapp zweiundzwanzigjährige Studiosus Harry Heine zog mit, »die Mütze von brennendrother Farbe«, wie Kommilitone Friedrich Steinmann zu berichten wußte. Er ward Mitglied der Burschenschaft »Allgemeinheit« und nahm an geheimen Zusammenkünften teil; er duellierte sich, als man ihn antisemitisch beleidigte, und hatte Umgang mit seinem späteren Gegner Wolfgang Menzel. Ziemlich bald jedoch distanzierte er sich von den Germanophilen oder Altdeutschen, den Konservativen also – eine erste Differenzierung innerhalb damaliger Opposition hatte stattgefunden. Heines untrüglicher politischer Instinkt sowie sein Standort auf der Seite von Unterdrückten, Demokraten und späteren Linken zeigte sich zum erstenmal.

Zunächst aber mußte er seine Maturität nachweisen. Seine Prüfung vor einer Universitätskommission fiel mäßig aus, dennoch wurde er zum Studium der Rechts- und Cameralwissenschaften zugelassen. Er belegte juristische Vorlesungen bei Ferdinand Mackeldey und dem schon genannten Karl Theodor Welcker. Viel intensiver verfolgte er allerdings Vorlesungen über nationale Historie bei Ernst Moritz Arndt,

von dem er sich später ebenfalls radikal entfernt hatte, und
Johann Gottlieb Radlof sowie Kollegs bei Karl Dietrich Hüll-
mann (Geschichte des Altertums, Französische Geschichte,
die er in der Folgezeit so gut gebrauchen konnte).

Den größten Eindruck auf den Studierenden auch der
Poesie machte August Wilhelm Schlegel, den er dann in der
»Romantischen Schule« so unbarmherzig konterfeite und kritisierte, ihm andere ästhetische wie politische Konzepte entgegensetzte. Dieser las damals »Geschichte der deutschen
Sprache und Poesie«, gab im zweiten Semester eine »Historisch-kritische Erklärung des Nibelungenliedes« und unter-
wies in »Deutscher Verskunst«, was den jungen Poeten besonders interessiert haben dürfte. Auch persönliche Kontakte
stellten sich her: Schlegel las Gedichte Heines, lud ihn zu
freundlich-kritischen Gesprächen in seine Wohnung ein und
gab Hinweise in metrischen Belangen, übte Formkritik. Heine
hat sich zunächst auch dankbar erwiesen, bevor er das Messer
seiner Kritik ansetzte: er widmete ihm einen »Sonettenkranz«
im »Buch der Lieder«, worin selbst so frühzeitig Verse der
Mahnung stehen: »Du geiz'ger Mann, [...] Denk ans Ver-
schwenden jetzt, statt ans Erwerben. / [...] Mach reich den
Schüler jetzt, den lust'gen Erben.« Ich denke, da deutet sich
bereits etwas an Herausforderung an. Auch die vielgerühmte
Beschreibung der außerordentlichen Auftritte des weltmänni-
schen Professors zu späterer Zeit ist nicht ohne Ironie – der
Widerspruch beginnt sich frühzeitig zu artikulieren.

Auch einige Kommilitonen, künftige Persönlichkeiten von
Rang, waren sicher wesentlich für ihn: so der spätere Chir-
urg Johann Friedrich Dieffenbach, den der kranke Dichter
1846/47 in Berlin konsultieren wollte, was ihm trotz Alexander von Humboldts Vermittlung nicht gelang, der bestehenden Einreiseverbote und Strafandrohungen seitens der preußischen Regierung wegen; der liberale, im Vormärz nicht
unbedeutende Schriftsteller Hoffmann von Fallersleben, den
er später satirisch aufs Korn nehmen wird; der Chemiker

Justus von Liebig sowie der Germanist, Schriftsteller und Herausgeber alter deutscher Texte Karl Simrock.

Ganz allgemein läßt sich sagen, daß der Bonner Geist ein überwiegend romantischer der offenen Art war, von Hüllmanns wichtiger, demokratisch grundierter Soziologie einmal abgesehen. Nationalgeschichtliche Kenntnisse und ebensolchen Sinn, patriotischen Geist in schwarz-rot-goldener Verpackung, gezeichnet noch vom Aufschwung der antinapoleonischen Kriege, in denen mancherlei, später verratene und verkommene Freiheitsideen gegoren hatten, Volksgeschichtliches und Volkskundliches, Kritik an Altpreußen hatte der Studiosus von Arndt erfahren und lernen können. Sicher waren ihm aber auch die erzkonservative Denkweise, die nationalistischen und antifranzösischen Beschränktheiten aufgefallen, zum Beispiel die Verklärung der Kriege von 1813/14, das Ideal vom Bauern als Kern des Volkes, wovon er bald abrückte. Hatte er auch Arndts entsetzliche Judenfeindschaft begriffen? Die Quellen geben darüber keine Auskunft.

Schlegels Einflüsse waren da trotz allem umfassender, bildender: die Unterweisungen in Genre-Ästhetiken und -Techniken, der Unterricht im historischen Betrachten, der Weltblick im weitesten Sinne – dargeboten in den Manieren des Weltmannes und im Weitblick auf Literaturen des Volks und der Völker. Die Kenntnis Shakespeares und der indischen Klassiker (etwa des Epos »Mahābhārata«, aus dem er zitiert) rühren weitgehend von dieser Seite; nachweislich befaßte sich Heine mit persischen Klassikern, dabei gewiß auch Goethes »West-östlichem Divan« folgend. Der Romantiker, den man in Frankreich einen »Romantique défroqué« (entlaufenen Romantiker) nennen wird, hatte hier – nach den rheinisch-katholischen Einflüssen – seine zweite Grundprägung erfahren.

Literatureinflüsse der europäischen romantischen Richtung kamen hinzu. Keiner hat diese Zusammenhänge jemals so deutlich herausgearbeitet wie der jüdisch-dänische Histo-

riker Georg Brandes. Byron, einer der überragenden Dichter
der Zeit und kämpfender Schriftsteller (in Griechenland, wo
er auch starb), gehörte zu den zentralen Erlebnissen des jungen Heine – er hatte Werke von ihm schon vor dem Studium
gelesen, sich weiter mit ihm beschäftigt und einige Gedichte
bearbeitet bzw. übertragen. Zahlreiche Gedichte der »Jungen
Leiden«, der »Traumbilder«, des »Lyrischen Intermezzos«, die
damals entstanden, zeigen byronsche Spuren, tragen romantische Züge, so anders auch immer. Sein frühes Stück »Almansor«, vor dem Hintergrund der spanischen Kriege entstanden, als Folie die Juden- und Mauren-Vertreibung des
15. Jahrhunderts nutzend, die Erlebnisse der unglücklichen
Liebe sowie vor allem das Unglück des jungen Juden austra-
gend, ist sehr deutlich eine romantische Tragödie, dem Zug
der Zeit folgend, nur auf andere, seine Art.

Diese Phase war bald beendet – im Oktober 1820 immatri-
kulierte sich der bald dreiundzwanzigjährige Student an der
Georgia-Augusta-Universität zu Göttingen, die zu Hannover
gehörte und infolge der Personalunion der Könige von Großbritannien und Hannover der britischen Krone unterstand.
Der Dichter hat das einmal glossiert, als er in den »Reisebildern« von seinem Rektor, dem König von England, sprach.

Hier nun, in diesem alten Göttingen, wehte ein anderer,
eher lauer bis miefiger Geisteswind. Sterile Gelehrsamkeit gedieh, ein pedantisch-trockener »Notizenstolz«, wie ihn Heine
in der »Harzreise« beschrieben hat. Der burschenschaftliche
Geist hatte obendrein nichts Frisches, Aufwindiges mehr.
Söhne des hannöverschen Adels korrumpierten die nationalen
Ideen von einst (darüber ist in »Nordsee III« zu lesen), Muk-
kertum und Konservatismus steckten in Bevölkerung und Stu-
dentenschaft gleichermaßen, studentische Aufsässigkeiten ar-
teten oft genug in Zechereien und Paukbodenkämpfe aus.
Studiosus Heine nahm daran teil, wurde in eine Duell-Forde-
rung verwickelt, deretwegen er das »consilium abeundi« (Rat
zum Abgang) erhielt, zunächst für ein halbes Jahr.

Schließlich zeichnete sich alsbald Richess, also Judenfeindschaft, in den Burschenschaften ab: Juden sollten nicht mehr
in die Verbindungen aufgenommen werden, weil sie vater-
landslos wären. Auch Heine ist ausgeschlossen worden, und
dies mag der tiefere Grund für seinen ersten Weggang von
Göttingen gewesen sein.

Um den dortigen »Geist« an einem Namen zu demonstrie-
ren: In Göttingen hatte auch Hans Ferdinand Maßmann stu-
diert und war mit Heine bekannt geworden – späterer Gegner in München, ein typisch Deutschnationaler aus dem
Kreis um Turnvater Jahn, die beide einmal Gegenstand bitterer Satire werden sollten.

Doch hatte Göttingen noch eine andere Seite: Es herrschten spätaufklärerische Traditionen. Heine hörte 1820/21
Vorlesungen bei dem Philologen Georg Friedrich Benecke,
dem Rechtshistoriker Georg Sartorius und dem Philosophen
und Ästhetiker Friedrich Bouterwek. Übrigens hat er damals
keine juristischen Kollegs belegt, erst in den Semestern
1824/25. Zumindest Sartorius wie auch Gustav Hugo, bei
dem er promovieren wird, waren exakte, keineswegs konservative Wissenschaftler, auf jeden Fall waren sie als Persönlichkeiten bildend. Auch hatte Heine den bereits erwähnten
jüdischen Aufklärer und Publizisten Saul Ascher kennengelernt, den »Vernunftdoktor« aus der »Harzreise«, einen kosmopolitischen Napoléon-Verehrer und Kritiker der Kriege
von 1813/14, Anhänger der Haskala, der jüdischen Aufklärung. Kein Geringerer als der Dramatiker und Essayist Peter
Hacks, ein konsequenter Aufklärer und Klassizist unserer
Zeit, hat diesem Ascher ein ehrenvolles literarisches Denkmal gesetzt, als Gegenentwurf zu restaurativen romantischen
Tendenzen damals und heute.

Eine zentrale Gestalt der Göttinger Zeit war zweifellos
Bouterwek, Repräsentant der einst so genannten Göttinger
Aufklärung. Er vertrat als Historiker eine mehr faktologisch-
positive und humanistisch-kritische Methode, ganz im

Unterschied zu den Romantikern, Schlegel beispielsweise
oder Friedrich Karl von Savigny, den Heine erst später hörte.
1820 hatte der Studiosus ein philosophisches Kolleg, nämlich Logik, bei Bouterwek belegt. Dessen Hauptwerk »Geschichte der Poesie und Beredsamkeit seit dem Ende des
dreizehnten Jahrhunderts« in zwölf Bänden sowie »Die Religion der Vernunft« las er erst 1824/25. (Werke übrigens, die
eine teilweise Wiederauflage durchaus verdienten, als Licht-
quelle in dunkler Zeit.) Daß Heine zeitlebens immer auch ein
Aufklärer blieb, sein liebster Autor Gotthold Ephraim Lessing war, hatte seine Wurzeln sicher auch in Göttingen. Immerhin wird er nach den aufregenden Berliner Jahren hierher
zurückkehren, und sicherlich nicht nur familiärer Bestimmungen oder der Umtriebe der Burschenschaften wegen.
    Die erste Göttinger Phase dauerte allerdings nur ein Seme-
ster. Heine reiste nach Hamburg, wo er diesmal nur drei bis
vier Wochen blieb, holte sich Salomons Absegnung und Mittel für die Fortsetzung des Studiums, diesmal in Berlin. Anschließend besuchte er die Eltern, die inzwischen in Oldesloe
im Holsteinischen lebten. Hier hielt es ihn nicht lange – der
Vater war bereits nervenkrank. (Kurze Zeit später siedelten
die Eltern auf Salomons Rat nach Lüneburg über, weil es sich
dort billiger lebte.)
    Ende März 1821 befand sich der Studiosus Heine, inzwi-
schen im 24. Lebensjahr, ein älteres Semester also, in Berlin,
bezog Quartier in der Behrenstraße 71 (unweit der Stelle, wo
heute die Komische Oper steht) und ward am 4. April an der
Universität immatrikuliert. 26 Monate sollte er nun hier leben, studieren, entscheidende Anregungen für Leben und
Schreiben empfangen, als Dichter in Erscheinung treten und
sich seines Jüdischseins richtig bewußt werden.
    Berlin, die Hauptstadt Preußens, das nach dem Sieg der
Feudalkoalition und dem Wiener Kongreß zu einer europäischen Großmacht geworden war, hatte anderes zu bieten als
Düsseldorf, Bonn, Göttingen oder selbst Hamburg: die erst

1810 im Zuge der preußischen Erneuerungsversuche gegründete Universität mit ihren prominenten Wissenschaftlern, große Bibliotheken, eine Hofoper, das neue, 1818–1821 unter Schinkels Leitung gebaute Königliche Schauspielhaus, literarische Klubs und Salons, die als Kulturzirkel gelten konnten, Zeitungen, Verlage und anderes mehr. Vor allem gab es gesellschaftlichen Verkehr. Eine kurze Blütezeit freilich, die schon bald gestört wurde: Die aufstrebende Hauptstadt eines groß gewordenen Landes, das auch damals den Charakter der Militärdespotie weder verhüllen konnte noch verleugnen wollte. Politisches Leben in unmittelbarer Form gab es kaum, zweifellos vorhandene Potenzen drückten sich in geistiger Kultur und in den Künsten aus; tief im verborgenen jedoch wurden ideelle Sprengsätze verfertigt oder zumindest Reformansätze gedacht in Gestalt von Logik, Rechtsphilosophie und Dialektik, von Hegel zum Beispiel, der vom Katheder als Öffentlichkeitsersatz aus seine großen Gedanken sowohl darbot wie verschleierte. Es gab auch Reformbewegungen im christlichen Bereich, wenn man an Schleiermacher denkt, oder – für Heine viel wichtiger – die des Reformjudentums. Schließlich entwickelten sich vor den Toren der damaligen Stadt ansatzweise Produktionsstätten neuerer Art, so die Fabriken von August Borsig dort, wo die heutige Chausseestraße verläuft.

Heine stürzte sich jedenfalls in dieses Leben, beobachtete und hörte hin wie bisher, lernte, aber aktiver als früher, studierte, schrieb und veröffentlichte, duellierte sich auch hier, wie noch so oft in seinem Leben. Wie tief dieser Mensch, der eigentlich erste moderne Schriftsteller der Deutschen, aus einer jüdischen Tradition sich herleitend, in der Duellieren nicht üblich war, in den Konventionen und Widersprüchen seiner Epoche verhaftet war, erweist sich selbst daran. Auch dies das Ergebnis einer verunglückten Assimilation!

Zunächst zur Universität, seiner derzeitigen geistigen Heimat. Eingedenk der Salomonischen Warnungen hörte er Jus, insgesamt jedoch ziemlich wenig: Institution, Pandekten, Römisches Recht, zudem preußisches Landrecht bei Friedrich Karl von Savigny, dem Begründer der Historischen Schule, der u. a. durch seine Beziehungen zu romantischen Schriftstellern, besonders zu den Arnims und Heinrich von Kleist (der bereits tot war, als Heine nach Berlin kam), eine wichtige Rolle in Berlin spielte, auch als Mitglied der antijüdischen »Christlich-Deutschen Tischgesellschaft« (mit Arndt, Jahn, Fichte, später Brentano). Er war ein ernst zu nehmender Restaurationsideologe, der, so Karl Marx, »die Niederträchtigkeit von heute durch die Niederträchtigkeit von gestern« legitimierte. Weitere juristische Kollegs hörte Heine bei Theodor Anton Heinrich Schmalz, dem ersten Rektor der Berliner Universität und Dekan der Juristischen Fakultät, einem Denunzianten und Erzreaktionär, der durch seine Schrift »Berichtigung einer Stelle der Venturischen Chronik für das Jahr 1808« sogar den sogenannten Tugendbund und im Grunde systemtreue nationalpatriotische Bestrebungen der Jugend als revolutionär verdächtigte und von Heine im »Buch Le Grand« aufs höhnischste abgefertigt wird. Wieder so ein Insekt im Bernstein! Wer nur würde sich an besagten Schmalz erinnern, hätte ihn nicht ein Dichter von Weltrang in die Erinnerung gegeißelt!

Romantisch-konservative Theorien überwogen im Jus, besonders in Berlin. War es da ein Wunder, daß der junge Mann, der schon eine wenn auch noch verhältnismäßig undifferenzierte liberale Gesinnung mitbrachte, sich nach anderem umsah? Und nicht ausschließlich aus Lust und Laune des Poeten: hier waren bereits politische Gesinnungen im Herausbilden begriffen.

Und es gab Angebote. Der liberal denkende August Böckh las Griechische Literaturgeschichte und Griechische Altertümer, den Staat des Platon, Pindars Lieder, und das war doch ein Liberaler; der Indogermanist Franz Bopp dozierte über »Allgemeine Geschichte der Sprachen und über das Sanskrit-

Gedicht Nalus«; Friedrich August Wolf erläuterte Komödien des Aristophanes, bei beiden kam über Literatur Welt ins Bewußtsein. Und der der Romantik ebenfalls nahestehende Historiker Friedrich von Raumer behandelte die Geschichte des 18. Jahrhunderts und der Französischen Revolution sowie Universalgeschichte zwar auch vom nationalkonservativen Standpunkt, doch einigermaßen universell und nicht konterrevolutionär. Später würde der Dichter die Revolution von Michelet oder gar Mignet noch ganz anders interpretiert bekommen, da hatte er sich schon weit von Raumer entfernt.

Im Sommersemester 1822 konnte sich Heine in den Grundzügen der Dialektik durch Friedrich Daniel Schleiermacher unterweisen lassen, den idealistischen Theologen und romantischen Schriftsteller-Philosophen, der bald schon Heines Dichterrang erkannt und über die frühen »Gedichte« eine kluge Rezension veröffentlicht hatte. Übungen bei dem Philologen Ludwig Purgold und dem Pädagogen Johann August Zeune kamen hinzu. Gedankliche Leitgestalt der Berliner Universitätsjahre ward indes Georg Wilhelm Friedrich Hegel. Welch ein Glück für einen lernenden Menschen, einen solchen Lehrer zu haben, den größten Philosophen seiner Zeit, einen der bedeutendsten überhaupt. Welche Voraussetzungen für den kommenden Schriftsteller waren hier gegeben – und für den Juden auch!

Studiosus Harry nahm folgende Hegel-Kollegs wahr: Logik und Metaphysik, Religionsphilosophie, Natur- und Staatsrecht oder Philosophie des Rechts, Anthropologie und Psychologie, Philosophie der Weltgeschichte. Der Hörer nahm teil an einer universellen Bildung, lernte dialektisch, das heißt in den Kategorien von Entwicklung, Veränderungen von Qualitäten, Zusammenhängen und vor allem des Widerspruchs denken, ihm wurden weite geistige und weltgeschichtliche Räume eröffnet und hohe Ansprüche vermittelt. Stets wird er auf Hegel zurückkommen: in der Auseinandersetzung mit den jüdischen Reformen, in den »Reisebildern«

mit nahezu allen Erscheinungen seiner Zeit von Napoléon
über Goethe und die Literatur bis hin zur allgemeinen Emanzipation, die immer konkreter und politischer formuliert
wird; ebenso in der Zeit des linken Hegelianismus der späten dreißiger und frühen vierziger Jahre, als er – in Zeitgenossenschaft mit Ruge und Marx – die Hegelschen Geistes-
und Ideenkategorien kritisch umzusetzen begann, selbst
1851–1854, in der Phase der Abwendung. Wobei anzumerken ist, daß sich Heine schon ziemlich früh, fast unmittelbar
nach der Phase der Aneignung, in eine kritische Distanz begab, bei aller identifikatorischen Nähe. Gedichte wie »Ideen.
Das Buch Le Grand« sind dafür beredte Zeugen.

Der Schüler lernte seinen Lehrer auch persönlich kennen,
besuchte ihn und traf ihn verschiedentlich in jenen Klubs, die
man Salons nannte und die zu den weiteren Universitäten des
Dichters gehörten. Der wichtigste war zweifellos der des Di-
plomaten Karl August Varnhagen von Ense und seiner litera-
turbewußten Frau Rahel, geborene Levin, in der Französischen Straße. Mit Varnhagen wird Heine eine lebenslange
Freundschaft verbinden. Rahel, die bereits 1833 starb, gehörte zu jenen bedeutenden Frauen, die sich in doppelter
Weise emanzipierten: als Frau und als Jüdin. Sie war eine
überaus kulturvolle, sensible Person, im Grunde eine Schriftstellerin, ja Poetin, die außer Briefen nichts schrieb. Ihr Werk
sind die von ihr geförderten Autoren, so die zahlreichen Dichter der Berliner Romantik. Daß sie selbst keine Romantikerin
wurde und andere vor der tendenziellen Gefahr des Boden-
losen bewahrte, lag an der geistigen Disziplin Varnhagens,
eines ernst zu nehmenden Liberalen, und vor allem an beider enger geistiger Beziehung zu Goethe.

Der Salon Varnhagen war eine Stätte Goetheschen Geistes. Heine, der Goethe-Nachfolger, der wiederum Goethes
Periode deutlich abgegrenzt und eine neue Epoche, und zwar
die der Moderne, eingeleitet hat, erhielt hier die Grundlagen
seines Goethe-Bildes. So anders sein Weg war und so kritisch

er manche Positionen Goethes zuweilen sah, hielt er diesem doch die Treue. Nach Lessing, Goethe und Schiller wahrte einzig und allein Heine die weltliterarische Höhe sowie die Kontinuität deutschsprachiger Literatur auf dem Weg in die Moderne. Im übrigen mochte Heine für sich verbuchen, mit den beiden größten Deutschen des ersten Drittels des Jahrhunderts, Goethe und Hegel, konfrontiert worden zu sein – ohne Zweifel ein Hauptgewinn der Berliner Jahre.

Bei den Varnhagens verkehrten die Koryphäen des Literatur- und Kulturlebens: neben Hegel die Philosophen Immanuel Hermann Fichte und Schleiermacher; die Schriftsteller Willibald Alexis (Häring), Michael Beer (Bruder Giacomo Meyerbeers), Adelbert von Chamisso, Friedrich de la Motte Fouqué; zeitweise der Schriftsteller, Politiker und Metternich-Berater Friedrich von Gentz, der noch verhängnisvoll in Heines Leben eingreifen sollte; der Naturforscher Alexander von Humboldt und sein Bruder, der Schriftsteller und Bildungspolitiker Wilhelm von Humboldt, der Bildhauer Christian Daniel Rauch; sicher auch Friedrich Wilhelm Gubitz, Herausgeber der Zeitung »Der Gesellschafter«, der zahlreiche Gedichte sowie die Erstfassung der »Harzreise« druckte.

Aus diesem Kreise kam der junge Dichter bald in den der Elise von Hohenhausen, einer Unterhaltungsschriftstellerin jener Tage, wo auch Helmine von Chézy (Librettistin von Carl Maria von Webers »Euryanthe«) und Apollonius von Maltitz verkehrten, ebenso der Maler Wilhelm Hensel, der ihn konterfeite. Das waren eher Schriftsteller und Künstler der zweiten Reihe, doch hatten die meisten weitreichende Beziehungen und waren deshalb eine Zeitlang wichtig für den jungen Mann.

Dieser sammelte Erfahrungen und wußte, daß man Beziehungen braucht, und sei man noch so begabt. Die fand er unter anderem im Salon der reichen jüdischen Familie Beer, wo er sich einige Jahre später mit Giacomo Meyerbeer, dem nachmals berühmten Komponisten, Berliner und Pariser

Operndirektor, auf eine fast lebenslange, spannungsreiche
Beziehung einläßt. Jüdische Schriftsteller und Denker auch
im Hause des Bankers Philipp Veit am Hackeschen Markt.
Dort – und nebenan in der Burgstraße – tagte der »Verein für
Cultur und Wissenschaft der Juden«, dem er im August 1822
beitrat. Über viele Jahre hielt er den Kontakt zu führenden
Mitgliedern aufrecht, vor allem zu Moses Moser, Immanuel
Wohlwill und Leopold Zunz.

Zu den Bildungsstätten des jungen Heine gehörte die berühmte Weinstube Lutter und Wegner mit ihrer Künstler-
Runde, auch wenn die Beziehung zu E. T. A. Hoffmann – er
starb im August 1822 – kaum zur Reife gekommen sein
dürfte. Wer war Heine für Hoffmann, der zu dieser Zeit bereits ein großes Werk vorgelegt hatte? Heine seinerseits
schätzte ihn am meisten von allen Romantikern, wie in der
»Romantischen Schule« zu lesen ist. Für den großen Ludwig
Devrient war der Student und Jungpoet sicher nicht mehr als
ein Grünschnabel. Er verkehrte, wenn auch nicht immer
freundschaftlich, mit Christian Dietrich Grabbe, den Heine
zwar als Poet schätzte, doch diesem nicht Freund ward (was
vor allem von Grabbe ausging), mit dem Autor und Hof-
theater-Regisseur Karl Köchy, dem Schriftsteller Gotthilf
August von Maltitz und mit Rahel Varnhagens Bruder Ludwig Robert. Sie lasen gemeinsam Shakespeare, diese jungen
Männer sehr verschiedener Denkart, die bald verschiedene
Wege gingen.

Von hier aus führte der Weg ins Theater – der junge kritische Geist nahm die Berliner Bühnen (Schauspiel, Oper,
Konzert) wahr und begann darüber zu schreiben, in Einzel-
texten wie in den »Briefen aus Berlin«. Er fand Zugang zu Re-
daktionen (über den »Gesellschafter« hinaus) und Verlagen.
1821 waren bereits zahlreiche Gedichte erschienen, »Tassos
Tod« und »Almansor«, zum Ende des Jahres das erste Buch:
»Gedichte« bei Maurer, zu dem er vermutlich durch Varnhagens Vermittlung gekommen war. Honorar: vierzig Frei-

exemplare. Kampf und Beinahe-Tragödie des »freien« Schriftstellers hatten begonnen.

Das Erstlingswerk wurde zunächst wenig beachtet, trotz
einiger Rezensionen von Karl Leberecht Immermann, Adolf
Müllner, Schleiermacher und Varnhagen. Eine Zeit unge-
hemmter Produktion schien für den dichtenden Studiosus an-
zubrechen, in allen Genres: 1822 begannen die »Briefe aus Berlin« zu erscheinen, eine Art Feuilletons, Plaudereien über dieses
und jenes, frisch, witzig, auf sich aufmerksam machend – eine
Vorform der »Reisebilder«. Sie wurden zeitweilig vom Verfasser selbst dazu gerechnet, in allerdings wesentlich gestraffter
Form in die Buchausgabe aufgenommen; die ausgeschiedenen
Teile im Anhang mit einer Fülle von Mitteilungen und Nachrichten aus dem Gesellschafts- und Kunst-, vor allem dem
Theaterleben, manchmal in der Art einer Klatschspalte, sind
umfangreicher als der autorisierte Text selbst. Die Gedichte
des »Lyrischen Intermezzos« entstanden zu großen Teilen, die
Tragödie »William Ratcliff« schrieb er in wenigen Tagen.

Im Sommer reiste Heine zu einem wegen polnisch-patrio-
tischer Tätigkeit aus Berlin ausgewiesenen Studienfreund,
Eugen Graf Breza, dem Sohn eines Schlachtschitzen (Klein-
adligen) aus Swiątkowo, nach Preußisch-Polen, jenem Teil
um Posen und Gnesen, der durch die polnischen Teilungen
an Preußen gekommen war. Es mag dort unter den Freunden
ganz lustig zugegangen sein, das literarische Resultat war es
weniger. Der Text »Über Polen«, der mit seinen sozialkriti-
schen und politischen Schärfen einen Vorgeschmack auf den
reifen politischen Schriftsteller gibt, lag bereits im Jänner
1823 gedruckt vor: »[...] einen melancholischen Eindruck
gewähren die polnischen Dörfer, wo der Mensch wie das
Vieh lebt [...] Resultate einer ausgebildeten Aristokratie.«

Von Belang seine Einlassungen zur jüdischen Frage. »Zwischen dem Bauern und dem Edelmann stehen in Polen die Juden. Diese betragen fast mehr als den vierten Teil der Bevölkerung, treiben alle Gewerbe und können füglich der dritte

Stand Polens genannt werden. [...] Sie sehen also, daß die Juden in Polen durch Zahl und Stellung von größerer staatswirt-
schaftlicher Wichtigkeit sind als bei uns in Deutschland [...]
Im preußischen Polen erlangen die Juden kein Staatsamt, die
sich nicht taufen lassen; im russischen Polen werden auch die
Juden zu allen Staatsämtern zugelassen, weil man es dort für
zweckmäßig hält. [...] Es wäre zu wünschen, daß unsere Regierung durch zweckmäßige Mittel den Juden des Großher-
zogtums mehr Liebe zum Ackerbau einzuflößen suchte; denn
jüdische Ackerbauer soll es hier nur sehr wenige geben. Im
russischen Polen sind sie häufig. [...] Das Äußere des polnischen Juden ist schrecklich. [...] Dennoch wurde der Ekel
bald verdrängt von Mitleid, nachdem ich den Zustand dieser
Menschen näher betrachtete und die schweinestallartigen
Löcher sah, worin sie wohnen, mauscheln, beten, schachern
und – elend sind. Ihre Sprache ist ein mit Hebräisch durch-
wirktes und mit Polnisch façonniertes Deutsch [Jiddisch –
TF]. Sie sind in sehr frühen Zeiten wegen Religionsverfolgung
aus Deutschland nach Polen eingewandert; denn die Polen haben sich in solchen Fällen immer durch Toleranz ausgezeich-
net. [...] In jenen frühern Zeiten standen indessen die Juden in
Kultur und Geistesausbildung gewiß weit über dem Edelmann, der nur das rauhe Kriegshandwerk trieb und noch den
französischen Firnis entbehrte. Jene aber beschäftigten sich
wenigstens immer mit ihren hebräischen Wissenschaft- und
Religionsbüchern, um derentwillen eben sie Vaterland und
Lebensbehaglichkeit verlassen. Aber sie sind offenbar mit der
europäischen Kultur nicht fortgeschritten [...] Dennoch,
trotz der barbarischen Pelzmütze, die seinen Kopf bedeckt
[der Stremel – TF], und der noch barbarischeren Ideen, die
denselben füllen, schätze ich den polnischen Juden höher als
so manchen deutschen Juden, der seinen Bolivar auf dem
Kopf und seinen Jean Paul im Kopfe trägt. In der schroffen
Abgeschlossenheit wurde der Charakter des polnischen Juden
ein Ganzes; durch das Einatmen toleranter Luft bekam dieser

Charakter den Stempel der Freiheit. Der innere Mensch [...]
verkümmerte nicht durch die Einzwängung Frankfurter Ju-
dengaßmauern, hochweiser Stadtverordnungen und liebrei-
cher Gesetzbeschränkungen. Der polnische Jude mit seinem
schmutzigen Pelze, seinem bevölkerten Barte und Knoblauchgeruch und Gemauschel ist mir noch immer lieber als mancher in all seiner staatspapiernen Herrlichkeit.« (»Über Polen«)
    Vielleicht ist es nützlich, darauf hinzuweisen, daß der Ver-
fasser dieser Sätze fast gleichzeitig Mitglied des »Vereins für
Cultur und Wissenschaft der Juden« geworden war und daß
die meisten seiner Wertungen dem Programm dieser Gruppierung entsprachen, in Kritik wie in Entwürfen. (Die land-
wirtschaftliche Ausbildung von Juden gehörte dereinst zum
zionistischen Programm!) Keinen Zweifel läßt der Berichterstatter an den aristokratischen Verursachern des beschriebenen Elends. Kaum weniger kritisch verhält er sich bestimmten Erscheinungen der Judenheit gegenüber. Und ebenso eindeutig verteilt er seine Sympathien. In manchem noch un-
gelenk, läßt dieser Text einen schriftstellerischen Fortschritt
im Verhältnis zu den »Briefen aus Berlin« erkennen und verweist auf den kritischen Autor der »Reisebilder«.
    Bald sollte dieser aufmerksamer betrachtet werden, als
ihm lieb sein konnte – von den preußischen Behörden. Doch
zunächst bereitete er sein nächstes Buch vor: Im Jänner 1823
unterbreitete er, vermutlich durch Vermittlung des Juristen
Julius Eduard Hitzig, eines assimilierten Juden (ursprünglich
Itzig), den er aus den Salons kannte, dem Verleger Dümmler
sein Angebot, und schon drei Monate später erschienen die
»Tragödien, nebst einem lyrischen Intermezzo«, wenige Tage
nach der Synagogen-Schließung, die seinen Weggang aus
Berlin beschleunigte. Sie hatten bereits ein größeres Echo als
das erste Buch.
    Bedenkt man nun noch, daß ihn der Onkel in Berlin be-
sucht und ihm weiteres Geld für weitere Studien zugesichert
hatte, daß der junge Autor in Immermann einen Freund und

– zumindest zeitweiligen – Kampfgefährten gewonnen hatte, mochte er halbwegs zufrieden Berlin verlassen, als dort das Klima rauher, der Boden heißer und die Atmosphäre vergiftet wurde. Die Abreise erfolgte im Mai, nicht ohne daß er einiges für die Publizität seines jungen Werkes getan hätte.

Ein Dreivierteljahr – von Mai bis Jänner 1824 – pausierte er, in Lüneburg, Hamburg, Cuxhaven (zwecks Seebädern), Hamburg und wieder in Lüneburg, jeweils bei den Eltern, den Verwandten oder in Pensionen. Er machte seine erste See-reise, war in Ritzebüttel, las außerordentlich viel, grübelte über seine soziale Stellung als Künstler und Jurist sowie über seine Berufsaussichten, wovon seine Briefe zeugen. Ebenso dachte er über seine philosophische und ästhetische Position nach: »Der ächte Dichter gibt nicht die Geschichte seiner Zeit sondern aller Zeiten, und darum ist ein ächtes Gedicht auch immer der Spiegel jeder Gegenwart.« (An Moritz Emb-den, 3. Mai 1823) Ein so klassisches wie modernes ästhe-tisches Programm. In der Zeit der Pause schrieb er viele Briefe und die meisten der Gedichte der »Heimkehr« (der Ti-tel durchaus doppeldeutig!), bevor er sich Ende Jänner 1824 zu Fortsetzung und Abschluß seiner Studien erneut in Göttin-gen einschrieb, nunmehr sechsundzwanzig Jahre alt. Hier ar-beitete er diesmal intensiv, vor allem im Pflichtfach, studierte juristische Schriften, las den oben genannten Bouterwek, Jean-Jacques Rousseau sowie Schriften über Italien, pflegte distanzierten Umgang mit der Landsmannschaft »Guestpha-lia« und einigen Studenten wie Adolf Peters, Philipp Spitta und vor allem Eduard Wedekind, der viel über ihn zu berich-ten wußte. Seine Lehrer waren neben dem genannten Sarto-rius Anton Bauer, Gustav Hugo und Friedrich Meister.

1824 unternahm er zwei Reisen: Im April fuhr er über Magdeburg nach Berlin, alte und neue Freunde zu besuchen. Der neue Freund war Immermann, damals selbst noch ein Suchender, beide zu dieser Zeit Brüder im Geiste. In Berlin war er bei den Varnhagens, bei F. A. Wolf und Fouqué, in des-

sen geistige Nähe er nun auch öffentlich seit den »Tragödien«
gerückt war. Er nahm mit seinen jüdischen Freunden vom
»Verein für Cultur und Wissenschaft der Juden« wieder am
Pessah-Fest teil. Möglicherweise war ihm dabei die Idee zu
seinem großen, leider fragmentarischen Erzählwerk gekommen, zum »Rabbi von Bacherach«, der ihn mit langer Unter-
brechung ein Vierteljahrhundert beschäftigen sollte.

Die andere Reise ist durch eines der schönsten Prosastücke
deutschsprachiger Literatur berühmt geworden: die Harzreise. Er begann sie Mitte September, wanderte über Nord-
heim, Clausthal, wo er die Bergwerke besichtigte, nach Goslar und stieg dann zum Brocken auf, wo es ziemlich lustig
zugegangen sein muß. Das reizende Ilsenburg und das ge-
schäftige Wernigerode, Elbingerode und das touristisch noch
unbekanntere Rübeland waren die nächsten Stationen. Von
dort ging es nach Halle und Weißenfels, wo Novalis (Friedrich
von Hardenberg), die Inkarnation sublimer Romantik, einst
gewirkt hatte. Er besuchte hier Adolf Müllner, den Verfasser
mehr oder weniger romantischer Schicksalstragödien und
einer wohlmeinenden Rezension über Heines Frühwerke.
Über Naumburg und Jena ging es nach Weimar: der Besuch
bei Geheimrat Goethe fand am 2. Oktober 1824 statt.

Die Begegnung der beiden war ziemlich unerfreulich: dem
Alten erschien der Junge als einer der üblichen Naseweise,
die übersandten »Gedichte« und »Tragödien« hatte er sicher
nicht gelesen, die Erwähnung des Heineschen »Faust«-Pro-
jektes verstimmte ihn. Oder hatte Goethe die Genialität des
Jungen geahnt, gar gefürchtet? Er hatte doch so viele Mittel-
mäßigkeiten gelobt. Dem Jungen erschien der Alte verstei-
nert, überkommen. Einschüchterung durch Klassizität mag
eine Rolle gespielt haben, unterschiedliche Konzepte und
Positionen (»Naturen«, sagt Heine) wohl ebenfalls, obzwar
die so ausgeprägt bei dem Jungen noch nicht gewesen sein
können. Und Goethe hat sich kaum geäußert. Mehr als zehn
Jahre später schrieb Heine die »Romantische Schule« mit

ihren herrlichen Goethe-Bildern, und Goethe hatte einige
Jahre darauf gleichfalls die Genialität des Neuen erkannt.

Weiter ging es über Erfurt, Gotha, Eisenach mit dem Besuch der Wartburg, also durch die thüringischen Hochbur-
gen, nach Kassel, wo Freunde besucht wurden, Ludwig Emil
Grimm etwa.

Nach einem Monat war er zurückgekehrt nach Göttingen
und begann sein letztes Semester. Wieder Jurisprudenz und
Geschichte, daneben Lektüre von Immermann, Platen und
Shakespeare. Zugleich hatte er noch Zeit, sich mit drei dichterischen Arbeiten zu beschäftigen: dem »Rabbi«, dem »Faust«
und der »Harzreise«, die ziemlich schnell fertig ward und
schon Anfang 1826 im Berlinischen »Gesellschafter« erschien.

Die andern Publikationen sollten auf sich warten lassen –
der Studienabschluß warf seine Schatten voraus: Im Mai bestand Heine sein juristisches Examen, und am 20. Juli 1825
verteidigte er fünf juristische Thesen in lateinischer Sprache
(»Ich habe disputiert wie ein Kutschenpferd«, schrieb er am
22. Juli 1825 an Moses Moser), beides mit der Note 3. Damit
war er promoviert worden – zum Doktor beider Rechte
(Straf- und Zivilrecht). Gustav Hugo hielt die Laudatio und
verglich ihn mit dem Juristen Goethe: immerhin hatte der
Doktor Heine bereits zwei Bücher und rund ein halbes Dutzend an Zeitschriften-Veröffentlichungen (mehrere Prosa-
Stücke und viele Gedichte) aufzuweisen – welcher Kandidat
bot mehr?

Damit hatte Heine eine wichtige Phase beendet, eine so-
lide akademische Ausbildung erhalten und sich auf einen Beruf vorbereitet. Doch auf welchen? Beamter, Hochschulleh-
rer, Syndikus oder Schriftsteller? Da letzterer eigentlich noch
kein Beruf war, sondern nur als Beschäftigung galt – trotz
Lessing, und wie schwer hatte es der, so daß er am Ende
doch wieder entwürdigende Posten annehmen mußte –, orien-
tierte sich der im 28. Lebensjahr stehende Heine – der nunmehr, nach seinem am 28. Juni 1825 per Taufe erfolgten

Übertritt zum protestantisch-evangelischen Christentum, Heinrich hieß – auf einen bürgerlichen Beruf.

Zumindest ein Thema muß hier noch behandelt werden: des Dichters Gesundheitszustand. Seine letzten Lebensjahre waren düster umschattet – er und später die Öffentlichkeit nannten sie die »Matratzengruft«. Es war vermutlich eine Lues cerebrospinales, die keine geistige Umnachtung, sondern eine körperliche Lähmung zur Folge hatte. Sie kam weder plötzlich noch von ungefähr. Allerdings ist diese Krankheit in der Medizin bis heute umstritten, die Diagnose reicht von der genannten Lues bis zur Tuberkulose; Mediziner und Literaten haben viele Seiten, Kapitel und Bücher gefüllt.

Die Klagen über seinen schlechten Gesundheitszustand und über Schmerzen durchziehen sein Leben. Kopf- und Augenübel werden oft erwähnt. Lähmungserscheinungen begannen 1832 spürbar zu werden, also mit 35 Jahren etwa. Eine hochgradige Sensibilität ließ ihn Krisen, deren es mehr als genug gab, tiefer erleben als andere. Das wiederum zerrüttete seinen Nervenzustand und am Ende den Organismus. Eine mögliche Infektion tat ein übriges und dies zerstörerisch. War es denn eine syphilitische Infektion, deutet etliches darauf hin, daß er sie sich in Göttingen geholt hatte. Heine war viel und lange in Behandlung, bei verschiedenen Ärzten, doch die Mediziner jener Zeit diagnostizierten selten richtig, kosteten dafür viel. Ein Vierteljahrhundert bereiste er – zunächst in Deutschland, später in Frankreich und Spanien – Badeorte, meist an der Nordsee und am Atlantik, manchmal im Gebirge, etwa den Pyrenäen. Zeitweilig brachten sie Linderung, Wiederherstellung der Arbeitskraft; die Krankheit aufhalten oder heilen konnten sie nicht.

Schließlich: Was dieser Mann seinem Organismus abverlangt hat, ist außerordentlich. Sicher: Andere Autoren haben mehr geschrieben. Doch wiegt die lyrische Produktion schwerer als die erzählerische, von ihrer Intensität und Präzision her, von ihrer Art, nicht vom Wert; überdies ist die

Dichte dieser Prosa auffällig – hier gibt es kaum schwache
Stellen (wie bei Balzac etwa, der so unglaublich viel geschrie-
ben hat), was auf strengste Arbeit im Text schließen läßt.
Heine ließ sich – zumindest bei Büchern – fast nie unter Ter-
mindruck setzen, seine Verleger, Campe voran, konnten ein
Lied davon singen.

Heinrich Heine war im wesentlichen ein kranker Mensch
und hatte das Erlebnis Gesundheit, als Übereinstimmung
und Harmonie aller Kräfte, nur in seltenen Fällen. Harmonie
war seine Sache nicht, bestenfalls als Ziel. Bestimmend waren Dissonanz und Widerspruch, der Zeit angemessener als
der Ausgleich.

Der »Verein für Cultur und Wissenschaft der Juden« und die Folgen

Am 7. Oktober (nach anderer Darstellung am 7. November)
1819 wurde im Bankhaus Veit am Hackeschen Markt in Berlin
der »Verein für Cultur und Wissenschaft der Juden« gegründet. Er bestand fünf Jahre und brachte es auf maximal
81 Mitglieder. (Dazu kam eine nicht genau bestimmbare Zahl
außerhalb Berlins, besonders im Hamburger Nebenverein.)
Gründungsmitglieder waren der Prediger Leopold Zunz
(1794–1886), der Hegel-Schüler Eduard Gans (1798–1839),
der Bankbeamte Moses Moser (1796–1838), mit Heine bis
1830 befreundet, sowie I. L. Auerbach, Joseph Hillmar, Isaak
Jost und J. A. List. Die sieben waren die Statuierenden; etwas
später traten der Pädagoge Immanuel Wohlwill sowie der
Geologe und Naturwissenschaftler Ludwig Marcus hinzu. Im
Gründungsprotokoll heißt es: »Es hat sich heute ein Verein zur
Verbesserung des Zustandes der Juden im Deutschen Bundes-
staate constituiert, aus folgenden Mitgliedern bestehend […]«

Die Mitglieder verpflichteten sich zum Verharren im Glauben der Väter. Was nicht alle einhielten, Gans sowenig wie

Heine, dieser zumindest vorerst. Moser blieb dabei: »Das Judentum hört notwendig dort auf, wo das Volk anfängt, sein Bewußtsein von sich als Gottesvolk zu verlieren und zu vergessen.« Wozu zu bemerken ist, daß jüdische Identität sich schon damals nicht ausschließlich aus der Religion ableiten konnte, wenngleich primär. Heutzutage sind da wiederum und erst recht andere Maßstäbe anzulegen.

Als es 1819 in deutschen Städten zu neuen Feindseligkeiten und Ausschreitungen, den sogenannten Hep-Hep-Krawallen, gekommen war, brachte Moses Moser eine eigentümliche Deutung des Exilbegriffes in die Debatte und machte Vorschläge zur Gründung. Zum Programm wurden diese ersten romantisch angehauchten Gedanken erst 1821, mit Praxisnähe, wie es Gans am bündigsten ausdrückte, den Hegelianer nicht verleugnend: »Was in ihnen das Wissenschaftliche, ist ihnen auch das Praktische.«

1822 wurden endlich die Entwürfe der Statuten sowohl des Vereins als auch der Unterrichtsanstalt vorgelegt und veröffentlicht. In der Einleitung heißt es in § 1: »Das Mißverhältnis des ganzen inneren Zustandes der Juden zu ihrer äußeren Stellung unter den Nationen, seit vielen Jahrhunderten bestehend, aber stärker als je hervortretend in der neuen Zeit, welche durch einen allgewaltigen Ideenumschwung auch unter den Juden überall veränderte Bedingungen hervorrief, die das drückende Gefühl des Widerspruchs täglich allgemeiner machen; fordert dringend eine gänzliche Umarbeitung der bis jetzt unter den Juden bestandenen eigenthümlichen Bildung und Lebensbestimmung, und ein Hinführen derselben auf denjenigen Standpunkt, zu dem die übrige europäische Welt gelangt ist.« Das wollen sie durch »einen von innen heraus sich entwickelnden Bildungsgang mit dem Zeitalter und den Staaten, in denen sie leben, in Harmonie setzen«. Analysiert wird die Lage, versucht wird ein Ausweg über das Geistige, über Bildung und Ideen. Hier sind Größe und Irrtum des Programms, das scheitern mußte, deutlich angelegt.

Des weitern werden behandelt: innerhalb der Tätigkeit des Vereins das »wissenschaftliche Institut«, die »Herausgabe einer Zeitschrift« sowie die »Unterrichtsanstalt«. Bedingung für den Eintritt sind Unbescholtenheit, Bildung und vor allem »Theilnahme an der Sache der Juden«.

Die Unterrichtsanstalt schien den Gründern so wichtig, daß sie ein eigenes Statut erhielt. Ihre Aufgabe war es vor allem, den Zuwanderern aus dem Osten (Preußisch-Polen) die nötigen Kenntnisse zu vermitteln, damit sie das Leben in deutschen Landen, besonders in Preußen, bestehen konnten. Ein Vergleich zu heute läßt sich durchaus ziehen, etwa zu dem von mir 1990 mitgegründeten und mitgeleiteten »Jüdischen Kulturverein Berlin e. V.«, der zum Teil ähnliche, zum Teil ganz andere Zielsetzungen als sein berühmter Vorgänger hat. In beiden Fällen geht es um jüdische Geschichte und Gegenwart, um Selbstverständnis und Differenz.

Identitätsfragen mögen auch Heine bewogen haben, in den Verein zu kommen. Vermutlich über Wohlwill, den er Jänner 1822 in einem der Salons kennengelernt haben mag, und Gans aus dem Hegel-Kolleg. In den Sitzungsprotokollen des »Instituts für die Wissenschaft des Judentums« heißt es am 7. August 1822: »H. Heyne als ordentliches Mitglied vorgeschlagen«, und am 21. August: »Über Heyne ballotiert [abgestimmt], derselbe ist aufgenommen.« Ein »Vereins«-Protokoll hält am 29. September fest: »Präsident E. Gans hält zum Schluß eine Anrede an das zum ersten Male anwesende Mitglied H. Heine« – diesmal in korrekter Schreibweise.

Das junge Mitglied, entschlossen, sich unter Wahrung der persönlichen Identität in die kulturelle Emanzipation der Juden einzubringen, war also gleich in den verschiedenen Sektionen des »Vereins« involviert. Im »Institut« wurde wirklich Wissenschaft des Judentums getrieben bzw. Ansätze dazu entwickelt. Zu den Grundsätzen, 1821 von Wohlwill formuliert, gehört die Erforschung des Jüdischen als »Inbegriff der gesamten Verhältnisse, Eigentümlichkeiten und Leistungen der Juden in bezug auf Religion, Philosophie, Geschichte, Rechtswesen, Literatur überhaupt, Bürgerleben und alle menschlichen Angelegenheiten«. Dem heutigen Diskurs darüber, befragend alle Disziplinen von der Schrift bis zur modernen Literatur, entsprach die damalige Erforschung des Judentums als Teil einer universellen, systematischen und kritischen Wissenschaft. Es ging – und geht auch heute – um neue Wege und Methoden zur Erneuerung über die Synagoge hinaus, um die Reflexion des Eigenen, die Gewinnung des anderen und den Beitrag des Jüdischen zur allgemeinen Kultur.

Die Beiträge wurden in der von Zunz redigierten »Zeitschrift für die Wissenschaft des Judentums« veröffentlicht. Institut und Journal waren die Kernstücke der von Zunz lebenslang verfolgten Idee einer Wissenschaft des Judentums, die 1872 in der Gründung einer Hochschule ihre vorläufige Vollendung fand.

Die »Unterrichtsanstalt« hingegen tat genau das Umgekehrte: Ihr Ziel war die Einführung junger Juden, meist östlicher Herkunft, in die deutsche bzw. westeuropäische Wissenschaft und Kultur. Hier unterrichtete Heine – im Gebäude Burgstraße 24 – einige Monate lang Französisch, Deutsch und deutsche Geschichte. Nur das letzte Fach ist durch Akten belegt. Die anderen durch einen – allerdings unsicheren – Zeitzeugen, Levin Braunhardt, der im hohen Alter befragt worden ist. Der junge Dozent soll vierzehn Schüler gehabt haben, die an seinem Munde hingen. Demnach muß er begeisternd und begeistert gelehrt haben. Der bedeutendste Schüler der Anstalt war der nachmals berühmte Orientalist Salomon Munk. Möglicherweise hat er Heine nicht mehr als Lehrer erlebt, da dieser bereits 1823 wieder ausschied: zum einen aus gesundheitlichen und beruflichen Gründen; zum andern verließ er wegen der restriktiven Juden-Gesetze und Praxis bereits am 19. Mai Berlin. An den Vereinssitzungen nahm er bis zum 11. Mai teil, plädierte zum Beispiel für die

Aufnahme Michael Beers, des Bruders von Meyerbeer. Hervorgehoben sei sein Antrag vom 7. November 1822 »über einen zu stiftenden Frauenverein«, aus dem dann allerdings nichts wurde.

Die Sitzungen müssen ziemlich konfliktreich verlaufen sein, extreme Meinungen stießen zusammen. Was nicht wundernimmt bei einem so komplizierten Unterfangen, in einer widerspruchsreichen Situation etwas machen zu wollen, was im Grunde nicht zu machen ist. Mit drei Äußerungen, einmal von Joseph Lehmann (1801–1873), einem jüdischen Journalisten und Schriftsteller, späteren Herausgeber des »Magazins für die Literatur des Auslands«, einer von Heine und einer von Moser, soll auf einen kontroversen Punkt aufmerksam gemacht werden: »Lehmann erklärt, der Verein sei zu sehr auf Wissenschaft ausgerichtet und zu wenig volkstümlich; deshalb schlägt er die ›Herausgabe eines in populärer Sprache abgefaßten Religionsbuches für die Jugend‹ vor.« Heine wiederum »erklärt sich gegen die Absicht, das Judentum in der Weise eines modernen Protestantismus behandeln zu wollen«. Moser indes »stimmt mit dem Vorgeschlagenen darin überein, daß derselbe eines der dringendsten Bedürfnisse des jüdischen Lebens angeregt habe. Er ist der Meinung, daß an einen lebendigen Fortgang des Judentums gar nicht weiter zu denken sei, wenn ein solches Buch nicht geschrieben werden könnte, und daß es geschrieben werden müsse, wenn das Judentum nicht bloß kümmerlich fort vegetieren« solle. (Lehmanns Vorschlag wurde übrigens abgelehnt.) In wenigen Sätzen ist die Problematik eingekreist: Reform des Judentums war nötig, schwierig aber das Wie.

Die enormen Widersprüche der Epoche – der Sieg von monarchistischer Koalition und Restauration, das Hin und Her zwischen Judenfeindschaft und Judenbefreiung (Edikt von 1812 und Teilrücknahme von 1823), zwischen Emanzipation und Assimilation, Richess und Korruption – prägten unausweichlich Programm und Praxis des Vereins. Was er

wollte, war guterdings nicht zu verwirklichen. Das jüdische
Denken war zwar überaus reich, hatte ungemein Wichtiges
ge- und erfunden, verfügte über ein Geschichtsdenken im
Sinne von »Eingedenken«, doch bezog sich das überwiegend
auf die frühisraelitischen Epochen. Erst durch den Einfluß
aufklärerischer Gedanken richtete sich jenes Denken auf die
Gegenwart, auch auf eine jüdische Nation bzw. ein Volk.
Doch das wollte der größere Teil der modernen Juden grad
nicht, sie wollten eher nationale Grenzen überwinden, was
bei den einen zur Assimilation, bei den andern zu einem Vorgriff auf universelles Menschentum führte. Der Preis für die
Gleichstellung im bürgerlichen Recht war im Prinzip die Aufgabe des jüdischen Seins. So bei David Friedländer, bei dem
Heine 1822 eine Weile wohnte. Auf diese Weise gerieten Ju-
den teilweise in geistiges Niemandsland. Hier Orthodoxie,
dort Emanzipation und eben auch Assimilation. Gewinn und
Verlust der Reformbestrebungen, im Innern wie nach außen.
Unauflösliche Widersprüche. Es waren die Heinrich Heines.
   Man muß bei alldem auch die diversen Reform-Rabbiner
und Prediger kurz hören, etwa Isaak Bernays, Isaak Levin
Auerbach (1791–1853) oder die Hamburger Eduard Kley
(1789–1867) und Gotthold Salomon (1784–1862), zu denen
Heine wie andere des »Vereins«, etwa Zunz, in mehr oder
weniger kritischem Verhältnis standen. Sie vertraten just die
fragwürdige Richtung einer unbedingten Angleichung, die
in der Konsequenz bei manchen zur Taufe geführt hatte,
während Bernays in eine als »neoorthodox« zu bezeichnende
Richtung ging und Heines Sympathie hatte. Zu Salomon verhielt sich der junge Jude zunächst zurückhaltend, änderte indes seine Meinung nach dem 10. Dezember 1825, als dieser
im Schabbatgottesdienst gegen die Taufe sprach, also das
Renegatentum unter Juden verurteilte. (Der Dichter war zu
dieser Zeit bereits getauft!) Salomon behandelte in dieser Rede den »Schein-Abfall«, was Heine besonders angesprochen
haben muß. Abfall als Zeichen der Schwäche der Judenheit.

Sicher, der Schein-Abfall zeugt nicht von Stärke, mag aber geduldet werden in einer Zeit der Diskriminierung. Heine also als Marrane, welch interessanter Gedanke! (Marranen, wörtlich: Schweine, waren jene Juden im Spanien der Verfolgung des 14./15. Jahrhunderts, die das Christentum nur zum Scheine und als Lebensrettung annahmen.) Besonders muß ihn jene Passage aus Salomons Rede angesprochen haben, in der er eine Universalreligion auf jüdischer Grundlage postulierte: »dieser Glaube, sage ich, sollte nicht nur für uns, Israeliten, sondern für alle Geschlechter der Erde erhalten, gerettet werden«. Eine allgemeine Erwählung des Menschengeschlechts, was Heines Humanitätsphilosophie ohnedies entsprochen haben dürfte. In dieser Richtung sah er den Weg, den er als Jude jenseits von Orthodoxie und Assimilation gehen konnte. Er gehörte jedenfalls wie Zunz zu jenem Kreis der Reformer, denen es – nach Salomon – um den Edelstein und nicht um die Fassung ging und denen die Assimilationstendenzen zuwider waren. Zunz wurde, als er am 17. August 1822 eine Predigt wider das Sybarytentum im Tempel, gegen Dünkel und Geldstolz als Ursachen des Verfalls hielt, einfach abgelöst.

Immanuel Heinrich Ritter hat die Ziele der Reform am besten auf eine Formel gebracht, die den meisten Mitgliedern des »Vereins« und wohl auch Heine vorschwebten und an deren Verwirklichung sie gescheitert sind: »In dem Gesetze, welches den Wandlungen der Zeit unterworfen ist, den Geist des Gesetzes, in der vergänglichen und für ein bestimmtes Volk berechneten Anordnung das *allzeit* Gültige, auf *alle Menschen* Anwendbare hervorzukehren, bildet die höhere Aufgabe der Reform.«

In diesem Sinne wollten die Reformer die Juden umerziehen, umfassend – europäisch wie deutsch – bilden, moderne europäische Konzepte übernehmen: die der französischen Menschenrechte, der französischen Philosophie und der deutschen: Kants kritische Aufklärung, Herders Volks- und Nationalbegriff, Fichtes Wissenschaftslehre (besonders pro-

blematisch angesichts von Fichtes Antijüdischkeit), Hegels
Begriff des Geistes, der »absoluten Idee« – er war ihrem Geiste nahe, nur anders formuliert und determiniert. (Auch
Hegel war judenfeindlich!) Besonders der Volksbegriff hatte
es ihnen angetan, den sie andererseits aus seinen engen
deutsch-nationalistischen Grenzen befreien wollten. Was aber
mißlingen mußte – der romantische National- und Volksbegriff ließ sich für Juden nicht verwenden. Ihr Nationalbegriff
konnte erst ein halbes bis dreiviertel Jahrhundert später bestimmt werden, aus gänzlich anderen, nämlich biblischen,
hebräischen Quellen. Ich meine den Zionismus. Immerhin:
sie indes fanden den Begriff »historisches Judentum«, die Judenheit wurde aus ihrem sozialen Eigenleben und ihrer eigenen geschichtlichen Stellung heraus begriffen, und das war
ein ernst zu nehmender Fortschritt.

Bei aller Kühnheit dieser Entwürfe, im ganzen waren es
untaugliche Konzepte; innerjüdische Widersprüche und verstärkt ein neuer, der alte Feind – der Hauptwidersacher,
der Antijudaismus – ließen das Vereinsprojekt scheitern. Die
Emanzipation gelang nur partiell, die Gleichberechtigung
blieb Chimäre: Was wollten die paar hochbegabten Intellektuellen angesichts einer solchen Lage? Sie wollten der alten
Unterdrückung und Benachteiligung entfliehen – mit Mitteln
der anderen Seite. Freilich meist mit denen der bürgerlich-
demokratischen; der altkonservative Weg, der der Taufe, war
dann nur die traurige Kehrseite der Medaille. Doch selbst die
eher progressiv-demokratische sah nur in Ausnahmefällen
und bestenfalls eine religiöse Freiheit vor, diktierte ihre Bedingungen. Im antireligiösen Kampf der Aufklärung war die
jüdische Religion stets mitbetroffen, nur die Folgen waren
andere. Immerhin war sie – niemals so metaphysisch wie die
christliche – über Jahrtausende in der Diaspora Anleitung
zum Handeln, Kulturträger und ein Stück Identität und immer nur des einen Volkes. Als die religiösen Grundlagen in
Frage gestellt wurden, von jeglichen Aufklärern wie inzwi-

schen auch von den Haskalischen, den jüdischen, verfiel ein
Stück dieser Identität (was bei Christen noch lange nicht der
Fall sein mußte).

Andererseits waren jüdische Strukturen, damit auch religiöse, infolge der erzwungenen Abschottung (Ghettoisie-
rung) erstarrt und mußten ebenso durchbrochen werden wie
die Mauern selbst. Doch was dagegensetzen? Der europäische Bürger, zumindest in jenen Ländern, wo die Aufklärung
zum Tragen kam, besaß immer seine nationale Identität. Die
hatte der Jude nicht bzw. nur äußerst begrenzt. Es bedurfte
unendlicher Anstrengungen, sie zu behaupten, frei zu behaupten. Gerade Heines immerhin optimistische Tragödie
spricht ein beredtes Zeugnis. Er war Weltbürger und blieb
doch immer Jude. Man kann aus einer Religion oder Gemeinde, doch nicht aus seinem Volk austreten.

Was also konnten jene Gans, Lehmann, Moser, Wohlwill,
Zunz und mit ihnen Heine tun? Sie wollten eine Berufs-
umschichtung, wollten anerkannt sein als Professoren und
Beamte, was ihnen als Juden verwehrt war. Und andererseits:
sie wollten ins Europäische, Deutsche, wollten Wissenschaft
betreiben, doch eine solche des Judentums. Ein unauflösli-
cher Widerspruch! Global und theoretisch wäre die gute und
richtige, die eigentliche Emanzipation der Juden nur mit der
aller Menschen möglich.

Geschichtsnotorisch inzwischen Utopie. So gingen sie alle
in verschiedene Richtungen, nachdem sie ihren bestens ge-
meinten Irrweg konsequent zu Ende gegangen waren; Heine
ausgenommen, der den Irrtum schnell begriffen hatte. Einer
der Irrwege war der negativ-aufklärerische, ein anderer der
christianisierende, schließlich die Unfähigkeit, ihre Ideen
transparent zu machen auf Grund ihrer übersteigerten Ge-
lehrtensprache. Heine, der kluge Denk- und Sprachmeister,
hatte es auf den Punkt gebracht: »Einige Hühneraugenopera-
teurs (Friedländer & Co) haben den Körper des Judenthums,
von seinem fatalen Hautgeschwür, durch Aderlaß zu heilen

gesucht, und durch ihre Ungeschicklichkeit und spinnwebige
Vernunftbandagen muß Israel verbluten. […] Andere wollen
ein evangelisches Christenthümchen unter jüdischer Firma,
und machen sich ein Talles aus der Wolle des Lamm Gottes,
machen sich ein Wams aus den Federn der heiligen-Geists-
taube und Unterhosen aus christlicher Liebe, und sie falliren
und die Nachkommenschaft schreibt sich: Gott, Christus
& Co.« Es folgt eine Passage über den vermeintlichen Untergang des Christentums. »Zertretet man eine dieser Ideen-
Wanzen, so läßt sie einen Gestank zurück der Jahrtausende
lang riechbar ist. Eine solche ist das *Christentum*, das schon
vor 1800 Jahren zertreten worden, und das uns armen Juden
seit der Zeit noch immer die Luft verpestet.« (An Wohlwill,
7. April 1823)

Und an anderer Stelle die Kritik an der Ausdrucksfähigkeit:
»Ich will keine Göthische Sprache, aber eine verständliche,
und ich bin überzeugt was ich nicht verstehe, versteht auch
nicht David Levy, Israel Moses Nathan Itzig, ja vielleicht
nicht mahl Auerbach II [Baruch Auerbach] – aber unser Zeit-
schriftendeutsch macht mir die meisten Schwierigkeiten. Wüste ich nicht zufällig was Ludwig Markus und Doctor Gans
wollen, so würde ich gar nichts von Ihnen verstehen. Aber
wer in der Corruptheit des Stils es am weitesten gebracht hat
in Europa das ist L. Bernhardt. Ben David ist klar, aber was er
schreibt paßt weder für die Zeit noch für die Zeitschrift. Das
sind Aufsätze die anno 1786 im theologischen Journal pas-
send gewesen wären. […] Dringen Sie doch bey den Mitar-
beitern der Zeitschrift auf Cultur des Styls. Ohne diese kann
die andere Cultur nicht gefördert werden.« (An Zunz, 27. Juni
1823) Solche Zusammenhänge sah in der Tat nur Heine.

Scheitern also?! Zunz faßte es zusammen. »Die Juden und
das Judenthum, das wir reconstruiren wollten, ist zerrissen
und die Beute der Barbaren, Narren, Geldwechsler, Idioten
und Parnassim […], zerrissen, überfließend in die christliche
Staatsreligion, ohne Halt und Prinzip, zum Teil im alten

Schmutz, von Europa beiseite geschoben, fortvegetierend, mit dem trockenen Auge nach dem Esel des Messias oder einem anderen […] hinschauend, zum Teil blätternd in Staatspapieren und dem Conversationslexikon, bald reich, bald bankrott, bald gedrückt, bald toleriert.« (20. Juli 1824) Dies war Zustandsbeschreibung wie Prognose. Am 23. Oktober 1867 sah er es aus der Rückschau viel freundlicher und auch richtiger: »Zwischen 1817 und 1823 fällt die Blüte und der Bestand unserer Bestrebungen; alle seit jener Epoche fühlbar gewordenen Erfolge in Schule, Synagoge, Freiheit, Kultur und Wissenschaft gehen auf Vereinsmitglieder oder auf die durch selbige gemachte Saat zurück.« Die Ideen des »Vereins« wirkten in und durch die Praxis. Mehr als zwei Dutzend Mitglieder arbeiteten als Lehrer und Leiter bzw. Prediger, auch etliche Schüler der »Unterrichtsanstalt« trugen dessen Ideen weiter. Alle grundlegenden Reformideen der Judenheit bis hin zu Ansätzen des Zionismus haben hier ihren Ursprung.

Für Heine war der »Verein« nur eine Zwischenstation, doch eine entscheidende. War er sich doch seines Jüdisch-Seins wieder stärker bewußt geworden, auch theoretisch und historisch. Es beherrschte sein Denken, durchzieht seine Briefe. So schrieb er am 23. Mai 1823: »Bei meinem Eintritt in Lüneburg merkte ich daß hier großes Rischeß herrscht und ich nahm mir vor ganz isolirt zu leben. […] Wahrhaftig, Du bist der Mann in Israel der am schönsten fühlt. […] Hast Du an obigem Bild nicht gemerkt daß ich ein jüdischer Dichter bin? Doch wozu soll ich mich genieren, wir sind ja unter uns, und ich spreche gern in unsern Nationalbildern. Wenn einst Ganstown erbaut seyn wird und ein glücklicheres Geschlecht am Missisippi Lulef benscht und Matzes kaut [zum Sukkot-Fest mit dem Palmzweig die Hütte weihen; benschen – im weiteren Sinne einen Raum für feierliche Handlungen auch am Schabbat bereitmachen; Matzes/Mazze/Mazzot – sauerteigfreies Brot, vor allem zu Pessah gegessen – TF] und eine neu-jüdische Literatur emporblüht, dann werden unsere

jetzigen merkantilischen Börsenausdrücke zur poetischen Sprache gehören, und ein poetischer Urenkel des kleinen Markus
wird in Talles und Tefillim [Gebetsmantel und Gebetsriemen
gläubiger Juden – TF] vor der Ganstowner Kille [Gemeinde –
TF] singen [...]«

Aus Ritzebüttel heißt es am 23. August 1823: »Und ich bin
kein Deutscher, siehe Rühs, Fries an *vielen Orten* – [...] Ich
habe ihnen doch schon den Wahn genommen daß ich ein
Enthousiast für die jüdische Religion sey. Daß ich für die
Rechte der Juden und ihre bürgerliche Gleichstellung enthou-
siastisch sein werde das gestehe ich, und in schlimmen Zeiten,
die unausbleiblich sind, wird der germanische Pöbel meine
Stimme hören daß es in deutschen Bierstuben und Palästen
wiederschallt. Doch der geborene Feind aller positiven Religionen wird nie für diejenige Religion sich zum Champion
aufwerfen, die zuerst jene Menschenmäkeley aufgebracht, die
uns jetzt so viele Schmerzen verursacht.« (An Moses Moser)
Hier differenzierte Heine schon ziemlich genau sein Jüdisch-
Sein, bestimmte es eher säkular. Die ihm immer wieder in der
Literatur vorgehaltenen Widersprüche seiner Religionsauffas-
sung lassen sich ab hier besser bestimmen: Jegliches Ortho-
doxie-Denken blieb ihm fremd. Dieser Standpunkt ermöglichte ihm später die Rezeption der griechisch-antiken Götter-
mythen sowie sein Begriffspaar Hellenismus contra Nazarenertum bzw. Spiritualismus, sein historisches Herangehen,
außerdem seine prinzipielle Haltung gegen Judenfeindschaft.

An Moser schrieb er am 25. Juni 1824, im Zusammenhang
mit seinen Studien zum »Rabbi von Bacherach«: »Der Geist
der jüdischen Geschichte offenbart sich mir immer mehr und
mehr, und diese geistige Rüstung wird mir gewiß in der
Folge sehr zu statten kommen.« Über seine wie die allgemeine Jüdischkeit reflektierte er im Brief vom 25. Oktober
1824, auch im Zusammenhang des »Rabbi« und seiner Göttinger Situation, diesmal in Gedichten von äußerster ironischer Ernsthaftigkeit:

(An Edom!)

Ein Jahrtausend schon und länger,
Dulden wir uns brüderlich,
Du, du duldest daß ich athme,
Daß Du rasest, dulde ich.

Manchmal nur, in dunkeln Zeiten,
Ward dir wunderlich zu Muth,
Und die liebefrommen Tätzchen
Färbtest du mit meinem Blut!

Jetzt wird unsre Freundschaft fester,
Und noch täglich nimmt sie zu;
Denn ich selbst begann zu rasen,
Und ich werde fast wie Du.

Im gleichen Brief ein weiteres Gedicht aus jenem Geiste:

Brich aus in lauten Klagen,
Du düstres Martyrerlied,
Das ich so lang getragen
Im flammenstillen Gemüth'.

Es dringt in alle Ohren,
Und durch die Ohren in's Herz;
Ich habe gewaltig beschworen
Den tausendjährigen Schmerz.

Es weinen die Großen und Kleinen,
Sogar die kalten Herr'n,
Die Frauen und Blumen weinen,
Es weinen am Himmel die Stern'.

Und alle die Thränen fließen
Nach Süden, im stillen Verein,
Sie fließen und ergießen
Sich all' in den Jordan hinein.

Zweimal der Rückgriff auf den »Tausendjährigen Schmerz«,
die Greuel, das Einhalten der Juden und nun ihr Aufbegeh-
ren, wenn auch mehr in der Fantasie des Dichters denn in der
Realität: »Und ich werde fast wie Du.« Die andere Variante
des Ausbruchs ist auf den Jordan gerichtet, zum Heiligen
Land, nach Israel – die zweimalige Vorwegnahme eines zionistischen Programms, wie sie nur ein prophetisches Genie
denken kann. Es ist die damals nicht mögliche Variante, hier
ausgedrückt im biblischen Gleichnis von Edom, der für Esau
steht. Folglich konzentrierte sich Heine nach dem Scheitern
des »Vereins« praktisch auf sein Brotstudium, poetisch auf
den »Rabbi« und theoretisch auf die allgemeine »Emanzipation«, die künftig sein Losungs- und Programmwort sein
wird, die »Emanzipation«, die für alle, auch für die Juden, gelten solle.

Aus dieser Situation lebte er einen weiteren Widerspruch.
Um zu einem bürgerlichen Beruf im deutschen Milieu zu
kommen, übersprang er eine Hürde in wenig eleganter Grät-
sche: Am 28. Juni 1825 ließ er sich – nach christlich-reli-
giöser Unterweisung und Prüfung – im thüringischen Heiligenstadt evangelisch-lutherisch taufen. Der Übertritt zum
Christentum war das »Entreebillett zur europäischen Kultur«.
Von nun an hieß er Heinrich Heine.

Es hat ihm nicht viel genützt hinsichtlich einer bürgerlichen Laufbahn, eher geschadet, und er hat es auch bald be-
reut: »Ich versichere Dich, wenn die Gesetze das Stehlen sil-
berner Löffel erlaubt hätten, so würde ich mich nicht getauft
haben.« (An Moses Moser, 19. Dezember 1825) Das schrieb
er nach einem Synagogen-Besuch und einem Schabbat-
Abend bei Cohn. Und etwas später: »Ich bin jetzt bei Christ
und Jude verhaßt. Ich bereue sehr daß ich mich getauft hab;
ich seh noch gar nicht ein daß es mir seitdem besser gegangen sey, im Gegentheil, ich habe seit dem nichts als Unglück.« (An Moser, 9. Jänner 1826)

Es hilft nichts: dieser Schritt blieb und bleibt ein taktisches

Manöver, aber kein gutes noch nützliches. Seiner jüdischen Substanz hat er nicht geschadet, wie folgende Sentenz beweist: »Und Moses ist doch der gröste Jurist der je gelebt hat, denn seine Gesetzgebung dauert noch bis auf den heutigen Tag.« (An Moser, 23. April 1826) Ein Satz, der 1854 angesichts der späten »Geständnisse« seine Wichtigkeit erhält, denn er beweist Kontinuitäten im Heineschen Denken über alle großen Widersprüche hinaus, die jüdischen Kontinuitäten. Auch wenn sie in den nächsten Jahren nicht immer so sichtbar sein werden. Die allgemeine »Emanzipation«, die Politik, die Religionskritik und die an der »Menschenmäkeley« wird den Sensualisten, Pantheisten und zeitweiligen Atheisten mehr interessieren. Wie so oft schaut er sich selbst dabei über die Schulter, ironisch: »Ich werde jetzt ein rechter Christ; ich schmarotze nemlich bei den reichen Juden.« (An Moser, 19. Dezember 1825)

Wege als Dichter und Schriftsteller

Man kann wohl davon ausgehen, daß eines seiner geplanten Hauptwerke, welches Fragment geblieben ist, unmittelbar aus dem Umfeld des »Vereins« heraus entstanden ist: »Der Rabbi von Bacherach«. Im Zentrum der Geschichte stehen einer der schönsten und feierlichsten Bräuche der Judenheit, der Seder-Abend des Pessah-Festes, sowie die grausige Verfolgung, heutzutage würde man sagen, der Pogrom. Hauptpersonen sind der gesetzestreue Rabbi Abraham, seine schöne Ehefrau Sara und im dritten Kapitel der aus Spanien kommende Don Isaak, umgeben von ernstem Volk in Bacherach sowie lustigem in Frankfurt.

»Der Rabbi« war als Novelle, Erzählung oder gar Roman aus dem Leben spanischer Juden im 15. Jahrhundert geplant, blieb aber nach 1825 liegen, trotz außergewöhnlicher historischer Vorarbeiten. Heine hatte die Haggada gelesen, Teile

des T'nach, u.a. das Hohelied Salomonis, Benjamin von
Tudela (»Massaot Rabbi Benjamin«), Johann Jakob Schudt
(»Jüdische Merkwürdigkeiten«), Hermann von der Hardt
(»Historia literaria reformationis«), Johann Matthias Schröckh
(»Christliche Kirchengeschichte«), J. Ch. Wolf (»Bibliotheca
Hebraica«), G. Bartolòcci (»Bibliotheca Magna Rabbinica«)
sowie zahlreiche Texte von und über Isaak Abravanel (bei
Heine immer Abarbanel) – in der Tat ein immenses Pensum.

Es mögen ebensogut künstlerische wie politische und
auch literaturpolitische Gründe gewesen sein, die ihn nach
1825 zur Aufgabe des Projekts bewogen haben: so die Einsicht, daß der Konflikt Juden – Christen kein ausschließlich
religiöser, sondern ein sozialer, wenn nicht politischer sei
und daß sich die Emanzipation der Juden nur im Zusammenhang mit der allgemeinen Emanzipation vollziehen könne.
Heine widmete sich fortan mit allen seinen Werken dieser
Emanzipationsbewegung, vor allem mit den »Reisebildern«,
die sich zudem verkauften. Eine Juden-Novelle hätte sicher
nicht den Markt gefunden, so jedenfalls meinte Campe, der
ab 1826 Heines Verleger war.

Teile des »Rabbi«-Manuskriptes sollen bei dem großen
Hamburger Brand von 1833 in der Wohnung von Heines
Mutter verbrannt sein. 1840 erschien der heute bekannte
Text im Band 4 des »Salon«, mit dem vermutlich neu geschriebenen dritten Kapitel, das Ganze als »Fragment« bezeichnet und vom heutigen Leser auch so empfunden. Es gibt
allerdings Indizien, die auf eine beabsichtigte Wiederaufnahme des »Rabbi« im Jahre 1833 hinweisen, und zwar im
Zusammenhang mit Besuchen der Freunde des »Vereins«
Moser, Lehmann und Marcus zwischen 1833 und 1836 sowie dem Tod von Moser und Gans 1838 und 1839. Auch gibt
es eine briefliche Äußerung von Marcus an Zunz: »Heine,
sagt mir Herr Munk, nähert sich den Juden wieder.« (1839)
Ausschlaggebend für die am Ende eilige Veröffentlichung war
der Ritualmordprozeß von Damaskus mit all seinen Begleit-

erscheinungen (Beschuldigungen, Verfolgungen von Juden), die für viel Aufregung sorgten, vor allem in Frankreich.

Letztendlich spiegeln sich in der Form des »Rabbi«, vor allem über die neueingeführte Figur des Don Isaak, eine Art persönlicher Identifikationsfigur des Dichters, Heines Erfahrungen mit Emanzipation und auch Assimilation, mit seinen philosophischen Disputen zwischen Sensualismus und Spiritualismus, Hellenismus und Nazarenertum (worunter er zeitweilig Judentum als positive Religion begriff) – ein Disput ohne Ende. Ich denke, aus dieser Konstellation heraus war es gar nicht möglich, dem »Rabbi« einen wirklichen erzählerischen Abschluß zu geben. Work in progress war das Resultat eines thinking in progress. Fragment als Konzept!

Ähnliches an Unabgeschlossenheit, Abbruch und Wiederaufnahme widerfuhr dem »Faust«-Stoff in Heines Hand. Ursprünglich sollte dieser »Faust« »genau das Gegenteil vom Goetheschen werden«, wie Studienfreund Eduard Wedekind zu berichten weiß: »Bei Heine aber soll der Mephisto das handelnde Prinzip sein, der den Faust zu allen Teufeleien verführt. Bei Goethe ist der Teufel ein negatives Prinzip. Bei Heine soll er ein positives werden.« Wedekind erzählt eine Art Fabel, wonach Faust in der Gestalt eines Göttinger Professors erscheint, sich langweilt, in der Begleitung von Engeln von Teegesellschaft zu Teegesellschaft eilt und allerlei Abenteuerchen besteht. Nach Wedekind war sich der Autor über das Ende nicht im klaren, wobei ein für Heines Ästhetik hochinteressanter Gedanke ins Spiel kommt: »[…] vielleicht will er gar kein Ende machen, weil er dadurch den Vorteil erhält, manches in das Stück hereinbringen zu können, was eigentlich nicht hereingehört.« Dem werden wir noch oft begegnen in Heines Werk, der sich Genres sucht oder schafft, in welchen er Positionen zu Angriff und Kritik beziehen und variieren kann, im Gegensatz zur klassischen Ästhetik und Poetik, die Finale und geschlossenes Werk bevorzugt.

Auch aus diesem Grunde ist Heine mit dem Text nicht

weitergekommen. Aber da war immerhin Goethe. Um gegen ihn anzutreten, mußte man etwas Besonderes bieten, wofür Heines Erfahrungen und Techniken noch nicht ausreichten. Was mehr als zwanzig Jahre später als Tanzpoem »Doktor Faust« bzw. Ballettlibretto für den englischen Ballettimpresario Benjamin Lumley entstand, mag kaum noch etwas mit dem studentischen Entwurf zu tun gehabt haben.

Schließlich die »Memoiren«. Sie beschäftigten den Dichter fast sein gesamtes schriftstellerisches Dasein, rund 33 Jahre lang. Überliefert ist ein Bruchstück über die Kindheit bis zum Erlebnis des Fünfzehn-, Sechzehnjährigen mit dem »roten Sefchen«, der Scharfrichterstochter, das bereits soziale Impulse ausgelöst hatte – launig und gut erzählt, mit einigen starken und tiefen Stellen, die eine Ahnung vom Ganzen geben. Nach Heines Plänen sollten die »Memoiren« eine Art Jahrhundertbeschreibung großer Begebenheiten und Umbrüche werden. Eine erste Erwähnung geht auf das Jahr 1823 zurück – da war er keine 26 Jahre alt –, eine letzte erfolgte wenige Monate vor seinem Tode. Dazwischen gab es lange Pausen und immer wieder Neuansätze. Daß der vierzigjährige Meister in Paris, als er das Vorhaben wieder aufnahm, an das Jugendskript nicht nahtlos anknüpfen konnte, ist einleuchtend. Man fragt sich überhaupt, was einen Fünfundzwanzigjährigen bewogen haben mochte, Memoiren zu beginnen.

Bis auf ein halbes Hundert Druckseiten ging alles durch Familienzensur oder Autodafé verloren. Die mehr oder weniger engherzige Mischpoche verhinderte das ihr nicht genehme Werk. Dabei ist der jüdische Familiensinn zu bedenken – die Mischpoche hielt zusammen. Heine selbst hatte eine enge, wenn auch zwiespältige Beziehung zu ihr. In die gewiß nicht immer sauberen Geschäfte seines Onkels Salomon und dessen Anhang, vor allem des Vetters Carl, hatte er genügend Einblick, den er gelegentlich als Waffe benutzte, vor allem wenn es um Geld ging und im Erbschaftsstreit. Soviel jedenfalls steht fest: Hätte dieser philosophische Schriftsteller und historische Publizist, dieser Bescheidwisser und Vorausahner von Paris seine »Memoiren« zu Ende geschrieben, sie wären mit Sicherheit ein säkulares Werk und ein Stück Zeitgeschichte, eine Chrestomathie der Bourgeoisie und der sozialen Bewegung, des deutschen und europäischen Denkens, der Künste und schließlich der Judenheit geworden.

Anzumerken bleibt, daß der junge Autor noch eine historische Arbeit und eine lateinische, vermutlich akademische Abhandlung über die Todesstrafe geplant hatte, über die nichts bekannt geworden ist. Letztere ist aber ihrer Thematik wegen erwähnenswert – wäre es ein Appell zu ihrer Abschaffung geworden?

Hier ist auch der Ort, die erschienenen Werke kurz abzuhandeln: »Gedichte« (1822), »Tragödien« (1823), Prosa über mehrere Jahre. Die ersten Gedichte waren durchaus eklektisch, sosehr ihre Grundstimmung des Anti schon erkennbar ist: Mariendichtung, Minnelieder, die über Fouqué, den er als Don Ramiro versinnbildlicht hat, auf ihn kamen, Romantik, Goethe- und Wilhelm-Müller-Einflüsse fügten sich noch nicht zusammen. Katholische oder klassische Harmonie war vorübergehend noch angestrebt, doch ohne Erfolg und Nachhall. Doch bereits in den »Jungen Leiden« (mit Änderungen weitgehend den »Gedichten« entsprechend) wollte er »vielmehr, jakobinisch unerbittlich, die Gefühle zerschneiden, der Wahrheit wegen«. Dissonanzen also, Widersprüche. Es waren die gelebten Widersprüche, wobei die unglückliche Liebe zu dem bürgerlichen Durchschnittsmädchen Amalie nur den Anlaß bildete. Hier war er nicht als Jude ausgeschlossen, denn sie war eine Jüdin, sondern als sozial Unterprivilegierter. Er litt maßlos, objektivierte aber die Enttäuschung ziemlich schnell, so daß er sie betrachtend verallgemeinern konnte. Der bürgerlichen Lebens- und Liebeslüge kam der Dichter mit Elegie und Ironie, zunehmend mit Satire bei. Es entstand etwas ganz Neues in der Poesie, das dennoch dem allgemeinen Verständnis zugänglich blieb.

Dabei half ihm das Instrumentarium der Romantik zunächst sehr: Arnim/Brentanos Volksliedersammlung »Des Knaben Wunderhorn«, Ludwig Uhlands Volkslieder und Balladen; Schlegels Erfahrensvermittlung nicht zu vergessen. Eine besondere Rolle spielte Wilhelm Müller aus Dessau, der sogenannte Griechenmüller, ein Hauptvertreter des Philhellenismus, mit dem Heine korrespondierte und der mit seinen Gedichtsammlungen »Die schöne Müllerin« und »Die Winterreise« durch Schuberts Vertonung weltberühmt geworden ist. Ein Gedicht aus letztgenannter Sammlung soll stellvertretend hier stehen:

Gefrorne Tränen

Gefrorne Tropfen fallen
Von meinen Wangen ab:
Und ist's mir denn entgangen,
Daß ich geweinet hab?

Ei Tränen, meine Tränen,
Und seid ihr gar so lau,
Daß ihr erstarrt zu Eise,
Wie kühler Morgentau?

Und dringt doch aus der Quelle
Der Brust so glühend heiß,
Als wolltet ihr zerschmelzen
Des ganzen Winters Eis.

In der Lakonie und Genauigkeit, in Trauer und Kälte, in der Augenfälligkeit des Entfremdungsbildes sind die Heineschen Verse und Strophen denen Müllers sehr ähnlich. Und doch ist da ein bezeichnender Unterschied: Während Müller im Schmelzen des Eises auf – allerdings auch nicht erreichbare – Harmonie zielt, würde das Eis bei Heine entweder härten oder brechen – der Widerspruch wird bewußt gemacht.

Auch Goethe wirkte weiter, der »West-östliche Divan« vor allem, in dem freilich erfüllte Liebe besungen und aus Brüchen und Konflikten heraus die tieferen Gesetze des Lebensstromes ins gültige Wort gesetzt sind. Heine war von Natur aus ein anderer, er kam aus einer anderen Lebenssituation und sah sich einer veränderten gesellschaftlich-geschichtlichen Lage gegenüber. Diese darzustellen, halfen ihm andere Traditionen, so der Petrarkismus, den Schlegel erneuert hatte, und später die spanisch-sefardische Romanze. Petrarca besingt ebenfalls unglückliche Liebe, Nichterfüllung, und dies in präzisen, kurzen Gedichten, meist Sonetten. Grundhaltung war das Schwanken der Stimmung auf dem Hintergrund schwankender sozialer Gefüge. Kein Geringerer als der formbewußte August von Platen hatte das erkannt. Heine schrieb nur wenige Sonette, verwandte mehr die Volksliedstrophe, später zunehmend Balladen und vor allem Romanzen. Bald hatte er den eigenen Ton und Klang gefunden, den er von Teilen der »Jungen Leiden« über das »Lyrische Intermezzo« und »Die Heimkehr« bis zum »Neuen Frühling« mit zahlreichen Untertönen durchhielt. Das kleine Gedicht, das sangbare Lied ist seine einzigartige Leistung dieser Periode.

Die als Romanzen bezeichneten Balladen »Die Grenadiere« und »Belsazar« mit ihren harten Rhythmen und scharfen Brüchen seien erinnert. »Die Grenadiere«, einer der Vorläufer von »Le Grand«, sind zu verstehen aus der jüdischen Sicht, in der Napoléon wirklich der Befreier war, und nach einem Erlebnis mit Rückkehrern der Grande Armée aus Rußland. Der jambische Rhythmus gibt dem Gedicht etwas Gebietendes, Treibendes, Unerbittliches sowie eine hohe Sangbarkeit. Es wurde mehrfach vertont, u. a. von Wagner.

»Belsazar« geht – laut einer von Ludwig Kalisch 1849 aufgezeichneten Erinnerung – auf einen Seder-Abend zurück. In der Kultusordnung steht das Mitternachtsgedicht mit dem Vers: »Der sich berauscht aus heiligen Gefäßen ward

getötet – in derselben Nacht.« Das ist Heines Schlußvers
sehr nahe. Der Eingangsvers »Die Mitternacht zog näher
schon« entspricht dem »Wajhi bachazi halajlah« (»Es war um
Mitternacht«). Der mittelalterliche Autor Kaliri zielt auf jenen Tag, der »weder Tag ist noch Nacht«, also den Tag des
Propheten Elijahu, der am Seder erwartet wird und diesen
Tag ankündigt. Das hat Heine zwar geändert, doch der Ursprung ist deutlich. Die oft auch angeführte Quelle aus dem
Buch Daniel ist nicht falsch, der bibelsichere Heine hat sie
sicher gekannt, doch liegt der Ursprung aus dem Seder-
erlebnis näher.

Das Gedicht vom Teetisch:

> Sie saßen und tranken am Teetisch,
> Und sprachen von Liebe viel.
> Die Herren, die waren ästhetisch,
> Die Damen von zartem Gefühl.

(»Lyrisches Intermezzo«, Nr. 50, später »Buch der Lieder«) sei
kurz behandelt. Die über Liebe tönenden Gestalten sind alle
mehr oder weniger satirisch gezeichnet, ihre Aussage über
Liebe ist von vornherein nicht ernst zu nehmen. Wie aber ist
es mit dem Liebesgefühl in der Schlußstrophe:

> Am Tische war noch ein Plätzchen,
> Mein Liebchen, da hast Du gefehlt.
> Du hättest so hübsch, mein Schätzchen,
> Von deiner Liebe erzählt.

Ist diese Haltung von demselben Geiste wie die der anderen,
oder steht hier der krasse Gegenentwurf? Es wäre der Zug
ins Positive, in die Erfüllung, doch nur als Vision. In der beschriebenen Realität steht nichts dafür. Der Dichter entläßt
uns mit schwebendem Schluß ins Ungewisse.

Von einsamer Größe und Schönheit ist der Achtzeiler vom

Fichtenbaum (»Intermezzo«, Nr. 33), der von Größe und Schönheit auch handelt:

> Ein Fichtenbaum steht einsam
> Im Norden auf kahler Höh'.
> Ihn schläfert; mit weißer Decke
> Umhüllen ihn Eis und Schnee.
>
> Er träumt von einer Palme,
> Die, fern im Morgenland,
> Einsam und schweigend trauert
> Auf brennender Felsenwand.

Eine unerfüllte Liebe – knapper geht's nimmer. Die Größe ist eingeschränkt, die Schönheit tragisch.

Etwas später entstand »Mein Herz, mein Herz ist traurig« (»Die Heimkehr«, Nr. 3, Sommer 1823):

> Mein Herz, mein Herz ist traurig,
> Doch lustig leuchtet der Mai;
> Ich stehe, gelehnt an der Linde,
> Hoch auf der alten Bastei.
>
> Da drunten fließt der blaue
> Stadtgraben in stiller Ruh';
> Ein Knabe fährt im Kahne,
> Und angelt und pfeift dazu.
>
> Jenseits erheben sich freundlich,
> In winziger, bunter Gestalt,
> Lusthäuser, und Gärten, und Menschen,
> Und Ochsen, und Wiesen, und Wald.
>
> Die Mägde bleichen Wäsche,
> Und springen im Gras herum;
> Das Mühlrad stäubt Diamanten,
> Ich höre sein fernes Gesumm'.

Im alten grauen Turme
Ein Schilderhäuschen steht;
Ein rotgeröckter Bursche
Dort auf und nieder geht.

Er spielt mit seiner Flinte,
Die funkelt im Sonnenrot,
Er präsentiert und schultert –
Ich wollt, er schösse mich tot.

Der »Riß« ist das Kompositionsprinzip dieses Gedichts, das
sich durch äußerste Genauigkeit sowie durch Sprach- und
Realitätsreichtum auszeichnet. Krasser können die Spannungen zwischen Natur- und Seelenzustand, zwischen realistischer Beschreibung des Außen und poetischer Verdichtung
kaum sein, so wie die zwischen dem Herzen und dem weit
und hoch ragenden Turm. Und weiß man um das soziale
Außen in Lüneburg von judenfeindlichen Christen und mit-
telmäßigen Juden, um die ziemlich trostlose Lage des brot-
losen jungen Intellektuellen, der sein Studium in Berlin wegen neu aufkommenden Judenhasses abgebrochen hatte und
in neuen hineingekommen war, vor dem ihn die »Schutz-
juden«-Stellung der Eltern kaum schützen konnte, kann man
diese Strophen um so besser verstehen.

Aber auch aus dieser Situation fand er heraus, vor allem als
Dichter:»Ich lebe und bin noch stärker, / Als alle Toten sind!«
(»Die Heimkehr«, Nr. 23) Überhaupt nehmen im Zuge dieses
Zyklus die trotzigen und ironischen Züge zu:

Selten habt ihr mich verstanden,
Selten auch verstand ich euch,
Nur wenn wir im Kot uns fanden,
So verstanden wir uns gleich.

(»Die Heimkehr«, Nr. 80) Gedicht Nr. 90 bringt Fazit und eine
Art Abschluß:»Und dies Büchlein ist die Urne / Mit der Asche
meiner Liebe.« Gleichzeitig häufen sich die Sätze bzw. Verse,

daß es in diesem Tone nicht weitergehen könne. Und die neuen Töne ließen in der Tat nicht allzulange auf sich warten.

Daß Heines Gedichte zwischen Franz Schubert, Robert Schumann und Johannes Brahms oder Rainer Bredemeyer zu den meistvertonten gehören, daß Schumanns »Dichterliebe« so beliebt im Konzertsaal geworden ist, mag dieser Genauigkeit in Metapher und Wort, der nachvollziehbaren Stimmung, dem so strengen wie synkopierten Rhythmus zu verdanken sein. »Im wunderschönen Monat Mai«, dies ungebrochene Liebeslied, und die »Lorelei« als Elegie über eine untergehende Kunst sind gar Volkslieder geworden.

Spätestens hier taucht eine Frage auf, die uns bei dem Juden und Deutschen Heinrich Heine noch mehrfach beschäftigen wird. Warum konnte der Jude so deutsch fühlen? Wobei zu bemerken ist, daß just der »Riß«, die Brüche ihm von rechts oft als undeutsch vorgeworfen worden sind. Der Dichter selbst hat nie verleugnet, daß er deutsch sei, trotz aller Kritik und einiger heftiger Zornes-Äußerungen. In der jetzt behandelten – wie auch in mancher späteren – Periode äußert er sich dazu sehr unmittelbar: »Ich weiß daß ich eine der deutschesten Bestien bin, ich weiß nur zu gut daß mir das Deutsche das ist, was dem Fische das Wasser ist, daß ich aus diesem Lebenselement nicht heraus kann […] Ich liebe sogar im Grunde das Deutsche mehr als alles auf der Welt, ich habe meine Lust und Freude dran, und meine Brust ist ein Archiv deutschen Gefühls, wie meine zwei Bücher ein Archiv deutschen Gesanges sind. Mein erstes Buch ist auch in seiner Äußerlichkeit ganz deutsch, damals war die Liebe zum Deutschen noch nicht in mir getrübt; mein 2tes Buch ist nur innerlich deutsch; doch fremdartiger ist seine Aeußerlichkeit. Daß aus Unmuth gegen das Deutsche meine Muse sich ihr deutsches Kleid etwas fremdartig zuschnitt, ist wahrscheinlich.« (An Christiani, 7. März 1824) Man wird diesen Tönen

immer wiederbegegnen, zum Beispiel 1844, in der Vorrede
zu »Deutschland. Ein Wintermärchen«, da nur politisch prä-
ziser, bestimmter. Im zitierten Briefausschnitt mischen sich in
das eindeutig deutsche Bekenntnis Einschränkungen, die aus
seinen jüdischen und sozialen Erfahrungen verstehbar sind.

Die Tragödien sind besser als ihr Ruf. Schon der Theaterleiter
August Klingemann, der 1824 den »Almansor« in Braunschweig zur – allerdings verunglückten – Uraufführung
brachte, bezeichnete das Stück als eine »geniale, freilich hinsichtlich der Bühnenanwendung noch ungeregelte Arbeit«.
Der Stoff, die Geschichte von Almansor und Zuleima, ent-
stammt wie der »Rabbi« dem Spanien des 15. Jahrhunderts,
einem Zeitraum kurz nach der Einverleibung Granadas in das
wiedervereinigte Spanien durch Isabella von Kastilien und
Ferdinand von Aragonien. Daß der Dichter so oft nach jüdischen Stoffen aus Spanien griff, hat sicher zum einen mit seiner eigenen sefardischen Herkunft zu tun. Der andere Grund
ist eher ein sachbezogener: In Spanien wie im gesamten
mediterranen Raum war die Hochblüte der mittelalterlichen
jüdischen Kultur. Hier entstanden die großen Themen und
Stoffe, hier wurden sie im Miteinander von Islam und Judentum, Arabern und Judenheit im konfliktreichen Verhältnis zu
den Christen durchdacht, geprägt, erprobt und aufgeschrie-
ben. Die aschkenasische Judenheit hatte zu dieser Zeit noch
nichts Wesentliches an Tradition zu bieten.
    Historischer Konflikt der Tragödie ist der zwischen Spa-
niern und Arabern, Christen und Mohammedanern, persönlicher Konflikt die unglückliche Liebe zwischen Kindern
feindlicher Familien, wobei Vertauschung der liebenden Kinder die Lage noch kompliziert. Der Stoff, romanzenhaft auf-
bereitet, hat Ähnlichkeit mit dem von Gedichten früher wie
später Zeit. In der gleichnamigen Romanze »Almansor« wird
der äußere Konflikt zwischen Christentum und Islam, der
innere durch die Taufe ausgetragen. Hintergründe beider

Texte sind die politischen Konflikte im zeitgenössischen Spanien, Heines unglückliche Liebe und vor allem die Judenproblematik.

»Romeo und Julia« hatte ebenso Pate gestanden wie »Nathan der Weise« und Lessings humane Toleranz. Die Aufwertung der Mauren (Araber, historisch auch Morisken) ist politisch zu werten als Affront sowohl gegen christliche Intoleranz als auch gegen die Heilige Allianz, die sich christlich gab und Spaniens liberale und bäuerliche Opposition niederknüppelte. Der Appell zu Humanität und Toleranz gipfelt in dem berühmten und inzwischen vielzitierten Satz: »Das war ein Vorspiel nur, dort wo man Bücher verbrennt, verbrennt man auch am Ende Menschen.« So groß diese Sentenz: Das nach dramaturgischen Modellen Corneilles und Racines, also nach klassizistischen und schicksalsdramatischen Prinzipien gebaute Stück weist zahlreiche Kunstfehler auf, zurückzuführen auf ein eklatantes Mißverstehen der Dialektik von Dargestelltem und Darstellung. Obendrein überwuchern Lyrismen den Text. So war der Mißerfolg programmiert, ausgelöst durch ein judenfeindliches Publikum: Zu späteren Inszenierungen ist es nicht mehr gekommen.

Sein anderes Jugendstück, die Tragödie »William Ratcliff«, konnte nicht durchfallen, weil es gar nicht aufgeführt wurde; dafür hatte es eine Werk- und Wirkungsgeschichte auf dem Musiktheater von Pietro Mascagni über César Cui bis Bernd Wefelmeyer 1976 (als Musical). Herkunft von Stoff und Geschichte ist unbekannt. Die Handlung führt in ein nördlichnebliges Schottland, eine Macbeth-Welt (eine Figur heißt sogar Duncan). Ödipus- und Turandot-Motive sind mit den Konstellationen feudaler Machtkämpfe verflochten, mit Leidenschaften und Morden ähnlich wie in »König Richard III.« oder »Macbeth«, worin die Enttäuschten und Benachteiligten ebenfalls über Leichen zum Ziel kommen.

Der Autor projizierte auch hier seine persönliche Liebesgeschichte hinein, die ja gleichermaßen eine Geschichte

sozialer Benachteiligung war. Doch entwickelt sich nicht das
eine aus dem andern, sondern steht sich unvermittelt gegenüber. Der Stückeschreiber, dem es an Praxis mangelte, ver-
wendete keine epische Chronik, die dem Stoff angemessen
wäre, sondern wieder das Genre des Schicksalsdramas.
Sollte es eine Travestie des Genres sein? Doch dazu fehlte
der Witz; über den hätte Heine erst zehn Jahre später ver-
fügt. Er wollte Determinismus des Handelns darstellen, die
Zwänge – möglicherweise als polemische Auseinandersetzung mit dem eigenen Subjektivismus. Auf jeden Fall bro-
delte hier bereits die »große Suppenfrage«, Büchner vorweg-
nehmend. Immer stärker wird sie der Dichter aufgreifen,
mit anderen Akzenten. Mehr als dreißig Jahre später, in seinem tiefsichtigen Geschichtswerk »Lutetia«, wird er den
Aufstand der Benachteiligten und ihre Enttäuschungen vor-
aussehend beschreiben und auch das schreckliche Wie.

Andere Texte waren kritisch-ästhetischer Art, so »Die Romantik«, worin der Verfasser Begriff wie Phänomen noch retten
wollte und die Grenzen zur Klassik verwischte: Goethe (als
»Plastiker«) und A. W. Schlegel (als »Romantiker«) sind ihm
eins, was nicht denkbar ist. Bald würde er trennen – Sensualismus und Spiritualismus heißen die späteren Begriffspaare. Ein
weiteres widerspruchsreiches Grundthema war angestimmt,
zwei methodische Züge wurden erkennbar: die Auseinandersetzung in Polemik und die ständige ästhetische Reflexion wie
vordem durch die Klassiker und später etwa bei den Brüdern
Mann, bei Brecht und Becher, Hacks und Heiner Müller.
    Ein Gedanke aus den frühen Arbeiten (»Tassos Tod«) sei
noch erwähnt, weil er gleichfalls weit ins Heute reicht: Grau-
samkeit in der Literatur und auf dem Theater lehnte Heine
ab. Bloße Schlächtereien und Stoffwechselvorgänge oder, um
das zu erweitern, der pure Geschlechtsakt sind in künstlerischen Medien unkünstlerisch und meist auch todlangweilig.
    Das also waren die Lehrjahre eines kommenden Großen,

seine Wege in die Literatur zwischen Schlegel und Hegel, zwischen Deutschen und Juden, fruchtbare Jahre gewiß und gute Voraussetzungen für die Wanderjahre.

Wanderjahre und Reisebilder
Zwischen Poesie und Politik I

»Auch zwischen geistigen Mächten existirt ein Völkerrecht, das nicht verletzt werden darf. Diese wechselseitige Achtung, selbst bey feindseliger Gesinnung, muß nie aufhören unter bedeutenden Geistern, sonst würde jenes Lumpengesindel, das untereinander nur gar zu fest verbündet ist, gar bald gewonnen Spiel haben.« (An Joseph Lehmann, 26. Mai 1826) Wem möchte man das nicht alles heutzutag ins Stammbuch schreiben!

»Ich darf jetzt Alles sagen, und es kümmert mich wenig ob ich mir ein Dutzend Feinde mehr oder weniger aufsacke.« (An Varnhagen von Ense, 24. Oktober 1826) Der Schriftsteller auf dem Wege zur Institution schied ungern zwischen Privatkühnheit und Nationalkühnheit, doch die Dutzende von Feinden ob beider Kühnheiten werden ihm bald arg zu schaffen machen, und manches Mal wird er die Privatkühnheit zurücknehmen müssen.

»Ich weiß sehr gut daß die Revoluzion alle sozialen Interessen umfaßt, und Adel und Kirche nicht ihre einzigen Feinde sind. Aber ich habe, zur Faßlichkeit, die letzteren als die einzig verbündeten Feinde dargestellt, damit sich der Ankampf konsolidire. Ich selbst hasse die aristocatie bourgeoise noch weit mehr.« (An Varnhagen von Ense, 19. November 1830) Diese drei Briefausschnitte mögen den geistigen Weg und die politische Spannweite des sich nun im nächsten Jahrfünft in Deutschland und im westlichen und südlichen Europa umtuenden Heinrich Heine veranschaulichen – vom geistigen Liberalismus über subjektive Kühnheit zur strategischen Frontenfestsetzung.

Heine suchte in diesen Jahren, da er philosophisch derart ausschritt, einen Beruf, von dem er leben konnte: Rechtsanwalt, Kaufmann, Staatsbeamter, Literaturprofessor wollte er werden – nichts davon ward er. Als Literaturprofessor hätte ich ihn mir vorstellen können, doch in keinem der anderen Metiers. Heine als Beamter – in welchen Kopf soll das hineingehen? Redakteur war er ein halbes Jahr in München, und dort machten andere wie Friedrich Ludwig Lindner die Arbeit für ihn. Schriftsteller ward er, das heißt Dichter aus Berufung und Schriftsteller von Berufs wegen. Das war im Grunde neu und außerordentlich schwierig, da es so gut wie keinen urheberrechtlichen Schutz gab und noch kaum einen Buchmarkt. Zudem bei einem, der kein Gefälligkeitsschreiber war und nicht bereit zu Kompromissen, um die er letztlich dann doch nicht herumkam, keine Mäzene hatte.

Doch im Zuge der allmählichen Kapitalisierung Deutschlands entwickelte sich der Markt und mit diesem Verlage und Zeitschriften. Heine hatte das bald erkannt, Zeitung und Zeitschrift wurden ihm ein unentbehrliches Medium. So erklärt es sich, daß seine wichtigsten Werke in Doppelgestalt an die Öffentlichkeit kamen. Im allgemeinen ist die Buchform die endgültige und geschichtliche geworden, doch in einigen Fällen hat auch die Journal-Edition eigenen Wert, etwa die »Briefe aus Berlin« und »Über Polen«, einzelne Rezensionen, Artikel, verschiedene politische Gedichte der vierziger Jahre (»Die schlesischen Weber«, die zu Lebzeiten ihres Verfassers in kein Buch kamen) sowie die »Berichte aus Paris«, ebenfalls aus den vierziger Jahren, die er später zur »Lutetia« umarbeitete.

Seine frühe Bekanntheit in Deutschland verdankte er den Zeitungsdrucken; die beiden ersten Buchausgaben bei Maurer und bei Dümmler in Berlin waren in geringer Auflage erschienen und hatten sich nicht allzugut verkauft. Erst als Heine 1826 an einen geschäftstüchtigen, dazu liberalen und demokratischen Verleger geriet, konnte er sich voll entfalten und wurde seinerseits Zugnummer und begehrter Artikel.

Als Schriftsteller gedieh er nach und nach zur moralisch-politischen Institution, wobei ihm Zensur, viele Verbote und Einschränkungen nicht nur hinderlich, sondern durchaus auch förderlich waren.

Noch aber war es nicht soweit, noch war er auf der Suche, wanderte und reiste. Vor allem ruhte sich der junge Doktor aus, pflegte galanten Umgang mit Damen und schrieb Gedichte, »Nordsee«-Gedichte. Bis zum Frühjahr 1827 lebte er abwechselnd in Lüneburg (bei den Eltern, wo er sich nie wohl fühlte), in Hamburg und im Sommer an der Nordsee (Norderney, Wangeroog, später Helgoland). Manche neue Bekanntschaften waren für ihn anregend und mitunter auch nützlich, so die mit dem Kaufmann Friedrich Merckel, der Heine so manchen Dienst erwies, aber doch nie ein echter Partner sein konnte, sowenig wie der Heidelberger und spätere Hannoveraner Johann Hermann Detmold, der ihn in Paris besuchte und als Zeitschriftenherausgeber einige Texte des Dichters gedruckt hat. Die Advokatur in Hamburg scheiterte bald, wahrscheinlich an Intrigen von Mitbewerbern, die zur eigenen Familie gehörten, assimilationsbereiten Juden, die an die eigene Sicherheit und das eigene Fortkommen dachten.

Heine und Campe – Dichter und Verleger

Ein Zwischenkapitel soll und kann es nur werden – dieser Abschnitt über Bündnis und Kampf zweier Riesen, die sich liebten und haßten, ein säkulares Werk edierten, geizig und mißtrauisch waren, einander im Stich ließen und doch zusammenblieben, über dreißig Jahre, bis zum Tode und über ihn hinaus. Eine der erregendsten Autor-Verleger-Geschichten, vergleichbar nur der zwischen Goethe und Cotta, zumindest im Bereich deutschsprachiger Literatur.

1826 lernten sich Dichter und Verleger kennen. Ein Leben lang hielten sie sich die Treue, trotz diverser, teils heftiger

Konflikte. Interessenbündnis und Geschäftsbeziehung hatten dabei auch ihre menschliche, sympathische Seite. Julius Campe, der noch etwas vom liberalen Citoyen hatte und schon einiges vom Bourgeois, hatte den schon früher bekannten Hoffmann-Verlag 1823 übernommen. Er verband Geschäftssinn mit Anstand, Kühnheit mit List, Unternehmensgeist mit Taktik und förderte obendrein die junge liberale und demokratische Literatur. Unschätzbar für eine bedeutende Periode deutscher Literaturgeschichte, unschätzbar für deren bedeutendsten Autor. Ein Liberaler, der Heine, Börne und andere progressive bürgerliche Schriftsteller durchsetzte, selbst dann noch, als sie liberale Ideen hinter sich ließen, sich radikalisierten und Volksbewegungen anschlossen oder für sie eintraten.

Die Szene ihrer Begegnung ist überliefert: Sie begab sich im Jänner 1826. Der Dichter kam in Campes Buchhandlung, verlangte ein Exemplar seiner »Tragödien« und machte sie schlecht. Campe, der Heine nicht persönlich, doch als Autor kannte (derzeit lief der Abdruck der »Harzreise« im »Gesellschafter«), verteidigte ihn. Der nahm ihn beim Wort: ob Campe ihn drucken würde, er sei der Verfasser der »Tragödien« und der »Harzreise«. Auf Campes »Ja« erschien Heine in den nächsten Tagen mit seinen Manuskripten, und der Vertrag über die »Reisebilder. Erster Teil« wurde geschlossen – 30 Louisdors für alles. Der Dichter arbeitete die im »Gesellschafter« arg entstellte, »vergubitzte« (so Heine scherzend über die Tätigkeit des Chefredakteurs Gubitz) »Harzreise« um, fügte die neunzig Gedichte der »Heimkehr« und die zwölf der »Nordsee. Erster Zyklus« hinzu, und das Buch erschien bereits im Mai desselben Jahres.

»Die Harzreise« endet in glückseliger Stimmung: »Es ist der erste Mai, der lumpigste Ladenschwengel hat heute das Recht, sentimental zu werden, und dem Dichter wolltest du es verwehren?« Nein, niemand wollte es ihm verwehren (damals noch nicht!), und wir schon gar nicht. Das Buch fand ein lebhaftes Echo, auf dem Buchmarkt und in den Preßblättern – der Name Heinrich Heine, auf dem Titelblatt noch immer H. Heine, gehört seit 1826 zur deutschen Literaturgeschichte.

Campe ermunterte ihn, den Erfolg zu nutzen, und einen zweiten Teil vorzubereiten. Damit nahm etwas seinen Lauf, was Heine mitunter die Hölle bereitete, für beide aber, Autor wie Verleger, und für die Allgemeinheit von großem Nutzen war: die ständige Mahnung, das Antreiben zur Produktion. Um dem Wunsch Campes entgegenzukommen, befaßte sich Heine in diesem und dem kommenden Jahr mit umfangreicher Lektüre über Napoléon, mit römischer Geschichte (vor allem Gibbon: »History of the Decline and Fall of the Roman Empire«, ein konsequent aufklärerisches Standardwerk der Zeit), allgemeiner Reiseliteratur, Werken von Walter Scott, Madame de Staël, Lawrence Sterne, Ludwig Tieck, aber auch Homer. Letzterer wichtig für die weiteren Gedichte des zweiten Zyklus »Die Nordsee«. Kernstück des neuen Bandes sind die »Nordsee. Dritte Abteilung«, also die Prosa, ferner »Ideen. Das Buch Le Grand« und die arg gekürzten »Briefe aus Berlin«. Knapp ein Jahr später, 1827, erschien der zweite Teil der »Reisebilder«, just als dessen Verfasser nach England reiste, für vier Monate.

Gleichzeitig veranstaltete Heine auf Vorschlag des Verlegers eine Sammlung seiner Gedichte aus zehn Jahren, unlustig eigentlich – es ward das »Buch der Lieder«. Als es im Oktober 1827 vorlag, meinte der dreißigjährige Verfasser, es werde ins »Meer der Vergessenheit hinabsegeln«. Vorerst schien es auch so, als ob das lyrische Resümee des nunmehr als »Reisebilder«-Autor bekannten Schriftstellers in der Tat uninteressant geworden sei. Die Rezensenten verhielten sich mäßig bis maßvoll, kaum einer ahnte die Tragweite des Ereignisses. Selbst Campe nicht so ganz. Doch der hatte Vertrauen zu seinem Autor. Um 1834 etwa war die erste Auflage von 2000 Exemplaren verkauft, und der Verleger schlug seinem Autor, der inzwischen in Paris lebte und mit ganz anderen Themen beschäftigt war, eine zweite Auflage vor. Der jedoch hatte nicht hingehört. Von nun an bohrte Campe, setzte seinem Autor zu, triezte ihn von Brief zu Brief – der aber reagierte seltsamerweise nicht. Er hat sich auch bei anderen Stoffen nie zwingen lassen, rückte fast nie etwas heraus, was nicht fertig war und was er nicht verantworten konnte. Im Falle der neuen Auflage vom »Buch der Lieder« war das freilich weniger verständlich. Erst als seine finanziellen Schwierigkeiten in Paris zunahmen, Campe ihm Rechnungen aufmachte, daß verschiedene Bücher nicht so gut liefen (nur die »Reisebilder« waren alle in mehreren Auflagen erschienen), machte sich Heine endlich daran, den Band durchzusehen und ihn mit einer Vorrede auszustatten, einem etwas wehmütigen Rückblick auf Stimmungen, Erlebnisse und Dichtungen der Jugendzeit, die so bleiben sollten, wie sie waren. So kam es, daß es zehn Jahre bis zur zweiten Auflage 1837 dauerte; 1839 lag bereits die dritte vor, wieder mit einer Vorrede, dem Abschied vom »alten Märchenwald«, diesmal in Gedichtform. Den Schluß gab er in Prosa, einer wunderbar schönen Entschuldigung bei dem Gotte der Dichtkunst, dem Apoll, daß er, der Dichter, nicht mehr so viel schöne Poesie mache und sich mehr auf politischen Feldern tummele: »Du verstehst mich, großer schöner Gott, der du ebenfalls die goldene Leier zuweilen vertauschtest mit dem starken Bogen und den tödlichen Pfeilen ... Erinnerst du dich auch noch des Marsyas, den du lebendig geschunden? Es ist schon lange her, und ein ähnliches Beispiel tät wieder not ... Du lächelst, o mein ewiger Vater!« An die Stelle Jehovas war Apoll, doch in Gestalt eines ewigen, einzigen Gottes, getreten, das Hellenentum beflügelte den Geist des Dichters, und die Politik ebenfalls. Die Poesie war freilich nur zurückgedrängt, er hatte sie niemals verlassen, wie konnte er!

Das »Buch der Lieder« erschien künftig ohne Vorreden und in immer kürzeren Abständen: bis zum Tode des Dichters gab es 13 Auflagen. Später wurden sie Legion. Dies Werk ward ein Hausbuch der Deutschen, verursachte damit maßgeblich das verzerrt-einseitige Bild des Elegikers und Ironikers, der er immerhin auch war, bestimmte ebenfalls einseitige Interpretationen des Buches selbst und seines Autors, begründete indes Heines Weltruhm mit.

So groß Campe als Verleger war, für eines hatte er niemals Verständnis: für die ganz besondere, die besonders schwierige Art des literarischen Produzierens überhaupt und für die Heines schon ganz und gar nicht. Für ihn war der Autor so etwas wie eine schreibende Maschine, unempfindlich für schwankende Stimmungen, Seelenlagen usw. Wie die meisten Verleger begriff er kaum, wie sensibel Literatur-Produktion oft ist und wie vieler Voraussetzungen und Informationen sie bedarf, die oft schwer und aufwendig zu beschaffen sind. Eine Tätigkeit, die weder zu normieren ist noch sich grenzenlos quantifizieren läßt. Die meisten Konflikte zwischen ihm und Heine entstanden aus diesem Mißverständnis, die übrigen aus den Finanzen, was nicht immer zu trennen ist. Da mag auch mancher Irrtum beim Autor gelegen haben, dessen Bücher, besonders in den Anfangszeiten, sich nicht so gut verkauften (etwa »Französische Zustände«). Heine ist zwar nicht arm geworden oder geblieben, konnte sich mit viel Geschick über Wasser halten und überleben, sein Verleger aber ist reich geworden. Die Situation von Schriftstellern hat sich inzwischen um vieles verändert; im 20. Jahrhundert entstanden Urheberrechtsgesetze, die die Lage von Autoren verbesserten, ihre Unabhängigkeit stärkten, und Heine hat durch seine Kämpfe und Leiden, durch seine Haltung als Autor, durch sein Vertragsgebaren dazu beigetragen. Dennoch bleibt noch vieles offen, zahlreiche Autoren hatten auch im 20. Jahrhundert ein bitteres Los, vor allem kompromißlose, ins Exil gezwungene oder durch Verbote getroffene, ethnischen Minderheiten angehörende.

Wanderjahre und Reisebilder
Zwischen Poesie und Politik II

Selbstredend hatte der inzwischen bekannter gewordene Dichter in den Jahren bis zur Englandreise und auch danach nicht nur nach einer Stellung gesucht, gelesen, geschrieben und gebadet. Besonders während seiner Aufenthalte in Hamburg pflegte er der Geselligkeit: in den Kaffeehäusern am Jungfernstieg, besonders im Alster-Pavillon, bei den Heines (den Familien von Salomon und Henry) und Embdens (Schwester Charlotte und Anhang), bei Campe, bei Familie Assing (Verwandte der Varnhagens). Zu seinem Umgang gehörten der Komponist Albert Methfessel (in der »Harzreise« erwähnt) sowie der aus dem Weimarer Goethe-Ensemble gekommene Schauspieler Pius Alexander Wolff. Befreundet war er zeitweilig mit dem bereits erwähnten Kaufmann Friedrich Merckel, mit dem ihn ein längerer Briefwechsel verband. Bei dem Professor Friedrich Gottlieb Zimmermann hörte er Goethe-Vorlesungen, eine weitere Quelle seines Goethe-Verständnisses, die bereits in der »Nordsee. Dritte Abteilung« ihren Niederschlag gefunden hatte. 1829/30 belegte er bei ihm Vorlesungen über englische Literatur. Auch den anarchistischen Revolutionär und Schriftsteller Wit von Dörring lernte er kennen – er wird mit ihm in München zu tun haben und über ihn einen verteidigenden Artikel schreiben. Er besuchte häufig das Hamburger Theater, auch wenn es außer Louis Angely und Ernst Raupach nicht viel zu bieten hatte. (Heine war zeitlebens ein fleißiger Theaterbesucher, der viel von der eigenständigen Art der Theaterkunst verstand, und es ist daher um so bedauerlicher, daß er sich diesem Medium nicht weiter zugewandt hat.) Schließlich ward er in Streitigkeiten verwickelt, meist mit orthodoxen Juden, die ihm weder die Taufe noch seine Kritik an ihnen, noch seine andere Lebensart verziehen. Am Ende war er froh, daß er das Festland verlassen und sich nach England einschiffen konnte.

Er reiste Mitte April 1827, ausgestattet mit mancherlei Empfehlungen und einem Kreditbrief von Salomon über 400 Pfund Sterling. Der war zwar nur zur Repräsentation gedacht, wurde aber vom Ankömmling sofort beim Londoner Bankhaus Rothschild eingelöst.

Er lebte meist in London und in den Seebädern Margate und Ramsgate, besichtigte die City, Westminster Abbey, das Parlament, wo er sich oft aufhielt und den Debatten zuhörte, das Gefängnis Old Bailey; ging aber auch zu Pferderennen, in den Hafen und auf die Docks – immer dorthin, wo viel Betrieb war. Oft besuchte er das Drury Lane Theatre, wo er mehrere Shakespeare-Stücke mit dem großen Schauspieler Edmund Kean sah. Über all das wird er schreiben, bald nach der Reise in den »Englischen Fragmenten«, über anderes viel später, so in der »Französischen Bühne«. Er verkehrte mit Bankern und Juristen im Londoner Westend, dem Komponisten Ignaz Moscheles und hatte eine Beziehung zu einer Kitty Clairmont, dem Urbild der »Kitty«-Gedichte. Er erholte sich in den Bädern, vertrug aber das englische Klima nicht gut.

England – und das war in diesem Falle London – war in mehrfacher Hinsicht bedeutend für ihn, dabei durchaus ambivalent: Der sich zum politischen Schriftsteller entwickelnde Heine begriff in der großen (damals etwa eine Million Einwohner) und geschäftigen Themse-Stadt, was eine Hauptstadt ist, eine City, und bekam Einsichten in das politische Leben eines ziemlich weit entwickelten Kapitalismus in der Staatsform einer konstitutionellen Monarchie mit Parlament und Parteien (den Tories und Whigs). Deutschland mochte dagegen als ein unterentwickeltes Land erscheinen. Halb Bewunderung, halb Abscheu prägten seine Berichte, ließ er sich doch auch nichts vormachen von glänzenden Fassaden, pathetischen Reden im Parlament (etwa von Henry Brougham), menschenvollen Straßen und üppigen Märkten. Doch so recht wohl hat er sich nicht gefühlt, und das lag nicht nur daran, daß es auch das England Wellingtons, des Gegners

Napoléons, war, das »perfide Albion« (von Heine 1840 be-
nutzter Begriff aus dem Sprachschatz der Französischen Revolution im Jahre 1793): Schließlich regierte noch George
Canning, Symbol der Liberalen in Europa. Die englische Kul-
tur- bzw. Literaturwelt blieb ihm wohl auch deshalb ver-
schlossen, weil er die englische Sprache nicht so gut beherrschte und keine englischen Schriftsteller von Belang
kennenlernte, trotz einer Notiz im »Morning Herald«, die
den Aufenthalt des »Dr. H. Heine, the German Satirist and
Poet« anzeigte. Insofern ist es nicht verwunderlich, daß er
England und die Engländer künftig nicht allzu positiv beurteilte und daß sich seine Kenntnis englischer Poeten auf
die ohnehin bekannten beschränkte, von Shakespeare über
Gibbon und Scott bis zu seinem zeitweiligen Wahlverwand-
ten Byron. Doch bei aller Kritik verleugnete er niemals das
politische Fortgeschrittensein der Engländer.

Unmittelbar nach Cannings Tod im August 1827 verließ er
England wieder – um gesellschaftliche Eindrücke und politische Erkenntnisse reicher. Beschleunigt hatte den Aufbruch
sicherlich ein Brief des Publizisten und Redakteurs Friedrich
Ludwig Lindner mit dem Angebot Johann Friedrich Cottas für
eine gutbezahlte Redakteursstelle in München. Die Empfeh-
lung war von Varnhagen gekommen. Heine kehrte zurück,
wenn auch ohne Eile. Zunächst durchstreifte er die Niederlande
und hielt sich in Rotterdam, Leyden und Amsterdam auf, wor-
über er in den »Memoiren des Herren von Schnabelewopski«
geschrieben hat. Nach Aufenthalten auf Norderney und Wangeroog traf er zum frühen Herbst wieder in Hamburg ein.

Er bekam das ausgelieferte »Buch der Lieder« in die Hand
und arbeitete an den »Englischen Fragmenten«, seiner ersten
rein politischen und auf soziale Fragen gerichteten Schrift. Er
machte die Bekanntschaft des Schriftstellers August Lewald
(woraus eine lange, produktive Beziehung entstand), verkehrte mit dem Schauspieler und Stückeschreiber Karl
August Lebrun und unterhielt bis 1829/30 eine Beziehung zu

der späteren Burgtheater-Schauspielerin Therese Peche. Zudem schloß er einen ersten größeren Vertrag mit Campe und nahm Cottas Angebot an.

Ende Oktober reiste Heine nach München ab – es wurde ein kleiner Triumphzug. Sein schriftstellerischer Ruf eilte ihm voraus. In Göttingen empfing ihn sein alter Professor Sartorius und in Kassel die drei Brüder Grimm, bei welcher Gelegenheit Ludwig Emil Grimm eines der markantesten und beliebtesten Porträts schuf. In Frankfurt verbrachte er mehrere Tage mit dem seinerzeit berühmteren, auch wesentlich älteren Ludwig Baruch Börne, beide noch verbunden im liberal-republikanischen Dagegen wie in jüdischer Tradition – sie nahmen an einem Abend des Chanukka-Festes teil. Auch der Publizist und Satiriker Moritz Saphir, ebenfalls ein späterer Gegner Heines, und der Komponist Ferdinand Hiller, der in Paris zeitweilig sein Freund wurde, gehörten zum Frankfurter Kreis. In Heidelberg besuchte er seinen Medizin studierenden Bruder Maximilian, lernte den republikanischen Politiker und Schriftsteller Detmold nun auch persönlich kennen und wurde als Verfasser der »Reisebilder« aus Württemberg verwiesen, jenem Land, wo einst Christian Friedrich Daniel Schubart auf der Festung Hohenasperg und in den dreißiger Jahren der Nationalökonom Friedrich List (in Paris mit ihm bekannt) gefangengehalten wurden. In Stuttgart traf er dann noch den vom Studium bekannten Literaten Wolfgang Menzel, den späteren konservativen Denunzianten und Erzfeind. Vorerst aber las Heine dessen »Deutsche Literatur« und rezensierte sie sogar.

So langte der künftige Redakteur Ende November 1827, knapp dreißigjährig, in München an, ward vom älteren Cotta für ein Jahresgehalt von 2 000 Gulden engagiert, um zusammen mit Lindner die »Neuen allgemeinen politischen Annalen« zu leiten. Nun war er also Mitarbeiter des ersten Verlegers in Deutschland – eines Freundes der Juden und ihr Verteidiger im Landtag –, und zwar zu einer Zeit, als die große Goethe-Ausgabe »letzter Hand« in 40 Bänden zu er-

scheinen begann. »Ich bin eine von Cottas teuersten Puppen.«
Es schien fast so, als ob sich Heines Wünsche erfüllen sollten: eine gute Stellung, die ihm Zeit zu eigenem Schaffen
ließ, interessanter Umgang, der vom halbwegs liberal gesinn-
ten Minister Eduard von Schenk über Michael Beer und den
Kollegen Lindner bis zu Ferdinand Johannes Wit (genannt
Wit von Dörring) reichte, und an schönen Frauen war auch
kein Mangel. Als Freund gewann er einen soeben aus langjähriger Haft entlassenen Republikaner, Dr. Gustav Kolb, den
langjährigen Chefredakteur der in Augsburg erscheinenden
»Allgemeinen Zeitung«. Es war die auflagenstärkste Zeitung
in Deutschland, die einzige von halbwegs internationalem
Format, die auch in anderen europäischen Ländern gelesen
wurde.

Als Redakteur begann Heine das Jahr 1828. Das München
dieser Zeit war eine auf kulturelle Repräsentation bedachte
kleinimperiale Hauptstadt. Ludwig I., in diesen Jahren noch
ein wenig liberal, ließ seinen Architekten und Baumeister Leo
von Klenze die Stadt zur Kunstmetropole ausbauen und
durch Friedrich Thiersch Gelehrte in die Stadt holen, in deren
Umkreis auch Heine verkehrte. Es ließ sich alles recht gut an.
Er konnte die »Englischen Fragmente« nach und nach in den
»Annalen« veröffentlichen, schrieb einen Teil der Gedichte
des »Neuen Frühlings«, kam in interessante Gesellschaft und
hatte eine Professur in Aussicht. Der »Annalen«-Redakteur
und Autor anderer Blätter (»Morgenblatt für gebildete
Stände«) verkehrte in den Salons, ging viel ins Theater, wo er
Raimunds »Mädchen aus der Feenwelt« und »Der Bauer als
Millionär« sah, Stücke von Beer und Schenk sowie die Oper
»Kreuzritter in Egypten« des aufkommenden musikdrama-
tischen Genies Giacomo Meyerbeer (Jakob Liepmann Beer
aus reicher Berliner jüdischer Familie), und er lernte Robert
Schumann kennen.

Doch das Unglück ließ nicht lange auf sich warten. Zunächst vertrug Heine das Klima nicht, und die Klagen über

seine schlechte Gesundheit nahmen kein Ende. Die Münchner Gesellschaft war gespalten, wie er nur zu bald bemerkte: Wit und der revolutionäre Harro Harring, ein Mann eher jakobinischen Zuschnitts, Lindner, Kolb und er waren die Minorität, selbst wenn man Cotta hinzurechnet. Eine gemäßigte, halbliberale Mitte um den Minister und Verfasser von Bühnentexten Schenk, zu dem der von Berlin her bekannte Michael Beer, die Maler Peter von Cornelius und Gottlieb Gassen, der genannte Architekt Klenze und der Philologe Thiersch gehörten, war nicht zu stark. Auf der rechtskonservativen Seite standen Maßmann sowie der katholische Theologe Ignaz von Döllinger, Lehrer Platens und Herausgeber des Journals »Eos«, in dem er Heine mit Infamie angriff, und in gewisser Weise August von Platen selbst, trotz einer gewissen Liberalität. (Platen lebte zu der Zeit allerdings nicht in München, sondern in Italien.) Der Geist der Judenfeindschaft machte sich breit, Antiliberalismus und Antidemokratismus Vorwände liefernd und Schützenhilfe leistend, getragen von einem extrem konservativen Katholizismus. Der hatte in München bereits seit der Gegenreformation im 16./17. Jahrhundert eine feste Bastion, etwa im Jesuitenkolleg in der Kaufinger Straße. So konnten die Intrigen gesponnen werden, und Schenks Bemühungen um eine Professur Heines fanden keine Unterstützung. König Ludwig I. lehnte – unter wessen Einfluß auch immer – ab. Am Ende erhielt sie Ferdinand Maßmann, was ihm Heine lebenslang vergalt – der Maßmann, der kein Latein konnte –, und so ward schließlich auch dieser berühmt. Für den Dichter war die Ablehnung um so ärgerlicher, als er ja Kompromißbereitschaft in einer bedenklichen Weise gezeigt hatte: »In Deutschland ist man noch nicht so weit zu begreifen, daß ein Mann, der das Edelste durch Wort und Tat befördern will, sich oft einige kleine Lumpigkeiten, sey es aus Spaß oder aus Vorteil, zu schulden kommen lassen darf, wenn er nur durch diese Lumpigkeiten (d. h. Handlungen die im Grunde ignobel sind) der großen

Idee seines Lebens nicht schadet, – ja daß diese Lumpigkeiten oft sogar lobenswerth sind wenn sie uns in den Stand setzen der großen Idee unseres Lebens desto würdiger zu dienen. Zur Zeit des Machiavells und jetzt noch in Paris hat man diese Wahrheit am tiefsten begriffen. / Dieses zur Apologie aller Lumpigkeiten die ich noch Lust habe in diesem Leben zu begehen. Ich denke die nächste wird in der Gestalt einer Rezension erscheinen. Pst! Pst!« (An Varnhagen von Ense, 1. April 1828) In der Tat ein bedenklicher Macchiavellismus, über den er sich klar war. Zum Glück ließen sich die Vertreter des Ancien Régime (Königs-, Adels- und Kirchenpartei) davon nicht beeindrucken. Leidtragender war dann nur der arme Platen, das am Ende falsche Zielobjekt.

Im ganzen mißfiel Heine die Münchener Atmosphäre zusehends, und der schon früher gefaßte Plan einer Italien-Reise ward erneut aufgegriffen und in die Tat umgesetzt: Am 4. August 1828 reiste er ab. Die Route führte durch Tirol über Trient nach Verona: Amphitheater und Palast der Capuleti, einer der verfeindeten Familien aus »Romeo und Julia«, stimmten ihn in die Antike- und Renaissance-Welt ein. Doch hielt er sich nicht auf, bald war er in Mailand, wo er den Dom besichtigte. Dieser, einer der prachtvollsten überhaupt, den Napoléon I. im Zuge seiner imperialen Aussöhnung mit den alten Mächten und auch wohl zur Erinnerung an seine großen Schlachtensiege in Norditalien vollenden lassen wollte, assoziierte im Grunde mehr Gegenwart als Mittelalter. Und diese Gegenwart ließ ihn an dem eigentlich gänzlich unbedeutenden Ort Marengo verweilen. Hier hatte am 14. Juni 1800 der Konsul Bonaparte gegen eine zahlenmäßig überlegene österreichische Armee einen glänzenden Sieg errungen: »Hier tat der General Bonaparte einen so starken Zug aus dem Kelch des Ruhms, daß er im Rausche Konsul, Kaiser, Welteroberer wurde und sich erst zu St. Helena ernüchtern konnte. Es ist uns selbst nicht viel besser ergangen; wir waren mitberauscht, wir haben alles mitgeträumt, sind ebenfalls

erwacht, und im Jammer der Nüchternheit machen wir allerlei verständige Reflexionen. Es will uns manchmal bedünken,
als sei der Kriegsruhm ein veraltetes Vergnügen, die Kriege
bekämen eine edlere Bedeutung, und Napoleon sei vielleicht
der letzte Eroberer.« (»Reise von München nach Genua«,
Kap. XXIX) So metaphorisch-präzise beschrieb der Italien-
reisende, Historiker und Zeitkritiker Heine Geschichtsereig-
nis und -prozeß in drei Sätzen.

Von Marengo reiste er nach Genua, besichtigte die be-
rühmten Palazzi mit ihren Gemälden, gedachte historischer
Tragödien, die so manchem Dichter Stoff gegeben hatten.
Giorgione löste derart bewegende Gedanken über Tod und
Leben aus, daß der Betrachter eilends abreiste, zunächst nach
Livorno. Dort tat er, was ein Schriftsteller meist tut – schreiben: die »Reise nach Italien«, wie der Text zuerst hieß. Nach
zehn Tagen begab er sich nach Lucca und hielt sich drei Wochen in den Bädern gleichen Namens auf: lesend, arbeitend,
Konversation machend, auf eine Nachricht, die Professur betreffend, wartend. Im Oktober siedelte er nach Florenz über,
erlebte die Uffizien, las, schrieb. Doch an diesem Orte erreichten ihn schlechte Nachrichten, die Ablehnung der Professur und die akute Erkrankung des geliebten Vaters, der
schon lange leidend war. Ende des Monats reiste er über
Bologna, Ferrara und Padua nach Venedig, wo er den deutschen Historiker Leopold von Ranke kennenlernte. Am 2. Dezember 1827 starb der Vater, was er erst zu Weihnachten in
Würzburg erfuhr. Während seiner Rückreise über Verona,
Trient und Innsbruck erschienen die ersten Teile der »Reise
nach Italien« in Cottas »Morgenblatt«.

In München verlief nichts mehr nach seinem Wunsch, so
daß er dort seine Zelte abbrach und Anfang 1829 nach Hamburg zurückkehrte. Wieder war ein hoffnungsvoller Ansatz
gescheitert, ein Abschnitt beendet – immerhin mit literari-
schem Ergebnis und Vorrat an Stoff sowie Einsichten in seine
widerspruchsreiche Lage, sein Dasein als Außenseiter.

Die Gründe, warum Heine nicht als Redakteur in München blieb, sind im einzelnen nicht bekannt. Weder lag eine Entlassung durch Cotta noch eine Kündigung seinerseits vor. Auch später hielt er den Kontakt zu Cotta und dessen Sohn Johann Georg aufrecht und wurde langjähriger Mitarbeiter der Cottaschen Zeitungen, vor allem der »Allgemeinen«. Vermutlich hat in der Redaktion der »Annalen« nicht alles zum besten gestanden; die Verständigung mit Lindner war ebenfalls nicht allzu gut, und der beste Redakteur war der Dichter sicher nicht. Sein eigenes Werk hatte allemal für ihn den Vorrang. Wahrscheinlich aber hatte sich die Atmosphäre infolge der konservativen und antijüdischen Intrigen so verschlechtert, daß Heine aus Selbstachtung keine andere Wahl blieb. In einem Brief an Varnhagen vom 1. April 1828, in dem er seinen Umgang mit Fjodor Tjutschew, dessen Frau und deren Schwester, Töchtern eines Grafen Bodmer, beschrieb, klang noch Hoffnung an: »Ich weiß überall in der großen Lebenswüste irgend eine schöne Oase zu entdecken.« Gerade das aber war ihm in München nicht gelungen, zumindest nicht auf Dauer. Der russische Diplomat und Lyriker Tjutschew übersetzte ihn bald in Russische, womit Heines Start in die Weltliteratur begann.

Wanderjahre und Reisebilder
Zwischen Poesie und Politik III

Hamburg gähnte ihn an und rückte ihm seine ziemlich fatale Lage ins Bewußtsein. Es war sein zehnter Aufenthalt in der Stadt, und er konnte ziemlich gut abschätzen, wie es ihm dort ergehen würde. So begab er sich bereits einen Monat später wieder nach Berlin, zu den alten Freunden und Bekannten, zu denen neue hinzukamen: Achim und Bettina von Arnim, der Historiker und Philologe Johann Gustav Droysen, der Banker Joseph Mendelssohn, vor allem der junge Kom-

ponist und Dirigent Felix Mendelssohn Bartholdy, dessen
Wiederaufführung von Bachs »Matthäuspassion« 1829 in der
Zelterschen Singakademie am Kupfergraben er wahrnahm,
ferner die Maler Wilhelm Hensel und Franz Kugler, die ihn
beide porträtierten, das permanent unglückliche Schriftstel-
lerehepaar Charlotte und Heinrich Stieglitz. (Den aufsehen-
erregenden Suizid der Charlotte machte Peter Hacks vor
etlichen Jahren zum Gegenstand eines Einakters in dem
Stückzyklus »Musen«.) Auch Giacomo Meyerbeer lernte er
jetzt erst richtig kennen.

Zwischendurch lebte er eine Weile in Potsdam, arbeitete an
der Fortsetzung der »Reise nach Italien« (»Die Bäder von
Lucca«), las Goethe und Lawrence Sterne und beschäftigte
sich mit Napoléon-Literatur. Seine wichtigste Lektüre aber bildete die saint-simonistische Zeitschrift »Le Globe« aus Paris.

Hauptgrund des Berlin-Potsdam-Aufenthaltes war indes
wiederum die Stellensuche: Professor oder Dozent an der
Berliner Universität. Doch alles zerschlug sich. Den Sommer
verbrachte er auf Helgoland, wo er vermutlich mit der berühmten Sängerin Wilhelmine Schröder-Devrient verkehrte,
Platen und Tacitus las. Oft begab er sich zu den Inselfischern,
die den Ruf und das Andenken »ihres Dichters« bis heute
pflegen. Hauptsächlich schrieb er am dritten Teil der »Reisebilder«, den »Bädern von Lucca«. Inzwischen war Platens
Lustspiel »Der romantische Ödipus« mit den Angriffen auf
Heine erschienen. Mit seiner Reaktion ausgerechnet in den
»Bädern von Lucca« kam ein mehr als ärgerlicher Literaturkrieg in Gang, auf den noch einzugehen sein wird. Vom
22. September 1829 an lebte Heine wieder in Hamburg, beendete die »Bäder von Lucca« und betreute auch den Druck
des dritten Teils der »Reisebilder«. In Krisenstimmung ging
das Jahr zu Ende, die einer ebenfalls krisenhaften Lage in Europa entsprach. Alles deutete auf Aus- und Umbrüche, die
nicht mehr lange auf sich warten ließen.

Nach dem dritten Teil der »Reisebilder« war Heine ein be-

kannter Mann in Deutschland, berüchtigt bei den einen, ge-
liebt von den anderen, auf jeden Fall skandalumwittert. Die
Bürger Hamburgs waren verschreckt; die Künstler, in deren
Kreisen er zumeist verkehrte, feierten ihn: die Schauspieler
Gustav Emil Devrient und Karl Lebrun, die Schriftsteller
Lewald, Gotthilf August von Maltitz und Achilles Runkel,
Herausgeber des »Hamburgischen Unpartheischen Correspondenten« (der Heine noch viel nützen und manchmal schaden
wird), der genannte Professor Zimmermann und vor allem
Ludolf Wienbarg, die Musiker Methfessel und Moscheles,
der Maler-Poet Johann Peter Lyser. Er ging in Theater und
Konzerte, so zu Niccolò Paganini, den er in den »Florentinischen Nächten« anschaulich beschreibt. Bei einer Tagung
der Naturwissenschaftlichen Gesellschaft im September 1830
lernte er den Naturforscher und Goethe-Gegner Lorenz Oken
kennen und begegnete Adelbert von Chamisso. Freundschaf-
ten entstanden daraus nicht.

Ein anstrengendes, vielseitig orientiertes Leben also: Genüsse da und Literaturkämpfe dort, konzentrierte Arbeit und
viel Lektüre (Goethe, Fielding, Thiers' »Geschichte der französischen Revolution«, Varnhagen), vor allem war und blieb
er ein begieriger Leser von Zeitungen und Journalen. Er redigierte Immermanns Versepos »Tulifäntchen«, eine Freundes-
arbeit, die ein mittelmäßig Werkchen für die Literaturgeschichte zubereitete, und schrieb Gedichte. Im Frühjahr 1830
zog er sich nach Wandsbek zurück, und im Sommer war er
wieder auf Helgoland, schwimmend und segelnd, Bibel und
Homer lesend, Bücher zur Mythologie und alten Geschichte.
In der Ruhe und Einsamkeit der Insel versuchte er sich über
sich selbst klarzuwerden als brotloser Akademiker und als
Schriftsteller. Er hatte eindeutige Erfolge aufzuweisen, war
bekannt geworden und politisch weitergekommen, links
vom Liberalismus stehend. Seine Feinde waren nicht mehr
nur Klerus, Aristokraten und Krämer, sie befanden sich auch
im bürgerlichen Lager. Feinde ebenfalls in der Judenheit, in

Gemeinden der Gesetzestreuen (obwohl er selbst mit manchen Konsequenten sympathisierte) wie bei den allzu Assimilationsbereiten in Reformkreisen.

Resignation überwog: Finanziell war er noch immer abhängig vom Millionen-Onkel; die Schriftstellerei konnte ihn, der
weder Billig- noch Mengen-Schreiber war, nicht ernähren.
Alle Berufsversuche waren gescheitert, und dabei stand er, der
Doktor beider Rechte, im 33. Lebensjahr. Künstlerisch hatten
sich bestimmte Techniken und Formen erschöpft, neue Wege
zeichneten sich noch nicht deutlich ab. Politisch stand er – so
schien es ihm selbst – im linken Spektrum links, aber weitgehend allein; als revolutionär Denkender und Schreibender
ohne soziale Bewegung als Basis. Nun ruhte er aus, erlebte Natur, vor allem das Meer, das er als poetischen Gegenstand für
die Neuzeit entdeckte. Er erholte sich von der miserablen Gegenwart und vertiefte sich in Geschichte und Kunst.

In dieser Phase erreichte ihn die Nachricht von der Pariser
Julirevolution, die ihn außerordentlich enthusiasmierte. Die
»Briefe aus Helgoland«, später ausgearbeitet und in das Buch
»Ludwig Börne« integriert, geben Kunde vom Umschwung seiner Empfindungen, von neuer Aktivierung: »Ich weiß jetzt wieder, was ich will, was ich soll, was ich muß … Ich bin der Sohn
der Revolution […], reicht mir die Leier, damit ich ein Schlacht-
lied singe … Worte gleich flammenden Sternen, die aus der
Höhe herabschießen und die Paläste verbrennen und die Hütten erleuchten … […] Der Fischer, welcher mich gestern nach
der kleinen Sandinsel, wo man badet, überfuhr, lachte mich an
mit den Worten: ›Die armen Leute haben gesiegt!‹«

Man sollte über dem Enthusiasmus die plebejische, vielfach soziale Komponente nicht aus dem Auge lassen: Die Pa-
last-Hütte-Metapher, die Georg Büchner fünf Jahre später
zum Motto und zur Zentralidee seiner Flugschrift »Der Hes-
sische Landbote« wie seines Werkes überhaupt machte, er-
hellt Heines Standort ebenso wie der Anruf vom Sieg der armen Leute. Hierin liegt auch die Tragödie: Der Sieg war nur

vorläufig, der eigentliche Sieg gehörte der Bourgeoisie, den
Bankern. Doch war eine neue Kraft aufgetreten und hatte
Ansprüche erhoben, ein geschichtlicher Fortschritt war in
jedem Falle errungen. Und damit ein gedanklicher beim
Dichter: Die Idee der allgemeinen und universalen Emanzipation – in den vorangegangenen Teilen der »Reisebilder« zunehmend ausgebildet – war historisch konkreter geworden
(»daß die Revoluzion alle sozialen Interessen umfaßt«). Er
hatte sich politisch radikalisiert: vom antifeudalen Liberalen
zum revolutionären Demokraten.

Mit diesem Aufschwung in Denken und Fühlen kehrte er
nach Hamburg zurück. Hoffnungen auf deutsche Folgen des
Pariser Juli zerschlugen sich rasch. Doch folgenlos sollte das,
was da geschehen war, nicht bleiben – dafür würde auch der
Schriftsteller Heinrich Heine mit sorgen, später, von draußen. Drinnen erst einmal: weitere Gedichte des »Neuen Frühlings«, Abschluß der vierten »Reisebilder« mit der »Späteren
Nachschrift« zur »Stadt Lucca« und »Schlußwort« zu den
»Englischen Fragmenten«, die den Juli-Geist in sich tragen.
Ferner die »Einleitung« zu »Kahldorf über den Adel«, einer
Sammlung von Briefen Robert Wesselhöfts, gerichtet an einen Monarchisten, Graf von Moltke, ebenfalls bei Hoffmann
und Campe erschienen, vermutlich aus Zensurgründen mit
dem fingierten Verlagsort Nürnberg. Der Verfasser, ein ehemaliger Burschenschaftler der eher linken Seite, war seit acht
Jahren inhaftiert. Campe hatte das Manuskript über Dritte erhalten und Heine als Herausgeber gewonnen. Dieser schrieb
die Einleitung dazu, eine radikale Schrift, die den Weg nach
draußen vorzeichnete. Philosophisch ist sie eine Vorläuferin
von »Zur Geschichte der Religion und Philosophie in
Deutschland«; bereits hier zog er die Vergleiche zwischen
deutschen Philosophen und französischen Revolutionären:
Kant – Robespierre, Fichte – Napoléon, Schelling – Konterrevolution usw., bis zu Hegel, dem »Orleans der Philosophie«. Daraus entwickelte Heine ein Programm der Bildung

für Deutschland als Voraussetzung einer Zivilisation. Von der Aristokratie waren solche Bestrebungen bislang verhindert worden. Sie lehnte (wie der adressierte Graf in dieser Schrift) jede Veränderung ab, als Elite durch Geburt auf ihren Privilegien bestehend. Dagegen erhebe sich das revolutionäre Frankreich, das die Fahne der Freiheit trage: »Ach! die ganze Zeitgeschichte ist jetzt nur eine Jagdgeschichte. Es ist jetzt die Zeit der hohen Jagd gegen die liberalen Ideen, und die hohen Herrschaften sind eifriger als je, und ihre uniformierten Jäger schießen auf jedes ehrliche Herz, worin sich die liberalen Ideen geflüchtet, und es fehlt nicht an gelehrten Hunden, die das blutende Wort als gute Beute heranschleppen. Berlin füttert die beste Koppel, und ich höre schon, wie die Meute losbellt gegen dieses Buch.« (Aus der Einleitung zu »Kahldorf über den Adel«). Ja, sie hat gebellt, und bald sollte es für den Autor solcher Zeilen, geschrieben mit liberal-revolutionärem und demokratischem Enthusiasmus und Pathos, in Deutschland keine Lebensmöglichkeit mehr geben.

Noch einen letzten Versuch unternahm Heine, eine staatliche Amtsstellung zu erlangen: ausgerechnet Ratssyndikus in Hamburg wollte er werden. Selbstverständlich ward er abgelehnt, aus politischen, weniger aus rassischen Gründen. Dr. Adolf Halle, Therese Heines Ehemann, also gleichfalls der Heine-Familie angehörend, hat sie erhalten. Varnhagen hat den anderen Grund erkannt – Heines völlige Uneignung zum Beamten. Nun gab es keine Chancen mehr für einen ordentlichen, d. h. bürgerlichen Beruf. Inzwischen waren die »Nachträge zu den Reisebildern« erschienen (»Vierter Teil«) – wußte der Dichter wirklich, was er wollte, sollte, mußte, wie auf Helgoland gedacht und notiert?

Im deutschen Bundesgebiet von 1830/31 mit seinen unterentwickelten Zuständen war ganz allgemein wenig und für einen solchen Kopf rein gar nichts mehr möglich. Die intensive Beschäftigung mit dem Saint-Simonismus, also einem utopischen Sozialismus, die Lektüre nicht nur des »Globe«, sondern der »Doctrine de Saint-Simon«, seines »neuen Evangeliums«, wiesen die Richtung. Seit März 1831 stand sein Ziel fest: Paris. Emigration war es zunächst nicht, Exil ward es, als nach 1835 das Werk verboten wurde und schließlich die Person in Deutschland gefährdet war. Geld für die geplante Reise gaben der Saint-Simonist Hartwig Hesse, ein Makler, und der ihm wohlgesinnte Onkel Henry Heine, auch ein Banker, doch ein toleranter, geistig liberaler.

Heine, der wieder als Reiseschriftsteller sich fühlende Außenseiter, verließ Hamburg am 1. Mai und machte Station in Frankfurt am Main. Börne war bereits in Paris, so daß kein Dialog mehr stattfinden konnte. Dafür zerstritt er sich mit seinem nationalliberalen Jugendfreund Johann Baptist Rousseau und ließ sich von Moritz Oppenheim malen. Das Bild, eigentlich das schönste von ihm und auch das bekannteste, ward das letzte Zeugnis des deutschen Dichters auf deutschem Boden. Am 20. Mai 1831 traf Heine in Paris ein. Abgefahren war er zu Studien für ein paar Monate, er blieb ein Vierteljahrhundert, bis zum Tode. Die Wanderjahre waren zu Ende.

»Reisebilder« als Literatur

Wie bekannt eigentlich war der Reisende, als am 22. Mai 1831 die Ankunft des »célèbre auteur allemand« in »Le Globe« angekündigt wurde? Erschienen waren acht Bücher: drei Gedichtbände, vier Bände der »Reisebilder« und »Kahldorf über den Adel« als Herausgabe – dazu Hunderte von Zeitschriften-Veröffentlichungen (Gedichte und Prosa).

Das »Buch der Lieder« bot vielfach Bekanntes, nur eben gebündelt und strenger ausgewählt: »Gedichte« (1822), das »Lyrische Intermezzo« aus dem Bande »Tragödien« (1823), die Gedichte aus den beiden ersten »Reisebilder«-Bänden. Nur die beiden Zyklen »Die Nordsee« waren neueren Datums, doch unbekannt auch sie nicht. Das »Buch der Lieder«

besteht insgesamt aus fünf Sammlungen: »Junge Leiden«
(»Traumbilder«, »Lieder«, »Romanzen«, »Sonette«), »Lyrisches
Intermezzo«, »Die Heimkehr«, ferner die Hymnen »Götter-
dämmerung« und »Ratcliff« und die Romanzen »Donna
Clara«, »Almansor« mit ihren jüdischen Bekenntnissen so-
wie die eigentümlich rheinisch-katholisch inspirierte »Wall-
fahrt nach Kevlaar«, die Gedichte aus der »Harzreise« sowie
»Nordsee I und II«.

Zu den ersten Zyklen wurde bereits einiges angemerkt. Zur
Betrachtung der »Nordsee« sei hier der Platz. Beide lyrische
Zyklen bestehen aus 23 Gedichten (I aus zwölf, II aus elf). Mit
einem Appell an die Kunst, die eigene Dichtung in »Krönung«,
die der Liebe zu dienen hat, beginnt der erste Zyklus; mit
dem Bekenntnis zur Liebe endet der zweite. Liebe, erfüllte wie
enttäuschte, ist das Zentralthema, kontrapunktiert von großen historischen wie mythischen Vorgängen, die oftmals im
Traum geschehen. An zentraler Stelle steht die Hymne »Frieden«, in der Jesus als Friedensbringer erscheint, in der zweiten
Strophe ironisch aufgehoben die Botschaft. Erkenntnisfragen
wie Erkenntniskrisen durchziehen fast alle Texte, Absage wie
Bekenntnis greifen ineinander, hohes Pathos klassischer Art
wird oft reduziert oder als der Sache unangemessen zurückgenommen. Geistiges Prinzip auch hier der philosophische Widerspruch. Aufgelöst erscheint er in einem der schönsten und
in sich geschlossenen Gedichte »Reinigung«:

> Bleib du in deiner Meerestiefe,
> Wahnsinniger Traum,
> Der du einst so manche Nacht
> Mein Herz mit falschem Glück gequält hast,
> Und jetzt, als Seegespenst,
> Sogar am hellen Tag mich bedrohest –
> Bleib du dort unten, in Ewigkeit,
> Und ich werfe noch zu dir hinab
> All meine Schmerzen und Sünden,

Und die Schellenkappe der Torheit,
Die so lange mein Haupt umklingelt,
Und die kalte, gleißende Schlangenhaut
Der Heuchelei,
Die mir so lang' die Seele umwunden,
Die kranke Seele,
Die gottverleugnende, engelverleugnende,
Unselige Seele –
Hoiho! Hoiho! Da kommt der Wind!
Die Segel auf! Sie flattern und schwell'n!
Über die stillverderbliche Fläche
Eilet das Schiff,
Und es jauchzt die befreite Seele.

Töne in Dur mit aufgipfelnder Harmonie sind bei Heine in der Tat nicht oft zu finden. Meistverwendete Metapher in diesen Hymnen ist die Sonne, aber diesmal nicht als Ziel des Spottes über philiströsen Sonnenuntergangskult; Hauptgegenstand über Geschichte und Mythos hinaus die Natur. Der leidenschaftliche Strandwanderer und Segler entdeckte eine bislang unbekannte Stoffwelt: das Meer – wie die Romantiker, Eichendorff etwa, den Wald. Eine Hymne heißt »Meergruß«. Das Meer selbst wird mit seinem griechischen Namen angesprochen: »Thalatta!« Hier bricht die Natur als Elementargewalt ein und ermöglicht den Ausdruck einer antiautoritären Haltung, doch im Sinne des Dazugehörens in der Einheit, im Haushalt der Natur.

Für all diese Aspekte bedurfte es anderer Formen und Metren: große Hymnik in freier Rhythmik, an Klopstock und die Klassiker anknüpfend und geeignet, Protesthaltungen zu artikulieren, deren Pathos dann wieder elegisch-ironische Brechung erfährt, bis hin zur antiklassischen Haltung, doch mit klassischen Mitteln. »Die Götter Griechenlands« geben die lebhafteste Anschauung, wie weit sich Heine von Schiller, den er durchaus liebte, entfernt hatte: die Götter wirken nicht, Antike ist kein unmittelbares Vorbild mehr, ist unwiederholbar. Und dennoch bekannte er sich zu ihnen, im Namen der Humanität, der historischen Gerechtigkeit. Heine wird sich stets zu allen bekennen, die ungerecht behandelt, ausgebeutet, mißhandelt werden, wird immer auf der Seite der Armen und Entrechteten stehen, es seien griechische Götter, Arme, Juden.

Den Ruf, die »weithin schallende Stimme«, verschaffte sich Heine mit den »Reisebildern«. Das Genre als solches war nicht gänzlich neu, vom Begriff her sollten es zuerst »Wanderbücher« sein; doch neu waren Heines Darstellungsweise und literarische Techniken. Und gar die Inhalte! Im strengen Sinne sind nur »Die Harzreise« und die »Reise von München nach Genua« Reiseberichte. »Die Nordsee. Dritte Abteilung« und »Englische Fragmente« geben mehr Situationsschilderungen, die »Lucca«-Bilder sind fast schon epische Prosa, besonders »Die Bäder von Lucca«, »Die Stadt Lucca« ist ein dialogisierter Traktat. »Ideen. Das Buch Le Grand« hat eigentlich überhaupt nichts mehr mit dem Genre als solchem zu tun.

Der Reisebilder-Autor benötigte und entwickelte bewegliche Prosa sowie operative Genres, um Zeitfragen aufzunehmen bzw. in Widersprüche der Realität einzugreifen. Ein äußerer Umstand kam hinzu: Bücher oder gar Serien mit jeweils mehr als 20 Bogen konnten ohne Vorzensur gedruckt werden, und das war ein Vorzug. In diesem Sinne benutzte er »Reisebilder«: Er stellte die sogenannte Kulturwelt bloß, wie in der »Harzreise«, er hielt ihr die Natur entgegen, wo es den ganzen Menschen noch gab, besonders im Volke, unter den Hirten beispielsweise. Er vermittelte die Ideen des Befreiungskampfes der Menschheit, der Emanzipation, mit all ihrer revolutionären Größe und ihren liberalen Grenzen, die er leidenschaftlich in Richtung revolutionäre Demokratie erweiterte. Ideenträger sind ihm der Wandernde bzw. Reisende, das heißt das Prosa-Ich, im Prinzip der Autor, und Figuren wie der Tambour Le Grand und Napoléon oder die englischen Politiker Canning und noch stärker der liberale Rhetor Henry Brougham. Darüber hinaus erscheint die Französische Revolution von 1789–1794 und in den »Briefen aus Helgoland« bereits die Julirevolution von 1830 im Prinzip als Idee.

Wie bereits angemerkt, folgt »Die Harzreise« dem tatsächlichen Verlauf der Tour von Göttingen bis zur Besteigung des Ilsensteins und endet mit Meditationen über die drei Harzflüsse, die wie die Göttinnen des Paris erscheinen, und der Feier einer fiktiven Frauensperson Agnes, des Frühlings als höchster Lebenszeit und der Liebe. Mit der Anrufung von Jugend, Glück, Frühling und Dichtkunst (im Motto) beginnt auch der Text, Liebe und Freiheit werden im Prolog beschworen, und das im scharfen Kontrast zur Beschreibung Göttingens. Nahezu sprichwörtlich der erste Satz: »Die Stadt Göttingen, berühmt durch ihre Würste und Universität, gehört dem Könige von Hannover und enthält 999 Feuerstellen, diverse Kirchen, eine Entbindungsanstalt, eine Sternwarte, einen Karzer, eine Bibliothek und einen Ratskeller, wo das Bier sehr gut ist.« Bekannt auch dieser: »Im allgemeinen werden die Bewohner Göttingens eingeteilt in Studenten, Professoren, Philister und Vieh, welche vier Stände doch nichts weniger als streng geschieden sind. Der Viehstand ist der bedeutendste.« Mit dieser kulturkritischen Satire ist die Ausgangssituation ebenso knapp, treffend, hinreißend-witzig beschrieben wie die Aufbruchssituation. Begnadeter Anfang!

Alsogleich beginnt die Wanderung mit aufmerksamer Betrachtung von Land und Leuten. Eingestreut weitere Satiren wie der Justitia-Traum. Größeren Raum nimmt das Befahren der Bergwerksgruben in Clausthal ein. Neben der Achtung vor der Arbeit und den Menschen, die sie verrichten, erscheint die Einschätzung des Untertanen-Bewußtseins belangvoll. In diesem Textteil zeigen sich zwei widersprüchliche, doch einander nicht ausschließende Haltungen: zum einen die des Ideologiekritikers Heine, der auf soziale Situationen verweist, auf unentwickeltes Denken, was sich gut zwanzig Jahre später so verhängnisvoll auswirken wird; zum andern die des Sozialdenkers, der stets auf der Seite Entrechteter und Armer steht.

Launig und liebevoll geht's weiter. Ein treffend die Zeit charakterisierender Satz im Angesicht von Goslar: »Wir leben in einer bedeutungschweren Zeit: tausendjährige Dome werden abgebrochen und Kaiserstühle in die Rumpelkammer geworfen.« In direkter Folge reiht sich an eine Liebeshymne die eher liebevolle Satire auf den Vernunftdoktor und Aufklärungsphilosophen Saul Ascher, zugleich Kritik an rationalen Einseitigkeiten. Poetischer Höhepunkt des so klug komponierten Ganzen ist die Liebesgeschichte der versifizierten »Berg-Idylle« mit ihrem säkularisierten Glaubensbekenntnis, worin der Heilige Geist der der Freiheit ist: Ausdruck der sich dem Christentum nähernden Phase des Juden, der mit christlichen Grunddogmen auf seine Weise umgeht. Eine Perle folgt nun der anderen: die Waldwanderung, das Mahl mit dem Hirten (»König ist der Hirtenknabe«) und der Aufstieg zum Brocken. Erwähnenswert auch die Begegnung mit dem poetisierenden Schneidergesellen, der gar kein Schneidergeselle war, sondern ein Handlungsreisender, der die »Harzreise« im »Gesellschafter« gelesen und eine vergnügliche Gegendarstellung geliefert hatte. Wirkung von Literatur pur.

Unmerklich fast ändert sich der Ton, wie in einer Mendelssohnschen Sinfonie, vom Sentimental-Euphorischen ins Ironische (ein wenig Topografie, ein wenig Literatursatire), um die drastischen Szenen im Brockenhaus vorzubereiten. Die Beschreibung des Studentenlebens verträgt keinen zarten Ton mehr; hier kündigen sich soziale Erscheinungen und ihr literarischer Reflex an, die es noch bei Heinrich Mann und Brecht geben wird, nur schärfer, vernichtender, haßvoller. Heine sieht es noch liebenswürdiger, was der damaligen Realität entsprochen haben dürfte. Der Sonnenaufgang setzt den Kontrapunkt, selbiger sogleich wieder ins ironische Thema (Brockenbuch mit seinen Idiotismen) verfremdet. Es geht

sehr musikalisch zu: Die lyrische Fermate, das Atemholen
bei der Betrachtung der Blumen und ihrer geheimnisvollen
Poesie, bevor der Presto-Abschied kommt, die Wanderung
durchs wunderschöne Ilsetal, die genannte Schlußversion,
ein nichtklassisches Finale, auf so manche Musik der Moderne verweisend.

Dieser leicht und locker strömende, aufs sorgsamste komponierte Text ist ein literarisches Wunder, eine Köstlichkeit,
die ob ihrer Frische seinerzeit unerhört gewirkt haben muß.
Wie bei den Gedichten: Da war etwas Neues, Ungewöhnli-
ches, Herausforderndes – man horchte auf.

Dabei sind philosophische Substanz wie Oppositionshal-
tung noch vergleichsweise harmlos. In »Nordsee. Dritte Abteilung« werden sie direkter, kompakter, offensiver. Auch hier
im Zentrum der Konflikt Natur – Kultur. Die Natur aber nicht
in der geheimnisvoll-lieblichen Gestalt deutschen Mittelwald-
gebirges, sondern in der eines gewaltig sich bewegenden, sich
jäh wandelnden nördlichen Meeres, welches das Element des
Dichters schlechthin ist: »Ich liebe das Meer wie meine Seele.
Oft wird mir sogar zu Mute, als sei das Meer eigentlich meine
Seele selbst [...]« Das Meer ist weit und offen – eine schönere
Metapher für sich selbst kann man kaum finden, ohne grö-
ßenwahnsinnig oder selbstüberhoben zu wirken.

Kultur ist ambivalent verstanden: als steriler Gegensatz zur
Natur, denaturiertes Leben einerseits, als progressiv-humani-
stische Geisteskultur andererseits. Die Gegensätze werden
schärfer ausgedrückt, als Feinde erscheinen eindeutig Aristokratie und Klerus. Ins Bild kommt der wenig geliebte hannö-
versche Adel, der – wie immer auf Menschenjagd – einen jungen Menschen hetzt und bürgerlich bezahlen muß. Doch
auch die Gegenpositionen werden personalisiert, zunächst in
Literatur: Scott, der die geheimen Kräfte des Nationalen beschreibt, ohne Nationalist zu sein; Goethe, der »mit seinem
klaren Griechenauge alles sieht, das Dunkle und das Helle,
nirgends die Dinge mit seiner Gemütsstimmung koloriert

und uns Land und Menschen schildert in den wahren Umrissen und wahren Farben, womit sie Gott umkleidet. / Das ist ein Verdienst Goethes, das erst spätere Zeiten erkennen werden; denn wir, die wir meist alle krank sind, stecken viel zu sehr in unseren kranken, zerrissenen, romantischen Gefühlen, die wir aus allen Ländern und Zeitaltern zusammengelesen, als daß wir unmittelbar sehen könnten, wie gesund, einheitlich und plastisch sich Goethe in seinen Werken zeigt. [...] Die Werke des Geistes sind ewig feststehend, aber die Kritik ist etwas Wandelbares, sie geht hervor aus den Ansichten der Zeit, hat nur für diese ihre Bedeutung, und wenn sie nicht selbst kunstwertlicher Art ist, wie z. B. die Schlegelsche, so geht sie mit ihrer Zeit zu Grabe. Jedes Zeitalter, wenn es neue Ideen bekömmt, bekömmt auch neue Augen und sieht gar viel Neues in den alten Geisteswerken.« Goethe hier noch als das nicht Erreichbare, der Gegensatz zur eigenen widerspruchsvollen Person und Ansichtlage. Ein riesiger Widerspruch, den Heine im Laufe der Zeit auf ganz anderer Ebene austragen wird, sich zu Goethe in Kontinuität sehend und doch im Widerspruch der eigenen Position dazu. En passant entwickelt er eine Theorie der Literaturrezeption, die heute im Umgang mit klassischen Werken selbstverständlicher ist.

Die andere Gegenposition zum Ancien Régime ist – immer stärker werdend – Napoléon I., dessen Aufstieg und Untergang an Hand zahlreicher zeitgenössischer Bücher mit der »Ilias« und anderen Epopöen verglichen wird. Deutlich wieder das Volk als Hoffnungsträger: An die Stelle der Bergleute sind die Fischer getreten, die Arbeitenden und Manipulierten auch hier. Noch nicht das vergnügliche und lebenskräftige Volk Italiens, noch nicht die siegenden armen Leute, von denen er fünf Jahre später auf Helgoland erfahren wird.

Auf »Nordsee III« folgt das wohl eigenwilligste, intensivste, am stärksten künstlerisch geformte Stück, das nun gar kein Reisebild mehr ist: »Ideen. Das Buch Le Grand«. Diesen Text strukturiert weder eine Reise noch kaum ein Ort, eher

eine bzw. zwei Geschichten und Figuren mit Metaphern-
Charakter. Anknüpfend an den vorherigen Text ist wieder
Napoléon präsent, neben ihm sein großer Tambour, Le
Grand geheißen, also die Französische Revolution in Übergröße. Auch diesem Buch liegt ein genau kalkuliertes Kompositionsprinzip zugrunde. Das scheinbar zusammenhang-
loseste Stück, eben die »Ideen«, ist das bestgefügte: eine
strenge Ordnung waltet in den 20 Kapiteln, in denen Liebes-
und Weltgeschichte so entgegengesetzt wie ineinanderver-
woben sind. Beide hierin erzählte Geschichten enden 1821: die
Liebe zu Amalie und Napoléons Leben. Napoléon erscheint
als die Revolution in Person, d. h., Heine sah hier nur die eine
Seite dieser welthistorischen Gestalt. Gegen die Elendigkeit
seiner Zeit brauchte er eine große Gegengestalt, so mußte der
Usurpator, der Napoléon auch war, entfallen. In den dreißiger
Jahren wird er das deutlicher sehen und 1840, anläßlich der
Überführung des toten Kaisers von Sankt Helena nach Paris,
schrieb er ihm einen ausgewogenen wie schönen Nekrolog.
Le Grands Nekrolog ist unser Reisebild selbst, die Figur sicher
einer jener Grenadiere der Garde, denen Heine bereits früher
– in der Ballade – ein Denkmal gesetzt hatte. Eine weitere
große Gestalt ist Hegel, der als Person nicht auftritt. Ohne
Hegel sind die welthistorischen »Ideen« nicht denkbar, doch
eine Distanzierung vom großen Lehrer ist bereits hier zu spü-
ren, und die macht die »Geständnisse« von 1854 verständ-
licher. Die angeredete Madame soll nach Meinung zahlreicher
Heine-Forscher die vom Dichter in dieser Zeit verehrte Frie-
derike Robert, Schwägerin Rahel Varnhagens, sein. Erst diese
Wirklichkeitsanbindung, die strenge Komposition, die elegante Sprachbehandlung, letztlich der erzählerische Impetus
begründen die hohe Kunst dieses scheinbar so losen Textes,
der von seinem erklärten Genre so stark abweicht.

Zunächst hatte der Autor eine »Reise nach Italien« zu schreiben begonnen. (So hieß der Text noch in der »Erich-Loewen-

thal-Handschrift«, so genannt nach ihrem Finder und Be-
arbeiter, der 1944 in Auschwitz ermordet wurde, und im ersten Druck im »Morgenblatt«.) Später teilte sie Heine auf und
ließ sie in zwei Buchausgaben erscheinen. Er hatte an diesem
Text intensiv gearbeitet – Italien war nicht irgendein Land,
sondern ein deutscher Traum. War es für ihn die klassische
Bildungsreise der Deutschen, weniger oder mehr? Die Reise
ins Land der Träume seit Mittelalter und Renaissance, Sehn-
sucht aus dem Bedürfnis nach den Kulturleistungen der griechisch-römischen Antike? Beschriebene Italien-Reisen füll-
ten Bibliotheksregale. Goethe ist da nur ein Gipfel. Heine
hatte zahlreiche Reisebücher gelesen, u. a. die von Karl
Philipp Moritz (1792/93), Johann Wilhelm von Archenholz
(1787), Ernst Moritz Arndt (1801), Johann Gottfried Seume
(1805), das Kollektivwerk von Klenze und Thiersch, 1826 erschienen und unmittelbar wirkend.

Auch französische und englische Werke wurden von ihm
zur Kenntnis genommen: Germaine de Staëls »Corinne, ou
l'Italie« (1807) und von Lady Sydney Morgan »Italy« (1821).
Diese waren von anderem politischem Gehalt als die deutschen Bildungsbücher (Seume ausgenommen), waren politisch, griffen ins Soziale. Selbst die Staël, die ein so idealisie-
rendes Deutschland-Bild gegeben hat, war in Italien der
sozialen Basis näher. Er war also gut vorbereitet gereist.

Eine Bildungsreise also? Auch, doch weit mehr. Immerhin
hatte dieser Reisende, obwohl vier Monate unterwegs, nicht
einmal Rom und Neapel gesehen, sondern sich nur in Norditalien aufgehalten. Selbst diese Tour hat er nicht voll beschrieben – mit Lucca in der Toscana hörte er bereits auf.
Ihm ging es vielmehr um Land und Leute wie um politisch-
soziale Verhältnisse. Sicher, vom ebenfalls zersplitterten Italien war für politische Organisation wenig zu lernen. Um so
mehr über Volksleben, über Lebenskunst, das Wesen der katholischen Kirche, die sogenannte Gesellschaft in den Luxus-
bädern.

So bildete ihn die Reise dennoch und gab ihm Stoff für vier
Bücher: »Reise von München nach Genua«, »Die Bäder von
Lucca«, »Die Stadt Lucca« und die erst 1837 erschienenen
»Florentinischen Nächte«, außerdem die Miniatur »Der Tee«
(1830).

Die »Reise von München nach Genua« folgt dem tatsächlichen Verlauf der Route, über die bereits berichtet wurde.
Programmatische Sätze tauchen auf: »[...] die Dummheit
wird Ironie, verfehlte Speichelleckerei wird Satire, natürliche
Plumpheit wird kunstreiche Persiflage, wirklicher Wahnsinn
wird Humor, Unwissenheit wird brillanter Witz [...]« (Kap.
III) Zu sehen ist das im Zusammenhang der großen Abrechnung, die Heine mit dem Münchener Kreis um Maßmann
und Platen beabsichtigte. Er bezieht sich auf den attischen
Komödiendichter Aristophanes, den auch Platen für sich re-
klamierte. Aristophanischen Witz indes spricht er Platen völlig ab, den nimmt er für sich in Anspruch, und »deutscher
Aristophanes« ist er später auch genannt worden.

Landschaftsbeschreibungen, Menschenschilderungen und
Betrachtungen wechseln in der Folge miteinander ab. Zwischen bitterer Realität und schönsten Bildern, auch solchen
der Natur, webte er seine Texte. Selbst wenn er die Musik
Rossinis preist, legt er geheime Freiheitsgedanken bloß, auch
das Hoffen; das gleiche gelte für Opera Buffa und Commedia
dell'arte, doch geschah eben alles auf eine besonders heitere Weise. Und es gilt für den »tollen Lärm« der Scala, den
»furore«, durch den sich großer Leidensdruck befreit. Überhaupt, was der Dichter zum Kranksein mitteilt, erscheint
mir als außergewöhnliche Antizipation seiner eigenen Leidenszeit (Kap. XXVII). Mit der Bildbetrachtung eines Giorgione – der sentimentalen Erinnerung an eine längst tote Geliebte, d. h. eine erloschene Liebe – im XXXIV. Kapitel endet
diese Meisterprosa. Doch zuvor, ausgelöst durch das Schlachtfeld von Marengo, läßt der politische Schriftsteller seinen
Text in einem Prosa-Hymnus auf die Emanzipation gipfeln:

»Was ist aber diese große Aufgabe unserer Zeit?

Es ist die Emanzipation. Nicht bloß die der Irländer, Griechen, Frankfurter Juden, westindischen Schwarzen und dergleichen gedrückten Volkes, sondern es ist die Emanzipation
der ganzen Welt, absonderlich Europas, das mündig geworden ist und sich jetzt losreißt von dem eisernen Gängelbande
der Bevorrechteten, der Aristokratie. Mögen immerhin einige
philosophische Renegaten der Freiheit die feinsten Ketten-
schlüsse schmieden, um uns zu beweisen, daß Millionen
Menschen geschaffen sind als Lasttiere einiger tausend privi-
legierter Ritter; sie werden uns dennoch nicht davon über-
zeugen können, solange sie uns, wie Voltaire sagt, nicht
nachweisen, daß jene mit Sätteln auf dem Rücken und diese
mit Sporen an den Füßen zur Welt gekommen sind.

Jede Zeit hat ihre Aufgabe, und durch die Lösung derselben rückt die Menschheit weiter. Die frühere Ungleichheit,
durch das Feudalsystem in Europa gestiftet, war vielleicht
notwendig oder notwendige Bedingung zu den Fortschritten
der Zivilisation; jetzt aber hemmt sie diese, empört sie die
zivilisierten Herzen. Die Franzosen, das Volk der Gesellschaft,
hat diese Ungleichheit, die mit dem Prinzip der Gesellschaft
am unleidlichsten kollidiert, notwendigerweise am tiefsten
erbittert, sie haben die Gleichheit zu erzwingen gesucht, indem sie die Häupter derjenigen, die durchaus hervorragen
wollten, gelinde abschnitten, und die Revolution ward ein
Signal für den Befreiungskrieg der Menschheit.

Laßt uns die Franzosen preisen! sie sorgten für die zwei
größten Bedürfnisse der menschlichen Gesellschaft, für gutes
Essen und bürgerliche Gleichheit; in der Kochkunst und in
der Freiheit haben sie die größten Fortschritte gemacht, und
wenn wir einst alle, als gleiche Gäste, das große Versöh-
nungsmahl halten und guter Dinge sind, – denn was gäbe es
Besseres als eine Gesellschaft von Pairs an einem gutbesetz-
ten Tische? –, dann wollen wir den Franzosen den ersten
Toast darbringen. Es wird freilich noch einige Zeit dauern,

bis dieses Fest gefeiert werden kann, bis die Emanzipation
durchgesetzt sein wird; aber sie wird doch endlich kommen,
diese Zeit, wir werden, versöhnt und allgleich, um denselben
Tisch sitzen; wir sind dann vereinigt und kämpfen vereint gegen andere Weltübel, vielleicht am Ende gar gegen den Tod –
dessen ernstes Gleichheitssystem uns wenigstens nicht so
sehr beleidigt wie die lachende Ungleichheitslehre des Aristokratismus.« (Kap. XXIX)

Welch eine Sprache, groß im Konstatieren, in den Visionen
und Illusionen zugleich! Um die Dimension dieser Sätze zu
verstehen, muß man sich vergegenwärtigen, was tausend
Jahre Aristokratie und Feudalgesellschaft bewirkt haben. Interessant vor allem, daß von den drei Revolutionsgrund-
sätzen Heine vor allem die Gleichheit, weniger die Freiheit
preist. Freiheit ist ein hehres Prinzip, doch in seiner Doppelbödigkeit schließt es auch die Freiheit des Besitzes ein. Freiheit ist auch Freiheit des Geistes, und diese ist, in unserer Gegenwart besonders, immer wieder bedroht. Die Gleichheit
indes ist es noch stärker. Noch nie gab es sie vollauf. Doch
heuer erheben die Besitzenden so ungeniert ihr Haupt, um
die Menschheit einzufangen in der Falle der sogenannten
Globalisierung. Von der »Emanzipation der ganzen Welt« ist
im vorliegenden Text die Rede, und meint eben auch jene
Welt, die auf arrogante europäische Weise die »Dritte« genannt wird. Sei diese erreicht, kann es gegen »andere Weltübel, vielleicht am Ende gar gegen den Tod« gehen. Selten
hat Heine weiter vorausgedacht als in diesem Satz. Ausgehend von der jeder Zeit gestellten Aufgabe, denkt der Philosoph des Textes weiter: »Aber ach! jeder Zoll, den die
Menschheit weiterrückt, kostet Ströme Blutes; und ist das
nicht etwas zu teuer? Ist das Leben des Individuums nicht
vielleicht ebensoviel wert wie das des ganzen Geschlechtes?
Denn jeder einzelne Mensch ist schon eine Welt, die mit ihm
geboren wird und mit ihm stirbt, unter jedem Grabstein liegt
eine Weltgeschichte –« (Kap. XXX)

Die Antwort bleibt aus, drängt sich doch eine neue Frage auf: »Sind Sie gut russisch?« fragt der Reisebegleiter. Und dies auf dem Schlachtfeld von Marengo, da im Gedächtnis die Gestalt Napoléons I. auftaucht. Die Frage bezieht sich auf den Krieg zwischen Rußland und den Türken, in dem die Russen unter General Diebitsch-Sabalkanski das seit langem expansive türkisch-osmanische Reich zurückdrängten. In dieser Phase spielte Rußland unter Zar Nikolaus I. vorübergehend eine progressive, fast liberale Rolle gegenüber dem alten orientalisch-despotischen Feudalreich. Die westeuropäischen Mächte waren schmählicherweise auf türkischer Seite, um Rußland einzuschränken. Heine urteilt weniger politisch-pragmatisch als historisch-sozial. Und insofern war er zu diesem Zeitpunkt »gut russisch«. Er benutzt die Situation zu einer Kritik an Englands Aristokratie und der konstitutionellen Monarchie, setzt auf einen möglichen Sieg liberaler Kräfte (Prinzipien) in Rußland. Da war im Einzelfall manches richtig beobachtet, »ein demokratischer Staat« indes ward Rußland nie, und Kosmopoliten waren sicher nur die besten russischen Intellektuellen, einige Dichter und spätere Revolutionäre. Hier irrte der Schriftsteller, was ihn nicht daran hindert, seine Vision und Utopie groß ausklingen zu lassen:

»Ja, es wird ein schöner Tag werden, die Freiheitssonne wird die Erde glücklicher wärmen als die Aristokratie sämtlicher Sterne; emporblühen wird ein neues Geschlecht, das erzeugt worden in freier Wahlumarmung, nicht im Zwangsbette und unter der Kontrolle geistlicher Zöllner; mit der freien Geburt werden auch in den Menschen freie Gedanken und Gefühle zur Welt kommen, wovon wir geborenen Knechte keine Ahnung haben – O! sie werden ebensowenig ahnen, wie entsetzlich die Nacht war, in deren Dunkel wir leben mußte, und wie grauenhaft wir zu kämpfen hatten mit häßlichen Gespenstern, dumpfen Eulen und scheinheiligen Sündern! O wir armen Kämpfer! die wir unsre Lebenszeit in solchem Kampfe vergeuden mußten und müde und bleich

sind, wenn der Siegestag hervorstrahlt! Die Glut des Sonnen-
aufgangs wird unsre Wangen nicht mehr röten und unsre
Herzen nicht mehr wärmen können, wir sterben dahin wie
der scheidende Mond – allzu kurz gemessen ist des Menschen Wanderbahn, an deren Ende das unerbittliche Grab.

Ich weiß wirklich nicht, ob ich es verdiene, daß man mir
einst mit einem Lorbeerkranze den Sarg verziere. Die Poesie,
wie sehr ich sie auch liebte, war mir immer nur heiliges
Spielzeug oder geweihtes Mittel für himmlische Zwecke. Ich
habe nie großen Wert gelegt auf Dichterruhm, und ob man
meine Lieder preiset oder tadelt, es kümmert mich wenig.
Aber ein Schwert sollt ihr mir auf den Sarg legen; denn ich
war ein braver Soldat im Befreiungskriege der Menschheit.«
(Kap. XXXI)

Auch hier wieder ein Vorgriff, ein utopisch-visionärer, auf
das »neue Geschlecht«, dem in »Deutschland. Ein Wintermärchen« alles verkündet werden soll. Noch weiter der Vorgriff auf die »armen Kämpfer«, die müde und bleich sind,
wenn der Siegestag hervorstrahlt. Es ist der Vorgriff auf die
revolutionären Kämpfer und Antifaschisten des 20. Jahrhunderts, denen kein Geringerer als Brecht die tiefsten Worte gesprochen hat. Der Kampf um Emanzipation, um Freiheit und
Gleichheit und Frieden, letztendlich um die Erhaltung der
Erde und der sie bescheinenden Sonne ist ohne Visionen und
auch Illusionen nicht möglich, ist unerbittlich, notwendig
hart, verlustreich und ohne Ende.

»Die Bäder von Lucca«, Karl Immermann gewidmet, sind in
einer völlig anderen Tonart geschrieben und auch gänzlich
anders strukturiert. In elf Kapiteln, genauer in zehn, denn im
elften findet nur noch die Polemik gegen Platen statt, wird
eine Art Geschichte erzählt, eine Feriengeschichte unter
müßigen Leuten, die scheinbar nichts Besseres als allerlei
Klatsch im Sinne haben. Den Gehalt an Ideen bringt zunächst
der Ich-Erzähler ein. Hauptpersonen sind die Signora Lätitia,

eine ältere Dame, und die jüngere Franscheska, offenbar eine
Tänzerin, sowie drei Männer, der Marchese Christophoro
di Gumpelino, der Diener Hirsch Hyazinth, Hamburger
Schutzbürger und Lotterieeinnehmer, sowie Signor Bartolo,
ein Bologneser Sprachprofessor, der auch von Jura einiges
versteht. Heine schuf hier, von den Dramen abgesehen, seine
ersten Figuren mit Eigenhandlung und Eigenidiom: »Mein
Hyazinth ist die erste ausgeborene Gestalt, die ich jemals in
Lebensgröße geschaffen habe. Sowohl im Lustspiel wie im
Roman werde ich dergleichen weitere Schöpfungen ver-
suchen. Hier ist wieder ein Narr, der sich für den Markese
Gumpelino ausgiebt und Mordjo schreit und fatale Sprünge
macht.« (An Varnhagen von Ense, 3. Jänner 1830)
    Gewiß hatten seine Gestalten Vorbilder im Hamburger Le-
ben. Heine fand sie unter seinen Juden, und er hat sie kritisch
und doch liebenswürdig porträtiert. Sie gehören zu jenem
jüdischen Personal, dem Heine keine Lebensfähigkeit mehr
gab. Dennoch sind die beiden nicht feindselig in die Geschichte gebracht. Die Figuren führen ihre Dialoge, und der
Autor kommentiert, freilich noch immer zuviel für ein er-
zählerisches Werk. Die Ansätze sind genial, die Figuren ein-
prägsam. Doch nur allzubald unterbricht der Erzähler den
Fortgang zugunsten einer Polemik. Die Dialoge, in sich mei-
sterhaft, gehen über Hölle, Teufel, Tod und Gott, die Menschen und Religionen, über Rechtsfragen und Liebe. Der Katholizismus erhält seine glossierende Schelte ebenso wie das
Judentum, die Orthodoxen wie die assimilatorischen Reformer, am meisten die Proselyten. Es wird ausgeteilt nach allen
Seiten, wenngleich ohne die Schärfe anderer Texte, nicht im
bittern Zorn des grauen Nordens, sondern mit der göttlichen
Bosheit unter heiter südlichem Himmel. Im übrigen betont
er seine poetologische Confessio: »[...] daß die Welt selbst
mitten entzweigerissen ist. Denn da das Herz des Dichters
der Mittelpunkt der Welt ist, so mußte es wohl in jetziger
Zeit jämmerlich zerrissen werden.« (Kap. IV) Dieser Kernsatz

ist Motto des Buches und zugleich Grundtenor seines dichterischen Seins. Ergänzt werden kann und soll diese Confessio durch einen andern Satz, die bündige Antwort auf eine
Frage, wie er, die Ich-Person, gelebt habe: »Ich trieb mein ge-
wöhnliches Geschäft, Mylady; ich rollte wieder den großen
Stein.« Zitierend den Mythos von Sisyphos, das immerwäh-
rende Tun des Dichters und Tribunen.

Wieder von anderer Art und anderm Format ist »Die Stadt
Lucca«. Zwar treten einige Figuren aus den »Bädern« erneut
auf, so Franscheska und die Lady Mathilde, die nach ihrem
kurzen Erscheinen in den »Bädern von Lucca« nun bevor-
zugte Dialogpartnerin ist. Zu Beginn im Philosophiegespräch
sind es der Eidechs und der Adler, mit denen er quasi einen
Berg setzt, einen Gipfel von Natur und Naturphilosophie,
von dem aus er die Niederungen von Alltag und Religion
bzw. Kirche überblickt – bis hin zu jenem anderen Gipfel,
dem zweiten Pfeiler der gedanklichen Brücke am Schluß, da
die Marseiller Hymne erklingt und Philosophie in der Notwendigkeit zur revolutionären Tat wird.

Dazwischen beschreibt er Prozessionen und Mönche und
Priester und handelt über das Christentum, vor allem über
den Weltkatholizismus als Weltfirma, dem er den Protestantismus als Provinzialkirche und kleinen Handelsbetrieb gegen-
überstellt. Genaugenommen ist »Die Stadt Lucca« ein dialogisierter Traktat über Religion. Zunächst würdigt er die
sozialen Leistungen der Kirchen, etwa in Gestalt des helfen-
den Bettelmönches: »Gegen *den* Mann will ich auch nicht
schreiben [...]« Hingegen kommt die Mehrheit der Priester
nicht gut weg, Rabbinen und Muftis und Bonzen eingeschlossen, »das ganze diplomatische Korps Gottes«, welches
sich überall sehr ähnlich sieht. Wobei es den eher lustigen italienischen Pfaffen in all ihrer Liederlichkeit und Trunksucht
noch gelinde ergeht. Es handele sich um eine »gewisse Ge-
werbeähnlichkeit«, weshalb auch der jüdische und der christliche Kaufmann sich so gleich seien.

Im Zentrum der Gedanken und Dialoge kristallisiert sich der Widerspruch heraus, der Heines geistige Existenz lange schon prägte: der Widerspruch zwischen griechischer Antike und Hellenismus einerseits und nazarenischem Spiritualismus andererseits, also Juden- und Christentum (er nennt es »Ägyptentum«), d. h. den »positiven Religionen«. Nachlesbar im Kapitel VI in einem großartigen Bild der genuß- und kunstfreudigen Götterversammlung der Griechen, nach einer Strophe aus dem 9. Gesang der »Ilias«, in die Jesus von Golgatha eindringt: »Da plötzlich keuchte heran ein bleicher, bluttriefender Jude, mit einer Dornenkrone auf dem Haupte und mit einem großen Holzkreuz auf der Schulter; und er warf das Kreuz auf den hohen Göttertisch, daß die goldnen Pokale zitterten und die Götter verstummten und erblichen und immer bleicher wurden, bis sie endlich ganz in Nebel zerrannen.« Die Welt sei traurig geworden und grau: »Die Religion gewährte keine Freude mehr, sondern Trost; es war eine trübselige, blutrünstige Delinquentenreligion.«

Obwohl Heine nach 1827 etwa für zwei Jahrzehnte meist alle abrahamitischen Religionen, besonders Judentum und Christentum, als positive Religionen der »Menschenmäkelei« ansieht, klammert er das Judentum aus dieser Szene aus, denn der Vorwurf stimmt ja nicht, jüdische Religion und Kultur sind eher ein »Diesseitswunder« (Max Brod). Nur Jesus selbst erscheint als ein Jude, dem er – nicht dem Christentum – hohe Ehre erweist, als Gott der Liebe, des Mitleidens, des Mitempfindens, der sozialen Gerechtigkeit. In den folgenden Betrachtungen und Dialogen wird dieser Gedanke verfestigt, Mosche erscheint (auf Bildern im Dome zu Lucca) und Judas Ischariot, Geschäftsmann und Sorger für die Armen zugleich, einem konventionellen Judas-Bild widersprechend. Sein Verrat sei das Resultat des ständigen Umgangs mit Geld – Judas, der Banker: »Jeder Reiche ist ein Judas Ischariot.«

Im weitesten Sinne also Religionsgespräche: bissige Kritik neben gewichtigen Markungspunkten, die auf Kirchenablehnung und Religionskritik zielen. Christentum als staatserhaltendes System im Sinne von Machterhaltung wird ironisch ausgehebelt. Judentum wird der Kritik ausgesetzt als »Ägyptentum«, also als Urmutter der »spätern Staatsreligionen«, von »Glaubenszwang und all jener heiligen Greuel, die dem Menschengeschlechte so viel Blut und Tränen gekostet« (Kap. XIII). Heine meint hier jene Orthodoxie, die eisern festhielt und -hält am Uralten, Überkommenen, das in der Neuzeit nicht mehr problemlos gelebt werden kann. Da er das assimilatorische Reformertum ebensowenig schätzte, liegt es nahe, auf sein universalistisches Konzept zu verweisen und damit an das Denken des »Vereins für Cultur und Wissenschaft der Juden« zu erinnern.

Dennoch dringt immer wieder Urjüdisches in seinen Texten durch wie hier im Kapitel X: »Am Ausgang des Doms tunkte sie den Zeigefinger dreimal ins Weihwasser, besprengte mich jedesmal und murmelte: Dem Zefardeyim kinnim […]« Dies wird als arabische Zauberformel bezeichnet und steht hier für eine boshaft witzige Bemerkung. Doch sind es keine arabischen, sondern hebräische Worte: Blut, Frösche, Stechfliegen, also die drei ersten ägyptischen Plagen, die nach der Kultusordnung am Seder-Abend verlesen werden, das Besprengen eingeschlossen.

Im Kapitel XIV verläßt der Verfasser die Ebene des Dialogs, dieser überaus jüdischen Form von Geisteskultur, und unterzieht das ganze System – nach einem laxen Bekenntnis zum religiösen und monarchischen Prinzip (Forderung nach der »Emanzipation der Könige«) – einer mehr als harschen Kritik. Galt sie im ersten Italien-Buch der überkommenen Aristokratie, im zweiten einer sich noch ausprägenden Bourgeoisie, so hier im dritten den Kirchen und Religionen. Dabei unterscheidet er die revolutionären oder oppositionellen Ur-Religionen mit ihrem ausgeprägten Sinn für Gerechtigkeit von den herrschenden. Als Kritiker steckt er in der Gestalt des Don Quichotte und steht in einer Reihe mit den »heiligsten Freiheitshelden«, mit König Agis von Sparta, den beiden Gracchen-Brüdern, Jesus von Jerusalem und Robespierre und Saint-Just, alles Feinde des Eigentums. Mit ihnen kämpft und leidet der Dichter, aber er bleibt bei der Wahrheit und verteidigt sie am Ende des Werks mit den Worten des Don Quichotte »stoßt zu mit der Lanze, Ritter!« (Kap. XVII)

Als letzter Teil der »Reisebilder« erschienen die »Englischen Fragmente«, die bereits 1828 entstanden sind und in den »Neuen allgemeinen politischen Annalen« zu großen Teilen veröffentlicht wurden. Sie sind im wesentlichen politische Publizistik, informieren sachlich und philosophisch und entbehren der feinen literarischen Gravur. Sie bestehen aus elf Teilen, die nicht in dem bekannten Maße aufeinander bezogen sind. Um nur einige zu nennen: »Gespräch auf der Themse«, »London«, »Old Bailey«, »Die Schuld« (in bezug auf die langen Kriege gegen Frankreich), »Die Oppositionsparteien«, als theoretische Artikel »Die Emanzipation« und »Die Befreiung«. Dazu zwei Einzeltexte: »John Bull« (1827), »Über körperliche Strafe in England« (1828). Hauptfiguren sind der liberale Premier Canning und Wellington, gezeigt als die liberalen und konservativen Gegner, die sie waren. Dazu der antiroyalistische William Cobbett und der Redner Henry Brougham. Als große Gegenfigur zu den englischen Zuständen erscheint wiederum Napoléon, in einem rezensorischen Artikel über »The Life of Napoleon Buonaparte by Walter Scott«. Scott kommt nicht gut weg: »Die Engländer haben den Kaiser bloß ermordet, aber Walter Scott hat ihn verkauft.« (Artikel IV) Von bemerkenswertem Interesse für das damalige Deutschland mögen die Abhandlungen über die Tories und die Whigs gewesen sein, Lehrbeispiele für politische Opposition auf parlamentarischer Ebene.

Auf ein Thema sei hier noch eingegangen: auf das irische, damit das katholische. Es ist leicht vorstellbar, auf welcher

Seite Heine steht in diesem Kampf – auf der irischen. Das
veranlaßt ihn wiederum, über die bürgerliche Gleichheit
nachzudenken und wie schwierig und einseitig dies Recht gehandhabt wird, wie viele Menschen und Menschengruppen
ihre Freiheit einfordern, doch nicht die der andern. Die katholische Kirche tritt meist überall als Unterdrücker auf, aber
in Irland sind die Katholiken unterdrückt. Die anglikanische
Kirche ist zwar vom Ursprung her freiheitlicher, doch in diesem Fall verfolgt sie Andersdenkende genauso. »Freilich, die
Zehnten sind ihr die Hauptsache, sie würde durch die Emanzipation der Katholiken einen großen Teil ihres Einkommens
verlieren, und Aufopferung eigener Interessen ist ein Talent,
das den Priestern der Liebe ebensosehr abgeht wie den sün-
digen Laien.« (Artikel IX) Nur einige große englische Politiker irischen Ursprungs standen auf seiten des »armen, grünen
Erin«. Und dieser Konflikt ist noch immer nicht zu Ende, ein
Jahrhundertkonflikt.

Im Schlußartikel »Die Befreiung« wählte der Tribun und
Verfasser dieser politischen »Fragmente« aus dem großen
Strome der Befreiung einen der kräftigsten Fälle aus: die
Bauernkriege, in denen die Bauern mit Bibel und Schwert
für Freiheit und Gleichheit eingetreten waren. Diesen Strom
führt er bis zur Französischen Revolution, die andauere im
Kampf um die Freiheit: »Die Freiheit ist eine neue Religion,
die Religion unserer Zeit. […] Paris ist das neue Jerusalem,
und der Rhein ist der Jordan, der das geweihte Land der Freiheit trennt von dem Lande der Philister.«

Platen contra Heine contra Platen
Zwei Außenseiter

In Kapitel X und XI der »Bäder von Lucca« fertigt Heine auf
schlimme Weise seinen Feind und Kollegen August von Platen ab. Während die kritische Analyse mit leichten Invektiven

im Kapitel X noch aus dem Dialog der erzählten Geschichte kommt, verläßt der Polemiker diese Folie völlig und greift unmittelbar und sehr subjektiv an, verdächtigt Platen der Homosexualität. Wie konnte es zu einer derart außerliterarischen Schlammschlacht kommen?

Noch Anfang 1825 hatte sich Heine nicht gerade begeistert, doch auch nicht eben unfreundlich über »Platens Lustspiele« geäußert: »Nur daß der Witz dem armen Platen, trotz seines danach Haschens, durchaus abgeht, und daß die Poesie in ihm zwar ächt aber nicht reichlich fließt. Hingegen aus dem Auge der Liebe ergießen sich in freudiger Fülle die Blitzstralen des Witzes und die Wunderquellen der Poesie. – Ich erwähnte Platens Buch nur um Sie drauf aufmerksam zu machen.« (An Immermann, 24. Februar 1825 – »Auge der Liebe« ist eine Dichtung Immermanns.) Möglicherweise hat Heine hier selbst den Anlaß zum Streite gegeben, als er Immermann auf Platen aufmerksam machte. Im Spätsommer und Herbst 1826 lud er etliche Freunde, darunter auch Immermann, ein, für den geplanten zweiten Band der »Reisebilder« Texte beizusteuern. Immermann folgte der Einladung als einziger und schickte etliche Xenien, die an »Nordsee III« angehängt wurden. Heine schwebte dabei eine Art operatives Genre für einen Literaturkrieg vor, etwas Neues also. Immermann hielt sich an Vorbilder der Weimarer Klassik. Seine Kritik rieb sich am epigonalen Orientalismus und an der Ghaselenmacherei Platens und Rückerts sowie an Platens Sprachartistik, das Ganze insgesamt ziemlich harmlos. Platen indes war gereizt, er ließ »den Juden Heine« warnen und sann auf Rache. Heine, der sogar für Platens 600-Gulden-Pension gesprochen hatte, war für ihn »der schamlose Jude Heine, ein armseliger Schmierer und Sanskülott«. Doch hat Platen kaum etwas von Heine gekannt, dieser von ihm dafür um so mehr und genau. Jedenfalls antwortete der »Lustspieldichter« mit einem fünfaktigen Stück, »Der romantische Ödipus«, das 1829 erschien. Heine erfuhr in Italien durch den Platen-

Freund von Rumohr von diesen Aktivitäten; im selben Jahr
– wieder in deutschen Landen – hat er sie zur Kenntnis genommen, wohl auch das ähnlich perfide Stück »Die Gabel«.
Seine Stimmung läßt sich denken, auch aus den Briefen entnehmen. Platens Angriffe bewegten sich auf niedrigem Niveau, gemein, amoralisch und judenfeindlich. Da wird vom
»Petrark des Laubhüttenfestes« und vom »Synagogenstolz«
getönt, »des sterblichen / Geschlechts der Menschen un-
verschämtester« beschimpft: »Denn seine Küsse sondern ab
Knoblauchgeruch.« Auf dieser Ebene also agierte August von
Platen. Nach dem »Ödipus« schwächte er ab: »Daß er ein
Jude ist oder war, ist kein moralisches Gebrechen; aber ein
komisches Ingrediens.« Komisch ist daran ganz und gar
nichts, sowenig wie Platen selbst komisch war. Wenn er als
komische Gestalt erscheint, dann nur bei Heine, und selbst
da nicht ungebrochen.

Kann man dem auf solche Weise angegriffenen Juden übel-
nehmen, daß er sich getroffen fühlte und zurückschlug? Zumal er keiner war, der sich vornehm überhörend zurückzog.
Er hatte sich eine »Schmeißfliegennatur« nennen lassen müssen (1823 durch Raabski in Posen); 1827 hatte ein gewisser
Kratz in Hamburg die Unterdrückung seines zweiten »Reisebilder«-Bandes als eines »verderbenbringenden Machwerks«
gefordert, mit der Parole: »Verbrennt es!« Und dies lag alles
noch nicht so lange zurück. Und nun das! Anderes kam hinzu. Wie bekannt, hatte sich der Dichter, zu jener Zeit noch
Redakteur bei Cotta, um eine Literaturprofessur in München
bemüht, wobei ihn einige liberale Kräfte unterstützten. Erzkonservative und Ultramontane, besonders aus dem Kreis
um das Journal »Eos«, wie Ignaz von Döllinger (ein Jesuit),
Joseph von Görres und Franz von Baader hatten dies zu-
nichte gemacht; die Professur hatte jener Maßmann erhalten,
und Platen war Mitglied der Bayrischen Akademie geworden. Nun mußte Heine vermuten, daß Platen mit diesen
Kräften im Bunde sei. In »Eos«, die Platens Gedichte lobte,

waren Sätze folgender Art zu lesen: Heine huldige der »Venus cloacina«, das Buch sei »ein schmähliches Erzeugnis der verworfensten Judenfrechheit«, ein »Produkt der höchsten sittlichen Fäulnis, in welchem sich Blasphemie, Obscönitäten und Sansculottismus an nichtswürdiger Schändlichkeit überbieten«. Das ist bereits die Sprache Wagners, Bartels' und des »Stürmer«. Heine reagierte entsprechend: »Er empfiehlt sich nur dadurch einem Bund von Pfäffchen, Baronen und Pedrasten, der verbreiteter und mächtiger ist als man glaubt. [...] die Pedrasten sind dienende Brüder, Mittelglieder in dem großen Bunde der Ultramontaner und Aristokraten.« (An Immermann, 26. Dezember 1829) Und hier war er im Irrtum. Platen als Aristokrat stand dem Liberalismus und einigen Freiheitsidealen nahe, doch in betrachtend-abwartender, dabei kunstneutraler wie formbewußter Haltung, von Konservativen toleriert, gar gefördert, freilich niemals einer oppositionellen, gar demokratischen Literatur oder Volksbewegung, auch wenn er deutsche Zustände ablehnte.

Platen war keineswegs reich und lebte quasi im Exil, in Italien, konnte zumindest direkt kaum einen Einfluß auf die Hofkabalen gegen Heine nehmen. Doch daß Platen nicht so ganz der richtige Gegenstand für seine Angriffe war, trotz der antijüdischen Entgleisungen, schien Heine nicht mehr so wichtig. Er gedachte das Haupt einer Partei zu treffen, die ihm geschadet. So suchte er nach Platens schwächster Stelle. Er fand sie in dessen unverkennbarer, doch verdrängter Homosexualität, die als Laster galt und verpönt war. Dabei war sie »nur« literarisch nachweisbar, an einigen Textstellen, die der scharfsinnige und sprachempfindliche Polemiker sofort herausfand, zumal sie in Genres ausgesprochen waren, die – einer Beobachtung Thomas Manns folgend – vorwiegend vom Eros, und zwar einem Männer-Eros, bestimmt sind wie die Ghasele, die Pindar-Ode oder das Renaissance-Sonett.

Der Dichter Heine nahm nun dem Dichter Platen Maß, untersuchte dessen Verse, stellte deren Gespreiztheit fest, den

Mangel an dichterischen Urlauten im Gedicht und das Fehlen
von Gestalten im Drama. Das hätte genügt, einen Literaturkrieg siegreich zu beenden. Immermann hatte ohnehin ähnliches mit seiner verhältnismäßig harmlosen Polemik »Der im
Irrgarten der Metrik umhertaumelnde Kavalier« bewirkt und
den »Richter« gespielt. Heine, stärker getroffen als Immermann und – wie er meinte – in doppelter Hinsicht, wollte
den »Scharfrichter« spielen. Er prügelte den Menschen, den
Aristokraten und schließlich den Homosexuellen. Es ist ihm
schlecht bekommen. Seine Waffe erwies sich als Bumerang –
man sprach damals nicht über dergleichen. Er schuf sich viele
Feinde, fast die gesamte, nicht nur die reaktionäre Kritik
stellte sich gegen ihn, was um so bedauerlicher war, da es in
diesen manchmal als Debatte bezeichneten Querelles ursprünglich um Literatur und Ästhetik gegangen war und jetzt
vor allem um Politisches. Doch ging der politische Angriff
der demokratischen Seite daneben auf Grund eines Irrtums
(Platens Bündnis betreffend) und einer Peinlichkeit (statt des
Aristokraten kam vorrangig der Homosexuelle ins Visier),
und die Konservativen, ja fast das ganze Establishment der
Zeit befand sich in der Offensive. Heines spätere Absicht,
den appendixartigen Abschnitt aus den »Bädern von Lucca«
zu entfernen (»den Grafen hinausschmeißen«) ist aus nicht
bekannten Gründen unterblieben.

Es hatte sich hier eine Tragödie abgespielt: eine menschliche, in der ein Heine seiner Volkszugehörigkeit wegen beschimpft ward, ein Platen sich nicht ausleben konnte und für
verhüllte Liebesbezeugung seiner Art bestraft ward, und eine
politische: Zwei Gegner des Ancien Régime beleidigten sich
tödlich und schlachteten sich fast ab; zwei Außenseiter brachten sich in die ärgerlichsten Lagen, beide auf ihr Sein als
Schriftsteller bedacht, beide von Zuwendungen ebendieses Systems abhängig, welches sie ablehnten oder bekämpften. Hier
bekämpfte ein »Outsider der Abkunft einen Outsider der Ge-
schlechtlichkeit«, wie es Hans Mayer bündig ausgedrückt hat.

Man darf die Polemik weiterdenken und verlängern bis ins Heute: Juden und Homosexuelle wurden immer verfolgt, und im 20. Jahrhundert kamen beide in die Konzentrationslager. Es gab Opfer bei beiden, mit dem allerdings riesigen Abstand: an Homosexuellen ward kein Genozid verübt. Inzwischen wurden in zahlreichen Ländern, auch in Deutschland, die Paragrafen abgeschafft, welche Homosexualität unter Strafe stellten, aber Topoi der Abneigung wirken weiter. Antisemitismus ist in vielen Ländern geächtet, und es gibt ihn noch, so eklig auch immer. Das Ganze ein Irrtum, eine deutsche Tragödie!

Politischer Künstler und »der nie abzuwaschende Jude«

Betrachtet man die »Reisebilder« als Ganzes, muß man die philosophisch-politische Profilierung von Text zu Text konstatieren, die künstlerische Meisterschaft bewundern. In der »Harzreise« erscheint die deutsche Welt jämmerlich klein und komisch, im »Buch Le Grand« die Französische Revolution und Napoléon in Überlebensgröße, in der »Reise nach Italien« ebenfalls, nur differenzierter. Als dritter Feind tritt neben Aristokratie und Klerus der Bourgeois. Der revolutionäre Gesichtskreis wird europäisch, im einzelnen weltweit. In dem Maße, wie die Politik, die »Emanzipation« ins Zentrum rücken, verändern sich proportional die Literaturdebatten: vom Spott über den biedermeierlichen Literaturbetrieb der »Harzreise« über die Klassik-Erörterung in »Nordsee III« zu den »Bädern von Lucca«, worin auf barsche Weise eigentlich Funktionsfragen abgehandelt werden – Fragen der Stellung des Schriftstellers in den Kämpfen der Zeit, Methoden und Techniken – und der Versuch unternommen wird, eine neue Ästhetik zu finden, wenn auch mit falscher Prämisse. Zunehmend begriff sich Heine als politischer Künstler, der sich manchmal ins reine Kunstmachen und Dichten hineinträumte. Zahlreiche Konflikte der kommenden Pariser Jahre mit republikanischen und linken Politikern und Publizisten, die als Schriftsteller vorrangig Politiker waren, rühren daher. Dieser politische Künstler hatte allmählich kein Terrain mehr in den deutschen Bundeslanden. Die Widersprüche wurden zu groß. Die andern, älteren, quasi angeborenen wirkten weiter, so daß Heine an Moser schrieb: »Es ist aber ganz bestimmt daß es mich sehnlichst drängt dem deutschen Vaterland Valet zu sagen. Minder die Lust des Wanderns als die Qual persönlicher Verhältnisse (z. B. der nie abzuwaschende Jude) treibt mich von hinnen.« (28. Juli 1826)

Diese Widersprüche in einem Bilde zusammenführend, schuf sich der Dichterjude die denkbar schönste Gestalt im Narren »Kunz von der Rosen«, der – als Kaisers Knecht, wie Juden im Mittelalter bezeichnet wurden – seinem Kaiser (dem Volk oder der Revolution) die Treue hält, auch in der tiefsten Erniedrigung, und der nach der Befreiung des Kaisers auf dessen Dankeswillen die Bitte äußert: »Ach, lieber Herr, laßt mich nicht umbringen.« Seine Befürchtungen waren nicht grundlos: in Exilen und Lagern aller Art. Das Thema wird Heine bis zum Lebensende beschäftigen, schließlich handeln »Zur Geschichte der Religion und Philosophie in Deutschland« und »Die romantische Schule« von fast nichts anderem und die »Vorrede« zu »Lutèce« (Lutetia) von 1855 nur von diesem: Neben dem Ja zur Revolution und dann schon zum Kommunismus (1831 war es noch eine allgemeinere Revolution) die Angst um die Kunst. Im Hintergrund stets die Angst des Juden.

Ziemlich viele in Paris müssen bald verstanden haben, wer da angekommen war, sonst hätte Heine nicht solchen Empfang gehabt und sich nicht zunächst gefühlt »wie ein Fisch im Wasser«.

MEISTERJAHRE IN FRANKREICH

Pariser Leben – unruhig

> »Hier freilich ertrinke ich im Strudel der Bege-
> benheiten, der Tageswellen, der brausenden
> Revoluzion; obendrein bestehe ich jetzt ganz
> aus Phosphor, und während ich in einem wil-
> den Menschenmeere ertrinke – verbrenne
> ich auch durch meine eigne Natur.«
>
> *An Varnhagen von Ense, 27. Juni 1831*

»Oder vielmehr, sagen Sie den Leuten, daß, wenn im Meere
ein Fisch den anderen nach seinem Befinden fragt, so ant-
worte dieser: ich befinde mich wie Heine in Paris.« (An Ferdinand Hiller, 24. Oktober 1832) So der fast 35jährige Paris-
Besucher an den ihm seit 1827 von Frankfurt her bekannten
Komponisten, mit dem er in den ersten Pariser Monaten oft
Umgang hatte. Seine Stimmung war enthusiastisch, zumindest im Grundton. Doch je genauer er Paris kennenlernte,
um so stärker wechselte die Tonlage von Dur zu Moll. Noch
aber war es nicht soweit.

Zunächst hatte der Schriftsteller und Öffentlichkeitsmensch
Heine, was er brauchte: Umgang mit Persönlichkeiten von
Rang, die Museen, die Bibliothèque Royale, in der er sich
nach eigener Aussage als erstes die berühmte Manessische
Handschrift mittelalterlicher Lieder ansah, Börse und Par-
lament, Grand Opéra und Theater, Bälle, Gesellschaften,
Volksbelustigungen, kurz: eine Haupt- und Weltstadt, die
Asyl für Flüchtlinge aus ganz Europa bot – die capitale du
monde. Eine Stadt, die bereits damals etwa eine Million Einwohner zählte, die eine absolutistische Glanzzeit, eine große
Revolution, Kaiserreich und eben wieder eine Revolution mit
harten Straßenschlachten hinter sich hatte. Das restaurative
Regime und Karl X. waren vom sogenannten vierten Stand,
dem Proletariat, hinweggefegt worden; doch die Finanzbourgeoisie hatte schließlich gesiegt und »ihr« Königtum

etabliert: Louis Philippe von Orléans aus einer bourbonischen Nebenlinie, der als »Bürgerkönig« regierte. Sein erster Premierminister hieß Casimir Périer, ein Banker, später waren es François Guizot und Adolphe Thiers – mit allen wird sich der Paris-Besucher, der allmählich Pariser wird, in seinen Berichten über Frankreich beschäftigen. Deren Funktion war der Ausgleich der gesellschaftlichen Kräfte im Interesse des Finanzkapitals, allmählich auch des sich entfaltenden Industriekapitals. Die Losung hieß »Enrichissez-vous!«: Bereichert euch! Man nannte diese Zeit auch »Juste-Milieu« – ein Begriff, den Heine oft gebrauchte. Die weltliterarisch bedeutendsten Werke dieser Periode schufen zweifelsohne Honoré de Balzac – mit seiner »Comédie humaine« und seinen Figuren wie Baron de Nucingen (hinter dem Rothschild stand), dem Verbrecher Vautrin, der am Ende Polizeipräsident von Paris wird, und dem teilweise autobiografischen Rastignac – sowie sein deutscher Kollege Henri Heine mit seinen Frankreich-Büchern (»De la France«), unter denen »Lutetia« (»Lutèce«) herausragt. Auch Meyerbeers musikdramatische Werke (etwa »Robert der Teufel«) sind charakteristisch für diese Zeit.

Heine traf in Paris alte Bekannte aus Deutschland wieder, Schriftsteller, Musiker, Wissenschaftler: Ludwig Börne, Michael Beer, Alexander von Humboldt, den Arzt David Koreff, Apollonius von Maltitz, Moritz Saphir, mit dem ihn eine lange Feindschaft verbinden wird, der genannte Hiller, Mendelssohn Bartholdy und vor allem Meyerbeer.

Gleich nach seiner Ankunft war Heine in die »Globe«-Redaktion der Saint-Simonisten gegangen, hatte dort Michel Chevalier gesprochen und bald Beziehungen zu Prosper Enfantin, dem ersten Schüler von Henri Graf Saint-Simon, anknüpfen können. Er nahm an Sitzungen der Simonisten teil, lernte weitere Mitglieder, zumeist Schriftsteller, kennen. In diesen Kreisen verkehrte auch Franz Liszt, dessen Bekanntschaft er dort machte, dem er lange verbunden war und

den er sehr viel später auch nicht unkritisch sah. Die simo-
nistische Gemeinschaft hatte sich damals gerade gespalten
und war im Februar 1832 polizeilich aufgelöst worden. Die
Gruppe um Enfantin und Chevalier entfernte sich teilweise
von den wirtschaftlich-reformatorischen Grundsätzen Saint-
Simons und wandte sich mehr den religiös-reformatorischen
Seiten zu. Dennoch waren ihre sensualistischen Vorstellungen den christlichen entgegengesetzt. Die simonistischen
Hauptprediger verlangten die Abschaffung des Sünde-Be-
griffs, vor allem im Geschlechtlichen, predigten den irdisch-
sinnlichen Genuß, verstanden den Menschen als höchste
Entwicklungsstufe (ähnlich wie Hegel, also gottgleich) und
forderten die volle Emanzipation des Menschen, nur nicht so
allgemein wie deutsche Liberale, sondern sozial konkret, forderten die Befreiung besonders der Frau.

Dieser utopische Sozialismus kam Heines Vorstellungen
sehr entgegen. Große Teile der »Neuen Gedichte«, beson-
ders der »Verschiedenen«, und die philosophisch-ästhetischen
Schriften der dreißiger Jahre, vor allem »Zur Geschichte der
Religion und Philosophie in Deutschland«, ja sogar noch das
Poem »Deutschland« legen davon Zeugnis ab.

Auch hinsichtlich seiner Bewertung politisch-sozialer Fragen wurde dieser Einfluß entscheidend und brachte ihn in
Konflikt mit den radikalen Republikanern. Während ihn die
Befreiung des ganzen Menschen einschließlich des Schöpfe-
risch-Ästhetischen beschäftigte, wobei er – zumindest in den
»liberalen« zwanziger, allenfalls sehr frühen dreißiger Jahren –
politisch zuweilen unkonkret verfuhr (»Enthusiasmusdunst«),
ging es den Republikanern, die sich auf französischer Seite
vor allem in den »Amis du Peuple« und im Bereich der
deutschsprachigen Exilanten in den Zirkeln deutscher Hand-
werker vereinigt hatten, vorrangig um eine demokratische
Republik bzw. um Aufhebung der Zollgrenzen. Für letztere
steht zum Beispiel der Nationalökonom Friedrich List. Diese
Gruppierungen dachten indes sowohl die soziale Basis als

auch menschlich-soziale Lösungen kaum mit. Viele ihrer
politischen Ansichten waren zwar realistisch, doch in ihrer
Radikalität zu kleinbürgerlich-puritanisch, andere wiederum
so unrealistisch, daß Heine nicht mit ihnen übereinstimmen
konnte. So warnte er vor der schematischen Übertragung der
jakobinischen Erfahrungen von 1793/94 (»Moniteur 1793«)
auf die Gegenwart. Andere stießen sich an Heines Internationalismus; das Zukunftsträchtige seiner Ansichten verstanden
sie vermutlich überhaupt nicht. Und sein sogenannter Mon-
archismus, d. h. sein Eintreten für eine konstitutionelle Monarchie, das Bürgerkönigtum (wobei auch immer eine Portion
Taktik im Spiele war), stieß in jenen Kreisen erst recht auf
Widerspruch. Dabei war ihm diese Auffassung bereits früher
eigen: »Heine mit seinem feinen, blassen Gesicht, seinen zarten Händen, seinen aristokratischen Manieren war von jeher
nur in Worten ein Republikaner, im Herzen der exklusivste
Aristokrat.« (Aloys Clemens aus Frankfurt) Auch das stimmt
nicht pur, da braucht man nur an seine herbe Kritik am europäischen Adel zu denken. Seine Aristokratie ist eine solche
des Geistes, und in seinem Verständnis muß der Beste herrschen. Sicher war ein Louis-Philippe nicht der Beste, doch
sah der geistige Kritiker in den republikanischen Kreisen kei-
nerlei anspruchsvolle Führungsfigur. Der König, so meinte er,
müsse von einem kräftigen Parlament im Zaume gehalten
werden.

Auch begriff Heine Revolution bereits zu dieser Zeit als etwas Universales und nicht nur als Barrikadenkampf, wofür er
den Begriff »Universalrevolution« verwandte. Zehn Jahre danach war es die »Weltrevolution«. Er verstand sie geschichts-
dialektisch und in der Spannung von alten Institutionen und
neuen Bedürfnissen: »Der heutige Tag ist ein Resultat des
gestrigen. Was dieser gewollt hat, müssen wir erforschen,
wenn wir zu wissen wünschen, was jener will.«

Heines Widerspruch zu diesen bürgerlich-plebejischen
Oppositionsgruppen führte auch zu seinem kritischen Ver-

hältnis und zur Auseinandersetzung mit Börne. Noch 1831
verkehrten sie ziemlich eng miteinander, Anfang 1832 waren
beide Mitarbeiter in J. G. A. Wirths »Deutscher Revue«.
Doch im Laufe dieses Jahres wurden die Differenzen deutlich,
und 1833 brachen die Beziehungen ab. Börne äußerte sich
öffentlich in seinen bei Campe erschienenen »Briefen aus Paris« (5. September 1830 bis 19. März 1833) und privat in Briefen an seine Freundin und Geliebte Jeanette Wohl, oft nicht
sehr fein und prinzipiell politisch. Heine wird 1840 – drei
Jahre nach Börnes Tod – seine große Abrechnung in »Ludwig
Börne. Eine Denkschrift« herausbringen und viel Ärger bekommen, sah man doch darin einen Verrat der revolutionären Bewegung. Zwei bedeutende Schriftsteller, die meist die
gleichen Gegner hatten, wurden selbst zu Gegnern. Wieder
eine deutsche Tragödie aus großem Widerspruche.

»Ich erlebe viel Große Dinge in Paris, sehe die Weltgeschichte mit eigenen Augen an, verkehre amicalement mit
ihren größten Helden, und werde einst, wenn ich am Leben
bleibe, ein großer Historiker. Im Schreiben von belletristi-
scher Art habe ich in der letzten Zeit wenig Glück gehabt.
Der Strudel war zu groß, worin ich schwamm, als daß ich
poetisch frey arbeiten konnte. Ein Roman ist mir mißglückt;
doch werde ich wohl in einer Sammlung welche ich diesen
Winter besorge, worin ich auch den Rabbi hineinschmeiße,
einige Romanstücke geben. – Ich habe wenig Gedichte gemacht und doch muß ich sie bey einem besondern Abdruck
des ›Neuen Frühlings‹ hinzufügen, damit dieser etwas buch-
lich erscheine. – Ich bin übrigens fleißiger als *sonst,* und zwar
aus dem *einfachen Grunde, weil* ich in Paris sechsmal so viel
Geld brauche als in Deutschland.« (An Friedrich Merckel,
24. August 1832)

Dieser Brief ist überaus aussagekräftig. Eigentlich wollte
ich nur den ersten Satz zitieren, der Lebensanschaulichkeit
wegen. Doch enthält er noch wichtige Gedanken: das widersprüchliche Verhältnis zwischen politischem Zeitauftrag als

Schriftsteller und Poesie, der Vorblick auf den ersten Band
»Salon« mit den Gedichten der »Verschiedenen« und dem
»Schnabelewopski« sowie die Erwähnung des »Rabbi von
Bacherach«. Das Werk ist also immer präsent, und doch wird
es noch fast acht Jahr dauern bis zu seinem Erscheinen.

In solchen Konstellationen schrieb er Beiträge über französische Politik, Malerei, später Theater für das Publikum in
den deutschen Bundesstaaten sowie Aufsätze zur deutschen
Geistes- und Literaturgeschichte für seine französischen Leser. 1832 erschienen auch die ersten literaturkritischen Äußerungen über ihn in der Pariser Presse. So wurde er in Frankreich bekannt, und es gelang ihm, Ende 1833 mit Eugène
Renduel, einem jüdischen Verleger, einen Verlagsvertrag über
die erste Gesamtausgabe seiner Werke abzuschließen. Man
bedenke, mit 36 Jahren bekam er seine »Œuvres«, von denen 1834/35 fünf Bände erschienen: zwei Bände »Tableaux
de voyage« (Reisebilder), zwei Bände »De l'Allemagne«, ein
Band »De la France«. Wo aber waren die Gedichte geblieben?
Ich darf hier aus meiner Erinnerung erzählen: Während meiner Tätigkeit an der Säkularausgabe in Weimar suchten wir
neben den Handschriften auch die Originaldrucke aus aller
Welt. Die genannte französische Ausgabe war schwer zu bekommen, doch es gelang. Nur an Band 1, eben die Gedichte,
war nicht heranzukommen. Es dauerte ziemlich lange, bis wir
ermittelt hatten: diesen Band hat es gar nicht gegeben. Aus
einleuchtendem Grunde: Lyrikübersetzungen waren und sind
immer außerordentlich schwierig, Heine hielt sie damals für
unmöglich. In die zweite Gesamtausgabe »Œuvres complètes«
von 1854 bis 1857 wurden die »Poèmes et Légendes« aufgenommen. Doch da war er selber besser des Französischen
mächtig und arbeitete mit den besten Übersetzern und Nach-
dichtern bis hin zu Gérard de Nerval zusammen.

Den französischen Erfolgen standen zunehmend deutsche
Schwierigkeiten gegenüber: Verbot reihte sich an Verbot,
Schikane an Schikane. Ende 1833 war »Der Salon. Erster

Band« (zu dem Titel hatte sich Heine von den französischen Kunstausstellungen anregen lassen) mit den »Französischen Malern«, mit Gedichten und dem »Schnabelewopski« erschienen, das Ganze begleitet von einer heftigen »Vorrede«. Diese Art Schelmenroman mit seinen Debatten über religiöse Befreiung und die stark antipreußische Vorrede (Anblick von Flüchtlingselend) hatten das sofortige Verbot zur Folge. Welcher absolute Herrscher kann es sich anhören, wenn von Revolutionen gesprochen wird, die durch elende Verhältnisse ausgelöst werden und die nach französischem Vorbild nicht nur einen, sondern 36 Königen (analog der Zahl deutscher Bundesstaaten, es waren indes 34) Krone nebst Kopf gekostet hätten? Die atheistische Grundtendenz im »Schnabelewopski« störte stärker als dessen erotische Dreistigkeiten, die man vom Standpunkt entrüsteter Sittlichkeit vorschob.

Eine aristokratisch-feudale Koalition des Deutschen Bundes gegen Heinrich Heine und gegen die in seiner Nachfolge sich bemühenden oppositionellen Schriftsteller einer losen Gruppierung, die sich »Junges Deutschland« nannte und der Karl Gutzkow, Heinrich Laube, Theodor Mundt und Ludolf Wienbarg angehörten, schob sich zusammen. Zu allen Genannten hatte Heine, von der Gegenseite zum Haupt dieser Gruppe erklärt, persönliche Beziehungen. Wienbarg, der der Gruppierung den Namen gab, kannte er seit 1830 von Hamburg her; Mundt stand ihm am fernsten, doch schrieb er auch über ihn und veröffentlichte einige Texte; mit Gutzkow gab es anfangs einen streitbar-guten Kontakt, doch später schieden sich die Geister, zumal Gutzkow eher auf die Börne-Linie einschwenkte und Campe gelegentlich gegen Heines »unsittliche« Dichtungen einnahm; mit Laube, der sich mehrfach in Paris aufhielt, war er befreundet, konnte ihm aber den Schwenk nach 1848/49 auf die Seite der Macht nicht verzeihen, doch riß die Verbindung nie ganz ab.

Der Kommilitone aus Bonner Zeiten, Wolfgang Menzel, der sich zum Nationalisten und Judenfeind gemausert hatte, veröffentlichte im September 1835 unter der Überschrift »Unmoralische Literatur« einen vehementen Angriff gegen das »Junge Deutschland«, insbesondere gegen den harmlosschwülstigen und sterbenslangweiligen Roman »Wally, die Zweiflerin« von Gutzkow und gab als literarischer Achtgroschenjunge des Ancien Régime mit dieser Demonstration das Signal. Am 10. Dezember 1835 wurden alle Schriften der genannten Autoren per Bundestagsbeschluß verboten. Preußen verschärfte das Verbot zusätzlich durch Verordnungen, die ganz und gar gegen Heine gerichtet waren. Die meisten der Betroffenen machten Rückzieher außer Wienbarg, der bald völlig verarmt und vergessen war. Laube fuhr einen Zick-Zack-Kurs, der ihn nicht davor bewahrte, zu Festungshaft verurteilt zu werden, die er allerdings auf einem Landsitz des Fürsten Pückler-Muskau »absitzen« durfte.

Heine machte keinen Kotau, wofür er allerdings auch kaum Gelegenheit erhielt. Außerdem saß er in Paris sicherer als die anderen. In deutschen Bundeslanden ward es nun wirklich gefährlich für ihn, er konnte kaum noch gedruckt werden und wenn, dann nur mit größten Schwierigkeiten, und in Preußen drohte ihm Verhaftung. Man liest immer mal wieder, es sei denn doch nicht so schlimm gewesen, er wäre schon nicht verhaftet worden. Das können nur harmlose Leute kundtun, die niemals die Gefahren politischer oder rassischer oder ökonomischer Vertreibung erlebt haben, nie in Not, Haft oder Exil waren. Aus Heines Studienaufenthalt war Exil geworden, aus dem es im Prinzip kein Zurück mehr gab, von den zwei Hamburg-Reisen 1843 und 1844 abgesehen. Frankreich wurde zur – schwierigen – Heimat und der Jude und deutsche Schriftsteller Heinrich Heine zunehmend zu Henri Heine (»Un rien« – ein Nichts, wie er scherzte). Die Franzosen betrachteten ihn als den Ihren: zwar ohne Staatsbürgerschaft, doch auf Grund alter Gesetze mit Bürgerrecht.

Pariser Begebenheiten – Liebe

»Ich bin verdammt nur das niedrigste und
thörichtste zu lieben.«
An Heinrich Laube, 27. September 1835

Das Pariser Leben war aufregend und ward es erst recht nach
1835. Die Konflikte mit den Republikanern hörten nicht auf,
und die Royalisten mochten ihn im Grunde auch nicht. Hier
die Streitigkeiten mit anderen deutschen Emigranten, dort
die zudrängenden Besucher – immerhin war der politische
Schriftsteller und Dichter, nunmehr 38 Jahre alt, eine Art Institution, für manche eine künstlerische, für viele eine politische. Paris-Reisende kamen zu ihm, darunter so bedeutende
wie Franz Grillparzer, Friedrich Hebbel, Heinrich Laube, Richard Wagner, der ihn erst kräftig nutzte für Leben und Werk
und ihn später antisemitisch denunzierte (hier ist der Begriff
zum erstenmal legitim!), oder der Däne Hans Christian An-
dersen, der Pole Adam Mickiewicz. Manche wollten Fürsprache oder Unterstützung, andere Geld, wieder andere lediglich eine Stammbuch-Eintragung, um zu Hause beweisen
zu können, mit wem sie gesprochen. Etliche schrieben in
deutschen Blättern über solche Besuche, mitunter durchaus
wohlmeinend und gescheit, die Sensationsgier nahm zu und
kam der bürgerlichen Presse sehr gelegen.

Besonders unangenehm waren die sogenannten Konfi-
denten, Spione, Spitzel, Geheimberichterstatter, meist als
Journalisten getarnt. K. Bauernschmidt hieß einer, Vincent
Rumpff, Eduard Beurmann, Adalbert von Bornstedt andere.
Sie handelten meist im Auftrag der preußischen oder österreichischen Regierung, oft direkt im Auftrag des Fürsten
Metternich. Manche blieben anonym. Ein solcher Anony-
mus (vermutlich Heinrich Julius Klaproth) schrieb im Oktober 1833 an die preußische Regierung, handelte vor allem
über ein geplantes Pistolenduell seitens preußischer Offiziere

und plauderte allerlei Intrigen und Vorhaben aus: »Denn
wenn Heine seinen Anhang und dieser alle die großen Verbindungen, die sie am Rhein und im südlichen Deutschland
haben, benutzen, so ist zu befürchten, daß er dann auch die
hiesigen Volksvereine zu seinen Zwecken zu brauchen suchen wird [...] Preußen würde es jetzt sehr leicht werden, das
französische Ministerium zu bestimmen, Heine fortzuschik-
ken und ihm auch in Belgien den Aufenthalt nicht zu gestat-
ten [...]« In Berichten solcher Art gehen dann freilich alle
Differenzen verloren, die er just zu diesen republikanischen
Gruppen hatte. Man wollte ihn mundtot machen.

Am 12. Jänner 1834 schrieb genannter Rumpff nach Wien,
Heine und Börne noch gemeinsam nennend: »Heine schreibt
meistens lediglich um Geld zu gewinnen, aber die hiesige
Polizei glaubt dennoch, daß er mit den Propagandisten in
näherer Berührung steht und daß er am 22. Dezember eine
Versammlung deutscher Schriftsteller bei sich gehalten habe,
in der beschlossen worden sei, die Redaktion der Druckschrif-
ten und Pamphlets des Patriotenvereins, die bisher so mangel-
haft verfaßt worden sind, künftig geübten Federn anzuvertrauen.« Im folgenden wird eine Redaktionskommission mit
Heine, Savoye, Dr. Meyer, Dr. Arent und August Traxel (auch
Victor Lenz) genannt und es werden Ausweisungspläne für
Heine erörtert. »Seit der Publikation der französischen Ausgabe der heimischen ›Französischen Zustände‹, worin der König nicht sehr sanft behandelt wird, ist Heine vom Minister
des Inneren unter polizeiliche Aufsicht gestellt.«

So frei also waren die französischen Zustände, daß es nicht
nur von Geheimpolizisten und Spitzeln wimmelte, sondern
daß Ausländer unter besonderer Polizeiaufsicht leben mußten. Die Herrschenden arbeiteten durchaus international zusammen, wenn es gegen Freiheitsfreunde und Oppositionelle
ging.

Die Fronten waren oft so verwirrend und widersprüchlich,
daß sich die Spitzel ebenso unter den Bespitzelten befanden.

So geschehen mit dem genannten Traxel alias Lenz, der am 12. Dezember 1836 aus Paris schrieb: »Aus solchen Lazzis heraus ist der Verfasser der Reisebilder zusammengesetzt. Ein Neugieriger, ein Pflastertreter, ein Plauderer, eine cronique scandaleuse, ein Ueberall und Nirgends, der Spion seines Ruhms – aber eben darum ein äußerst interessanter Charakter. / Heine hört das Gras wachsen und wenn es darauf ankömmt, etwas in einer Sache zu thun, so ist er nicht zu Hause.«

In einer Millionenstadt mit ihren Cercles, Gruppen und – modern ausgedrückt – ihrer Schickeria oder – Heinesch gesagt – ihren »Klatschboutiques« mag man nicht umhinkommen, solche Wege zu gehen. Doch ist es penetrant, wie dieselben Leute aus ebendiesen Klatschboutiques sich anmaßten, Moralurteile und Zensuren zu verteilen. In dasselbe Horn tutete Eduard Beurmann: »Vor allen Dingen ist Heine ohne Charakter und ohne Tatkraft [...] Der Liberalismus war ihm nur ein Relief für sein Talent, er kokettierte mit ihm wie mit Napoleon, Grundsätze hat er nie gehabt. [...] Börne stand sein Charakter in betreff einer einflußreichen Stellung in Paris entgegen, Heine seine Charakterlosigkeit.« Das ging an die österreichische Regierung, und man hätte gar zu gern gewußt, was dieser Beurmann dafür bezahlt bekommen hat.

Der zweifellos schlimmste, weil raffinierteste dieser Sorte war Adalbert von Bornstedt, ein Schriftsteller. Heine hat ihn als Spitzel durchschaut und genarrt, wie der folgende Dialog beweist. Das Gespräch fand während eines Spaziergangs statt. Ein junger Pole, der aus Paris ausgewiesen werden sollte, war zugegen und hatte von seinen Exilumständen und den revolutionären Kämpfen seiner Genossen erzählt: »Heine: ›Es ist in jetziger Zeit auch gar kein Vortheil mehr ein Revolutionair zu sein‹, setzte Heine ironisch lächelnd hinzu! ›Man kann keinen Schritt thun, ohne daß uns nicht hier ein Bekannter gefangen, dort eingesperrt, dort weggejagt und immer eine Leidensgeschichte erzählt wird. Wahrhaftig das ist sehr unan-

genehm. – Was waren das für glückliche Zeiten als ich noch
in Deutschland der einzige Revolutionair war, seitdem aber
die andern sich ins Handwerk gelegt haben, ist mir aller Ap-
petit vergangen.«« (1835) So konnte er sich mit List immer
wieder entziehen.

Dennoch haben ihm diese Leute mächtig zu schaffen gemacht. Er hat um diese Spitzel und Geheimdienstler gewußt,
wie Briefen zu entnehmen ist, die der Klagen voll sind. Es ist
manchmal zu lesen, daß der Betroffene in seinen Briefen
übertrieben habe. Nun, die großartigen Sammlungen der
»Gespräche« (H. H. Houben) und »Berichte von Zeitgenossen« (Werner) bestätigen Heines Aussagen, auch wenn die
eine oder andere Quelle nicht immer zuverlässig ist.

Von deutscher Seite gab es noch gefährlichere Unternehmungen gegen den Exilanten. So sollen preußische Offiziere
im Sommer 1833 versucht haben, den ungeliebten Kritiker
durch ein provoziertes Duell zu beseitigen. Belegt ist es nur
mittelbar. Immerhin brachte die »Leipziger Zeitung« vom
2. November 1833 einen Bericht darüber. Drei Jahr später
forderte ein ominöser deutscher Medizinstudent namens Ludwig Steege Heine zum Duell, angeblich wegen eines Streites um eine Grisette, dem sich der Geforderte durch hastige
Abreise nach Boulogne-sur-Mer entzog. Der Vergleich mit
Puschkins Duelltod durch Polit-Intrige bietet sich an.

Das Leben in Paris war bewegt und sollte es noch lange
bleiben. Oft zog er um: sechzehn Wohnadressen sind bis
zu seinem Tode nachzuweisen, drei Postanschriften kamen
hinzu. Badereisen auch hier, nunmehr an die Atlantikküste,
durch Normandie und Bretagne, später die Provence bis nach
Lyon und Marseille, immer auch an seine Gesundheit den-
kend. Denn die schleichende Krankheit machte sich bemerkbar, 1832 zunächst mit Lähmungen zweier Finger der linken
Hand. Die Franzosen sowie in Frankreich lebende Ausländer,
u. a. die nach der Niederschlagung des Warschauer Aufstands
von 1831 exilierten Polen Eugen Breza und Adam Gurowski,

begegneten ihm mit Achtung, ja Verehrung und brachten ihm Freundschaft, manchmal auch Liebe entgegen. Er verkehrte mit Balzac und Béranger, mit dem er sich in der Verehrung Napoléons I. traf, Alexandre Dumas père, Théophile Gautier, Saint-René Taillandier; zuweilen mit Victor Hugo, oft mit Jules Janin, Xavier Marmier; gelegentlich mit Alfred de Musset, Charles-Augustin Sainte-Beuve, Alfred de Vigny. Er traf den Philosophen Pierre Leroux, die Historiker Jules Michelet und François-Auguste Mignet, die Übersetzer Adolphe Loëve-Veimars und Astolphe Custine. Dazu Schauspieler und zahlreiche Musiker, Komponisten, Sänger: Vincenzo Bellini (dessen frühen Tod er voraussagte), Hector Berlioz (dessen Trauzeuge Heine war), Luigi Cherubini, Frédéric Chopin, Franz Liszt, Adolphe Nourrit, Gioacchino Rossini, Sigismund Thalberg u.a. Zu seinen Bekannten gehörten die Verleger und Redakteure Victor Bohain und François Buloz, Marie-Pierre-Yves und Léon Escudier, Eugène Renduel, Maurice Schlesinger. Er war bekannt mit den Politikern François Guizot und Adolphe Thiers, ja selbst mit dem Herzog von Orléans und verkehrte mit den Bankiers Achille und Benoît Fould und mit Baron James de Rothschild und dessen Gattin Betty.

Auch namhafte Frauen gehörten zu seinem Bekanntenkreis: die Schriftstellerin Marie-Cathérine-Sophie d'Agoult (Pseudonym Daniel Stern), Geliebte Franz Liszts und Mutter Cosima Wagners; die englische Autorin Sarah Austin; die italienische Schriftstellerin Cristina Fürstin von Belgiojoso-Trivulzio, Caroline Jaubert, Frau eines höheren Justizbeamten; schließlich die berühmte George Sand, in deren Salons er verkehrte, auf deren Landsitzen in Jonchère und Nohant er vorübergehend lebte und die er zeitweilig verehrte, nach eigenem Bekenntnis aber nicht liebte.

Dafür verliebte sich Heine im Herbst 1834 in Crescentia Eugénie Mirat, die er Mathilde nannte und die er nach sieben spannungsreichen Jahren heiratete, unmittelbar vor dem Duell mit Salomon Strauß, um sie juristisch und ökonomisch sicherzustellen. Mit Rücksicht auf ihre Eltern willigte er in eine katholische Trauung ein, die am 31. August 1841 in der Kirche Saint-Sulpice stattfand.

Was mochte diesen Mann an diese Frau gefesselt haben, ihn, den Frauen höchsten Ranges umgaben, verehrten und förderten? Sie war eine mäßige Schönheit, eine schlechte Hausfrau, gab meist mehr aus, als er verdiente, so daß ihn die Geldkalamitäten trotz relativ guter und steigender Einnahmen nie verließen, war ihm keine Partnerin und wußte eigentlich nicht, wer an ihrer Seite lebte.

Die Briefe der ersten Jahre deuten auf eine heftige, fast zerstörerische Leidenschaft des um achtzehn Jahre älteren Mannes hin, der von sich sagte, »verdammt« zu sein, »das niedrigste und thörichtste« zu lieben. Immer wieder floh er sie, mit anderen Frauen und ohne. Sie hatte sich ihm zu Beginn ganz anvertraut, sich an ihn gebunden auf unlösliche Art und war von zwanghafter Anhänglichkeit. Sie muß eine enorme sexuelle Anziehungskraft gehabt haben: er war ihr hörig und sie vermutlich ihm auch. Als das geendet hatte, sorgte er für sie, hat sie für die Zeit nach seinem Tode sichergestellt, Teilpensionen beim Verleger – sie war die Universalerbin des Werkes – und bei der Familie ausgehandelt. Seine Äußerungen über sie sind wechselhaft, behalten indes einen Grundton väterlicher Fürsorge, werden allmählich sparsamer. War sie Kindersatz? Ein Ziel für Nächstenliebe? In seinem Geistesleben spielte sie keine Rolle; Gedichte, vor allem in der letzten Zeit, machte er eher über andere, vor allem über die Mouche (1855/56).

Kennzeichnend für diese 22 Jahre während Beziehung wie für Heines Liebeshaltung erscheint eine ausgesprochen starke Paternalität, in jüngeren Jahren zeitweise etwas machohaft; ein Auseinanderfallen der Teile, die Liebe – und das ist Ganzheit – ausmachen, in Leib und Seele, Sinnlichkeit und Sittlichkeit, Hure und Dame, Ehealltag und Geisteskultur. Partnerschaft ist undenkbar, nach langjähriger freier, dabei sexuell determinierter Beziehung wird bestenfalls kleinbürgerliche Ehe aus praktischen Gründen praktiziert. Und das trotz gegenteiligen Konzepts in den dreißiger und vierziger Jahren, welches auf vollstimmiges Menschentum und Liebe als größte menschliche Möglichkeit ausgerichtet war, doch nur als Programm, in der Utopie. Die Praxis sah so anders aus: ermöglichte höchstens die genannte Art von fürsorgender Nächstenliebe. Das ist freilich nicht wenig.

Immerhin bildete Heine keine Ausnahme. Wie kümmerlich die Ehen der deutschen Klassiker: Goethe erhob sich freilich über die Misere, fand Erfüllungen in immer neuen Liebesbeziehungen und bedichtete sie. Einige Romantikerinnen versuchten eine Art exaltierter Emanzipation, Jüdinnen zumeist (Caroline und Dorothea Schlegel etwa oder Fanny Mendelssohn); Bettina von Brentano-Arnim – auch diese nicht so frei wie angenommen – war große Ausnahme der Zeit und vor allem Rahel Varnhagen-Levin. Eine Frei-sein-Wollende wie die Günderode ist gescheitert. Frauen hatten nun einmal die geringeren Möglichkeiten in der sie umgebenden Gesellschaft. Wie wenige vom Rang einer George Sand gab es, und wie schwer mußte der erkämpft werden. Auch ihre Beziehung zu Chopin ist gescheitert. Und als Balzac Frau von Hanska endlich heiraten konnte, brach er zusammen und starb.

Heine war da zumindest illusionsloser, vielleicht auch ehrlicher, beschied sich mit einer derart armseligen Beziehung. Auch hier lebte er einen kolossalen Widerspruch aus, um den er sicher wußte und der nicht auflösbar war.

Pariser Existenz und deutscher Markt

Heinrich Heine war nun Henri Heine und fast gänzlich an Frankreich gebunden, verheiratet mit einer Französin, für die er zu sorgen hatte. Immerhin: Man sorgte sich an der Seine

auch um ihn bzw. ließ ihm wenigstens freie Hand, es für sich
selber zu tun. Die großen Journal-Produktionen über deutsche Literatur und Philosophie erschienen, die Übersetzungen seiner Bücher, die erste Gesamtausgabe, Rezensionen
und Würdigungen, das schöne Bronze-Medaillon aus der
Werkstatt von David d'Angers. Als Heines Schriften in deutschen Bundesländern verboten waren, sein Frankreich-Auf-
enthalt zum wirklichen Exil sich gewandelt hatte, gab ihm
nach verschiedenen Bemühungen einflußreicher Pariser Persönlichkeiten (Mignet, Guizot, Thiers) die französische Regierung ab 1840 eine Pension von 4800 Francs pro Jahr, die
bis zum Ende des Julikönigtums 1848 gezahlt wurde.

So war der Exilant erst ab 1840 halbwegs gesichert,
konnte also auf den deutschen Markt nicht verzichten. Die
Turbulenzen setzten sich fort, auch wenn er mehrfach versicherte, sich von der »Tagespolitik« zurückzuziehen: »[…]
beschäftigte mich jetzt meistens mit Kunst, Religion und
Philosophie.« (An Varnhagen von Ense, 16. Juli 1833) Zwar
schrieb er an seinem großen Essai, dem späteren Buch »Zur
Geschichte der Religion und Philosophie in Deutschland«,
doch gar so leicht ließ ihn die Politik nicht los, auch wenn die
unmittelbare Berichterstattung vorerst aufgehört hatte. Zwei
Jahre später heißt es: »Ihr aber, was ihr nie bedenkt, seyd im
geruhsamen Deutschland, wo jeder Tag 25 Stunden hat; ich
aber bin an einem Ort, wo die Zeit selber sich kaum die Zeit
nimmt zu verfließen. Ich habe hier gar keine Zeit. Sie können
sich keinen Begriff davon machen, wie viel zerstreuende Erscheinungen mich umwogen, wie viel Noth, Unsinn, Lebens-
kampf, Liebe, Haß und † mir um die Ohren saust.« (An Detmold, 22. März 1835 – Ungeklärt und unkommentiert selbst
in der größten und berühmtesten Heine-Ausgabe bleibt das †.
Ich verstehe es hier als Tod.) Arbeit und Querelles also gingen weiter, die Öffentlichkeit beherrschte ihn und er sie, und
was heißt Politik anders als öffentliches Sein und Tun. Sein
Polit-Begriff bedeutete mehr als nur Tagespolitik.

Jedenfalls: die Zeitungsarbeit mußte weitergehen, Campe mußte Bücher drucken, wenn auch nicht so unmittelbar politischer Art; die Idee zu einer deutschsprachigen Zeitung in Paris beschäftigte den Dichter-Journalisten für einige Jahre; zudem faßte er Pläne zu einer deutschen Gesamtausgabe seiner Werke, und auch die »Memoiren« blieben im Blickfeld. Die Jahre von 1836 bis 1840 sehen weiterhin einen vielbeschäftigten, wenngleich nicht so produktiven Heine mit einem veränderten Literatur-Konzept: Er schrieb wieder mehr Lyrik, befaßte sich erneut mit erzählender Prosa und betrieb das Geschäft der Literatur-, Musik- und Theaterkritik.

Die Heftigkeit, mit der der nun knapp 40jährige diese Projekte in den folgenden Jahren vorantrieb, hatte mit der politischen Unterdrückung im deutschen Sprachraum und mit finanziellen Problemen zu tun. Zwar war echte Not trotz der Verbote noch nicht eingetreten, Zeitungshonorare gingen weiterhin ein, und Campe druckte, so viele Schwierigkeiten es mit der strengen Vorzensur, der der Autor sich nicht unterwerfen wollte, auch gab: »Ich vertrete in diesem Augenblick den letzten Fetzen deutscher Geistesfreiheyt.« (An Campe, 14. März 1836)

Langes Hin und Her auch mit der Hamburger Familie, was immer noch hieß: mit Salomon Heine. Ab 1839 zahlte ihm dieser eine Jahresrente von 4000 Francs, wie bei seinem Pariser Besuch im Herbst 1839 festgelegt ward, nicht zuletzt dank Meyerbeers und Bruder Maximilians Bemühungen. Maximilian hat seinen Bruder stets verehrt, seine Größe begriffen, die ihm dieser allerdings auch regelrecht eingetrichtert hat: »Du hast keine Idee davon welche kolossale Reputazion hier auf mir lastet – [...] Der beste deutsche Schriftsteller bin ich jetzt [...]« (21. April 1834) Und an anderer Stelle: »[...] denn Du bist der einzige von meiner Familie der mich schweigend verstehen kann und dem ich nicht nöthig habe auseinanderzusetzen, wie alle Bekümmernisse meines Lebens nicht durch eigene Schuld entstanden sind, sondern sich als nothwendige Folge meiner socialen Stellung und meiner geistigen Begabung erklären lassen. Du weißt, daß die Größe eines Charakters und des Talentes in unserer Zeit nicht verziehen werden [...]« Die letzte Äußerung ist bereits ein Reflex der von Börne ausgelösten unsäglichen Debatte über Talent und Charakter, die bis zum »Atta Troll« anhielt.

Ergänzend über das Verhältnis des Dichters Heine zum Bankhaus Heine: Er hatte sich – und zwar erfolgreich – um die Ehe Carl Heines, des Sohnes von Salomon Heine, mit Cécile Furtado, Tochter des Pariser Bankers, bemüht, also um die familiäre Verschmelzung zweier Bankhäuser. Da konnte er ziemlich viel über Bankgeheimnisse lernen, zwar weniger für sich als für die Literatur, wie noch zu zeigen sein wird.

Inzwischen Verfasser von etwa einem Dutzend Bücher und zahlreichen anderen Texten, verdroß es Heine, daß es zwar eine französische Werkausgabe, wie bescheiden auch immer, aber keine deutschsprachige gab. Doch der internationale Ruhm wuchs. In verschiedenen europäischen Ländern einschließlich Rußland sowie in den USA wurden seine Werke übersetzt und rezensiert; »Florentinische Nächte«, kaum im »Morgenblatt« erschienen, kam in Moskau heraus.

Schließlich mag ein weiterer Grund ausschlaggebend gewesen sein, seine editorischen Aktivitäten zu verstärken: die schleichende Krankheit. Neben den Lähmungserscheinungen machten sich zunehmend nervöse Leiden und Spannungszustände bemerkbar. 1836 war er an Gelbsucht erkrankt, 1837 klagte er über Durchblutungsstörungen, die linke Hand magerte ab, er hatte eine ernste Grippe und konnte längere Zeit nichts sehen. Und immer wuchsen die Schulden. Das ging so weit, daß er sich an seinen alten jüdischen Freund Moses Moser wandte mit der Bitte um ein Darlehen von 400 Talern. Er beschwor eine Freundschaft, die seit etlichen Jahren nicht mehr bestand. Wie muß es um den Juden im Exil bestellt gewesen sein, daß er sich entschloß, bei einem andern Juden um Hilfe nachzusuchen. Schließlich hatte er Moser die Freundschaft aufgekündigt, als dieser im Platen-Konflikt nicht auf seiner Seite stand. Doch Moser hatte nicht mehr geantwortet.

So schien es Heine an der Zeit, eine deutsche Werkausgabe zusammenzustellen, die nahezu zwanzig Jahre literarischer Arbeit repräsentieren würde. An Campe schrieb der Autor bereits 1835: »Ich bin ihr einziger Classiker, ich bin der einzige der ein stehender auflegbarer Literaturartikel geworden – doch wozu ein altes Lied Ihnen wieder vorleyern, das sie kennen! Sie wissen so gut wie ich, daß meine Bücher, gleichviel welche, noch oft aufgelegt werden müssen – und ich widerhole meine Bitte, handeln Sie kristlich in der Exemplar-Zahl der Auflage. O, liebster Campe, ich gäbe was drum, wenn Sie mehr Religion hätten! Aber das Lesen meiner eignen Schriften hat Ihrem Gemüthe viel geschadet, jenes zarte gläubige Gefühl, das Sie sonst besaßen, ist verloren gegangen. Sie glauben nicht mehr durch gute Werke selig zu werden, nur der Schund ist Ihnen angenehm, Sie sind ein Pharisäer geworden, der in den Büchern nur den Buchstaben sieht und nicht den Geist, ein Saduzäer, der an keine Auferstehung der Bücher, an keine Auflagen glaubt, ein Atheist der im Geheim meinen heiligen Namen lästert – o thun Sie Buße, bessern Sie sich!« (26. Juli 1835) Konkret bezog sich dieser Brief auf »Die romantische Schule«, hat aber mit dem Verhältnis der beiden Kontrahenten insgesamt zu tun, in dem Heine beileibe nicht immer recht hatte und Campe sich – wie hier – viel anhören mußte, doch auch er wußte hart auszuteilen: Eben nicht alle Heine-Titel waren »stehend auflegbar«. Campe forcierte das eine und zögerte mit anderem. So spitzten sich die Positionen allmählich zu.

Auf Grund solcher Differenzen versuchte der Autor zunächst bei anderen Verlegern unterzukommen, und zwar in Süddeutschland, wo die Zensur liberaler gehandhabt wurde: bei Brodhag, Hvass, Scheible, zuletzt beim Cotta-Verlag, den

inzwischen nicht mehr der »Klassiker« Cotta, sondern dessen
Sohn Johann Georg leitete. Vermittler war meist Lewald,
nunmehr Redakteur einer »Theater-Revue«. Heine verlangte
stets 20 000 Francs; gleichzeitig standen die »Memoiren« als
Verhandlungsgegenstand zur Debatte. An Scheible schrieb
er: »Ich darf Sie versichern, daß ich auch wenn die besagten
Censur-Rücksichten nicht stattfänden, eine Gesammtaus-
gabe meiner Werke von allen jakobinischen und sonstig französisch materialistischen Auswüchsen gereinigt hätte, die
einst den Bedürfnissen des Tages entsprachen, jetzt aber sowohl mit meinem ausgebildeteren Schönheitssinn wie mit
meinen erweiterten Lebensansichten in Widerspruch stehen.«
(24. Februar 1837) So richtig es sein mag, von erweiterten Lebensansichten auszugehen, so wichtig auch das Argu-
ment, daß Tagesjournalistik etwas anderes ist als ein Buch,
erscheinen mir doch Taktieren und Kompromißbereitschaft
hier sehr weit zu gehen. Zu den »Memoiren«, von denen der
Verleger gewünscht hatte, sie sollten die Gesamtausgabe be-
gleiten, äußerte sich Heine in demselben Brief: »Sie wissen
gar nicht was Sie da verlangen. Das ist ein Buch, ein großes
wichtiges das *ganze* europäische Leben nebst den dazugehörigen wirklichen und symbolischen Gestalten umfassendes
Buch; es ist das Resultat aller meiner wandrenden Studien in
allen Landen und Verhältnissen. Doch auch hierzu ent-
schlösse ich mich […]«

Schließlich blieb er doch bei Campe – möglicherweise
hatte er auf diese Weise nur Druck ausüben wollen – und bot
ihm neben dem Gesamtwerk auf zehn Jahre zusätzlich die
»Memoiren« an, welche »die ganze Zeitgeschichte, die ich in
ihren größten Momenten mitgelebt, umfasse[n] sammt den
markantesten Personen meiner Zeit, ganz Europa, das ganze
moderne Leben, deutsche Zustände bis zur Julirevoluzion,
die Resultate meines Aufenthaltes im Foyer der politischen
und socialen Revoluzion, das Resultat meiner kostspieligsten
und schmerzlichsten Studien, das Buch, das man ganz eigens

von mir erwartet – und für dieses Buch würde ich ein ganz außerordentliches hohes Honorar *per Druckbogen* und einen unbestimmten Lieferungstermin verlangen. […] Ich habe nemlich wirklich schon begonnen mein Leben zu schreiben, nur der Zeitumstände wegen zögere ich gern mit dieser Publikazion, ich wollte ihr auch den höchsten Glanz verleihen …« (An Campe, 1. März 1837)

Nach einigem Hin und Her einigten sich beide Seiten und schlossen am 13. April 1837 den ersten Gesamtvertrag (»Contract«) in acht Paragrafen. Für eine »durchgesehene, verbesserte und vermehrte« Gesamtausgabe aller bisherigen Schriften verkaufte der Autor das Recht auf elf Jahre für die zur Rede stehenden 20 000 Francs; der Verleger konnte obendrein so viele Nachdrucke veranstalten, wie er wollte. Campe hatte seinen Autor wieder, den er tatsächlich nie verloren hatte. Heine bekam Geld, konnte seine Schulden bezahlen – doch die ersehnte Ausgabe erschien noch lange nicht. Und auch die »Memoiren« blieben wieder liegen. Dabei hatte der Autor Heine in diesen Jahren mit den deutschen Regierungen bis hin zu Metternich und dem preußischen Gesandten von Werther (über persönliche Vermittlung Varnhagens) ziemlich bedenklich taktiert und war zu Kompromissen bereit, um eine Aufhebung der Verbote zu erreichen, auch der geplanten Zeitung wegen. Doch es nutzte ihm nichts oder fast nichts: lediglich das Verbot des »Buches der Lieder« wurde fallengelassen.

Was die geplante deutschsprachige Zeitung betraf, mittels der sich der Publizist Heine ein eigenes Sprachrohr schaffen wollte, so kamen ihm andere zuvor. Selbst der dubiose Bornstedt hatte diesbezügliche Absichten, wie es überhaupt zahlreiche, meist kurzlebige Emigrantenblätter gab. So redigierte R. O. Spazier eine »Revue du Nord et principalement des pays germaniques«, in der er Artikel gegen seinen jüdischen Kollegen und Landsmann Heine publizierte. Im Mai 1838 gründete der liberale Journalist Joseph Savoye, mit dem

Heine 1834 in einer Redaktionskommission des »Deutschen Volksvereins« zusammengearbeitet hatte und in dessen Lese-kabinett im Café Valois der Dichter noch nach 1839 ver-kehrte, ein Konkurrenzunternehmen, »Panorama de l'Alle-magne«. Zwei ähnlich konzipierte Presseorgane hätten sich gegenseitig behindert. 1837 plante Heine die Herausgabe einer »Compilazion deutscher guter Schriftsteller« in zwei Bänden bei dem Verlag Heideloff, doch auch sie kam nicht zustande.

In diesen Jahren entstanden bis auf die »Denkschrift Lud-wig Börne« keine Hauptwerke, und doch bahnten sich neue Qualitäten und Dimensionen an. Erkennbar ist auch ein phi-losophisches Kontinuum: »Ueberhaupt Beförderung welt-patriotischer, gefühlsfreyer, hellenischer Richtung« (An Det-mold, 17. September 1837) Zunächst betätigte sich Heine vorrangig als Kritiker, »nicht mehr auf dem politischen, son-dern auf dem literarischen Felde werde ich jetzt meinen Flammberg schwingen« (an Lewald, 1. März 1838). Im glei-chen Atemzug bezeichnete er die politischen Berichterstatter aller möglichen Zeitungen als korrupt und von der Polizei be-stochen: »Ich werde gründlich dafür sorgen die französische Correspondenz der Allgemeinen Zeitung nicht bloß glän-zend zu überflügeln, sondern in ihrer klatschthümlichen Nichtigkeit zu Schande zu machen.« Eine typische Heine-Situation, Widerspruch in sich selbst: dort Absage an die Politik, da Kritik einer schlechten Publizistik mit dem Plan, es besser zu machen – und nur zwei Jahre später schreibt er wieder in der »Allgemeinen Zeitung«, und macht es in der Tat so sehr viel besser.

Zunächst blieb er auf dem Terrain des Literarisch-Künstle-rischen. Er ging viel ins Theater und Konzert und erlebte ein Jahrhundertereignis: die Uraufführung von Meyerbeers Oper »Die Hugenotten«, über die er – zunächst nicht sehr ausführ-lich, später gründlich und treffend – schreibt und sie ironisch mit einem Ball im neuen Palais von Rothschild in Zusam-

menhang bringt: »Es ist das Versailles der absoluten Geld-
herrschaft.« Bemerkenswert der Bezug von Meyerbeer und
Rothschild: Meyerbeer als der Rothschild der Musik, der wie
kaum ein anderer der Zeit die Mechanismen von Kunst,
Kunstwirkung und Geldwirtschaft begriffen hatte und an-
wandte, und Rothschild als der Meyerbeer des Kapitals, der
die Kapitalien und Zinsen wie ein großes Orchester leitete,
Widersprüche in Harmonien aufzulösen versuchte und obendrein noch als Kunstmäzen in Erscheinung trat. Auch gegenüber Heine, und da spielte jüdische Solidarität mit, ebenso
wie im lange Zeit persönlichen, fast freundschaftlichen Verhältnis zu Meyerbeer. Der Dichter ging den Musiker oft um
Geld an, um journalistische Angriffe gegen beide abzuweh-
ren und um Emigranten zu unterstützen. Auch bei den Jour-
nalplänen bat er das Finanzgenie Meyerbeer um Hilfe, der
seinerseits mehrfach zwischen Heine und der Familie, d. h.
Onkel Salomon und dann Carl Heine, vermittelte. Später haben sie sich zerstritten, und der Dichter schrieb ziemlich böse
Satiren über den Komponisten, die weniger die musikalische
Seite als den Musik- und Opernbetrieb betrafen.

1838 entstand eine Serie über Theater: »Über die französische Bühne. Vertraute Briefe an August Lewald«. Sie erschien
in Lewalds »Allgemeiner Theater-Revue« für 1838 und danach, von Adolphe Specht übersetzt, in der »Revue et Gazette Musicale«. Kurze Zeit später schrieb Heine für den
französischen Verlag Delloye »Shakespeares Mädchen und
Frauen« (1839 erschienen), als Nebenwerk und zum Geldver-
dienen gedacht, doch auf Grund einschlägiger Studien englischer Spezialliteratur zu einer wichtigen Interpretation des
großen Briten geworden. Es ging ihm dabei vor allem um
die Wiedergewinnung der Poesie für sich sowie um großen
künstlerischen Realismus überhaupt. Nach Tragödien und
Komödien unterteilt, werden die einzelnen Frauen-Gestalten
vorgestellt, mit vielen Zitaten in den Übersetzungen von
Baudissin, Schlegel und Tieck, manche auch in seiner eigenen

Übertragung. Heine wäre nicht Heine, zielte er mit einzelnen Sottisen nicht auf Selbsterlebtes und Selbsterfahrenes.

Der Text ist glänzend gebaut, so ein- wie durchsichtig. Geht es eingangs um den historischen Boden Shakespeares wie um diesen selbst und seine Poesie, wendet er sich sodann der deutschen Rezeption sowohl in der Literatur als auch auf der Bühne zu und verfolgt im Schlußteil die Rezeption in den romanischen Ländern, insbesondere in Frankreich, das sich mit der Aneignung Shakespeares schwertat. Ausgerechnet ein Historiker und Politiker wie Guizot hatte das Wichtigste über Shakespeares Komödien gesagt.

Überlegenswert seine Kernsätze über den großen Briten, der »nicht bloß Dichter, sondern auch Historiker [...] In dieser Beziehung gleicht er den frühesten Geschichtsschreibern, die ebenfalls keinen Unterschied wußten zwischen Poesie und Historie und nicht bloß eine Nomenklatur, ein stäubiges Herbarium der Ereignisse, lieferten, sondern die Wahrheit verklärten und im Gesange nur die Stimme der Wahrheit tönen ließen. Die sogenannte Objektivität, wovon heut' so viel die Rede, ist nichts als eine trockene Lüge; es ist nicht möglich, die Vergangenheit zu schildern, ohne ihr die Färbung unserer eigenen Gefühle zu verleihen. Ja, da der sogenannte objektive Geschichtsschreiber doch immer sein Wort an die Gegenwart richtet, so schreibt er unwillkürlich im Geiste seiner eigenen Zeit, und dieser Zeitgeist wird in seinen Schriften sichtbar sein, wie sich in Briefen nicht bloß der Charakter des Schreibers, sondern auch des Empfängers offenbart. [...] Dieselbe Treue und Wahrheit, welche Shakespeare in betreff der Geschichte beurkundet, finden wir bei ihm in betreff der Natur. Man pflegt zu sagen, daß er der Natur den Spiegel vorhalte. Dieser Ausdruck ist tadelhaft, da er über das Verhältnis des Dichters zur Natur irreleitet. In dem Dichtergeiste spiegelt sich nicht die Natur, sondern ein Bild derselben, das dem getreuesten Spiegelbilde ähnlich, ist dem Geiste des Dichters eingeboren; er bringt gleichsam die Welt mit zur

Welt [...] Aber ein Bruchstück der Erscheinungswelt muß
dem Dichter immer von außen geboten werden, ehe jener
wunderbare Prozeß der Weltergänzung in ihm stattfinden
kann; dieses Wahrnehmen eines Stücks der Erscheinungswelt geschieht durch die Sinne und ist gleichsam das äußere
Ereignis, wovon die innern Offenbarungen bedingt sind, denen wir die Kunstwerke des Dichters verdanken.«

Unter »Natur« ist durchaus Gesellschaft zu verstehen, die
Sozietät menschlichen Lebens. Zu konstatieren ist, daß er,
der noch vor gar nicht langer Zeit, eben in der »Roman-
tischen Schule«, gegen die radikale Subjektivität zu Felde gezogen ist, jetzt die Objektivierer attackiert. Und mitten im
Subjekt-Objekt-Problem steht sein schönster und überaus zu-
treffender Begriff für den poetischen Akt: »Weltergänzung«.
Und wenn dabei Geschichte ergänzt wird, Geschichte, die
Poeten oft überzeugender erzählen als professionelle Historiografen. Und noch ein Gedanke sei hervorgehoben. Als
Grabbe Shakespeares Römertragödien »poetisch verzierte
Chroniken« nannte und die klassischen Einheiten vermißte,
also eigentlich sehr richtig »episches Theater« meinte, rettet
Heine im Widerspruch die Einheiten und meint dabei doch
Ähnliches: »Nicht sowohl die letztgenannte Einheit, sondern
auch die Einheiten von Ort und Zeit mangeln keineswegs
unserm großen Dichter. Nur sind bei ihm die Begriffe etwas
ausgedehnter als bei uns. Der Schauplatz seiner Dramen ist
der Erdball, und das ist seine Einheit des Ortes; die Ewigkeit
ist die Periode, während welcher seine Stücke spielen, und
das ist seine Einheit der Zeit; und beiden angemäß ist der
Held seiner Dramen, der dort als Mittelpunkt strahlt und die
Einheit des Interesses repräsentiert. ... Die Menschheit ist jener Held, jener Held, welcher beständig stirbt und beständig
aufersteht – beständig liebt, beständig haßt, doch noch mehr
liebt als haßt – sich heute wie ein Wurm krümmt, morgen als
ein Adler zur Sonne fliegt – heute eine Narrenkappe, morgen
einen Lorbeer verdient, noch öfter beides zu gleicher Zeit –

der große Zwerg, der kleine Riese, der homöopathisch zubereitete Gott, in welchem die Göttlichkeit zwar sehr verdünnt,
aber doch immer existiert –« Kann man es schöner ausdrük-
ken, wenn man Welttheater meint!

In dem Kapitel über Jessika und Portia aus dem »Kaufmann von Venedig« geht es ihm nur bedingt um die beiden
Frauengestalten, vielmehr um Shylock und die Juden. Heines
Urthema ergreift ihn auch hier in völlig anderm Zusammenhang. »Sein Drama zeigt uns eigentlich weder Juden noch
Christen, sondern Unterdrücker und Unterdrückte.« Ausführlich behandelt er Lage und Problem des Shylock, des
»bittermütigen Juden«, und damit der Judenheit. Er konstatiert eine gewisse Ähnlichkeit von Juden und frühen Germa-
nenvölkern, die ihn zu folgenden Überlegungen führt: »Aber
nicht bloß Deutschland trägt die Physiognomie Palästinas,
sondern auch das übrige Europa erhebt sich zu den Juden. Ich sage erhebt sich, denn die Juden trugen schon im Be-
ginne das moderne Prinzip in sich, welches sich heute erst bei
den europäischen Völkern sichtbar entfaltet.« Gegenüber der
Land- und Personengläubigkeit der Römer-, Griechen- und
später der Germanenwelt steht etwas anderes: »Die Juden
aber von jeher hingen nur an dem Gesetz, an dem abstrakten
Gedanken, wie unsere neueren kosmopolitischen Republikaner [...] Ja, der Kosmopolitismus ist ganz eigentlich dem Boden Judäas entsprossen [...]« Mit dem Gesetz ist im Ursinn
die Thora gemeint.

Immer noch am Beispiel des »Kaufmanns« fragt er den
Entwicklungen auch der Christenheit und ihrer »Nächstenliebe« nach sowie den letzten Gründen des Hasses, womit
die christlichen Judenfeinde Juden verfolgten und verfolgen.
Er findet sie im Sozialen: »Die Schuld liegt ganz an jenem
Wahnsinn, womit man im Mittelalter die Bedeutung der Industrie verkannte, den Handel als etwas Unedles und gar
die Geldgeschäfte als etwas Schimpfliches betrachtete, und
deshalb den einträglichsten Teil solcher Industriezweige,

namentlich die Geldgeschäfte, in die Hände der Juden gab; so daß diese, ausgeschlossen von allen anderen Gewerben, notwendigerweise die raffiniertesten Kaufleute und Bankiers werden mußten. Man zwang sie, reich zu werden, und haßte sie dann wegen ihres Reichtums; und obgleich jetzt die Christenheit ihre Vorurteile gegen die Industrie aufgegeben hat und die Christen im Handel und Gewerb' ebenso große Spitzbuben und ebenso reich wie die Juden geworden sind: so ist dennoch an diesen letztern der traditionelle Volkshaß haften geblieben, das Volk sieht in ihnen noch immer die Repräsentanten des Geldbesitzes und haßt sie.« Über Ästhetik und Kunst zu Grundfragen – gültig für vorrassistischen Judenhaß und noch immer gültig auch dann, als der Rassismus auslösend war für Verfolgung bis zur Shoa.

Von Wiedergewinnung von Poesie und großem Realismus war die Rede. Demselben Zweck diente die Herausgabe des »Sinnreichen Don Quixote von La Mancha« im Stuttgarter Verlag der Klassiker von Scheible mit einer Einleitung, die Heine selbst kritisch sah und die dennoch wichtig war für die Ausbildung künstlerischer Grundpositionen. Nach Shakespeare jetzt Cervantes. Im gleichen Zusammenhang wollte er eine – nicht zustande gebrachte – Studie über Grabbe schreiben und veröffentlichte die erste seiner mythologischen Arbeiten, die »Elementargeister«. Damit wurden auch philosophische Positionen vertieft – nicht zufällig hatte er sich zu dieser Zeit erneut mit Spinoza befaßt.

Die ersten Seiten zur »Einleitung« entnahm er der »Stadt Lucca«, die ebenfalls mit dem Bekenntnis zu dem großen Roman begonnen hatte. Woraus schöpfte Cervantes, was schuf er neu? Was lag hinter ihm, was kam mit ihm? Das sind die Fragen, die in dieser Einleitung gestellt werden. Cervantes löste den Ritterroman ab, indem er ihn zu Tode glossierte, doch tat er mehr: »Cervantes stiftete den modernen Roman, indem er in den Ritterroman die getreue Schilderung der niederen Klassen einführte, indem er ihm das Volksleben bei-

mischte. [...] Bei Cervantes finden wir noch nicht diese einseitige Richtung, das Unedle ganz abgesondert darzustellen;
er vermischt nur das Ideale mit dem Gemeinen, das eine
dient dem andern zur Abschattung oder zur Beleuchtung,
und das adelstümliche Element ist darin noch ebenso mächtig wie das volkstümliche.« Man verfolgt fasziniert den Gedanken, daß nach dem gänzlichen Verschwinden des ritter-
lich-aristokratischen Elements eine gewisse Langweiligkeit
im englischen Roman eingetreten sei, die erst Walter Scott
durch eine Wiedereinführung des Aristokratischen beendet
habe. Alle Einseitigkeiten der reinen Prosa des englischen
Romans, seiner biederen Bürgerlichkeit, oder die Wiederge-
burt des Ritterromans durch die deutsche Romantik seien
falsch: »Man verkennt, daß das Charakteristische der historischen Romane eben in der Harmonie des aristokratischen
und demokratischen Elements besteht [...]«

Eine Skala von Widersprüchen tut sich auf, so der zwischen dem Dichter als Person und dem literarischen Resultat: »Aber die Feder des Genius ist immer größer als er selber,
sie reicht immer weit hinaus über seine zeitlichen Absichten, und ohne daß er sich dessen klar bewußt wurde, schrieb
Cervantes die größte Satire gegen die menschliche Begeisterung.« Daher mag es kommen, daß auch in unserer Gegenwart tapferes Eintreten für Gerechtigkeit oder ähnliche, mitunter auch chimärische Ziele als Donquichotismus abgetan
oder verlacht wird. Unser Dichter bezieht sich da ein: »Ach,
ich habe seitdem erfahren, daß es eine ebenso undankbare
Tollheit ist, wenn man die Zukunft allzu frühzeitig in die Gegenwart einführen will und bei solchem Ankampf gegen die
schweren Interessen des Tages nur einen sehr mageren Klep-
per, eine sehr morsche Rüstung und einen ebenso gebrech-
lichen Körper besitzt. Wie über jenen, so auch über diesen
Donquichotismus schüttelt der Weise sein vernünftiges
Haupt. – Aber Dulcinea von Toboso ist dennoch das schönste Weib der Welt; obgleich ich elend zu Boden liege, nehme

ich dennoch diese Behauptung nimmermehr zurück. Ich
kann nicht anders, – stoßt zu mit euren Lanzen, ihr silberne
Mondritter, ihr verkappte Barbiergesellen!« Das kann man
ausweiten auf diverse Ziele, auf zeitweilig untergegangene
Gesellschaftsmodelle, auf Utopien – das Prinzip Hoffnung
bleibt. – Ich sah vor einigen Jahren im Münchener Volkstha-
ter eine dramatische Bearbeitung des großen Romans, und
zwei Chilenen spielten den Ritter und seinen Sancho. Welche
Kraft in der Niederlage – diese werden immer weiter kämpfen, auferstehen für eine gerechtere Welt, und anderes hat der
Dichter auch nicht gemeint.

Neue ästhetische Standorte gewinnen über Traditionen –
ein nicht ungewöhnlicher Weg. Und wenn es dann humani-
stische Traditionen sind, ist die Position offen für Zukunft.
Selbstredend gingen auch die Polemiken, der Literaturstreit
weiter. Zuerst die Abrechnung mit dem Rechts-Ultra Menzel: »Über den Denunzianten« als Vorrede zu »Der Salon.
Dritter Band«, der Mitte 1837 erschien und »Florentinische
Nächte« und »Elementargeister« mit dem Gedicht »Tannhäuser« enthielt. Der Anti-Menzel kam außerdem separat heraus. Hier hatten enorme Auseinanderentwicklungen stattgefunden. Menzel, einst Heines Kommilitone, hatte 1828 »Die
deutsche Literatur« veröffentlicht, und Heine hatte dazu eine
umfangreiche Rezension geschrieben, die u. a. jene These vom
Ende des »Goethentums«, der »Literaturperiode«, enthält und
Goethe trotz aller kritischen Haltung gegenüber Menzel
verteidigt. Nun waren die Masken gefallen, Menzel hatte
1835 den offenen Kampf eröffnet, und Heine schlug zurück.
Hierbei traf er auf einen unerwarteten Verbündeten, nämlich Börne, dessen Streitschrift »Menzel, der Franzosenfres-
ser« (1837) er noch vor der Veröffentlichung seines Pamphlets
zur Kenntnis nehmen konnte. Noch einmal kämpften die
beiden Widersacher an gemeinsamer Front, doch ihr Ana-
thema gegen Menzel hatte durchaus unterschiedliche Ansätze.

Von konservativer Seite erfolgten neue Angriffe, diesmal aus Schwaben: Chamisso wollte 1836 den von ihm herausgegebenen »Deutschen Musenalmanach« mit einem Heine-Porträt als Frontispiz ausstatten. Daraufhin trat Gustav Schwab von der Redaktion zurück, die andern Schwaben lieferten keine Beiträge. 1838 startete Gustav Pfizer einen weiteren Angriff, eine Reaktion auf den »Denunzianten«. Heine replizierte mit dem »Schwabenspiegel« in Campes »Jahrbuch der Literatur« (1839). Bei aller Schärfe ging er gegen die Schwabendichter, zu denen neben Pfizer und Schwab Ludwig Uhland und am Rande Eduard Mörike gehörten, subtiler vor und ließ Mörikes Namen streichen; Uhland akzeptierte er als echten Dichter, dessen Zeit allerdings vorbei sei. Auch der »Schwabenspiegel« erschien textlich verstümmelt, und so machte Heine seinem Ärger Luft mit dem offenen Brief an Campe »Schriftstellernöten« in der »Zeitung für die elegante Welt«. In solchen Konflikten spiegelten sich die Widersprüche innerhalb der Opposition gegen das alte Regime.

Wiedergewinn der Kunst – der Dichter schrieb in diesem Zusammenhang: »[...] daß ich nöthigenfalls, wenn Politik und Religion mir verboten werden, auch vom Novellenschreiben leben könnte. Ehrlich gesagt, dergleichen würde mir nicht viel Spaß machen [...]« (An Lewald, 3. Mai 1836) Er konnte es; an den fehlenden Spaß mag man angesichts seiner erzählenden Prosa freilich nicht glauben. »Schnabelewopski« (1832/33) hat die kräftigsten Figuren und eine bewegende Philosophie; den »Florentinischen Nächten« (1835/36) liegt eine extreme Konstellation zu Grunde: zur Ablenkung werden einer Sterbenskranken von einem Manne namens Maximilian Geschichten erzählt; »Der Rabbi von Bacherach« (1824/25 und 1840) hat die stärkste Fabel im ersten Teil und den tiefsten Bruch in Konzept und Geschehen, verursacht durch den Widerspruch zwischen früher Angelesenem und Erlebtem und später Erfahrenem.

Alle drei Texte sind große Versuche gewesen und sind Fragment geblieben. Sie belegen, daß Heine im erzählerischen Experiment Außerordentliches hervorgebracht hat, obendrein sehr Verschiedenartiges, vom historischen Roman (»Rabbi«) über die pikareske Erzählung (»Schnabelewopski«) bis zur psychologischen Kunstprosa (»Florentinische Nächte«), die, an Romantik-Traditionen anknüpfend, erzähltechnisch bis weit ins 20. Jahrhundert vorgreift; ich denke an Heinrich Manns Novellen. Erwähnenswert auch die subtilen Skizzen über Musiker wie Bellini, Paganini und Rossini, die Heine alle gekannt hat.

Wiedergewinn von Kunst auch zunehmend in der Lyrik, trotz mancherlei Bedenken, war er doch vorübergehend der Meinung, die Zeit stehe ausschließlich auf Prosa. Seit 1827 hatten sich so viele Gedichte angesammelt, daß der Gedanke eines zweiten Bandes aufkam, doch reichte das Vorhandene noch nicht aus: Ausgeschiedenes aus der Zeit vor 1827, »Neuer Frühling«, die meisten »Verschiedenen«, einige »Romanzen«. Es fehlte die vierte Säule, die »Zeitgedichte« und Satiren, auch »Romanzen« sollten noch hinzukommen. Töne tragischer, unerfüllter oder unerfüllbarer Liebe durchziehen zwar auch das neue lyrische Werk, doch stärker tritt das antiromantische und sensualistische Thema hervor, besonders in den Gedichten über Frauen.

Des Dichters philosophisches und menschheitlich-soziales Konzept prägte sich beim nunmehr über Vierzigjährigen stärker aus. Es bedurfte nur noch des politischen Anlasses, dieses Konzept mit der Praxis zu konfrontieren und wirksam werden zu lassen. Dafür mußte es allerdings noch ausformuliert werden, was in dem denkwürdigen Buch geschah, das »Leben Ludwig Börnes« oder »Ludwig Börne. Eine Denkschrift von H. Heine« heißen sollte und mit dem vermessenen, von Campe stammenden Titel »Heinrich Heine über Ludwig Börne« im Sommer 1840 erschien.

Pariser Presse und die Heine-Kritik

»[…] bei dieser Gelegenheit auch die Interessen der deutschen Journalistik zu fördern. Ich will mich nämlich heute dahin aussprechen, daß die französische Sitte, die dem persönlichen Muthe gegen schnöde Preßbengelei eine nach Ehrengesetzen geregelte Intervention gestattet, auch bei uns eingeführt werden müsse. Früh oder spät werden alle anständigen Geister in Deutschland diese Nothwendigkeit einsehen und Anstalt treffen, in dieser Weise die löschpapierne Roheit und Gemeinheit zu zügeln.« (Vorläufige Erklärung, 7. Juli 1841, erschienen im »Hamburger Unpartheyischen Correspondenten« und in der »Leipziger Allgemeinen Zeitung«) Daß Heine der Presse eine große Bedeutung beimaß und sie für sich nutzte, ist auf diesen Seiten hinlänglich dargestellt worden. Wie sich die französische Presse seiner annahm, ihn förderte, ihm aber auch viele Mißhelligkeiten bereitete, darauf soll im folgenden eingegangen werden.

Bereits in deutschen Bundeslanden hatte er »Le Globe« gelesen. Dasselbe Blatt kündigte seine Ankunft in Paris an, und einer seiner ersten Besuche galt der Redaktion. Wenig später berichtete »Le Temps« über ihn, gefolgt vom »Journal des Débats«. Bald schon öffnete sich ihm die berühmte »Revue des deux Mondes«: Sie brachte 1832 eine Übersetzung der »Harzreise« von Loëve-Veimars, die für ihn den Durchbruch in Paris und Frankreich bedeutete. 1834 folgte hier der große Essai »Zur Geschichte der Religion und Philosophie in Deutschland«. Unter François Buloz befaßte sich die »Revue des deux Mondes« auch künftig oft mit Heine und seinen Werken. Die Essais zur Literatur, die wir unter dem Titel »Die romantische Schule« kennen, erschienen fast zeitgleich mit der ersten deutschsprachigen Ausgabe (bei Heideloff und Campe in Paris) 1833 in der kurzlebigen Zeitschrift »L'Europe littéraire« von Victor Bohain, die vier weitere Beiträge über Heine brachte.

Welche Zeitungen und Journale gab es überhaupt im damaligen Frankreich? Zur engen Regierungspresse gehörten »Le Journal des Débats«, »Le Constitutionel«, »Le Courrier français«, »Le Temps«; zur konservativen »La Presse«, »Le Journal de Paris« und »Le Figaro«, der es inzwischen auf ein honoriges Alter gebracht hat. Oppositionspresse waren u. a. die Tageszeitungen »Le Siècle«, »Le Journal du Commerce«, »Le Messager des Chambres«, »Le National«, »La Tribune«, »Le Réformateur«; die utopisch-sozialistischen Blätter wie »Le Globe« und die fourieristische »Phalange« sowie der republikanisch-katholische »L'Avenir«. Sie alle vertraten mehr oder weniger demokratisch-republikanische Standorte, aber auch die Legitimisten gehörten damals zur Opposition: »La Gazette de France«, »La Quotidienne« u. a., denen sich der bonapartistische »Le Commerce« hinzugesellte.

Unter den nichtpolitischen Journalen wären zunächst die Literaturblätter zu nennen: die genannte »L'Europe littéraire«, »La France littéraire«, »Le Moniteur des Théâtres«, »Nouvelle revue germanique«, »Revue du Nord«; die Revuen wie »Revue des deux Mondes«, »Revue de Paris«, »Revue britannique«, »Revue de XIX Siècle«, »Revue encyclopédique« und »Revue française«. Hinzu kamen Musikzeitungen und Frauenblätter.

Zwischen 1830 und 1841 wurden in französischen Zeitungen und Zeitschriften 175 Beiträge über Heine als Gesamtpersönlichkeit veröffentlicht, davon 142 positive, 33 negative. Von den 1191 Einzelurteilen und -bemerkungen sind 823 positive und 368 negative. Auffällig ist, daß sich die politische Presse weitaus mehr über Heine geäußert hat als die literarische. Das kann heißen, daß man ihn vor allem als Politikum empfand; es läßt sich aber auch mit der geringeren Zahl der nichtpolitischen Blätter und ihrem Erscheinungsturnus (Wochen- oder Monatsperiodika) erklären. Man hat ermittelt, daß von 203 untersuchten Artikeln 128 auf politische und 35 auf literarische Journale entfielen, 18 auf die

Revuen, 6 auf Bücher und der Rest auf übrige Publikations-
formen.

Am häufigsten, zumindest in den ersten Jahren, befaßte
sich »Le Temps« mit Heine, gefolgt vom »Journal des Débats«. In »Le Temps«, einem Regierungsorgan, sind 80 Prozent der Urteile positiv, zum Beispiel von Loëve-Veimars,
Louis de Maynard und Léon Gozlan, der auch im Börne-
Streit auf Heines Seite stand; auch Toussenel spricht sich für
den Autor von »De l'Allemagne« aus. Im »Journal des Débats« gab es für und wider: Granier de Cassagnac schrieb kritisch, Jules Janin hielt dagegen. Ähnlich lagen die Verhältnisse
im oppositionellen »Le National«, wo es 87 Prozent zustim-
mende Beiträge gab. Meinungsmacher war hier Sainte-Beuve,
der auch in der »Revue des deux Mondes« führend war und
der Heine sogar im Börne-Streit die Treue hielt. Partei für ihn
nahmen quer durch das Parteienspektrum: der legitimistische
»Quotidienne«, der bonapartistische »Commerce« (wenn auch
nicht durchgehend), die oppositionellen »Réformateur«, »Tribune«, sowieso »Le Globe«. Negative Rezensionen und Artikel kamen vor allem von deutschen Kritikern, von Spazier in
der »Revue du Nord« oder O. L. B. Wolff in der »Nouvelle
revue germanique«.

Was fanden die französischen Kritiker so wichtig, was
würdigten sie? Mehrfach nannte man ihn einen »Pantheisten«, einen »Schüler Voltaires« und einen »Liberalen der extremen Linken«; überhaupt schätzte man den Satiriker, vor
allem in den frühen Jahren. J. A. David setzte ihn nach »De la
France« auf die Höhe Bérangers, sah ihn als deutsch-französischen Autor. In einer anderen Rezension zu »De la France«
pries man seine destruktive Kraft, bemängelte aber Ideen zur
sozialen Neugestaltung. Ein namhafter kritischer Autor vom
Range eines Edgar Quinet rühmte Heines »Meisterwerke der
Kunst«. François Buloz sah die Unterschiede zwischen deutscher und französischer Kultur treffend dargestellt, und Marquis de Lagrange (Pseudonym A.-E. le Lièvre) erklärte 1835

Heine als völlig eingebürgert. A. Bourjot meinte in »La France littéraire« 1839, Heine sei eine »Inkarnation des kraft- und fantasievollen deutschen Skeptizismus«, der übrigens stärker sei als der steril gewordene französische.

Kurios auch etwas anderes: Die literarische Presse würdigte mehr den Philosophen, während die politische Richtung Heines »Antikatholizismus« ins Zentrum stellte, mitunter kritisch-ablehnend. Im biografischen Bereich imponierte den Franzosen immer wieder der »geistreiche Heine«. Sein Jüdischsein ward im allgemeinen neutral vermerkt. Etliche feierten seine Großzügigkeit, begriffen ihn als »Freund Frankreichs« oder »loyalen Deutschen«. Auch hier tauchte vereinzelt die »Prinzipien- und Charakterlosigkeit« auf, vor allem im republikanischen »Réformateur« – aber die Autoren hießen Börne und Kolloff.

Die Presse hatte großen Einfluß und konnte einen Ruf festigen oder ruinieren. Heine machte sie berühmt. Das lag sowohl an ihrer hohen Auflage als auch am Rang der Autoren. So verfügte die »Revue des deux Mondes« 1843 über 2000 Abonnenten, eine außerordentlich hohe Zahl für ein intellektuelles Blatt, zu dessen Autoren Chevalier, Balzac, Dumas père, Léon Fauchet, Hugo, Musset, George Sand, Sainte-Beuve, Vigny gehörten. In der »Revue de Paris«, 1829 von Véron gegründet und 1845 eingestellt, publizierten außer den genannten: Constant, Cuvillier-Fleury, Delavigne, Girardin, Janin, Karr, Loève-Veimars, Lamartine, Scribe. Fast alle waren sie mit Heine persönlich bekannt. Auch aus dieser deutsch-französischen Begegnung ging der Europäer und Weltbürger hervor.

Zudem gab es unter den etwa 300 000 Exilanten in Westeuropa ca. 75 Emigrantenblätter, die meisten davon in Frankreich, in Paris vor allem, vom »Geächteten« bis zum später erwähnten »Vorwärts«. Manche erreichten nur eine Ausgabe. Heine war mit einigen verbunden, er veröffentlichte in ihnen, und sie schrieben über ihn. Auch war er selbst an Zeitungsgründungen beteiligt, die indes mißlangen.

De la France – für Deutschland

Die Überschrift mag irritieren, denn es gab kein Deutschland. Es gab eine Art Föderation, den »Deutschen Bund« (seit 1815) von zunächst 38, später 33 Staaten unter österreichischer Oberhoheit, die ab 1819 mehr schlecht als recht mit Preußen geteilt ward. Gemeint ist in der Tat ein ideelles, ein geistiges Deutschland, was auch Heine immer im Sinn hatte, wenn er von Deutschland sprach und für welches er als Schriftsteller arbeitete. »De la France« ist der zusammenfassende Titel der für dieses Deutschland geschriebenen französischen Arbeiten: »Französische Maler«, »Französische Zustände« und »Über die französische Bühne«. Doch gibt es zwei Ausgaben mit dem Titel »De la France«. Die erste aus den »Œuvres« von 1833, 1834, 1835 enthält »Französische Zustände« (Band I) und »Französische Maler« (Band II). In den »Œuvres complètes« von 1857 ist »Über die französische Bühne« (unter dem Titel »Lettres confidentielles adressées à M. Auguste Lewald […]«) hinzugekommen, und »Französische Maler« heißt wieder »Salon de 1831«.

Umgekehrt war es sein Anliegen, »den Franzosen das geistige Leben der Deutschen bekannt zu machen; dieses ist meine jetzige pacifike Mission, die Völker einander näher zu bringen. Das aber fürchten die Aristokraten am meisten; mit der Zerstörung der nationalen Vorurtheile, mit dem Vernichten der patriotischen Engsinnigkeit schwindet ihr bestes Hülfsmittel der Unterdrückung. Ich bin daher der inkarnierte Kosmopolitismus, ich weiß, daß dieses am Ende die allgemeine Gesinnung wird in Europa, und ich bin daher überzeugt, daß ich mehr Zukunft habe, als unsere deutschen Volksthümler, diese sterblichen Menschen, die nur der Vergangenheit angehören.« (An einen Freund in Hamburg, vermutlich 1833)

Diese programmatische Aussage bezieht sich sowohl auf »›De la France‹ – für Deutschland« als auch auf »›De l'Alle-

magne‹ – für Frankreich«. Als Korrespondent Cottascher
Zeitungen begann Heine im Oktober 1831 seine ersten Berichte im »Morgenblatt« eben mit jener »Gemäldeausstellung
in Paris«, den späteren »Französischen Malern«. Gegenstand
war der »Salon«, die jährliche Kunstausstellung im Louvre.
Der Titel »Salon« hat dann dem Buch von 1834 und drei weiteren Bänden den Namen gegeben. Die besprochenen Maler waren: Ary Scheffer, Horace Vernet, Alexandre-Gabriel
Decamps, Eugène Delacroix, Léopold Robert, Paul Delaroche sowie der weniger bekannte Lessore und Jean-Victor
Schnetz. Der Stil sollte – Cottas Auftrag gemäß – betont un-
politisch sein. Da es sich aber zumeist um Historien- und
Genrebilder oder um Revolutionsmythologie wie bei Delacroix handelte, konnte der Verfasser alsbald mittelbar politisch werden. So beschrieb er eines der bekanntesten Bilder
jener Zeit, die Freiheitsgöttin von Delacroix, und da mußte
er allein schon mit der Reminiszenz an die kurz zuvor statt-
gehabte Revolution politisch werden, womit er einer Stimmung in Paris entsprach: »Heilige Julitage von Paris! ihr werdet ewig Zeugnis geben von dem Uradel der Menschen, der
nie ganz zerstört werden kann.«

Besonders großen Raum nehmen »Die Schnitter« von Robert ein, eine »Apotheose des Lebens«, die Verklärung produktiver Arbeit in »materieller Formenverwandtschaft« zum
großen Raffael ohne dessen Katholizismus. Hegel, der Simonismus und der Pantheismus stehen Pate, wenn es heißt:
»Denn Gott ist alles, was da ist.« Anlaß zu umfangreicheren
politischen Betrachtungen gab Delaroches Bildnis »Cromwell vor der Leiche des hingerichteten Karl Stuart«. Hier
zeigt sich Heines sicheres Gespür für Geschichtsumbrüche,
ihre Folgen und ihre Tragik. Er erinnert an Louis XVI. und
dessen Hinrichtung 1793 und vergleicht Cromwell und Napoléon I., »der ein Washington von Europa werden konnte
und nur dessen Napoleon ward«. Und dann stellt er beide
Bilder unter einen tiefen Gedanken: »Fühlen wir bei dem

einen Gemälde, wie der große Zweikampf noch nicht zu
Ende, wie der Boden noch zittert unter unseren Füßen; hören
wir hier noch das Rasen des Sturmes, der die Welt niederzu-
reißen droht; sehen wir hier noch den gähnenden Abgrund,
der gierig die Blutstürme einschlürft, so daß grauenhafte Un-
tergangsfurcht uns ergreift: so sehen wir auf dem andern Gemälde, wie ruhig sicher die Erde stehen bleibt und immer
liebreich ihre goldenen Früchte hervorbringt, wenn auch die
ganze römische Universaltragödie mit allen ihren Gladiato-
ren und Kaisern und Lastern und Elefanten darüber hintram-
pelt. Wenn wir auf dem einen Gemälde jene Geschichte sehen,
die sich so närrisch herumtollt in Blut und Kot, oft jahrhun-
dertelang blödsinnig stillsteht und dann wieder unbeholfen
hastig aufspringt und in die Kreuz und in die Quer wütet,
und die wir Weltgeschichte nennen: so sehen wir auf dem andern Gemälde jene noch größere Geschichte, die dennoch
genug Raum hat auf einem mit Büffeln bespannten Wagen;
eine Geschichte ohne Anfang und Ende, die sich ewig wiederholt und so einfach ist wie das Meer, wie der Himmel, wie
die Jahreszeiten; eine heilige Geschichte, die der Dichter beschreibt, und deren Archiv in jedem Menschenherzen zu finden ist; die Geschichte der Menschheit!« Wir erinnern uns
der »pacifiken Mission«, die sich Heine zum Ziel setzte.

In einem solchen Zusammenhang kann es nicht verwun-
dern, wenn das politische Geschehen unmittelbar in die
Kunstbetrachtung einbricht: die Niederschlagung des polnischen Aufstandes von 1831 durch russische Armeen und die
Einnahme Warschaus: »Wenn auf einmal ein ganzes Volk nie-
derfällt an den Boulevards von Europa – dann ist es unmöglich, ruhig weiterzuschreiben.« Der Widerspruch Politik –
Künstler bricht voll aus, und das hat bei Heine eine neue Ästhetik zur Folge: »Meine alte Prophezeiung von dem Ende
der Kunstperiode, die bei der Wiege Goethes anfing und bei
seinem Sarge aufhören wird, scheint ihrer Erfüllung nahe zu
sein. [...] Indessen, die neue Zeit wird auch eine neue Kunst

gebären [...]« Oder wird es mit ihr überhaupt ein Ende haben, so lautet eine bange Zwischenfrage, wird es »das sinnige
Wehen eines neuen Frühlings« geben? Ja, heißt es, es wird
eine Erneuerung geben, durch die Franzosen, jenes Volk,
»das wir so gern mit einem Schmetterling vergleichen. / Aber
der Schmetterling ist auch ein Sinnbild der Unsterblichkeit
der Seele und ihrer ewigen Verjüngung.«

Ich habe diesen Text ausführlicher gewürdigt, weil er meist
unterbelichtet geblieben ist und dabei doch ein Hauptwerk
mit weit ausgreifenden politisch-ästhetischen Gedanken darstellt. Manchmal beschleicht mich das Gefühl, als gäbe es bei
diesem Autor keine Haupt- und Nebenwerke. Läßt man einmal einen kleineren Text aus, fehlt eine wesentliche Erkennt-
nis. Wie wichtig zum Beispiel die Wortfolge vom »neuen
Frühling« für die soziale Grundierung des gleichnamigen Ge-
dichtzyklus. Und der Schmetterling, diese wunderbare politische Metapher, erhielt hier eine andere Dimension als der,
welcher das »Buch der Lieder« durchgaukelt.

Bleibt anzumerken, daß unserer Kunst-Prosa ein »Nachtrag« angehängt ist, der weniger eine Ergänzung der »Maler«
als der 1832 entstandenen »Französischen Zustände« ist:
Zwar handelt er auch vom »Salon 1833« und vom Maler
Jean-Auguste Ingres, der diesen Salon dominierte, mehr aber
von Politik und dem »Juste-milieu«, dem Bürgerkönigtum
also; er handelt vom Aufstand im Juni 1832 anläßlich der Bei-
setzung des Generals Lamarque und dem wahnwitzigen Mi-
litärgehabe der Regierung. In einer grandiosen, geradezu mi-
rakelhaften Satire blendet er das Königtum aus, doch dazu
muß er Gott als vernünftig erheben und sich selbst zum Gott
ernennen: »Gegen die Dummheit kämpfen wir Götter selbst
vergebens.« Hier ist die Kunst-Prosa unmittelbar in die politische Prosa umgeschlagen, und der Dichter auf dem höchsten Punkte, »denn als wahrer Dichter, bin ich auch ein wahrer Prophet« (an Christiani, 15. Juli 1833).

Ab Jänner 1832 publizierte er bis in den Herbst hinein für

die »Allgemeine Zeitung« in Fortsetzungen seine »Französischen Zustände«. Innenpolitisch herrschte eine angespannte
Situation. Eben waren die Seidenweber-Aufstände in Lyon
unterdrückt worden; in Paris grassierte die Cholera; im Juni
waren der republikanische Aufstand niedergeschlagen und
im August die Simonisten verurteilt worden. In Deutschland
hatte das Hambacher Fest stattgefunden, und es gab neue
Gesetze zur Knebelung der Presse. Heine studierte das Leben
in Paris genau, war trotz Choleraepidemie überall: bei karli-
stisch-monarchistischen Banketten, auf Versammlungen der
»Volksfreunde« und, solange es möglich war, bei den Saint-
Simonisten; er dinierte mit Börne und verkrachte sich später
mit ihm; besuchte einen Ball des Premierministers Périer, der
bald darauf starb, und gedachte seiner nachrufend; er machte
Visiten bei den Rothschilds, pflegte den an Cholera erkrank-
ten Carl Heine und arbeitete pausenlos, schrieb neun große
Artikel und etliche Tagesberichte, bis im Herbst der starke
politische Strom versiegte. Genauer gesagt: abgeriegelt ward.
Daß politisch-kritische Berichterstattung demokratischen
Geistes den Konservativen, also legitimistischen Monarchisten und Aristokraten, mißfiel, war leicht einzusehen. Aber
daß der Einspruch von seiten der Philippisten, also der Regierung, kam und daß man auch im »freien« Frankreich schnell
mit Justiz und Polizei gegen Gedrucktes vorging, davon war
der Regimekritiker sichtlich überrascht. Die »Tribune des Ré-
publicains« hatte eine Stelle über einen politischen Skandal
nachgedruckt, in den das Königshaus verwickelt war. Die
Anklage lautete auf Majestätsbeleidigung, richtete sich indes nur gegen den Herausgeber. Der Verfasser blieb in der
Anonymität.
     Verärgert waren in gleicher Weise die Radikalen, so heftig
Heines Parteinahme für sie nach der Niederschlagung des
Juni-Aufstands auch gewesen war – ihnen paßten weder seine
konstitutionell-monarchischen Auffassungen, die er vertrat,
wenn auch lässig und als Tarnung, noch seine politische

Breite und sein Nuancenreichtum. Seine listenreiche Schreibweise, die Deutschen über politische Vorgänge im weiterent-
wickelten Frankreich zu unterrichten, entging ihnen.

Der entscheidende Angriff kam vermutlich von der Groß-
bourgeoisie und dem mit ihr verbündeten Hochadel. Sie setzten dort an, wo dieser kritische Schreiber über das Eigentum
und die Börse gelästert hatte. Kein Geringerer als Gentz be-
schwerte sich bei Cotta über den Kurs der »Allgemeinen Zeitung« im allgemeinen und über die »Zustände« im besonderen. Dahinter stand mit Sicherheit Metternich, vermutlich
aber auch der Wiener Rothschild Salomon Meir. Angriffe auf
das Eigentum, gar noch unter Berufung auf Thomas Münzer
und mit ihm auf das Evangelium? Dabei hatte gerade Metternich, immerhin ein Mann von Kultur, ästhetische Leistung
und Wirkung anerkannt: »[…] das Heinesche Produkt – ein
wahres Meisterstück in bezug auf Stil und Darstellung. Heine
ist der größte Kopf unter den Verschworenen.«

Artikel IX der »Französischen Zustände« konnte nicht
mehr gedruckt werden, und die »Tagesberichte« waren nicht
mehr von gleicher Dichte. Der Autor änderte die Taktik, er
machte ein Buch daraus, welches Ende 1832 (mit der Jahreszahl 1833) bei Campe erschienen ist. Mit diesem hatte er viel
Ärger: Zum einen war die »Vorrede« derart zensurentstellt,
daß er auf einem Separatdruck bestand und noch eine »Vorrede zur Vorrede« dazugab und diese Edition wiederum von
einem Herausgeber (Paul Gauger) veröffentlichen ließ: bei
dem Pariser Verlag Heideloff und Campe, doch mit dem
Druckort Leipzig, vermutlich eine Irreführung der Zensur.
Die »Vorrede zur Vorrede« ward indes zurückgehalten. Die
Gründe können nur vermutet werden, immerhin war der Pariser Campe mit dem Hamburger Julius Campe verwandt.
Dieser mußte den Hamburger Druck offenbar vernichten
und sich außerdem gerichtlich verantworten.

In Preußen ward das gesamte Werk untersagt. Immerhin
richtete sich die Attacke dieser »Vorrede« in erster Linie

gegen den »Tartuffe unter den Staaten«, »diese Jesuiten des
Nordens«. Kernstück der Kritik sind die »Bundestagsbeschlüsse« bzw. die »Bundesakte«, hauptsächlich von Metternich geprägt, eine Magna Charta der Unterdrückung, gegen
die Dr. Heinrich Heine in aller Schärfe Klage erhebt: »Kraft
meiner akademischen Befugnis als Doktor beider Rechte erkläre ich feierlichst, daß eine solche von ungetreuen Manda-
tarien ausgefertigte Urkunde null und nichtig ist; kraft meiner
Pflicht als Bürger protestiere ich gegen alle Folgerungen, welche die Bundestagsbeschlüsse vom 28. Juni aus dieser nich-
tigen Urkunde geschöpft haben; kraft meiner Machtvoll-
kommenheit als öffentlicher Sprecher erhebe ich gegen die
Verfertiger dieser Urkunde meine Anklage und klage sie an
des gemißbrauchten Volksvertrauens, ich klage sie an der beleidigten Volksmajestät, ich klage sie an des Hochverrats am
deutschen Volke, ich klage sie an!« Dreimal das »Ich klage
an!« – eine Sprache, die Zolas »J'accuse« vorwegnimmt. Die
Anklage der deutschen Intellektuellen ob ihres Verrates und
die Warnung vor dem »Moniteur« von 1793 (Zeitpunkt des
Beginns der radikalen Jakobiner-Herrschaft während der
Französischen Revolution) mußten aus der Logik der Herrschenden zum Verbot führen. Die von Adolphe Specht übersetzte französische Ausgabe »De la France« war davon ebenfalls betroffen. – Welcher König oder Präsident oder Führer
oder Kanzler kann sich ohne weiteres Verrat bescheinigen
und sich die Revolution – in Gestalt des großen Narren, also
des Volkes – ankündigen lassen?
     Zwei Textstellen will ich noch erinnern, die Revolutions-
definition und die Erklärung der Börse. Revolution sei nicht
nur bloße Umwälzung: »Wenn die Geistesbildung und die
daraus entstandenen Sitten und Bedürfnisse eines Volks nicht
mehr im Einklange sind mit den alten Staatsinstitutionen, so
tritt es mit diesen in einen Notkampf, der die Umgestaltung
derselben zur Folge hat und eine Revolution genannt wird.«
Das Volk wird also bis zur Heilung weiterkämpfen. Eine wei-

tere Frage lautet: »Was trieb die Franzosen, eine Revolution zu beginnen, und haben sie das erreicht, was sie bedurften?« Eine direkte Antwort findet sich hier nicht, statt dessen wird von der Vergangenheit auf die Gegenwart gezielt, in der Leute annehmen, »die Akten der Revolutionsgeschichte seien geschlossen, und sie hatten schon über Menschen und Dinge ihr letztes Urteil gefällt«. Da ging es 1830 weiter, und sie mußten bemerken, »daß nicht bloß die französische Spezialrevolution noch nicht vollendet sei, sondern daß erst die weit umfassendere Universalrevolution ihren Anfang genommen habe«. Auch die »Konterrevolution« ist nicht vergessen. Heine beschrieb, was nach dem Juni-Aufstand 1832 geschah; die Niederschlagung des von den Republikanern weder gut noch klug geführten Aufstandes war die Konterrevolution: »Das Krämertum frohlockt, der Egoismus gedeiht […]«

»Weder Sein noch Nichtsein, sondern Ruhe oder Unruhe ist die große Frage der Börse.« Wahrhaftig eine moderne Hamlet-Adaptation! »Hier, in dem ungeheuren Raume der hochgewölbten Börsenhalle, hier ist es, wo der Staatspapierenschacher mit allen seinen grellen Gestalten und Mißtönen wogend und brausend sich bewegt wie ein Meer des Eigennutzes, wo aus den wüsten Menschenwellen die großen Bankiers gleich Haifischen hervorschnappen, wo ein Ungetüm das andere verschlingt und wo oben auf der Galerie, gleich lauernden Raubvögeln auf einer Meerklippe, sogar spekulierende Damen bemerkbar sind. Hier ist es jedoch, wo die Interessen wohnen, die in dieser Zeit über Krieg und Frieden entscheiden. […] Das Steigen oder Fallen der Kurse beweist nicht das Steigen oder Fallen der liberalen oder servilen Partei, sondern die größere oder geringere Hoffnung, die man hegt für die Pazifikation Europas, für die Erhaltung des Bestehenden, oder vielmehr für die Sicherung der Verhältnisse, wovon die Auszahlung der Staatsschuldzinsen abhängt.« Alles ist heutig bis hin zum Haifisch-Bild; man müßte nur »Globalisierung« einfügen und die Spekulation mit Milliarden

über Computer und statt Europa »Welt« – und die Wunde
blutet weiter.

Abschließend sei noch ein Satz aus dem unterdrückten Artikel IX über die Funktion des Schriftstellers angeführt: »Der
Schriftsteller, welcher eine soziale Revolution befördern will,
darf immerhin seiner Zeit um ein Jahrhundert vorauseilen;
der Tribun hingegen, welcher eine politische Revolution beabsichtigt, darf sich nicht allzuweit von den Massen entfernen. Überhaupt in der Politik wie im Leben muß man nur das
Erreichbare wünschen.« Das weist voraus auf den Widerspruch zu Börne.

Die Berichterstattung über Frankreich für Deutschland
blieb zunächst bis 1838 unterbrochen. In diesem Jahr erschien »Über die französische Bühne. Vertraute Briefe an
August Lewald« in der »Allgemeinen Theater-Revue«, 1840
im »Salon IV«. Heines theater- und dramentheoretische Ansichten sind, obwohl selten dargelegt, beachtlich und nicht
ohne Wert in der Theatergeschichte. Er geht von der Eigenständigkeit der Theaterkunst aus, legt die Unterschiede zwischen deutschem und französischem Drama und Theaterwe-
sen dar und analysiert das Publikum wie überhaupt die soziale
Seite des Theaters.

Sein Gesamtkonzept vom Primat sozialer Bedingungen
und Zustände gegenüber politischen zeigt sich auch an diesem Gegenstand. Heine erläutert es an zahlreichen Sozial-
lagen, besonders im familiären Bereich, aus dem die meisten
Sujets der Stücke stammen. Von da nähert er sich der Tragödie. So poetisch die deutsche Tragödie, so pathetisch-rhe-
torisch die französische. Der deutsche Idealismus gebiert
Träume im Drama, die dem eher materialistischen französischen Denken fremd seien, besonders auf der Bühne. Zugleich sei Frankreich in einem Zustande, der keinen guten
Boden für große Tragödie biete.

An dieser Stelle scheint es sinnvoll, auf eine im deutschen
Druck (Salon IV) ausgeschiedene Stelle einzugehen. Sie war

in der »Theater-Revue« und in der französischen Ausgabe (1857) zu lesen, das letzte Teilstück über die Geldaristokratie und die Millionäre der Wohltätigkeit nur in der »Revue«. Es heißt da: »Ja, ich wage zu behaupten, daß der politische Zustand Frankreichs dem Gedeihen der französischen Tragödie sogar nachtheilig ist. Der Tragödiendichter bedarf eines Glaubens an Heldenthum, der ganz unmöglich ist in einem Lande, wo Preßfreiheit, repräsentative Verfassung und die Bourgeoisie herrschen. [...] Eine solche Verkleinlichung aller Größe und radikale Vernichtung des Heroismus verdankt man aber ganz besonders jener Bourgeoisie, jenem Bürgerstand, der durch den Sturz der Geburtsaristokratie hier in Frankreich zur Herrschaft gelangte und seinen engen, nüchternen Krämergesinnungen in jeder Sphäre des Lebens den Sieg verschafft. [...] Ich will beileibe nicht das alte Regiment adeliger Bevorrechtung zurückwünschen [...] Aber das neue Regiment, das an die Stelle des alten getreten, ist noch viel fataler [...] Die Männer des Gedankens, die im achtzehnten Jahrhundert die Revolution so unermüdlich vorbereitet, sie würden erröthen, wenn sie sähen, für welche Leute sie gearbeitet haben, wenn sie sähen, wie der Eigennutz seine kläglichen Hütten baut an die Stelle der niedergebrochenen Paläste, und wie aus diesen Hütten eine neue Aristokratie hervorwuchert, die, noch unerfreulicher als die ältere [...] O, ich hasse die Millionäre der Wohlthätigkeit noch weit mehr als den reichen Geizhals [...]«

Unmißverständliche Sätze und Aussagen über sich einstellende Enttäuschungen nach Umbrüchen und Wenden, mutatis mutandis! Man mag rätseln und kann nur vermuten, warum der Autor diese Passage ausgeschieden: War es nur Rücksicht auf die deutsche Zensur? Oder Rücksicht auf jene »Millionäre der Wohlthätigkeit« in Deutschland, von denen er selbst abhängig war? Gerade 1839 hatte es neue Vereinbarungen mit der Hamburger Familie gegeben. Oder ging es tiefer: Kritik, die im nachrevolutionären Frankreich richtig

war, mußte es nicht in Deutschland sein, wo der Geburtsadel
noch fest installiert war und der Geldadel erst an die Macht
drängte? Heine war auch ein Taktiker, nicht nur Stratege. Auf
jeden Fall bieten diese Sätze Gründe für den Niedergang der
Tragödie in jener Zeit.

Doch auch die Zeiten der Tragédie classique (Rotrou, Cor-
neille, Racine) waren vorbei. Der Franzosenkaiser war eher
Gegenstand von Vaudevilles oder Spektakelstücken. Die Na-
poléon-Zeit habe zwar keine Tragödien hervorgebracht, aber
die klassischen gepflegt. Die Gegenwart sei die Zeit Eugène
Scribes, auf ernsterer Ebene die von Hugo und Dumas père.
Diese beiden werden ausführlich abgehandelt. Hugo wird als
echter Dichter gewertet und auch gegen Anfechtungen der
Zeitgenossen verteidigt, die moralische Maßstäbe anlegen.
Heine hält ihm das Fehlen einer künstlerischen Mitte, die
Grobheit vor. Dumas hingegen sei kein so großer Dichter,
dafür ein besserer und geschickterer Meister der Bühne, der
das Handwerk verstehe, auch alles an Sujets nehme, was er
finde, auch vorgefertigte, was ungerecht kritisiert werde:
»Aber nichts ist thörichter als dieser Vorwurf des Plagiats, es
gibt in der Kunst kein sechstes Gebot, der Dichter darf überall zugreifen, wo er Material zu seinen Werken findet, und
selbst ganze Säulen mit ausgemeißelten Kapitälern darf er
sich zueignen, wenn nur der Tempel herrlich ist, den er damit
stützt. Dieses hat Goethe sehr gut verstanden, und vor ihm
sogar Shakespeare. Nichts ist thörichter als das Begehrnis,
ein Dichter solle alle seine Stoffe aus sich selber herausschaf-
fen; das sei Originalität.« (6. Brief) Und nach ihm Brecht, sei
hier angefügt, der das zu Ändernde änderte.

Nicht zu vergessen die Oper, in deren Mittelpunkt Rossini
und Meyerbeer stehen. Auch diese aus ihrer Zeit und Bedingung erklärt, Meyerbeer, der »Mann der Überzeugung«, der
Traditionalist und Neuerer, der Künstler des Ensembles und,
sozial gesehen, der Repräsentant jener Bürgerepoche, während Rossini als Vertreter der italienischen Oper mit seinen

schönsten Melodien für das Individuum einsteht. Mag manches an Heines musikalischen Einschätzungen nicht fach-
männisch begründet sein, was große Kunst ist, findet er allemal heraus. Und mit seiner Preisung des einzigartigen vierten
Aktes der »Hugenotten« hat er völlig recht behalten.

Den Eindruck von der Kunst- und Kultursphäre jener Jahre
ergänzte er durch Musikberichte, meist über Musiker. Am
schönsten der über Chopin: dieser »stammt aus dem Lande
Mozarts, Raffaels, Goethes, sein wahres Vaterland ist das
Traumreich der Poesie« (10. Brief).

Aus diesen Texten konnten sich die deutschen Leser allemal ein erstes Frankreich-Bild machen, auch wenn die »Zustände« noch nicht die Vielfältigkeit und Vielspältigkeit auf-
weisen wie »Lutetia«, das Gipfelwerk.

De l'Allemagne – für Frankreich

Die beiden Ausgaben von »De l'Allemagne« in den »Œuvres«
erschienen in zwei Bänden 1835; sodann in den »Œuvres
complètes« 1855. Die erste Ausgabe enthält Band I: Dédi-
cace, Préface, Première bis Troisième partie (»Zur Geschichte
der Religion und Philosophie in Deutschland«, Buch I–III);
Quatrième partie (»Die romantische Schule«, Buch I); Band II:
Cinquième partie: »Die romantische Schule«, Buch II und III;
Sixième partie: »Elementargeister«, I. Teil, ferner »Citations«
(Briefe und Rezensionen von Gellert, Anhang zur »Romanti-
schen Schule« – über Cousin, Hinrichs über Cousin, Voß über
Hölty, Fragmente von Falk über Goethe). Die zweite Aus-
gabe weicht wesentlich ab, vor allem im zweiten Band. Band I:
Bis Quatrième partie wie erste Ausgabe; Cinquième partie.
Poètes romantiques (»Die romantische Schule«, Buch II und
III, 1–5); Band II: Sixième partie. Reveil de la vie politique
(»Börne«, Buch II); Septième partie: Traditions populaires
(wie sixième partie der ersten Ausgabe); Huitième partie: »La

Légende de Faust«; Neuvième partie: »Les dieux en exil«
(zweiter Teil der »Elementargeister« und Original »Die Götter im Exil«); Dixième partie: »Aveux de l'Auteur« (Geständnisse). Eine klug und ganz anders komponierte Ausgabe
»deutscher« Schriften »für Frankreich«.

Je mehr sich Heine in Frankreich umtat und je mehr Menschen er kennenlernte, um so mehr mußte ihn am Deutsch-
landbild der Franzosen einiges irritieren, war es doch das von
vorgestern, wesentlich geprägt von Germaine de Staël und
ihrem Buch »De l'Allemagne«. So machte er sich daran, dieses Bild zu korrigieren, und schrieb eine Reihe von Aufsätzen
unter dem Titel »État actuel de la littérature en Allemagne«,
die Keimzelle der »Romantischen Schule«. Er hatte dafür in
dem Schriftsteller und Herausgeber Victor Bohain einen Verleger gefunden, der die Serie ab März 1833 in der Zeitschrift
»L'Europe littéraire«, einer der vielen kurzlebigen Zeitungsgründungen nach der Julirevolution, herausbrachte, wahrscheinlich auch in der Übersetzung von Loëve-Veimars. Das
Echo war so groß, daß sich Heine entschloß, gleich eine
deutsche Ausgabe zu veranstalten. Sie erschien unter dem
Titel »Zur Geschichte der neueren schönen Literatur in
Deutschland« in zwei Teilen zu vermutlich je 1000 Exemplaren bei Heideloff und Campe, Paris und Leipzig 1833. (Der
zweite Teil endet mit Kapitel 2 des dritten Buches.) Reichlich
zwei Jahre später kam sie, umgearbeitet und erweitert, aber
auch mit Zensurlücken, unter dem Titel »Die romantische
Schule« im Hamburger Stammverlag heraus und ward eines
der klassischen literaturhistorischen wie literaturkritischen
Werke deutscher Kulturgeschichte.

Der entlaufene Romantiker beginnt mit einer Polemik gegen Germaine de Staël, die zugleich eine Polemik gegen den
mit ihr verbundenen August Wilhelm Schlegel ist. Unmittelbar darauf folgt die Grundfrage: »Was aber war die romantische Schule in Deutschland? / Sie war nichts anders als die
Wiedererweckung der Poesie des Mittelalters, wie sie sich in

dessen Liedern, Bild- und Bauwerken, in Kunst und Leben
manifestiert hatte.« (I. Buch) Um diesem Satz Nachdruck zu
verleihen, unternimmt Heine einen Streifzug durch das Mittelalter, dessen Kunst und Kultur, die – obwohl durchaus in
»heilige und profane geschieden« – wesentlich vom Christentum bestimmt war. Ein willkommener Anlaß, auch hier seine
grundsätzliche Kritik des Katholizismus anzubringen. So
richtig diese prinzipielle Verknüpfung auch ist, bleibt dabei
noch die Modernität der Romantik außer acht, die auf Grund
eines neuen Verständnisses des Individuums Darstellungsweisen entwickelte, die in ihrer Ablehnung klassisch-strenger
Formen und der Vorliebe für das Fragmentarische der Heineschen Ästhetik durchaus entsprechen und weit ins 20. Jahrhundert reichten. Heine selbst hat sie angenommen und wei-
terentwickelt als einer der Begründer der Moderne.

Nach Beschreibung des Mittelalters auch in seiner Größe
wendet sich Heine jenem Zeitenumbruch des 15./16. Jahrhunderts zu, den er stärker unter dem Zeichen des Protestantismus als unter dem Blickwinkel der Renaissance sieht. Hier
liegen auch die Voraussetzungen der neuen Literatur, die wir
als Aufklärung bezeichnen und die in Gottsched und vor allem Lessing ihre hervorragenden Repräsentanten gefunden
hat. »Lessing war der litterarische Arminius, der unser Theater von jener Fremdherrschaft befreite. […] ich kann nicht
umhin, zu bemerken, daß er in der ganzen Literaturgeschichte derjenige Schriftsteller ist, den ich am meisten liebe.«
(I. Buch) Dieses Bekenntnis ist so eindeutig wie offenherzig,
daß es verwundert, wie oft Heines Gegner ihn der Unmoral
oder Zweideutigkeit zeihen konnten. Gerade bei Lessing ist
es nicht nur eine ästhetische, sondern auch eine ethische
Übereinstimmung. Ähnlich wichtig ist ihm Herder. Über
Wieland, die Nebenfiguren Iffland, Kotzebue und Ramler
und die Würdigung von Johann Heinrich Voß kommt er zur
Weimarer Klassik und über Jena zur eigentlichen »romantischen Schule«. Diese ist in erster Linie mit den Namen der

Brüder Schlegel, mit Tieck, Wackenroder und Novalis verbunden. An August Wilhelm Schlegel moniert er dessen
Eklektizismus, würdigt aber seinen Einsatz für Weltliteratur
im allgemeinen und Shakespeare im besonderen. Dem genia-
leren Friedrich kann er den Abfall zum Katholizismus nicht
verzeihen, der ihn unfruchtbar gemacht habe. Ausführlich
befaßt sich Heine mit Ludwig Tieck, den er als eine Art Ma-
nieristen einschätzt, der Vergangenheit zugetan, doch litera-
turpolitisch wichtig. Novalis, der kranke Träumer der blauen
Blume, bleibt doch ein Dichter, einer, der den Boden verloren
habe, im Unterschied zum bizarren Realisten E. T. A. Hoffmann, dessen Gespenster ihn nicht von der Realität lösen
konnten.

Clemens Brentano und Achim von Arnim würdigt Heine
vor allem ihrer Sammlung »Des Knaben Wunderhorn« wegen, die für ihn selbst von unermeßlicher Bedeutung gewesen sei: »Hier trommelt der deutsche Zorn, hier pfeift der
deutsche Spott, hier küßt die deutsche Liebe. Hier perlt der
echt deutsche Wein und die echt deutsche Thräne.« Dem frühen Brentano zollt er ob seiner romantisch-zerrissenen Genialität hohes Lob, schätzt das Lustspiel »Ponce de Leon«
(welches er in den »Reisebildern« einst zitiert hat) und die
»Geschichte vom braven Kasperl und dem schönen Annerl«,
doch hält er sich in Distanz – diese Poesie entspricht nicht
seinem Ideal. Dem späten Brentano als »korrespondieren-
dem Mitglied der katholischen Propaganda« gilt harsche Kritik. Arnim gibt er viel Raum, schätzt dessen Protestantismus,
erwähnt wesentliche Werke, doch ist die kritische Einwen-
dung nicht weniger grundsätzlich: »Er war kein Dichter des
Lebens, sondern des Todes.« Den Franzosen empfiehlt er,
Arnims Erzählung »Isabella von Ägypten« zu übersetzen. So
viel Schauriges gäbe es in ganz Frankreich nicht. Merkwürdig
bleibt, daß Bettina von Arnim gar nicht erscheint, ebensowenig Georg Büchner, von dem er nachweislich Kenntnis hatte
(vgl. Brief von Fr. Emminghaus an Heine, 24. April 1840).

Man mag einwenden, daß dieser zur »romantischen Schule« gar nicht mehr gehöre. Sicher: doch die Autorenkollegen des »Jungen Deutschlands« wie Gutzkow, der Büchners »Dantons Tod« veröffentlichte, Laube, Schlesier und Wienbarg werden alle erwähnt, als Gegenentwurf zur »Romantischen Schule«. Ausführlicher charakterisiert er Jean Paul: »Jean Paul ist ein großer Dichter und Philosoph, aber man kann nicht unkünstlerischer sein als eben er im Schaffen und Denken.« Ob seiner Fantastik und seines Realismus gehöre er zu den Größten der deutschen Literatur, doch sei er schwer lesbar und manchmal ungenießbar.

Heine nimmt auch von Ernst Raupach und Charlotte Birch-Pfeiffer, de la Motte Fouqué und Zacharias Werner Notiz. Fouqué mit seinen Ritterromanen und dem Zaubermärchen »Undine« erwartet man noch am ehesten. Aber die andern? Nun, sie alle wurden damals viel gespielt bzw. viel gelesen. Sie boten das an, was vom Publikum konsumiert wurde.

Einer, der nicht unbedingt zur »Schule« gehörte, doch im tiefsten Sinne romantisch war, erhält viel Platz: Ludwig Uhland. Heine würdigt seinen kurzen Dichterfrühling und beklagt die Sterilität des reifen, aufrechten Mannes: »Nein, ich erkläre mir das Verstummen Uhlands vielmehr aus dem Widerspruch, worin die Neigungen seiner Muse mit den Ansprüchen seiner politischen Stellung geraten sind. Der elegische Dichter, der die katholisch-feudalistische Vergangenheit in so schönen Balladen und Romanzen zu besingen wußte, der Ossian des Mittelalters, wurde seither in der württembergischen Ständeversammlung ein eifriger Vertreter der Volksrechte, ein kühner Sprecher für Bürgergleichheit und Geistesfreiheit.« Ein kolossaler Widerspruch, den der Geschichtsschreiber hier konstatiert: ein moderner Zeitgenosse bringt den konservativen Dichter in sich zum Schweigen.

Im Gefolge Uhlands werden noch einige Randgestalten der »Schule« von sehr unterschiedlichem Range genannt: der

weitgehend unabhängige Eichendorff, Justinus Kerner und
Gustav Schwab, die sogenannten Schwabendichter, der früh-
verstorbene Wilhelm Müller, Karl Friedrich Wetzel und
– schon im Lichte eines moderneren Geistes – Adelbert von
Chamisso. Damit klingt der Dichterreigen aus. Eine grundsätzliche Schelte des Katholizismus (»Schergen des Despotis-
mus und die Restauratoren aller Misere«) erhält ihr Gegen-
gewicht in Gestalt der antiken Mythologie einerseits wie des
Napoléon-Kultus als Ausdruck modernen Zeitgeistes andererseits.

Mag manches aus heutiger Sicht falsch sein oder in der
Einschätzung ungerecht, etwa die schimpfliche Abwertung
seines Lehrers A. W. Schlegel – das Werk behauptet seinen
Stellenwert als historiografisches, kulturgeschichtliches und
kritisches Standardwerk. Wichtig vom Ansatz her ist der
großangelegte Versuch, Sinn, Ziel und Programm einer kritischen wie demokratisch-revolutionären Literatur zu bestimmen sowie vorgestrige, obskurante Kräfte innerhalb und
außerhalb von Literatur bloßzustellen. Heine demonstriert das
augenfällig am Unterschied zwischen deutschem und französischem Patriotismus: »[...] der Patriotismus des Deutschen
hingegen besteht darin, daß sein Herz enger wird, daß es sich
zusammenzieht wie Leder in der Kälte, daß er das Fremdlän-
dische haßt, daß er nicht mehr Weltbürger, nicht mehr Europäer, sondern nur ein enger Deutscher sein will. Da sahen wir
nun das idealische Flegeltum, das Herr Jahn in System gebracht; es begann die schäbige, plumpe, ungewaschene Opposition gegen eine Gesinnung, die eben das Herrlichste und
Heiligste ist, was Deutschland hervorgebracht, nämlich gegen jene Humanität, gegen jene allgemeine Menschenverbrü-
derung, gegen jenen Kosmopolitismus, dem unsere großen
Geister, Lessing, Herder, Schiller, Goethe, Jean Paul, dem alle
Gebildeten in Deutschland immer gehuldigt haben.«
Auffällt freilich – in diesem wie auch in anderen Texten –
eine gewisse Typisierung oder zuweilen unzulässige Verall-

gemeinerung wie »der Franzose«, »der Deutsche«, dasselbe
oft genug im Plural. Der große Europäer und Weltbürger, der
gerade die Wendung gegen Europäer- und Weltbürgertum
verurteilt, differenziert mitunter ungenügend. Das reduziert
die Historizität solcher Aussagen ebenso wie ihre Aktualität,
aber doch nur partiell, nicht prinzipiell.

Zentrales Thema der »Romantischen Schule« ist die Auseinandersetzung mit Goethe und die Goethe-Rezeption von
rechts und links. Heine hatte seine republikanisch beeinflußte
enge Goethe-Kritik vom Ende der zwanziger und Beginn der
dreißiger Jahre überwunden. Er nannte ihn einen »absoluten
Dichter« vom Range Homers und Shakespeares. Darüber
hinaus schätzte er den philosophischen Goethe wegen seines
Sensualismus und seines antichristlichen Heidentums (»der
große Heide Nr. 1«, wie »der große Heide Nr. 2« einst sagte),
eine Tradition, an die er selbst anknüpfen konnte. »Freilich,
auch Goethe besang einige große Emanzipationsgeschich-
ten, aber er besang sie als Artist. [...] So wurde er der größte
Künstler in unserer Literatur, und alles, was er schrieb, wurde
ein abgerundetes Kunstwerk. Die Goetheschen Dichtungen
bringen nicht die Tat hervor wie die Schillerschen.« Da, wo
Goethe ist, muß auch Schiller sein und erwähnt werden:
»Schiller schrieb für die großen Ideen der Revolution, er zerstörte die geistigen Bastillen, er baute an dem Tempel der
Freiheit und zwar an jenem ganz großen Tempel, der alle Nationen gleich einer einzigen Brüdergemeinde umschließen
soll; er war Kosmopolit. [...] und er selber ist jener Marquis
Posa, der zugleich Prophet und Soldat ist, der auch für das
kämpft, was er prophezeit, und unter dem spanischen Man-
tel das schönste Herz trägt, das jemals in Deutschland geliebt
und gelitten hat.«

Der Kritiker der romantischen Schule bringt den Klassikern höchste Achtung entgegen. Er benennt die Unterschiede
zwischen den beiden, spielt sie aber nicht gegeneinander aus,
wie es seit Friedrich Wilhelm Pustkuchen-Glanzow üblich

geworden war. »Nichts ist thörichter als die Geringschätzung Goethes zu gunsten des Schiller, mit welchem man es keineswegs ehrlich meinte, und den man von jeher pries, um Goethe herabzusetzen. Oder wußte man wirklich nicht, daß jene hochgerühmten hochidealischen Gestalten, jene Altarbilder der Kunst und Sittlichkeit, die Schiller aufgestellt, weit leichter zu verfertigen waren als jene sündhaften, kleinweltlichen, befleckten Wesen, die uns Goethe in seinen Werken erblikken läßt? Wissen Sie denn nicht, daß mittelmäßige Maler meistens lebensgroße Heiligenbilder auf die Leinwand pinseln, daß aber schon ein großer Meister dazu gehört, um etwa einen spanischen Betteljungen, der sich laust, einen niederländischen Bauern, welcher kotzt, oder dem ein Zahn ausgezogen wird, und häßliche alte Weiber, wie wir sie auf kleinen holländischen Kabinettbildchen sehen, lebenswahr und technisch vollendet zu malen? Das Große und Furchtbare läßt sich in der Kunst weit leichter darstellen als das Kleine und Putzige. [...] Scheltet immerhin über die Gemeinheiten im ›Faust‹, über die Szenen auf dem Brocken, im Auerbachskeller, scheltet auf die Liederlichkeiten im ›Meister‹ – das könnt ihr dennoch alles nicht nachmachen, da ist der Finger Goethes! [...] Goethes größtes Verdienst ist eben die Vollendung alles dessen, was er darstellt.« Und das ist der Finger Heinrich Heines – das kann man auch nicht nachmachen.

Einer der Kunstgriffe, französischen Lesern deutsche Literatur und Philosophie, Geistes- und Kulturgeschichte schmackhaft zu machen, ist die Verwendung von Begriffen aus dem aktuellen Sprachgebrauch: die Linke und die Rechte der Opposition, katholisch-feudalistische Doktrin und der Vergleich deutscher Philosophen und Schriftsteller mit französischen Politikern usw: Die Schlegels sind ein Direktorium (Directoire), Goethe machte mit seinem Anti-Schlegel-Pamphlet »Über die christlich-patriotisch-neudeutsche Kunst« (1808) seinen »18. Brumaire«, gleich dem ersten Napoléon. Auch der »Anhang« zur »Romantischen Schule«, diese unglaublich boshafte, aber treffende Satire gegen den Philosophie-Professor Victor Cousin, der nichts von deutscher Philosophie und schon gar nicht von Hegel verstanden habe, ist nur aus der französischen Situation zu erklären.

Den Franzosen und freilich auch den Deutschen hat Henri Heine begreiflich gemacht, daß mit Goethe eine Literaturperiode zu Ende gegangen war und eine neue begonnen hatte, als deren wichtigster Exponent er sich selbst verstand. Politisierung der Literatur (weg von Goethe) und Verteidigung der Poesie (hin zu Goethe) – dieses Thema beschäftigte Heine bis weit in die vierziger Jahre. Das Thema gilt weiter – mutatis mutandis.

Kaum waren die Arbeiten zur deutschen Literatur erschienen, machte er sich – ebenfalls für französische Leser – an eine Darlegung der deutschen Religion und Philosophie. Diesmal erschienen die Texte, übersetzt von Adolphe Specht, in drei langen Folgen in einer der besten Kulturzeitschriften Frankreichs, der von dem Publizisten François Buloz herausgegebenen »Revue des deux Mondes«. Sie trugen den Titel »De l'Allemagne depuis Luther«. Fast gleichzeitig bereitete Heine die deutsche Ausgabe vor: »Zur Geschichte der Religion und Philosophie in Deutschland« erschien 1835 in »Salon. Zweiter Band« (Jahrzahl 1834).

Tief taucht er ein in den Brunnen der Vergangenheit, in die Antike und das spätantike Christentum mit all seinen Splitterungen und Teilentwicklungen in Orient und Okzident. Er schreibt eine Ideengeschichte: »Denn das Christentum ist eine Idee und als solche unzerstörbar wie jede Idee.« Doch aus der Idee ward sehr bald eine Institution: »Rom wollte herrschen; als seine Legionen gefallen, schickte es Dogmen in die Provinzen.« Wie sich die Idee des Christentum von seinen Ur-Worten in Auseinandersetzung sowohl mit mediterran-antiken als auch mit germanisch-heidnischen Lehren und

Traditionen entwickelte, hinein in den Dogmen-Bau des Katholizismus, ist Thema des ersten Buches.

Einerseits Historiografie, andererseits Programmschrift. Der Dualismus muß überwunden werden und eine »Religion der Freude« emporblühen: »Denn ich glaube an den Fortschritt, ich glaube, die Menschheit ist zur Glückseligkeit bestimmt, und ich hege also eine größere Meinung von der Gottheit als jene frommen Leute, die da wähnen, er habe den Menschen nur zum Leiden erschaffen. Schon hier auf Erden möchte ich durch die Segnungen freier politischer und industrieller Institutionen jene Seligkeit etablieren, die nach der Meinung der Frommen erst am jüngsten Tage, im Himmel, stattfinden soll. Jenes ist vielleicht ebenso eine thörichte Hoffnung, und es gibt keine Auferstehung der Menschheit, weder im politisch-moralischen, noch im apostolisch-katholischen Sinne.« (Erstes Buch) Ein utopisch-sozialistisches Programm, das »Wintermärchen« wirft seine Lichtstrahlen voraus – und die Schelle der Skepsis ist gleich angehängt.

Im Widerspruch zwischen Programmschrift und Geschichtswerk treibt der Autor seine Gedanken voran. Und fast nur von widersprüchlichen Entwicklungen ist die Rede. Bis zum ausführlich behandelten Luther, dessen Gegenspieler, der römische Papst Leo X., ein größerer Protestant gewesen sei als der Mönch von Wittenberg. Zwischen Askese und Sinnlichkeit, Spiritualismus und Sensualismus bzw. Hellenismus, Heines favorisierten Begriffspaaren, bewegt sich die Geschichte und bringt die Wende zur Philosophie. Luther sei die zentrale Wende-Figur, »nicht bloß der größte, sondern auch der deutscheste Mann der Geschichte [...] Er war zugleich ein träumerischer Mystiker und ein praktischer Mann der Tat. Seine Gedanken hatten nicht bloß Flügel, sondern auch Hände; er sprach und handelte. Er war nicht bloß die Zunge, sondern auch das Schwert seiner Zeit. Auch war er ein kalter scholastischer Wortklauber und ein begeisterter Prophet.« In solchen Widerspruchspaaren geht es seitenlang. Schließlich bezeichnet er Luther als »absoluten Menschen«. Höher geht's nimmer, möchte man anhaltend ausrufen. Ob er auch so gesprochen, wenn er gewußt hätte, welch schrecklicher Juden- und Bauernfeind dieser »absolute Mensch« gewesen?!

Ein Gedanke sei noch hervorgehoben: »Diese Kirche, die vorher einen integrierten Teil der großen Hierarchie bildete, zerfällt in religiöse Demokratien. Die Religion wird selber eine andere; es verschwindet daraus das indisch-gnostische Element, und wir sehen, wie sich wieder das judäisch-deistische Element darin erhebt. Es entsteht das evangelische Christenthum.« Dies fällt dem Juden auf, und durch die Schriftnähe des Protestantismus ist der Gedanke nicht von der Hand zu weisen. Jüdisches wird uns im Zusammenhang dieses Buches noch mehrfach begegnen.

Die Durchsetzung der Vernunft ist ein Hauptthema des Buches und sei das Luthers gewesen: durch die Art des Disputs, der Gedankenführung und schließlich durch die Sprache auf der Basis der Bibel-Übersetzung. Und dies war erst möglich, nachdem Reuchlin die Ur-Sprache der Juden, das Hebräische, vor dem Zugriff des Vatikans gerettet hatte – Humanisten im Bündnis mit den Reformatoren ermöglichten die religiös-theologische Revolution: »Jetzt haben wir von der philosophischen Revolution zu sprechen, die aus jener hervorging, ja, die eben nichts anderes ist wie die letzte Konsequenz des Protestantismus.« (Zweites Buch)

Im Streit der großen philosophischen Positionen Idealismus und Materialismus (von ihm deckungsgleich Spiritualismus und Sensualismus bzw. vom Französischen her Rationalismus und Empirismus genannt, was nicht absolut deckungsgleich) zieht der Dichter-Philosoph die geistig-revolutionären Linien von Bacon und besonders Descartes über Leibniz zu Spinoza, den er Benedikt heißt und nicht Baruch, den Grundsetzer und Ausformulierer des Pantheismus, der hinfort so große Bedeutung hat, auch für ihn selbst: »Der

nächste Zweck aller unserer neuen Institutionen ist sol-
chermaßen die Rehabilitation der Materie.« Über Christian
Wolff, der begonnen hatte in deutscher Sprache zu philoso-
phieren, über Philipp Jakob Spener und August Hermann
Francke, Johann Salomo Semler und Christoph Friedrich
Nicolai bewegt sich der Geist in Gestalt von Ideen hin zu
Lessing.

Der bereits in der »Romantischen Schule« umfassend Ge-
würdigte kommt hier noch einmal in seinem philosophiege-
schichtlichen Rang, im wesentlichen als Fortsetzer Luthers,
zu Worte. Neben ihm sein Freund Moses Mendelssohn, dem
Heine in der deutschen Philosophiegeschichte besondere Bedeutung beimißt – Berlin und der »Verein für Cultur und Wissenschaft der Juden« wirken nach: »Mendelssohn hat jedoch
vor allen übrigen eine große soziale Bedeutung. Er war der
Reformator der deutschen Israeliten, seiner Glaubensgenos-
sen, er stürzte das Ansehen des Talmudismus, er begründete
reinen Mosaismus. [...] Wie Luther das Papsttum, so stürzte
Mendelssohn den Talmud, und zwar in derselben Weise, indem er nämlich die Tradition verwarf, die Bibel für die Quelle
der Religion erklärte und den wichtigsten Teil derselben
übersetzte. Er zerstörte hierdurch den jüdischen, wie Luther
den christlichen Katholizismus. [...] Nach dem Untergang
des christlichen Katholizismus mußte auch der jüdische, der
Talmud, untergehen. [...] er diente nämlich nur als Schutz-
werk gegen Rom, und ihm verdanken es die Juden, daß sie
dem christlichen Rom ebenso heldenmüthig wie einst dem
heidnischen Rom widerstehen konnten. Und sie haben nicht
bloß widerstanden, sie haben auch gesiegt. [...] Die Tradition
verwerfend, suchte er jedoch das mosaische Zeremonial-
gesetz als religiöse Verpflichtung aufrecht zu erhalten.« (Zweites Buch)

Die weitere Vernichtung des Deismus erfolgte durch Immanuel Kant, der »an Terrorismus den Maximilian Robespierre weit übertraf«. In beiden zeigt sich »der Typus des

Spießbürgertums«, nur daß der eine einen Gott und der andere einen König tötete. Der eine benutzte die Guillotine, der andere widerlegte zwei der drei möglichen Gottesbeweise in der »Kritik der reinen Vernunft«. Nur den ethischen ließ Kant stehen (»Kritik der praktischen Vernunft«) Damit hielt das kritische Denken seinen Einzug in die deutsche Philosophie.

Johann Gottlieb Fichtes Rolle wird mit der Napoléons verglichen: Nach den terroristischen Zerstörungswerken Kants und der Revolution mit Hilfe der »Wissenschaftslehre« und dem »allgemeinen Welt-Ich« (»Ich-Ich«) habe er gewaltige neue Willens-Konstruktionen geschaffen, die ebenso schnell wieder zusammenbrachen. So kritisch Heine mit Fichtes Transzendental-Idealismus umgeht, so hebt er doch dessen »stolze Unabhängigkeit, eine Freiheitsliebe, eine Manneswürde, die besonders auf die Jugend einen heilsamen Einfluß übte«, hervor. Man könnte hinzufügen, Nationalstolz, allerdings verbunden mit Franzosenhaß und – was der Verteidiger dieses Fichte offenbar nicht wußte – Judenhaß. Er verteidigt den armen, gejagten, gedemütigten Fichte, den Freidenker, auch gegenüber Goethe: »Den Juden, was doch die Deisten am Ende alle sind, mußte Fichte ein Greuel sein; dem großen Heiden war er bloß eine Thorheit. [...] Goethe war der Spinoza der Poesie. [...] Aber am reinsten und lieblichsten beurkundet sich dieser Goethesche Pantheismus in seinen kleinen Liedern. Die Lehre des Spinoza hat sich aus der mathematischen Hülle entpuppt und umflattert uns als Goethesches Lied.«

Der philosophierende Heine holt sich den mächtigsten, und zwar philosophischen Beistand bei dem Dichter, den er versteht, auch wenn er ihn anklagt: »Dieser Riese war Minister in einem deutschen Zwergstaate. Er konnte sich nie natürlich bewegen. Man sagte von dem sitzenden Jupiter des Phidias zu Olympia, daß er das Dachgewölbe des Tempels zersprengen würde, wenn er einmal plötzlich aufstünde. Dies war ganz die Lage Goethes zu Weimar; wenn er aus seiner

stillsitzenden Ruhe einmal plötzlich in die Höhe gefahren
wäre, er hätte den Staatsgiebel durchbrochen, oder, was
noch wahrscheinlicher, er hätte sich daran den Kopf zersto-
ßen. Und dieses sollte er riskieren für eine Lehre, die nicht
bloß irrig, sondern auch lächerlich?« (Drittes Buch)

Zu erwähnen ist noch Schelling, der aus dem Absoluten,
dem absoluten Ich mit der Identität von Idealem und Realem
im Gegensatz zu Fichte aus dem Realen das Ideale ableitete.
Die Natur wird zum Gedanken. Schellings Naturphilosophie
kommt in die Nähe des Pantheismus Spinozas oder gar
Giordano Brunos, daher hat er auch den von Kant belasse-
nen ethischen Gottesbeweis umgestoßen, der letztendlich im
»Gottweltall des Spinoza« nicht möglich sein kann. Aber
über Spinoza ist Schelling im Grunde nicht hinausgekom-
men. Alles weitere leistete Hegel, den Heine für den größten
Philosophen hält, »den Deutschland seit Leibniz erzeugt hat«.
Obwohl er den gewaltigen Weltenbau der absoluten Idee
ebenso begreift wie dessen selbstgezogene oder durch Preußen erzwungene Grenzen, kommt Hegel eindeutig zu kurz.
Ahnte er, daß die strenge Kausalität der spätern naturwissenschaftlichen Einsicht nicht standhalten würde?

Heine interpretierte die Philosophie als Geschichte der Be-
wußtseins-Emanzipation, als Befreiung vom Dogma, besonders des Katholizismus, und als geistige Revolution, der die
Tat folgen würde. Er prophezeite eine deutsche Revolution,
größer als die französische und furchtbarer – eine Prophetie,
die zu seiner Zeit zumindest nicht in Erfüllung ging. Die
Franzosen warnte er vor möglichen Gewaltausbrüchen der
Deutschen. Mag er etwas davon gewußt haben, daß die Philosophie, wenn sie zur Tat würde, sich in eine ganz andere
Richtung wenden und dann tatsächlich grausam werden
würde? Drei fürchterliche, von Preußen, dann Deutschland
geführte Kriege können ihm recht geben.

Das Buch »De l'Allemagne« ist zugleich eine Kampfschrift.
Heines Revolutionskonzept, sein Streben nach sozialer Ver-

änderung, sind geprägt von den Utopien des Simonismus und auch des Fourierismus und auf die Auseinandersetzung nicht nur mit dem Ancien Régime, sondern vor allem mit den Republikanern gerichtet. Der Tugendbegriff der Schrift, dem der Volksfreunde entgegengesetzt, dem Büchnerschen verwandt, lautet: »Wir kämpfen nicht für die Menschenrechte des Volks, sondern für die Gottesrechte des Menschen. […] Wir wollen keine Sanskülotten sein, keine frugalen Bürger, keine wohlfeilen Präsidenten: wir stiften eine Demokratie gleichherrlicher, gleichheiliger, gleichbeseligter Götter. Ihr verlangt einfache Trachten, enthaltsame Sitten und ungewürzte Genüsse; wir hingegen verlangen Nektar und Ambrosia, Purpurmäntel, kostbare Wohlgerüche, Wollust und Pracht, lachenden Nymphentanz, Musik und Komödien.« (Zweites Buch)

In einem Brief an Heinrich Laube klingt es sehr ähnlich: »Seit aber, durch die Fortschritte der Industrie und Oeconomie, es möglich geworden die Menschen aus ihrem materiellen Elende herauszuziehen und auf Erden zu beseligen – Sie verstehen mich. Und die Leute werden uns schon verstehen, wenn wir ihnen sagen, daß sie in der Folge alle Tage Rindfleisch statt Kartoffel essen sollen, und weniger arbeiten und mehr tanzen werden. – Verlassen Sie sich darauf, die Menschen sind keine Esel. –« (10. Juli 1833)

Neben der Absage an jakobinische Tugenden, der Kritik an bürgerlich-parlamentarischer Bestechlichkeit und der Etablierung eines selbstgeschaffenen, poetisch verschönten, in letzter Instanz auch jüdisch geprägten Gottesbegriffes, den er nie losließ, ist das reine, aber schöne Utopie, ja heroische Illusion, eine Vorstellung, wie einst gelebt werden könnte. Das, was nie sein wird – eine Milliarde Hungernde auf dieser Welt mehr als 160 Jahre nach dieser Prophetie beweisen es. Dennoch: ein weitgedachtes Ideal, wie es nur Propheten, ganz große Philosophen oder eben Dichter dieses Ranges denken können.

Börne versus Heine versus Börne
Zwei Ankämpfer

Es ist eine lange Geschichte, die 1840 zu »Ludwig Börne. Eine Denkschrift« führte. Der ältere Börne und der jüngere Heine, zwei geistige Brüder, die allmählich Feinde wurden. Der Jüngere begriff ihre Zusammengehörigkeit schon früh, nämlich 1822: »[...] es giebt zwei Juden, welche deutschen Styl haben. Der eine bin ich, der andere Börne.« (Berichtet von Hermann Schiff) Zwei Juden in Deutschland, von Geburt her Außenseiter, später Exilanten, vertraten über längere Zeit die deutsche kritische Linke, suchten gemeinsam nach Wegen zu einer gerechteren Gesellschaft. Noch 1827 in Frankfurt waren sie sich in vielem einig, wenn auch erste Differenzen sichtbar wurden, zum Beispiel im Urteil über Goethe, den Börne ingrimmig kritisierte, oder in der Einschätzung von Aufgabe und Stellung des Schriftstellers: Heine sah ihn als Künstler, Börne vorwiegend als Tribun.

Börne selbst begann in Paris über die Unterschiede zwischen sich und Heine zu reflektieren, zunächst in privaten Briefen an Jeanette Wohl, dabei gleich sehr persönlich werdend: »Heine gefällt mir *nicht*. [...] *er hat keine Seele* [...] Dem Raupach traue ich Seele zu und dem Heine nicht! Und Sie wissen doch, was ich von Raupachs Herzen halte! es ist aber etwas *dahinter*. [...] Heines Ernst scheint mir immer affektiert. Es ist ihm nichts heilig, an der Wahrheit liebt er nur das Schöne, er hat keinen Glauben. [...] Heine soll gemein lüderlich sein. [...] Übrigens habe ich meine Tücke dabei, daß ich Heine bei Ihnen so verleumde. Ich habe jetzt bemerkt, was mir bei unserem frühern Zusammentreffen entgangen, daß er ein hübscher Mensch ist und eines von den Gesichtern hat, wie sie den Weibern gefallen. Aber glauben Sie mir, es ist doch nichts *dahinter*, gar nichts; ich muß das verstehen.« (27. September 1831) Politische Motive kommen hier noch kaum zur Sprache. In einem andern Brief an

Jeanette Wohl heißt es: »Börne sei der einzige politische Schriftsteller in Deutschland, Heine sei kein solcher, sondern nur ein Dichter, worauf aber Donndorf Heines Partei ergriffen und ihn über mich erhoben.« (Ende September 1831) Und am 13./14. Oktober 1831 schreibt er: »Ich sammle alles, was ich von andern über ihn höre, und ich selbst über ihn beobachte.«

Auffällig ist, daß Börne besonders Straßenklatsch über Heines Geschlechtsleben nachgeht und entsprechende Verleumdungen aufgreift. Anläßlich der Trauung des gemeinsamen Arztes Dr. Sichel – beide waren Trauzeugen – hielt er erst einmal fest: »[...] die beiden letzten sind die ersten Schriftsteller ihrer Zeit und eine Zierde der deutschen Bundesstaaten!« Um dann in üblem Tone fortzufahren: »Nie ist mir eine feigere Seele vorgekommen, die sich mit solcher Geduld von ihrem Körper tyrannisieren läßt. [...] versucht nicht den geringsten Widerstand, und wie eine Wetterfahne gibt er jeder Laune des Windes nach. [...] Er wäre, wie alle schwachen Menschen, der blutigsten Grausamkeiten fähig. Er ist von der größten Feigheit [...] Christentum, Religion überhaupt, ist ihm nicht bloß ein Greul, es ist ihm ein *Ekel*. [...] kam er mir vor wie ein welkes Blatt, das der Wind umhertreibt, bis es endlich, durch den Schmutz der Erde schwer geworden, auf dem Boden liegenbleibt und selbst zu Mist wird.« (An Jeanette Wohl, 27. Oktober 1831)

Die Formulierungen deuten darauf hin, daß sich hier unauflösliche Widersprüche anbahnen und daß sich beide als Persönlichkeiten und in ihren Prinzipien ausschließen. »[...] ist denn der Boden stark genug, kann er zwei große Männer wie wir zugleich tragen?« schreibt Börne am 2. November an Jeanette Wohl. »Besonders ärgert mich an ihm seine Sucht, immer Lachen zu erregen. Lachen ist eine der untersten Seelenbewegungen, und ein Mann von Geist sollte auf höhere Wirkung ausgehen. [...] Überhaupt mag er sich um die Moral nie viel gekümmert haben. Der arme Heine wird chemisch von mir zersetzt, und er hat keine Ahnung davon, daß ich im Geheim beständig Experimente mit ihm mache. So wie er war ich in meiner allerfrühesten Jugend, und manchmal beneide ich ihn, daß er so viel länger jung geblieben ist als ich. Das ist freilich das schöne Los der Dichter. Philosoph ist Heine nicht und wird nie einer werden [...]« Aus diesen Worten spricht der Neid auf den Konkurrenten ebenso wie Falschheit im Umgang mit dem Größeren, aber auch ehrliche Selbsteinschätzung. Grotesk das Diktum über den Nicht-Philosophen Heine.

In einem folgenden Brief wirft Börne dem andern Bestechlichkeit vor und nimmt ihm übel, »daß seine schönste dichterische Begeisterung ihm aus dem Tranke sinnlicher Liebe kömmt« (an Jeanette Wohl, 8. Dezember 1831). Am 15. Dezember heißt es, nachdem Börne von Heines Entzücken über die »Briefe aus Paris« berichtet hat: »Heine ist zugleich der eitelste und feigste Mensch von der Welt. [...] Er gefällt mir alle Tage weniger; ob er mich zwar sehr hoch stellt und sein Urteil, als das eines Kenners, mir sehr schmeichelhaft sein muß. Er ist ein Lümpchen, hat keine und hält auf keine Ehre.« Und am 17. Dezember 1831: »Heine ist ein geborener Aristokrat, ein geschworener Feind jedes öffentlichen Lebens. [...] Ein Volk macht ihm seekrank, sein Sturm jagt ihm Todesangst ein. Er ist ein niedriger verächtlicher Sklave [...]«

Dessen Verhältnis zum Volke war in der Tat widersprüchlich: zum einen trat er für alle Gottesrechte des Volkes ein, mochte sich indes mit bestimmten Volkskreisen nicht gerne einlassen. Während seiner Nordseereisen verkehrte er gern mit Fischern, aber in den Handwerkerbünden des Pariser Exils fühlte er sich – im Unterschied zu Börne – nicht wohl. »Er floh jede Berührung mit der Gemeinheit«, wie es August Lewald ausgedrückt hat.

1832 wurden die Auslassungen zunächst schlimmer, dann aber seltener. Am 4. Feber zitierte Börne einen kolportierten Ausspruch seines Widersachers zur Frage, worin sie sich denn unterschieden: »Ich bin eine gewöhnliche Guillotine, und Börne ist eine Dampfguillotine.« Im Brief vom 13. Februar 1832 kommt die unselige Talent-Charakter-Debatte auf: »Der Heine ist ein verlorener Mensch. Ich kenne keinen, der verächtlicher wäre. [...] Meine Briefe aus Paris haben ihn zugrundegerichtet. [...] Er hat den schlechten Judencharakter, ist ganz ohne Gemüt und liebt nichts und glaubt nichts. [...] es gibt doch für einen Mann keinen größeren Fluch als Charakterschwäche. Man kann in jeder Partei ein achtungswerter Mann sein, und Heine könnte durch seine Talente die Zierde jeder Partei sein, hätte er nur die Kraft, irgendein Interesse ganz zu umfassen. Aber da schwankt er immer von einer zur andern, wird auf beiden Seiten als feiger Flüchtling verachtet und wird auf beiden Seiten Prügel bekommen, was ich ihm schon oft vorhergesagt.« Gegen solche Vorwürfe wird Heine noch bis in den »Atta Troll« in sein großes Gelächter ausbrechen. Was Börne für Schwanken zwischen den Parteien ansieht, ist Heines eigener Weg, nicht ohne Taktik und Strategie gewählt, bei kritischer Ablehnung der Parteien, die ihm mehr oder weniger alle suspekt waren oder wurden.

Börnes briefliche Mitteilungen unterscheiden sich über längere Zeit wesentlich von seinen öffentlichen Äußerungen. Noch in den frühen »Briefen aus Paris« von 1831 feierte er Heine in hohen Tönen: »Ich habe Heines vierten Band [Nachträge zu den »Reisebildern«] in einem Abende mit der freudigsten Ungeduld durchgelesen. [...] Das ist der wahre Dichter [...] Auch ist Heine, als Dichter, ein gründlicher Geschichtsforscher. [...] Ich sprach so allein in dieser Zeit, und Heine hat mir geantwortet. Alles ist schön, alles herrlich, das aus Italien wie das aus England. [...] Sooft ich etwas von Heine lese, beseelt mich die Schadenfreude: wie wird das wieder unter die Philister fahren [...]« (33. Brief) Noch Ende 1832 klingt es wie ein Bündnis, und zwar gegen den preußischen Dunkelmann Jarcke: »Zwar hat mich Heine gebeten,

ich möchte ihm den Jarcke überlassen; aber ich denke, es ist
genug an ihm für uns beide.« (80. Brief)

Erst im Brief vom 25. Feber 1833 trug Börne im Zusammenhang mit den »Französischen Zuständen« die Polemik
erstmals in die Öffentlichkeit. In völliger Verkennung von
Heines Anliegen rückte er von Heine erwähnte Fakten in ein
anderes Licht, um den Berichterstatter zu denunzieren, ihn
unglaubwürdig zu machen. »Wie kann man je dem glauben,
der selbst nichts glaubt? [...] Den verzärtelten Heine bei seiner sybaritischen Natur kann das Fallen eines Rosenblattes
im Schlafe stören; wie sollte er behaglich auf der Freiheit ruhen, die so knorrig ist? Er bleibe fern von ihr.« Börne wirft
Heine Überschätzung von Personen vor: Parteien seien derzeit das entscheidende, und Heine laviere zwischen ihnen:
»Um den Demokraten zu gefallen, sagt Heine: die jesuitisch-
aristokratische Partei in Deutschland verleumde und verfolge
ihn, weil er dem Absolutismus kühn die Stirn biete. Dann,
um den Aristokraten zu gefallen, sagt er: er habe dem Jakobinismus kühn die Stirne geboten; er sei ein guter Royalist
und werde ewig monarchisch gesinnt bleiben. [...] Er gefällt
sich, den *Jesuiten des Liberalismus* zu spielen.« (109. Brief)

Abgesehen von ironisch verdunkelnden Sätzen über des
Gegners Thesen hat auch Börne hier versucht, die Widersprüche etwa von Individuum und Gruppe auf den Punkt zu
bringen, aus seiner, der republikanischen Sicht. Es gelingt
ihm nur nicht annähernd so philosophisch, wie dies der andere dann einige Jahre später tun wird.

Auch andere wurden auf den sich anbahnenden Konflikt
aufmerksam, so Julius Campe: »Ich hörte das ungern; denn
Börne mag immerhin als *Dichter* tief unter Ihnen stehen, aber
nichtsdestoweniger steht er als *Kritiker* und *kluger* Mann so
hoch über Ihnen; die Wage hält sich also. Und zwei solche
Männer, die eines Glaubens in der *Hauptsache* sind, wollen
sich befehden? das ist schreiendes Unrecht, an der Sache, die
Sie beide führen. Kann der andern Parthei etwas erwünschter

als die Uneinigkeit zwei solcher Männer kommen? Gewiß
nicht! das ist die Grube aus der sie alles, alles was sie bedür-
fen holen können. Und ich mag es Ihnen nicht wünschen,
daß Börne einmal ernstlich gegen Sie vom Leder zieht. Ver-
meiden Sie das […] Der kann Ihnen sehr gefährlich werden
[…] Also *Frieden mit ihm, und womöglich ein freundliches*
Verhältniß, wenn auch nur der Sache, deren Advocaten Sie
sind, wegen.« (Campe an Heine, Dezember 1833)

Was Campe wußte: Daß etwas im Gange war, was der
»Hauptsache« schaden würde und nur dem Gegner nützen
könne. Die alte Einsicht ob des ewigen Streites der Linken.
Was Campe nicht wußte: Daß Börne der Auslöser und An-
greifer. Was Campe nicht richtig sah: Daß Heine auch als Kritiker und kluger Mann mindestens ebenbürtig, wenn nicht
überlegen war, wie vor allem das »Börne-Buch« selbst beweist.

Auch in Paris weilende Schriftsteller wie Franz Grillparzer,
der beide im April und Mai 1836 besuchte, erfuhren von diesem Konflikt: »Vom Ultra-Liberalismus will er [Heine] durchaus nichts wissen und spricht mit Verachtung von den deutschen Refugiés. Mit Börne steht er schlecht. Beklagt sich,
daß dieser ihn für seinen Freund ausgegeben, was er nie gewesen.«

Börne starb im Februar 1837. Der Konflikt setzte sich
postum fort, über andere, die eine Front zu bilden begannen,
und schließlich von seiten Heines selbst, der so lange ge-
schwiegen hatte. 1838 – im Juli – veröffentlichte der Literat
Ludwig Wihl, mit dem Heine zwischen Herbst 1837 und
Frühjahr 1838 zusammentraf, einen Artikel mit einigen be-
denkenswerten Passagen: »Heine ist nichts weniger als zum
Volkstribun geschaffen. Sich selber unterordnen, wo es Noth
tut, sich mit Jedermann zu nivelliren, den Meister Hand-
schuhmacher als solchen ebenso zu respektieren wie Horace
Vernet, ist Heine unmöglich, ist zuletzt überhaupt jeder dichterischen Begabung widerstrebend. […] Heine begnügte sich

nicht mit dem Lorbeerkranze der Dichtung; er wollte Staats-
mann, Philosoph, Religionsstifter, der Himmel weiß, was
nicht alles werden. Börne neidete ihm den Lorbeer nicht an,
aber wenn er Göthe wegen dessen entschieden aristokrati-
scher Richtung oder Theilnahmslosigkeit bei den Leiden des
Volkes mit dem Ingrimm des Jesajas verfolgte, so donnerte er
gegen Heine's Französische Zustände, gegen Heine's philo-
sophisch-theologischen Salon wegen des Spielens mit Fragen, für die er selber sein Leben hindurch, ein Märtyrer, sein
Herzblut verspritzte. Der Kampf zwischen beiden Planeten
war ein natürlicher, er konnte erst im Père Lachaise erlö-
schen. Diese meine Ansicht kommt nicht Heine hinter dem
Rücken; ich habe sie ihm zu keiner Stunde verschwiegen, so
oft sich auf Börne die Rede wandte; und ich lebe auch der
Überzeugung, daß wir noch einmal schöne Bekenntnisse
über seine Beziehungen zu Börne und den Zeitfragen, sey es
in einer eigenen Schrift, oder in seinen Memoiren erhalten
werden.«

Diese Äußerungen Wihls, der in der Gunst des Dichters
alsbald fiel, weil dieser ihn auf der Börne-Seite vermutete, be-
rühren die wesentliche Gegensätzlichkeit der Kontrahenten,
deren Größe er mit dem Ausdruck »Planeten« zu fassen
sucht. Der Kampf endete freilich nicht mit der Grablegung
Börnes auf dem Père Lachaise, sondern ging weiter und
mußte von Heine erst programmatisch formuliert werden.
Schön wurden diese »Bekenntnisse« in der Tat, aber sicher in
einem anderen Sinne, als es Wihl sich vorstellte.

Der große personale, politische, philosophische, kulturelle
und ästhetische Widerspruch, der hier zum endgültigen Ausdruck kam, ward zuerst von der Seite Börnes und anschließend von Zeitzeugen aus betrachtet. Übereinstimmend der
Tenor, daß es sich um einen Kampf in vieler Hinsicht gleich-
gesinnter Giganten handelte: bewußter Juden aus Deutschland, Exilanten mit fast gleichem Schicksal bis hin zur Taufe.
Sie nahmen Partei für die Revolution, die »heißen Julitage«,

für das niedergeschlagene Polen, waren Pazifisten, gebrauchten oft sehr ähnliche bis gleiche Bilder; beide liebten Béranger, der am Ende allerdings auf Heines Seiten stand. Sie hatten gemeinsame Feinde: den Adel, die Kirche (wobei sich bei Börne später eine merkwürdige Katholisierung bemerkbar machte), die Finanzbourgeoisie, den Staat Preußen oder, um Personen zu nennen, den genannten Jarcke, Lindner, Menzel, den Hamburger Juden und Publizisten Gabriel Riesser oder auch Moritz Saphir. Dagegen dann die gewachsenen Unterschiede, Ausdruck der politischen Fraktionen und sozialen Entwürfe! Und so mußte sich der Streit zuspitzen, der der deutschsprachigen Literatur eines der wundersamsten und tiefsten Bücher ihrer Geschichte gegeben hat.

Der Hegelianer Arnold Ruge veröffentlichte 1838 in den »Hallischen Jahrbüchern« eine philosophische Polemik gegen Heine, eine »Totschlagkritik«. Der Angegriffene behauptete zwar, sie nicht gelesen zu haben, doch ist das unwahrscheinlich ob des Ingrimms, mit dem er zum Gegenschlag im »Ludwig Börne« ausholte. Auch vom Campe-Verlag kam jetzt Widerstand. Campe, der den Streit mit Befürchtungen verfolgte, hatte 1837 Gutzkow als Redakteur der neuen Zeitschrift »Telegraph für Deutschland« angestellt, die auch Heine zur Verfügung stehen sollte, doch waren die Positionen schon zu weit auseinander – immerhin stand Gutzkow in der Börne-Linie. Heine beabsichtigte, die Gedichte der letzten zehn Jahre unter dem Titel »Anhang zum Buch der Lieder« herauszugeben. Campe hatte das Manuskript Gutzkow zwecks eines Gutachtens übergeben, und der riet von einer Veröffentlichung wegen »unsittlich-frivolen Inhalts« ab: Heines »Begriffe über Poesien scheinen in einer theoretischen Verirrung zu seyn« (Gutzkow an Heine, 6. August 1838). Hier taten sich eben nicht nur ethische und politische, sondern vor allem philosophische und soziale Gräben auf. Der solcherart Angegriffene verzichtete zwar im Augenblick auf die Publikation (sie schien ihm aus andern Gründen nicht ausgereift zu

sein), erwiderte jedoch: »[…] ich werde sie mit gutem Gewissen drucken wie ich auch den Satirikon des Petron und
die römischen Elegien des Goethe drucken würde, wenn ich
diese Meisterwerke geschrieben hätte. Wie letztere sind auch
meine angefochtenen Gedichte kein Futter für die rohe
Menge. [...] Ein eigentliches Urtheil können nur wenige
Deutsche über diese Gedichte aussprechen, da ihnen der
Stoff selbst, die abnormen Amouren in einem Welttollhaus,
wie Paris ist, unbekannt sind. Nicht die Moralbedürfnisse irgend eines verheuratheten Bürgers in einem Winkel Deutschlands, sondern die Autonomie der Kunst kommt hier in
Frage. Mein Wahlspruch bleibt: Kunst ist der Zweck der
Kunst, wie Liebe Zweck der Liebe, und gar das Leben selbst
der Zweck des Lebens ist.« Dennoch: »die großen Interessen
des europäischen Lebens interessiren mich noch immer weit
mehr als meine Bücher – – –« (an Karl Gutzkow, 23. August
1838)

Heines philosophisch-ästhetischer Standort ward – in
deutlichem Kontrast zum kleinbürgerlich-republikanischen
Tugendbegriff – nur allzu deutlich: universeller Blick, sensua-
listischer Materialismus, Verteidigung der Poesie. Die Widersprüche im Verhältnis zur republikanischen Literatur-Linken,
zur Börne-Linken, drängten einer gewaltsamen Lösung zu.
Als Heine erfuhr, daß auch Gutzkow eine Börne-Biografie
schrieb, war eine Entscheidung gefallen – die große Abrechnung und Standortbestimmung mußte sein. Bislang hatte
er seine Position lediglich angedeutet – in Briefen, öffentlich
im »Schnabelewopski« und in der »Einleitung zum Don
Quichotte«. Die Fronten waren klar gezogen. Leider waren
es Fronten, die quer durch die Opposition gegen das Ancien
Régime gingen, was Campe bereits gesehen hatte.

Am 18. April 1839 kündigte Heine das Werk zum erstenmal an: »Nur ein einziges kostbares Büchlein, betitelt *Ludwig
Börne*, möchte ich diesen Herbst erscheinen lassen; aber ich
laß mir nichts mehr verstümmeln.« Das Buch solle keine Bio-

grafie sein, »sondern nur die Schilderung persönlicher Berüh-
rungen in Sturm und Noth, und eigentlich ein Bild dieser
Sturm- und Nothzeit« (an Campe, 12. April 1839). Die Ausarbeitung gestaltete sich dann schwieriger als gedacht, und es
dauerte bis August 1840, bevor das Buch endlich erschien.

Im ersten der insgesamt fünf Bücher beschreibt der Autor
die Anfänge ihrer Beziehungen und ihre Gemeinsamkeiten,
handelt über die Haltung Börnes zu Goethe und Jean Paul
und begründet erneut sein Begriffspaar Spiritualismus und
Hellenismus. Um die Begriffe christlich und jüdisch zu ver-
meiden, führt er die Vokabel »nazarenisch« ein: »Börne war
ganz Nazarener«, also asketisch, bildfeindlich, vergeistigungs-
süchtig. Im Zentrum des ersten Buches steht ihre Wanderung durch das Frankfurter Judenquartier, auf der sie, beide
solidarisch, sich sogar über die Bedeutung des Hauses Rothschild einigen können: »Es gibt keine stärkere Beförderer
der Revolution als eben die Rothschilde [...]« Ein dialek-
tisch-befremdlicher Satz, hinter dem beträchtliche ökonomi-
sche Kenntnisse, insbesondere über das Staatspapier- und
Rentensystem sowie dessen nivellierende Kraft, stehen.

Das zweite Buch bilden die bereits erwähnten »Briefe aus
Helgoland« von 1830, 1839 zweifellos überarbeitet, als Fixie-
rung einer revolutionär-demokratischen Position in Form
einer Littérature engagée. Kritisch inzwischen die Sicht auf
Amerika, verbunden mit Parteinahme für die unterdrückten
Schwarzen. Wieder lange Gedankenreihen über Jüdisches,
Mosche und das Gesetz, die Bibel, die Grundlegung der Sitt-
lichkeit, die Juden als Erfinder der Ethik. »Pan ist tot« – die
Klage über den Untergang der Griechengötter vor dem An-
sturm des Christentums – der Widerspruch zwischen dem
Wahren und Guten mit dem Schönen.

Im dritten Buch werden die ersten Pariser Jahre dargestellt,
ihr Verhältnis zueinander und die gegenseitige Entfremdung,
ebenso Versuche der Gemeinsamkeit, so in bezug auf das
vom zaristischen Rußland niedergeschlagene Polen, das

republikanische Fest von Hambach und die Unmöglichkeit
einer deutschen Revolution mit dreimaliger Anrufung »O
Schilda, mein Vaterland!« Doch unterzieht er Hambach
nicht nur der Kritik, besonders dann nicht, wenn er es mit anderen deutschen Kundgebungen vergleicht, etwa dem Wart-
burgfest von 1817 mit seinen deutschtümelnden und prä-
faschistisch-rassistischen Tendenzen, wovon das vierte Buch
handelt.

Mit Bitternis liest man Dinge, die man weiß: »Ich will hier-
mit andeuten, daß jene Repräsentanten der Nationalität im
deutschen Boden weit tiefer wurzeln als die Repräsentanten
des Kosmopolitismus.« Sodann befaßt er sich mit Börnes
persönlicher Welt, auch mit den Beziehungen zu Jeanette
Wohl, die den Anlaß für das Duell von 1841 gaben. Eine
höchst überflüssige Passage, wenn man es genau nimmt.
Hier begibt sich Heine auf die Ebene der Börne-Briefe oder
Platens: menschlich, allzu menschlich. Wogegen er versi-
chert: »Ich war nie Börnes Freund, und ich war auch nie sein
Feind.« Er ist auf seiner gewohnten Höhe, wenn er resümiert:
»Er war ein Mensch, ein Bürger der Erde, er war ein guter
Schriftsteller und ein großer Patriot.« Als Schriftsteller rückt
er ihn sogar in Lessings Nähe. Die »Briefe aus Paris« erfahren
hohe Anerkennung, noch höher setzt er »Menzel, den Fran-
zosenfresser« an. Indem Menzel, der niemals Abtrünnige,
weil immer Rechte, ins Blickfeld gebracht wird, gewinnt
Börne noch mehr an revolutionärem Profil. Eine weitere
Textpartie darf um keinen Preis übersehen werden, denn hier
befaßt sich Heine direkt mit dem Rassismus, erfindet das
Wort »Rassenmäkler« und warnt vor dem, was daraus entstehen würde, lange bevor es einen rassistisch begründeten Antisemitismus gab und noch immer der christlich fundierte das
Sagen hatte. Schmerzlich beklagt Heine das Katholisieren
Börnes im geistigen Umkreis des vom Vatikan verstoßenen
Paters Lamennais. Dagegen setzt er erneut Börnes Jüdisch-
sein und entwickelt daraus eine der schönsten messianischen

Passagen, an denen es dem Werk des Dichters ohnehin nicht mangelt, doch diese ist es unmittelbar. Insofern kann »Ludwig Börne« auch als eines der jüdischsten Bücher gelten.

Im abschließenden fünften Buch stellt er ihre gegenseitigen Kritiken und Wertungen vor, zitiert Börne seitenweise, begreift ihre Gegensätzlichkeit, vor allem in dem philosophisch-ästhetischen Begriffspaar Nazarener- und Hellenentum, schließt mit der Darstellung seines hellenistisch-sensualistischen Konzepts von Schönheit und Kunst, die in der modernen Welt gefährdet seien: mit Trauer im Herzen konstatiert es der Dichter. Den Begriff des Nazareners entlehnt er dem christlichen Kulturkreis, zum Beispiel jener katholisierenden Malerschule der zwanziger und dreißiger Jahre, die sich diesen Namen selbst gegeben hatte. »Wo fließt das Wasser des Lebens? Wir suchen und suchen ... / Ach, es wird noch eine gute Weile dauern, ehe wir das große Heilmittel ausfündig machen; bis dahin muß noch eine lange schmerzliche Zeit dahingesiecht werden, und allerlei Quacksalber werden auftreten mit Hausmittelchen, welche das Übel nur verschlimmern. Da kommen zunächst die Radikalen und verschreiben eine Radikalkur, die am Ende doch nur äußerlich wirkt, höchstens den gesellschaftlichen Grind vertreibt, aber nicht die innere Fäulnis. Gelänge es ihnen auch, die leidende Menschheit auf eine kurze Zeit von ihren wildesten Qualen zu befreien, so geschähe es doch nur auf Kosten der letzten Spuren von Schönheit [...]« Heines Furcht bis an sein Lebensende! Mit dem Traum einer schönen Frau, Symbol oder besser Metapher für Schönheit, die am Ende verblaßt und zerfließt, mit der Klage über das Exil klingt das wundersame Buch aus.

Zum einen ist dieses Werk eine subjektive, durchaus parteiergreifende Schrift – für einen politischen, philosophischen und ästhetischen Standort. Zum andern ist es höchst objektiv: Es beschreibt Tatbestände und Geisteshaltungen, zwei Strategien im Prozeß der Emanzipation, genauer, der Revo-

lution, in denen sich die Ansprüche der Bourgeoisie und des
Proletariats artikulierten, zwischen denen die Intellektuellen
mit ihren Sonderinteressen standen. Börne – in Heines Sicht
der Nazarener – vertrat die Interessen der republikanischen
Linken auf der Basis des Kleinbürgertums, verfocht republi-
kanisch-politische Ideen mit religiös-katholischem Anstrich
sowie Prinzipien allgemeiner Gleichheit. Er war ein vorwiegend politischer Schriftsteller und zunehmend Politiker, hatte
zugleich etwas von einem asketischen Eiferer mit religiöser
Überzeugungskraft an sich, was er dem genannten Religionsphilosophen und christlichen Sozialisten Lamennais verdankte. Seine unduldsame Art riß ihn zu Denunziationen und
Abwertungen hin. Heine, sich als Hellene begreifend, immer
Künstler, kaum Politiker, doch viel von Politik verstehender
Gesellschaftsdenker, solidarisierte sich mit der Volksbewegung im menschheitlichen Interesse. Er forderte die allgemeine Befreiung der Menschheit wie des einzelnen, aber
auch von Minderheiten wie der jüdischen, die Aufhebung der
Entfremdung und die Wiederherstellung vollen Menschentums (Synthese von Spiritualismus und Hellenismus, Idealität
und Materialität, Nutzen und Schönheit). Seine Zukunftsbil-
der einer befreiten Menschheit sind ohne Schönheit und
Kunst nicht denkbar. Daher mußte er gegen die republikanischen Gleichheitsideologen die Rechte der Kunst und damit
des Künstlers verteidigen. Obwohl der Konflikt alt ist und
eigentlich jede Revolution oder revolutionäre Bewegung
begleitet – man denke an die Zerstörung antiker Kunst während der Völkerwanderungen, an die Vernichtung mittelalterlicher Kunst durch Reformation und Bauernkriege, an die
Schließung der Theater und die Unterdrückung Shakespeares
durch die Puritaner, an die Konflikte zwischen Tugend- und
Genußideal in der Großen Französischen Revolution (Danton contra Robespierre), die Unterordnung der Kunst unter
die Staatsinteressen durch Napoléon, aber auch an die Aktionen der chinesischen Kulturrevolution –, erschien er den Be-

teiligten neu. Einzig Georg Büchner, der sich gegenüber Gutzkow und dessen Gesinnungsgenossen ablehnend verhielt, stellte in »Dantons Tod« vergleichbare Konfliktsituationen dar. Doch er war seit 1837 tot. Er vermutlich hätte das Buch und den behandelten Widerspruch verstanden.

Heines Ästhetik mochte angesichts der politisch notwendigen Tagesforderungen elitär-aristokratisch erscheinen – ein gewisser Adel des Geistes war ihm eigen, der einzige Aristokratismus seiner Persönlichkeit. Neben der Sprachkultur mag das Nietzsches Interesse hervorgerufen haben, der sehr gut ins Bild des Nazareners gepaßt hätte, eines Nazareners, der immer Hellene sein wollte. In Zeiten revolutionärer Aktion kann es schwerste Folgen haben, sich auf Schönheit und Genuß zurückziehen zu wollen. Doch keine Revolution (nicht als Aufstand, sondern als grundlegende Umwälzung) kann auf langfristige Strategien und philosophisch-ästhetische Konzepte verzichten, die auf individuelle Verwirklichung zielen, nicht auf Vermassung. In der angestrebten Synthese liegt wohl die größte geistige Leistung dieses Buches und seines Verfassers. Karl Marx hat sie aufgegriffen und zu einem politischen Programm ausgearbeitet. Er, der einer der wenigen war, die das Buch verstanden, wollte eine Rezension schreiben, aus der dann leider nichts geworden ist. Auch der frühe Richard Wagner, voll der Utopien, kam in seiner Rezension in Verständnisnähe, ebenso wie R. O. Spazier von jüdischer Seite, wie F. Friedland und A. Weill zu berichten wußten. Allgemein kann man sagen, daß der Denker Heine sein deutsches Publikum überfordert hatte. Wie sollte das Verstehen auch möglich sein, wenn zum Beispiel die Rothschilds, besonders der damalige Pariser James Rothschild, neben Richelieu und Robespierre, als ein Revolutionär bezeichnet wird, alle drei als Exponenten im Kampf gegen die ein Jahrtausend herrschende Aristokratie: »Da kam Rothschild und zerstörte die Oberherrschaft des Bodens, indem er das Staatspapierensystem zur höchsten Macht emporhob, dadurch die großen

Besitztümer und Einkünfte mobilisierte und gleichsam das Geld mit den ehemaligen Vorrechten des Bodens belehnte. Er stiftete freilich dadurch eine neue Aristokratie, aber diese, beruhend auf dem unzuverlässigsten Elemente, auf dem Gelde, kann nimmermehr so nachhaltig mißwirken wie die ehemalige Aristokratie, die im Boden, in der Erde selber, wurzelte.« (Erstes Buch) Revolutionen sind Jahrhundertprozesse, nicht nur Tagesaufgabe, wie es weniger Börne als seine Klientel verstand. Der Grundbesitz ist trotz der drei genannten R-Revolutionäre noch immer mächtig.

Fast die gesamte deutsche Presse – die liberale wie die quantitativ starke konservative – fiel über Heine und das Buch her. Gescheiter war die französische, einsichtvoller einige ihrer Repräsentanten. In Deutschland kam es zu jenem Kesseltreiben, das schließlich im September 1841 in dem unglückseligen, von Heine freilich auch etwas leichtfertig provozierten Duell mit dem Frankfurter Bankkaufmann Salomon Strauß, dem Ehemann von Börnes Freundin Jeanette Wohl, gipfelte, das Heine einen Streifschuß in die Hüfte einbrachte. Die Gegen-Publikation »Ludwig Börne's Urtheil über H. Heine« mag bezeugen, daß es Parteikämpfe waren, die hier ausgetragen wurden – leider innerhalb der Opposition; eine einheitliche Strategie konnte nicht zustande kommen. Die Resultate der Revolution von 1848/49 waren bereits vorgezeichnet.

POLITIKJAHRE IN FRANKREICH

Heine und der »Zeitgeist«

> »[…] darüber, wie man auf Erden besser und
> glücklicher leben kann.«

»[…] sobald der Zeitgeist wieder die Anker lichtet, soll auch
meine Feder flott werden«, so schrieb der streitbare, nur vorübergehend zurückhaltende Autor am 8. November 1837 an
Johann Georg Cotta. Dieser Geist lichtete die Anker um
1840. Mit »Ludwig Börne« war 1840 etwas abgeschlossen,
Neues hatte begonnen, doch blieb auch eine philosophisch-
ästhetisch-poetische Grundlinie deutlich, die der Dichter-
Philosoph weiterentwickelte und die sich ab 1845 ab-
schwächte. 1848/49 setzte er dann viele Akzente gänzlich
neu, ohne sich dabei im Ganzen aufzugeben. Ab 1840/41
flossen eigentlich mehrere Linien zusammen: politische
Schriftstellerei und Poesie, Radikalisierung im Politischen
und in der Verteidigung des Poetischen, Tagesarbeit und Zu-
kunftsdenken – Faktoren, die klassische Werke erst möglich
machen.

Heines Stellung ward zu dieser Zeit etwa so beschrieben:
»Heine gilt bei allen Franzosen von Bedeutung hier für einen
Repräsentanten (fast den einzigen) des deutschen Genius.«
(Alexandre Weill, 16. Oktober 1839) »[…] denn, was die
dichterischen Gaben anlangt, *steht Heine doch an der Spitze
aller Erscheinungen der neueren Literatur* […]« (Ludwig Rell-
stab, 18. April 1843)

Zu Beginn des Jahres 1840 wandte sich Chefredakteur
Gustav Kolb von der Augsburger »Allgemeinen Zeitung« an
seinen langjährigen Autor und forderte ihn erneut zur Mitarbeit auf: »[…] wenn Sie uns mit einer Reihe Berichte über
Kunst und Litteratur erfreuen wollten […] Am liebsten wärn
mir streng abgeschloßne Charakterbilder, Portraits, Gemälde in engem Rahmen, wo Sie die Person, den Gegenstand

aus sich heraus erklären, von Innen jedem Zuge Leben geben,
mit möglichster Vermeidung blos äußerlich hinzukommen-
der *Ketzereien.*« Die Aufgabenstellung war also mehr oder
weniger eingeschränkt. Heine entwickelte daraus in seinen
»Pariser Berichten« ein breites Gesellschaftsbild, in dem
Kunst und Literatur – im Gegensatz zu den »Französischen
Zuständen« – in der Tat breiten Raum einnehmen, Ökonomie und Politik aber dennoch die ersten Stellen besetzen.
Das brachte genügend Komplikationen; gleich zu Anfang
wurden zwei Artikel nicht gedruckt, weil sie zu kritisch waren. Der Autor ließ sich indes nicht beirren, hatte ihm Kolb
doch auch anderes zu bieten, nämlich ein »großes Publikum«: »Als ich vor 10 Jahren zur Allgemeinen Zeitung trat,
hatte sie 3200 Abonnenten; bei Stegmanns Tod zählte sie
6000; jetzt über 9000. Das macht doch täglich wenigstens
50000 Leser. Lockt Sie das nicht ein bißchen mit? Sie träten
wieder vor das deutsche Publikum, denn jezt sind Sie ihm
halb verschollen, da so Wenige sichtbare Zeichen von Ihnen
zu schauen bekommen. […] bedenken Sie, welch' vernünf-
tige, sittsame, tugendhafte, loyale Leute wir hier außen sind,
so wie wir täglich aus der Werkstätte und dem Bildungsinsti-
tut der Censur kommen!« (Kolb an Heine, 27. Februar 1840)
Der werbende Kolb war nicht ohne Witz, das konnte Heine
wohl gefallen, und die beachtliche Leserzahl mag das Ihre
dazu beigetragen haben.

Ein Jahr später tat der Herausgeber Cotta ein übriges: Er
erhöhte die Honorare seines Autors: »[…] will Ihnen aber
nicht allein das höchste Honorar anbieten, was die allgemeine Zeitung ihren Pariser, oder überhaupt ihren Correspondenten zahlt, nein, sie will noch weiter gehen, und das
höchste noch erhöhen. […] Nun die Cotta'sche Buchhandlung bietet Ihnen jetzt 1. Louis je für den abgedruckten Brief
unter 2. Spalten, und 10. Louis pr Bogen für Beyträge *über*
2. Spalten.« (Cotta an Heine, 8. März 1841) Das waren durchaus achtbare Zahlungen, und so konnte der erste deutsch-

sprachige Publizist seiner Zeit unter günstigen Bedingungen einige Jahre in der größten deutschsprachigen Zeitung veröffentlichen und – bezieht man die Arbeit der fünfziger Jahre ein – ein Jahrhundertwerk (»Lutetia«) schaffen, bis daß die Politik ihn wieder davon schied.

Dies also die persönlichen Bedingungen der neuen Schaffensperiode. Nun zu den äußeren, und die sind umfassend und sehr komplex: die Basisbedingungen und die politischen, die deutschen und die französischen, die kulturellen und intellektuellen, die philosophischen und literarischen.

In Frankreich, wo die finanzkapitalistische Bourgeoisie unmittelbar seit 1830 am Ruder war und das Sagen hatte, ging die Industrialisierung zügig voran. Waren 1830 in der Industrie 30 Milliarden investiert worden, so 1847 45 Milliarden, die Ausfuhr von Industrieerzeugnissen verdoppelte sich in diesem Zeitraum. Arbeiteten 1830 lediglich 572 Dampfmaschinen, so gab es 1843 bereits 3053 und im Jahre 1848 5200. Seit 1831 wurde eine Eisenbahnlinie nach der anderen eröffnet: die Schienenstrecke wuchs von 38 Kilometern auf 467 im Jahre 1842, 1848 fuhren Züge bereits über 1592 Kilometer. Der Staat finanzierte das Verkehrswesen mit mehr als anderthalb Milliarden Francs, und die Finanzgewaltigen machten hohe Gewinne.

Heine beschrieb eine Phase des Eisenbahnbaus und der damit verbundenen großen Geschäfte, wobei gerade jüdische Kapitalisten nicht allzugut wegkommen, anläßlich der Damaszener Judenverfolgungen. »Die Juden in Frankreich sind schon zu lange emancipiert, als daß die Stammesbande nicht sehr gelockert wären [...] Viele unter ihnen üben noch den jüdischen Cerimonialdienst, den äußerlichen Cultus, mechanisch, ohne zu wissen warum, aus alter Gewohnheit; von innerm Glauben keine Spur, denn in der Synagoge ebenso wie in der christlichen Kirche hat die witzige Säure der Voltaire'schen Kritik zerstörend gewirkt. Bei den französischen Juden, wie bei den übrigen Franzosen, ist das Gold der Gott des Tages und die Industrie ist die herrschende Religion. In dieser Beziehung dürfte man die hiesigen Juden in zwei Secten einteilen: in die Secte der rive droite und die Secte der rive gauche; diese Namen haben nämlich Bezug auf die beiden Eisenbahnen, welche, die eine längs dem rechten Seine-Ufer, die andere dem linken Ufer entlang, nach Versailles führen, und von zwei berühmten Finanzrabbinen geleitet werden, die mit einander eben so divergierend hadern, wie einst Rabbi Samai und Rabbi Hillel in der älteren Stadt Babylon. – Wir müssen dem Großrabbi der rive droite, dem Baron Rothschild, die Gerechtigkeit widerfahren lassen, daß er für das Haus Israel eine edlere Sympathie an den Tag legte als sein schriftgelehrter Antagonist, der Großrabbi der rive gauche, Hr. Benoît, der, während in Syrien auf Anreiz eines französischen Consuls, seine Glaubensbrüder gefoltert und gewürgt wurden, mit der unerschütterlichen Seelenruhe eines Hillel, in der französischen Deputiertenkammer einige schöne Reden hielt über die Conversion der Renten und den Disconto der Bank.« Welch tiefe Zusammenhänge wie Verästelungen, in die der Beschreiber hineinschaut!

Mit dem Eisenbahnbau vergrößerte sich die Industrie, bildete Ballungszentren. So erhöhte man in den dreißiger und vierziger Jahren die Gußeisenproduktion von 224 000 Tonnen auf 602 000, 1847 gab es 623 produzierende Hochöfen. Mit der Schwerindustrie verdoppelte sich die Kohleförderung. Die Textilindustrie – seit den Lyoner Weberaufständen ins europäische Blickfeld getreten – vergrößerte ihr Volumen um ein Vielfaches: über eine Million Spindeln. 1844 war auch in Deutschland das Jahr der Weberaufstände und der Entstehung von Heines Gedicht »Die armen Weber« (erste Fassung der »Schlesischen Weber«). Die Zahl der mechanischen Webstühle war zum gleichen Zeitpunkt von 5000 auf 31 000 gestiegen. Die Industrieproduktion hatte sich verdreifacht, blieb aber in den Händen von 200 000 Personen. Das politische Mitspracherecht blieb auf einen geringen Teil der Bevölkerung beschränkt: nur diese 200 000 Personen durften überhaupt wählen, das Parlament (Assemblée nationale) jener Epoche, die sich eine parlamentarische nannte, vertrat im Grunde nur diese 200 000 Besitzenden.

Trotz des raschen Wachstums der Industrie blieb Frankreich in dieser Phase ein Agrar- und Bauernland. 123 Millionen Parzellen des landwirtschaftlich nutzbaren Bodens wurden von ca. 5 Millionen Landwirten bearbeitet, während dreidreiviertel Millionen weniger als fünf Hektar bewirtschafteten, weshalb sie gleichzeitig als Leineweber ihren Lebensunterhalt verdienten. Kredite erhielten die Kleinbauern kaum, ihre Hypotheken wurden bis zu 15 Prozent verzinst, Großgrundbesitzer zahlten nur 5 Prozent. Besonders schlimm dran waren die Weinbauern: weniger gute Sorten wurden im Inland durch hohe Steuern, die Ausfuhr der guten Sorten durch hohe Exportzölle belastet. Dazu kamen hohe Verbrauchssteuern zum Beispiel für Salz und Getränke.

In den Städten überwogen Kleinproduzenten und Kleinhändler. Noch 1845 zählte man im Lande ca. 3200 Betriebe mit mehr als fünfzig Arbeitern, 1848 beschäftigte etwa jedes neunte Unternehmen mehr als zehn Arbeiter, zwei von fünf hatten zwei bis zehn. Kleinbetriebe waren in der Überzahl. Also blieben nicht nur Arbeiter und Gesellen auf der Oppositionsseite, sondern auch ein Teil der kleineren Unternehmer bzw. der kleineren Warenproduzenten, zumindest bis 1848, also bis zur nächsten Revolution. Dennoch wuchs das Proletariat; es meldete seine Ansprüche an und organisierte sich. Zugleich entstanden neue Gesellschaftstheorien, zumeist entwickelt von Denkern, die selbst aus Adel und Bürgertum kamen.

1837 machten sich Anzeichen einer Wirtschaftskrise bemerkbar, die 1839 weit ausgriff, befördert durch eine ebenso übergreifende Krise in den USA. In Paris gab es Arbeiteraufstände. Neue Widersprüche reiften heran, die die herrschende Minderheit nach bewährtem Muster nach außen

verlagerte. Das Kapital expandierte, vor allem nach Afrika,
die Algerien-Kolonisierung begann, und man berührte die
Einflußsphären Englands und im östlichen Mittelmeer auch
Rußlands, es gab eine Orientkrise. Auch die bereits genannten Juden-Verfolgungen (Damaskus) hatten damit zu tun:
eine Schicht mußte der Blitzableiter sein. Ein neuer starker
Mann ward benötigt, die französischen Interessen durchzu-
setzen: Adolphe Thiers, der vor allem aufrüstete – Heine hat
auch darüber berichtet. Als Frankreich vor der massiven Koalition im Orient zurückwich, drohte es mit Krieg gegen
Deutschland und löste dort nationale Hysterie und Chauvi-
nismus aus, deren Produkte das »Rheinlied« von Nikolaus
Becker, »Die Wacht am Rhein« von Max Schneckenburger
waren. Noch ward der Krieg durch Louis-Philippe vermie-
den. Thiers' Regierung währte nicht lange; er trat im Herbst
1840 zurück, sollte aber in den kommenden Jahren noch oft
berufen werden (bis er seinen Ruf 1871 als Schlächter der Pariser Commune endgültig aufs Spiel setzte), sich mit Marschall Soult und François Guizot abwechseln, Kurs-, doch
keinen Machtwechsel signalisierend.

Dieser ökonomischen, sozialen und politischen Konstellation entsprach eine philosophisch-literarische, umfassender
gesagt: eine kulturelle. In Frankreich traten die Repräsentanten des Neobabouvismus (Nachfolger des 1797 hingerichteten Gracchus Babeuf und des plebejischen Egalitarismus von
François-Joseph L'Ange bis Jacques Roux aus der Großen
Revolution von 1789 bis 1794) hervor, also Filippo Buonarotti, Albert Laponneraye und Richard Lahautière; danach
und daneben die utopischen Sozialisten im Gefolge von
Claude-Henri Saint-Simon, Charles Fourier und Pierre Leroux, die kleinbürgerlich-reformistischen Sozialisten Pierre-
Joseph Proudhon und Louis Blanc. Schließlich der Arbeiterkommunismus, vertreten durch Étienne Cabet, Jean-Jacques
Pillot, Théodore Dézamy und vor allem Auguste Blanqui,
schließlich der anarchische Sozialismus oder Kommunismus,

dessen markanteste Erscheinung der Russe Michail Bakunin war. »Ein Gespenst geht um in Europa.« So kommentierten es 1847/48 Karl Marx und Friedrich Engels. Für Heine war es die einzige Partei, die »entschlossene Beachtung verdient« (Pariser Berichte, 15. Juni 1843), und das liest sich dann so: »Nur so viel wissen wir: der Communismus, obgleich er jetzt wenig besprochen wird und in verborgenen Dachstuben auf seinem elenden Strohlager hinlungert, so ist er doch der düstre Held, dem eine große wenn auch nur vorübergehende Rolle beschieden in der modernen Tragödie, und der nur des Stichworts harrt, um auf die Bühne zu treten. Wir dürfen daher diesen Acteur nie aus den Augen verlieren und wir wollen zuweilen von den geheimen Proben berichten, worin er sich zu seinem Debut vorbereitet. Solche Hindeutungen sind vielleicht wichtiger als alle Mittheilungen über Wahlumtriebe, Parteihader und Cabinetsintriguen.« (Pariser Berichte, 12. Juli 1842)

Neobabouvismus, Sozialismus, Arbeiterkommunismus

»›Erzähle mir was du heute gesäet hast, und ich will dir voraussagen was du morgen ernten wirst!‹ An dieses Sprichwort des kernichten Sancho dachte ich dieser Tage, als ich im Faubourg Saint-Marceau einige Ateliers besuchte und dort entdeckte, welche Lecture unter den Ouvriers, dem kräftigsten Theile der unteren Classe, verbreitet wird. Dort fand ich nämlich mehrere neue Ausgaben von den Reden des alten Robespierre, auch von Marats Pamphleten, in Lieferungen zu zwei Sous, die Revolutionsgeschichte des Cabet, Cormenins giftige Libelle, Babeufs Lehre und Verschwörung von Buonarotti, Schriften, die wie nach Blut rochen; – und Lieder hörte ich singen, die in der Hölle gedichtet zu seyn schienen, und deren Refrains von der wildesten Aufregung zeugten.« (Pariser Berichte, 30. April 1840)

An anderer Stelle werden Louis Blanc erwähnt und die von ihm herausgegebene »Revue du Progrès«, an der mitzuarbeiten Blanc den deutschen Autor eingeladen hatte. Der wiederum schrieb solches über den Franzosen: »[…] aber mit dem Geiste überragt er alle seine Parteigenossen, und sein Blick dringt tief in die Abgründe, wo die socialen Fragen nisten und lauern. Er ist ein Mann, der eine große Zukunft hat, denn er begreift die Vergangenheit.« (Pariser Berichte, ebenda) Nach 1848, als Blanc in der Revolution versagt hatte, wird Heine diese Meinung korrigieren. Neben Blanc erwähnt er auch Lamennais sowie Esquiros mit dessen demokratischer Broschüre »L'Evangile du Peuple«, »worin die radikalste Freyheits- und Gleichheitslehre aus der Bibel deduzirt und der göttliche Bergprediger als ein Montagnard von 1793 dargestellt wird« (Pariser Berichte, 20. November 1840). An anderem Ort nennt der Berichterstatter Saint-Simon, Fourier und besonders ausführlich Pierre Leroux, die allesamt so armen Weltverbesserer.

Über diese namentlichen Erwähnungen und Urteile treten die Bewegungen als solche ins Blickfeld, nicht nur die französischen. Heines Gesichtskreis ist europäisch, allgemeine Politik betreffend wie die »soziale Bewegung«. Ausführlich behandelt er den englischen Chartismus, die deutschen Oppositionsgruppen und immer wieder den Kommunismus allgemein, besonders wenn er die Elendigkeit der bürgerlichen Politik kritisiert, »die ganze Bürgerkomödie in Frankreich mit sammt ihren parlamentarischen Heldenspielern und Comparsen ein ausgezischt schreckliches Ende nimmt und ein Nachspiel aufgeführt wird, welches das Communistenregiment heißt! […] Hier ist die Gefahr. Die zerstörenden Doctrinen haben in Frankreich zu sehr die unteren Classen ergriffen – es handelt sich nicht mehr um Gleichheit der Rechte, sondern um Gleichheit des Genusses auf dieser Erde, und es gibt in Paris etwa 400000 rohe Fäuste, welche nur des Losungsworts harren, um die Idee der absoluten Gleichheit zu

verwirklichen, die in ihren rohen Köpfen brütet. Von mehreren Seiten hört man, der Krieg sey ein gutes Ableitungsmittel
gegen solchen Zerstörungsstoff. Aber hieße das nicht Satan
durch Beelzebub beschwören? Der Krieg würde nur die Katastrophe beschleunigen und über den ganzen Erdboden das
Uebel verbreiten, das jetzt nur an Frankreich nagt; – die Propaganda des Communismus besitzt eine Sprache, die jedes
Volk versteht: die Elemente dieser Universalsprache sind so
einfach, wie der Hunger, wie der Neid, wie der Tod. Das lernt
sich leicht!« (Pariser Berichte, 11. Dezember 1841) Hier schrieb
ein Parteinehmender in der Sprache des Warners auf höherer
Warte und mit welchem politischen Verstand und welcher
Prophetie! Im Grunde hat er alle kommenden Klassenschlach-
ten des Jahrhunderts vorausgesagt. Gelegentlich hat man die
»400 000 Fäuste« angezweifelt. Sicher richtig, wenn man sie
auf die organisierten Kräfte bezieht. Doch Arbeiter gab es damals in Paris (Einwohnerzahl über eine Million) durchaus in
solcher Zahl.

Um Heines Darlegungen zu verdeutlichen, sei noch einiges zu diesen babouvistischen, sozialistischen und kommunistischen Kräften bzw. deren Denkern angemerkt. Dabei be-
schränke ich mich auf die vom Pariser Berichterstatter selbst
angeführten. Die radikalen Jakobiner Marat und Robespierre,
die die bürgerliche Revolution von 1789 im Jahre 1793 in
eine plebejisch geführte Volksrevolution überführen wollten,
können wohl als bekannt vorausgesetzt werden. Anders ist
es mit Babeuf, dessen Theorien weniger bekannt wurden, in
den dreißiger und vierziger Jahren des 19. Jahrhunderts aber
auf- und angenommen wurden.

François-Emile, später Gracchus Babeuf (1760–1797) stammte aus der Picardie, war Feldvermesser und Grundbuchbeam-
ter und hatte dadurch Einblick in die räuberische Aneignung
von Grundbesitz sowohl feudaler als bourgeoiser Prove-
nienz. Geistig geprägt war er durch Rousseau und die utopischen Kommunisten des 18. Jahrhunderts Mably und

Morelly. Er vertrat die Interessen der Dorfarmut und des ländlichen Manufakturproletariats, verlangte eine Bodenreform, die Besteuerung des Grundbesitzes, Abschaffung der indirekten Steuern, Brechung des Bildungsprivilegs. Zugleich war er um politische Reformen wie allgemeine Wahlen, Volkskontrolle und Demokratisierung der Armee bemüht. Zu seinen Mitstreitern gehörten Joseph Darthé, ebenfalls 1797 hingerichtet, und Buonarotti. Babeuf war mehrfach verhaftet worden. Seine revolutionären Ziele verfolgte er auch nach dem Sturz Robespierres, gegen die Thermidorianer, bildete die Bewegung der Gleichen, veröffentlichte sein »Manifest der Plebejer« mit dem Aufruf für eine kommunistische Republik. Nach der Schließung des Panthéonclubs, des Treffpunkts der Revolutionäre, durch das Direktorium bereitete Babeuf die »Verschwörung der Gleichen« in der Illegalität vor. Sie wurde verraten und Babeuf nach langem Prozeß (10 Bände Prozeßakten) am 28. Mai 1797 hingerichtet. Sein Werk und seine Ideen aber lebten weiter.

Filippo Buonarotti (1761–1837) vor allem griff Babeufs Vorstellung auf. Beeindruckt von der Philosophie John Lockes und Condillacs, geprägt ebenfalls von Rousseau, Mably und Robespierre, lehnte er das Eigentum ab. 1795 verhaftet, lernte er Babeuf und andere Babouvisten kennen; nach der Freilassung begann er revolutionäre Republikaner international zu organisieren. Nach der »Verschwörung der Gleichen« kam er mit Festungshaft davon. 1828 und 1830 veröffentlichte er seine Darstellung der Babeufschen Verschwörung für die Gleichheit. Eine seiner wichtigsten Arbeiten blieb »Das Gleichheitssystem« mit seinem zentralen Thema der Gütergemeinschaft. Es enthält Sätze wie: »Die Arbeit ist für jeden ein Gebot der Natur.« Oder: »Alle übernehmen den gleichen Teil Arbeit und erhalten dafür die gleiche Menge an Genüssen.« Buonarotti ward einer der Väter des frühen Kommunismus und Erzieher der Neobabouvisten.

Über den *Saint-Simonismus* als eine der wichtigsten Strömungen des utopischen Sozialismus ist an anderer Stelle bereits etwas gesagt worden, auch über Heines Beziehung zu ihm. Doch sei in diesem Zusammenhang auf einige Kernzüge dieser geistig-sozialen Erscheinung verwiesen.

Der Graf *Claude-Henri Saint-Simon* war bereits 1825 im Alter von 65 Jahren in Paris gestorben. Er war zugleich Aufklärer und Weltmann gewesen: als Aufklärer wollte er die Enzyklopädie fortsetzen, als Weltmann erwarb er ein gewaltiges Vermögen, war selbst dem Wohlfahrtsausschuß verdächtig und stets ein Projektemacher: so wollte er den Atlantik mit dem Pazifik verbinden und von Madrid aus einen Kanal zum Mittelmeer bauen lassen. Tätigkeit sollte nützlich sein, Politik auch – so entwarf er gegen Napoléons Kriegspolitik einen europäischen Friedensplan. Er arbeitete mit dem Historiker Augustin Thierry und dem Philosophen und Soziologen Auguste Comte, dem Ökonomen Saint-Aubin und dem Chemiker Chaptal zusammen, gab Zeitschriften heraus (»L'Industrie«, ab 1819 »La Politique«) sowie die Schriftenfolge »L'Organisateur«, später die Serie »Du Système industriel« (1820–1822). Darin hatte er ein Gesellschaftssystem entwickelt, eine »an Newton angelehnte soziale Physik [...], die Geschichte als gesetzmäßigen Fortschritt der Menschheit im dialektischen Wechsel von organischen und kritischen Perioden« skizziert »und eine Wissenschaft von der Planung und Leitung der Gesellschaft« begründet. Politik sollte eine Wissenschaft von der Produktion werden, daher forderte er den Zusammenschluß aller Produzenten, und zwar im weitesten antifeudalen Sinne – gegen die Müßiggänger. Durch seine Gesellschaftsreform sollte die Lage des Proletariats verbessert und dieses harmonisch in den gesellschaftlichen Organismus eingegliedert werden. Je mehr er sich vom Liberalismus entfernte, desto stärker wurden diese sozialen Gedanken, die er im »Nouveau Christianisme« zu einer weltlich-christlichen Morallehre entwickelte, quasi als Mittel zur Klassenversöhnung. Simons Werk ist von seiner ökonomi-

schen Seite ganz auf die moderne Industriegesellschaft ausgerichtet, auf Entfesselung der Produktion und der Produktivkräfte, sozial indes auf Ausgleich der Kräfte in harmo-
nischen Produktionsverhältnissen – sozialistisch eben, aber
utopisch.

Zur Strömung wurde der Simonismus im Grunde erst
durch die Schüler Olinde Rodrigues (1794–1851), Barthéle-
my-Prosper Enfantin (1796–1864) und Armand Bazard (1791
bis 1832). Sie gaben mehrere kurzlebige Journale heraus,
doch erst die von Pierre Leroux (1797–1871) redigierte Ta-
geszeitung »Le Globe«, von Balzac, Béranger, Hugo und
George Sand, aber auch Franz Liszt, von Goethe, Varnhagen,
Gutzkow und eben auch Heine gelesen, erregte weithin Aufmerksamkeit. Sie wurde nur übertroffen von der 1841 von
George Sand gegründeten »Revue indépendante«, die u. a.
Fragen der Frauen-Gleichheit behandelte. Ein zentrales Werk
der Schüler Saint-Simons war die zweibändige »Doctrine
de Saint-Simon. Exposition« (1828–1830), deren erster Teil
auch über – berühmt gewordene – Vorlesungen in der Rue
Taranne (Saint-Germain) publik wurde. Die »Doctrine« stellte
den Simonismus als ein System von der Geschichte und der
Gesellschaft dar. Die Kritik an der Klassengesellschaft und
der »Ausbeutung des Menschen durch den Menschen«, vor
allem aber die Forderungen nach Abschaffung der Erbschaft
und des Eigentummonopols verstärkte den sozialistischen
Charakter der Lehre.

Andererseits drifteten die von den unterschiedlichen Schü-
lern vertretenen Teilbereiche der Lehre auseinander. Enfantin
(mit seinen Werken »Traité d'économie politique« und »La
Religion saint-simonienne«, 1831) verstärkte einerseits den
wirtschaftsliberalen Teil – er wurde später ein großer Unternehmer –, andererseits trieb er seine Anhänger in Richtung
einer religiösen Sekte, die sich in erotischen Banketten und
Misterien ergötzte, auch eine Art klösterlicher Kommune
gründete. Bazard, Leroux, Hippolyte Carnot (1801–1888)

u. a. betonten mehr den politischen und sozialen Teil der Lehre. Wieder andere wie Transon (1805–1876) und Lechevalier schlossen sich später dem Fourierismus an. *Leroux* gab seinen Sozialismusvorstellungen zudem christliche Gehalte, in manchem Lamennais ähnlich, führte indes Simons Idee vom stetigen Fortschritt der Menschheit weiter (»De l'Humanité, de son Principe et de son Avenir«, 1839). Über Leroux hatte sich Heine ausführlich in seinem Artikel vom 15. Juni 1843 geäußert und ihn als entschlossenen sozialistischen Gesellschaftsdenker und Gegner des philosophischen Eklektikers Cousin gewürdigt, als Fortsetzer einer – leider nicht abgeschlossenen – »Encyclopédie nouvelle«, der einmal auch zu dem »wachsenden Heere des Communismus übergehen« werde. Allerdings war dieser Artikel von Kolb zurückgesandt worden: »*Unmöglich* darin ist die communistische Grundlage. Ist das Ihre Ueberzeugung, so werden Sie das nicht ändern wollen, obgleich Sie sonst den Republikanern nicht hold waren, während der Communismus über allen Republicanismus des National weit hinausgeht.« (Mitte Mai 1843) Eben das war der Grund: weil dieser Kommunismus weit über den alten Republikanismus hinausging, nahm ihn Heine ernst, wenn auch nicht persönlich an. Er war parteinehmender Betrachter, nicht Parteigänger.

Sowohl sozialismusgeschichtlich als auch für Heine wichtig war *Charles Fourier* (1772–1837). Dieser verabscheute merkantile Geschäftspraktiken von Jugend an. Dennoch mußte er sich zeitlebens von kaufmännischen Berufen ernähren. Sein geistiger Ansatz war – wie bei Saint-Simon – Newton: dessen Gravitationsgesetz wandte er auf die Gesellschaft an, um die Widersprüche der Sozietät aufzudecken und zu beseitigen, die Produktion zu vervielfachen und die Güter besser und gerecht unter den Menschen zu verteilen. Er war ein unerbittlicher Kritiker des bürgerlichen Systems, dessen gewaltlose Beseitigung er anstrebte. Formuliert hatte er seine Ideen zuerst in »Harmonie universelle« (1803),

dann in »Traité de l'Association domestique agricole« (1822,
4 Bände) sowie in »Le nouveau Monde industriel et socié-
taire«. Er setzte sich 1831 bereits mit Saint-Simon und den
Lehren des englischen utopischen Sozialisten Owen auseinander, kritisierte deren christliche Morallehren und befaßte
sich immer wieder mit der Arbeit und den Beziehungen von
Menschen im Arbeitsprozeß. Besonders interessierten ihn
genossenschaftliche Organisationsformen, ohne daß er sie
erproben konnte. In den dreißiger Jahren gruppierten sich
seine Anhänger und propagierten in Zeitschriften seine Theorien. Die berühmteste war »La Phalanstère« seines Schülers
Victor Considérant von 1836. (1919 neu herausgegeben von
dem Pädagogen Paul Oestreich, der sich vorrangig für Fouriers umfassendes Erziehungsprogramm interessierte.) – 1966
edierte Theodor Adorno die »Theorie der vier Bewegungen
und der allgemeinen Bestimmungen« (»Théorie des quatre
mouvements et des destinées générales«). Für den kritischen
Philosophen waren Fouriers monistisches Weltbild, die Stu-
fenfolge historischer Perioden sowie dessen Entwicklungsge-
setze, die auch einen Untergang von Leben und Gesellschaft
vorsahen, von Interesse. Nicht zu vergessen die Vision einer
Gesellschaft des Glücks für alle Menschen. Praktisch wurden
Fouriers Theorien in den vierziger Jahren in den USA erprobt,
nicht für lange. Doch kehrte das Modell in den Kibbuzim
Israels wieder. – Fourier starb einsam und arm. »Wie kommt
es, frug ich, daß solche Männer, solche Wohlthäter des Menschengeschlechts in Frankreich darben müssen?« So fragte
Heine, der Fourier gekannt hatte, am 15. Juni 1843, damit
auch auf Simon und Leroux anspielend, und fuhr mit einem
Blick auf Deutschland fort: » […] die Regierung würde bei
uns die Leute von solchen Grundsätzen gleich unter ihre besondere Obhut nehmen und ihnen lebenslänglich freie Kost
und Wohnung geben.«
Victor Considérant, der wichtigste Schüler, kommt bei
Heine nicht unmittelbar vor (nur über Alexandre Weill, der

mit Considérant befreundet war) und soll daher nur mit zwei Grundsätzen erwähnt werden. Der »sozialistische Republikaner« griff die bestehenden Eigentumsverhältnisse noch schärfer an, formulierte die freie Assoziation, die bei Marx wiederkehrt, gegenüber dem Kommunismus genauer und verkündete 1849 auch das Recht zum bewaffneten Aufstand. Er ergriff Partei für die Pariser Commune, trat der 1. Internationale bei, blieb indes im Grundsätzlichen der »friedlichen Demokratie« treu.

Voll im Blickfeld des Verfassers der »Berichte aus Paris« waren auch *Pierre-Joseph Proudhon* (1809–1865) und *Louis Blanc* (1811–1882). Man rechnet beide dem sogenannten kleinbürgerlichen Sozialismus der industriellen Periode zu. Dabei unterscheiden sie sich durchaus. Proudhon, ein Autodidakt, ward berühmt vor allem durch sein Werk »Qu'est-ce que la propriété?« (Was ist das Eigentum?, 1840, dt. 1844) und die Antwort: »Raub!« Eigentum entstehe nur durch Ausbeutung, die aber könne man aufheben, indem man jedem Arbeitenden den Besitz nötiger Produktionsmittel sichere und den Austausch organisiere, also einfache Warenproduktion. Das wirkte damals zunächst außergewöhnlich, stieß aber auch auf Widerspruch. Zwischen 1848 und 1850 legte Proudhon in mehreren Broschüren ein »soziales Reformprogramm eines auf Gegenseitigkeit beruhenden Tausch- und Kreditsystems« vor. 1849 hatte er in diesem Zusammenhang für seine Arbeiterproduktionsgenossenschaften eine Volksbank für Kleinstaktien gegründet, die zinslose Kredite für Produktionsmittel gewähren sollte, bei Beibehaltung des Privateigentums und der kleinen Warenproduktion. Das Projekt scheiterte nach Anfangserfolgen. Proudhon war zudem Anarchist und plädierte für die Abschaffung des Staates. Für das Proletariat war er tapfer in die Schranken getreten, und schöne Sätze hatte er geschrieben: »Die Erde kann nicht angeeignet werden.« Deutsche Herausgeber und Übersetzer seiner wichtigsten Schriften zu diesen Themen waren Links-

hegelianer (Ruge, Max Stirner, Karl Grün) und Vormärzauto-
ren (Ludwig Pfau). Auf seine »Philosophie des Elends« (1846)
hatte Marx mit dem »Elend der Philosophie« geantwortet.

Was Proudhon für die Bestimmung des Begriffes »Eigentum« getan hat, leistete *Louis Blanc* für die Definition der
»Arbeit«: »Organisation du travail« (Organisation der Arbeit,
1839, dt. 1847). »›Organisation der Arbeit‹ bedeutet für die
Arbeiter, die Produktion selber in die Hand zu nehmen, sie
sozialistisch zu organisieren und dadurch das Recht auf Arbeit, soziale Sicherheit und eine ›gerechte‹ Verteilung der Produkte zu verwirklichen.« Dafür wollte Blanc allerdings den
bürgerlichen Staat in Anspruch nehmen, über »National-
werkstätten« etwa und Kredite, ein Irrtum von vornherein,
der ihn obendrein mit Proudhon in Konflikt brachte. In der
Revolution von 1848/49 scheiterte sein Versuch der Versöh-
nung von Kapital und Arbeit total. Den Verrat der Arbeiter
dankte ihm die Bourgeoisie mit Ausweisung. Er schrieb noch
mehrere Geschichtswerke, so über die Große Revolution
(dt. von Ludwig Buhl und Ludwig Köppen, 1847), über die
»Zehn Jahre, 1830–1840« und über die »Revolution von
1848« (1870 erschienen). Im englischen Exil gründete er ein
Zentrum kleinbürgerlich-sozialistischer Emigranten. 1870
wieder in Frankreich, trat er zu den radikal-bürgerlichen
Republikanern über. Vor der Commune von 1871 versagte
Blanc ebenso wie Proudhon.

Heine äußerte sich ziemlich ausführlich über den »Herrn
Louis Blanc« und »L'Organisation du travail« und dessen
geistige Herkunft von Rousseau und Robespierre: »Er selbst
ist mäßig, scheint dem eignen kleinen Körper keine Genüsse
zu gönnen, und er will daher im Staate allgemeine Kü-
chengleichheit einführen, wo für uns alle dieselbe spartani-
sche schwarze Suppe gekocht werden soll, und, was noch
schrecklicher, wo der Riese auch die selbe Portion bekäme,
deren sich Bruder Zwerg zu erfreuen hätte. Nein, dafür dank'
ich, neuer Lykurg! Es ist wahr, wir sind alle Brüder, aber ich

bin der große Bruder, und ihr seid die kleinen Brüder, und mir gebührt eine bedeutendere Portion. Louis Blanc ist ein spaßhaftes Kompositum von Liliputaner und Spartaner. Jedenfalls traue ich ihm eine große Zukunft zu, und er wird eine Rolle spielen, wenn auch eine kurze. Er ist ganz dazu gemacht, der große Mann der Kleinen zu sein [...]« (Lutetia, XXV., 6. November 1840) Dieser Beitrag war von der Zensur gestrichen (vgl. Kolb vom 7. Oktober 1842) und später eingefügt worden.

Heine schrieb vom »Mann der Kleinen«, und damit sind wohl Kleinbürger gemeint. Identifikation und Distanz in einem: der Richtung galt seine Parteinahme, nicht dem besonderen Mann oder Fall. Dem allgemeinen Gleichheitsprinzip vermochte er nicht zuzustimmen: wie richtig! Ich denke, hier war so ein Schnittpunkt zwischen den frühen, von ihm kritisierten Republikanern und den neueren Gleichheitsrevolutionären, die bereits zum Arbeiterkommunismus tendierten und die er viel wichtiger und interessanter fand als die früheren, ohne sich je mit ihnen gemein zu machen. Was die politische Rolle Blancs betrifft, war der Dichter auch hier ein Prophet: Blanc spielte eine punktuelle Rolle in der Politik von 1848/49, eine lange freilich als Historiograf.

Von hier zum Arbeiterkommunismus war es nicht weit, und zumindest *Etienne Cabet* muß noch genannt werden. Die Anzahl der Arbeiterkommunisten jener Jahre ist nicht sehr sicher. Für 1838 schätzte man für Paris und Lyon etwa 3000–4000 Sozialisten und wohl auch ebenso viele Kommunisten. Doch die Zahl wuchs im Zuge der Industrialisierung und der Verelendung rasch. Cabet schätzte sie für 1841 auf ca. 100000 und bemerkte: »Der Kommunismus ist unbestreitbar die große geistige Bewegung des Volkes, die vorherrschende Meinung.«

Cabet (1788–1856) war Rechtsanwalt und frühzeitig Mitglied, bald sogar führendes, bei den Carbonari. Als Teilnehmer an der Julirevolution 1830 wurde er Oberstaatsanwalt auf Korsika, doch schon 1831 wegen seiner demokratisch-aufrechten Gesinnung sowie seiner Parteinahme für die unterdrückten Polen wieder abgesetzt. Als bürgerlich-republikanischer Abgeordneter begann er 1832 seine publizistische Laufbahn. Nach einer Darstellung der Revolution von 1830 verfaßte er vier Bände einer »Histoire populaire de la Révolution française, 1789 à 1830« (1839/40 in Paris erschienen). Zweierlei ist daran bemerkenswert: zum einen der Zeitpunkt des Erscheinens, als »der Zeitgeist wieder die Anker lichtete«, zum andern die Zusammenschau der Revolutionen im Sinne einer permanenten Revolution, die 1789 begonnen hatte und 1830 einen weiteren Höhepunkt erreichte. 1839, als die »Histoire« zu erscheinen begann, hatte eben der blanquistische Aufstand stattgefunden, zwar gescheitert, doch nicht ohne Ausstrahlung auf das Wachsen der sozialistischen und kommunistischen Bewegungen.

1833 gab Cabet die Zeitschrift »Le Populaire« (Der Volksfreund) heraus, die ihm die Gerichte auf den Hals brachte. Daraufhin ging er nach England, wo er ein kapitalistisch weitentwickeltes, von krassen Widersprüchen geprägtes Land sowie die sozialistische Lehre Robert Owens kennenlernte, auch die berühmte »Utopia« des Thomas Morus. Unter diesen Einflüssen schrieb er sein meistbedeutendes Werk »Voyage en Icarie« (Reise nach Ikarien, 1847, übersetzt von Wendel Hippler, d. i. August-Hermann Ewerbeck, der sich das Pseudonym des revolutionären Bauernführers zugelegt hatte), das 1839 unter Pseudonym, 1840 in großer Auflage mit seinem Namen erschien und viel gelesen wurde. Von da an kann Cabet als Kommunist bezeichnet werden, seine folgenden Schriften belegen es: »Comment je suis Communiste?« (Warum ich Kommunist bin), »Crédo communiste« (Kommunistisches Glaubensbekenntnis, in: Sebastian Seiler, »Das Eigentum in Gefahr«, Bern 1843). Unter ikarischem Kommunismus verstand Cabet eine fantasievoll-paradiesische, gerecht produzierende und verteilende Gesellschaft, die mit friedlichen Mitteln zu errichten sei. Hier geriet er zusehends in Widerspruch zu den neobabouvistischen Kommunisten, die den gewaltsamen Aufstand propagierten. In seinem Buch »Vrai Christianisme suivant Jésus-Christ« (Das wahre Christentum nach Jesus Christus) von 1846 stellte er den friedlich durchzusetzenden Kommunismus als Konsequenz eines richtigen Christentums dar.

In der Folge plante Cabet die Errichtung einer ikarischen Kolonie in Texas/USA, doch hielt ihn die Revolution von 1848 zunächst in Europa fest. Von den Halbheiten der provisorischen Regierung enttäuscht, vom Terror der weißen Bourgeoisie verfolgt, ging er dann doch in die USA und erlebte das Scheitern seines Texas-Projekts. Bis zu seinem Tode gründete er weitere kommunistische Kolonien, mit geringen Erfolgen, doch geistig langfristigen Folgen. Hier noch einige Sätze Cabets: »Das Naturgemäße ist die *Gemeinschaft der Güter.* Ich glaube, daß das Eigentum nur eine rein menschliche Erfindung und Einrichtung ist. [...] Ich glaube nicht, daß die *Monarchie* die eigentliche oder einzige Ursache für das Unglück der Völker und die *Republik* schlechthin das wahre Heilmittel ist, denn die Geschichte zeigt uns Unglück in Republiken wie in Monarchien.« Hier vor allem sind sich Heines und Cabets Ansichten sehr nahe. Noch ein letzter, außerordentlich wichtiger Satz des Ikariers: »Ich glaube, daß das nationale Territorium als ein *einziger Grundbesitz* anzusehen ist, der der Gesellschaft ungeteilt gehört.« Muß man das noch kommentieren? Es ist so vieles vorgedacht, doch überwuchern Widersprüche und nicht abgegoltene Ideen die Geschichte in einem Maße, daß man manchmal zu glauben meint, 160 Jahre und mehr sind umsonst verlaufen.

Aus schwer verständlichen Gründen haben Historiografen der sozialistischen und kommunistischen Arbeiterbewegung Cabet zum rechten Flügel geordnet. Weil er den friedlichen Weg vorzog? Für unsern Gedankengang ist Cabet von hoher Wichtigkeit, der wichtigste Vertreter des sogenannten Arbei-

terkommunismus, zumal Heine sich auf ihn bezog. Théodore Dézamy, Jean-Jacques Pillot oder Cormenin (von Heine
zwar erwähnt, doch nicht rezipiert) haben alle an dem prä-
kommunistischen Gedankengebäude mitgebaut und oft
nicht realisierbare Strategien erdacht, doch insgesamt bildeten sie das Phänomen jener »einzigen Partei in Frankreich,
die eine entschlossene Beachtung verdient« (Pariser Berichte,
15. Juni 1843). Da neben den entwerfenden und bauenden
Individuen auch stets die Gruppe oder die Bewegung bzw.
die Partei genannt ward, soll noch ein Gruppenzeugnis angeführt werden: das »Erste kommunistische Bankett am
1. Juli 1840. Veröffentlicht von einer Redaktionskommission:
J.-J. Pillot, Th. Dézamy, Dutilloy, Homberg (Paris 1840)«. Es
ist der Bericht über die erste kommunistische Massenkund-
gebung in Frankreich, in Belleville, einem Arbeitervorort von
Paris. Da politische Versammlungen verboten waren, wählte
man die Form des Banketts, auf dem statt Reden Trinksprü-
che gehalten wurden. Auch bürgerliche Parteien hatten sich
dieses Modells bedient. Heine war auf dieser Veranstaltung
nicht zugegen, er hatte noch mit der Drucklegung von »Ludwig Börne« zu tun, war wohl auch nicht in Paris. Andere Veranstaltungen ähnlicher Art hatte er zur Kenntnis genommen,
die Gattung muß ihm vertraut gewesen sein, und seine häufigen Hinweise auf die Gruppierung oder Strömung der
Kommunisten basierten nicht nur auf Literaturkenntnissen,
sondern auf Beobachtungen und Begegnungen. Themen der
Reden bzw. Toaste waren: Abschaffung der Todesstrafe, Ein-
tracht unter den wahren Demokraten, Befreiung des Ar-
beiters, egalitäre Erziehung, Gleichheit, Gütergemeinschaft,
Abschaffung der freien Konkurrenz, gleiche Verteilung der
Rechte, Pflichten und Genüsse, Meinungsfreiheit, Studium
für jeden, Brüderlichkeit, Volkssouveränität, Gesellschaftsreform, Freiheit, auch Polens Freiheit. Es sprachen Arbeiter, vor
allem Drucker, Redakteure, Friseure, Schuhmacher, Schnei-
der, Uhrmacher, Buchbinder, auch ein Offizier der National-

garde und ein Literaturlehrer. Dézamy (als Redakteur) und Pillot (als Schriftsteller) waren dabei. Ein Toast ward auf die Armee ausgesprochen, die eine Volksarmee sein möge. »Auf die Befreiung der Arbeit«, »Auf die Gütergemeinschaft« und »Auf die Herrschaft der Gleichen« waren sozusagen Finalsprüche. Es muß eine mitreißende Versammlung gewesen sein von Leuten, die etwas durchsetzen wollten und von ihrer Sache überzeugt waren.

Dialektik, Materialismus, Hegelsche Linke

Während sich die Widersprüche in Frankreich auf den zwischen Bourgeoisie und Proletariat, den »furchtbaren Antagonisten«, zuspitzten, drängte in Deutschland der Hauptwiderspruch Feudalität – Bürgertum einer Lösung zu. Auch hier entstand allmählich ein Proletariat, besonders im bereits stärker industrialisierten Rheinland. Die deutschen oppositionellen Bewegungen wurden radikaler, begannen sich zu organisieren, wenn auch meist im Exil: 1834 im »Bund der Geächteten«, 1837 im »Bund der Gerechten«, 1847 teilweise übergehend in den »Bund der Kommunisten«, der allerdings der französischen Erfahrungen bedurfte. Es veränderte sich zunehmend die kulturelle Landschaft; der literarische Markt ward bunter und bestimmender, die Schriftsteller arbeiteten immer stärker unter anderen Bedingungen (nicht mehr als Beamte, Hofmeister oder unter Mäzenat), als sie für die Klassiker und Romantiker charakteristisch waren. So änderten sich zusehends literarische Produktionsweise und Produktivität – im Negativen wie im Positiven. Was Altmeister Börne und Jungmeister Heine, eben im Begriff, sich zum klassischen Meister zu mausern, begonnen hatten, ward Norm. Es gab nun nicht mehr nur politische Schriftsteller, sondern eine deutsche politische Literatur. Eines ihrer Zentren in den vierziger Jahren war wiederum Paris, d. h. mehr oder weniger

Exil. Einer der großen Widersprüche deutscher demokratischer Literatur im Verlaufe von Jahrhunderten.

Begünstigt wurden die Entwicklungen jener Zeit durch bürgerliche und bereits proletarische Emanzipationskämpfe in den europäischen Ländern: in Frankreich vor allem; in England; im Italien der Carbonari; im Spanien der nachnapoleonischen Ära.

In Deutschland kam es zum Kölner Kirchenstreit: Kölner Erzepiskopat contra Preußen vor allem in Bildungsfragen, in dem selbst kritische Denker die Partei Preußens gegen mittelalterliches Dunkelmännertum nahmen, so kurios verläuft manchmal Geschichte. Es gab den Verfassungssturz in Hannover, in dem berühmte Gelehrte, die Göttinger Sieben mit den Brüdern Grimm, schikaniert wurden und liberalen Protest übten. Zu Beginn der vierziger Jahre trat der Königsberger Arzt und politische Denker Johann Jacoby mit energischen oppositionellen Beiträgen an die Öffentlichkeit, ein Mann, der sich positiv 1848 in der preußischen Nationalversammlung und noch 1849 im Stuttgarter Rumpfparlament hervortat, später in der preußischen Fortschrittspartei und ab 1872 bei den Sozialdemokraten arbeitete.

Ebenfalls begünstigt wurde die Bewegung des Zeitgeistes durch den Tod des stockkonservativen Preußenkönigs Friedrich Wilhelm III.; sein Nachfolger, der IV. gleichen Namens, war ebenfalls konservativ mit romantischen Ideen, hielt nicht, was er versprochen hatte (so die seit den antinapoleonischen Kriegen bereits von seinem Vater zugesicherte Verfassung), doch gab es zunächst einige Erleichterungen: Milderung der Zensur, vor allem bei Büchern über 20 Bogen, Freigabe der Bilderzensur im Mai 1842. Auch gab es eine Amnestie, wenngleich vorerst nicht für das »Junge Deutschland«. Die kam später und unter entwürdigenden Bedingungen, die von Gutzkow, Laube und Mundt akzeptiert wurden (gemilderte Festungshaft etc.). Man löste die Ministerialkommission für Demagogen-Verfolgungen auf und annullierte das Gesamtverbot des Campe-Verlages, woraus auch Heine mancherlei Nutzen zog. Die junge bürgerlich-liberale Literatur gewann an Aktivität und Selbstbewußtsein, was für Heine, der sie gebildet und erzogen hatte, nicht zum Besten geriet: sie rieben sich an ihm, kämpften gegen die falsche Seite, was Rückschlüsse auf ihren geistigen Habitus zuläßt.

Doch hatte der Dichter auch Freunde, so im sächsischen Literaturverein, den jüngere Schriftsteller wie Karl Biedermann, Robert Blum, Karl Herloßsohn (Herausgeber des »Kometen«), Gustav Kühne, Laube und der Verleger Georg Wigand in Leipzig gegründet hatten.

Namhaftere Autoren der stärker werdenden literarischen Bewegung, von den Historiografen als »Vormärz« bezeichnet, hießen: Franz von Dingelstedt, der es bis zum Direktor am Hoftheater Weimar und am Burgtheater Wien gebracht hatte; Hoffmann von Fallersleben, dessen bei Campe erschienene Verse Heine für »spottschlecht« hielt, zugleich Autor jenes töricht-großmäuligen Liedes, mit dessen dritter Strophe als Nationalhymne sich Deutsche immer noch schamhaft abplagen müssen; Ferdinand Freiligrath, der über den Zinnen jedweder Partei stehen wollte; Georg Herwegh, Heines Gegner auf gleicher Seite, der tapfere Kämpfer und spätere Botschafter zwischen Marx und Wagner – alle Gegenstand Heinescher Politsatiren, die sinnfällig machen, was wirkliche politische Dichtung sein kann. Schließlich gehörten zu den »Vormärz«-Autoren so vielseitige Persönlichkeiten wie Moritz Hartmann, Gottfried Kinkel, Alfred Meißner, in vielem später Gesandter des Altmeisters; der früh verstorbene Rhetoriker Friedrich von Sallet, ein Mann ungebrochenen Hugenottenstolzes, der geniale Aristophanes-Übersetzer Ludwig Seeger sowie der aristophanische Satirenschreiber Robert Prutz.

Doch in der zweiten Hälfte der dreißiger Jahre traten wesentlich radikalere Kreise auf den Plan, die in ihrer Systemkritik viel weiter gingen: die sogenannte *Hegelsche Linke.* Zu ihr

gehörten die Religionsphilosophen und -kritiker David Friedrich Strauß sowie Bruno und Edgar Bauer, Karl Ludwig Bernays, Heinrich Börnstein, Moritz Fleischer, Moses Heß, Karl
Friedrich Köppen, Arnold Ruge und Theodor Echtermeyer,
etwas entfernter Friedrich Theodor Vischer und Karl Rosenkranz (durchaus mit konservativen Tendenzen) und vor allem
Ludwig Feuerbach, der den philosophischen Materialismus
weiterentwickelte, der Hegelschen Linken indes nur bedingt
zuzurechnen ist. Max Stirner formulierte Grundansichten
des Anarchismus, und Wilhelm Weitling veröffentlichte Gedanken über eine andere Verteilung des Eigentums, ward zu
einem Repräsentanten des Arbeiterkommunismus, der in
Frankreich zu jener Zeit entstand. Beide hatten sich in Frankreich umgetan und Texte französischer Sozialisten übersetzt
und herausgegeben. Die wichtigsten Publikationsorgane der
Opposition waren – neben Jacobys »Königsberger Zeitung« – Ruge/Echtermeyers »Hallische Jahrbücher« und die
»Rheinische Zeitung«, in der vorübergehend Karl Marx Redakteur war.

Wenn hier in unsern Gedankengängen diese philosophisch-literarische Gruppe der Junghegelianer einen Raum
erhält, so wegen des Umfelds, in dem in der Begegnung mit
den erörterten Sozialismus-Kommunismus-Strömungen Heines klassische Meisterwerke der kommenden Jahre entstanden – das fruchtbare Jahrfünft.

Diese Hegelsche Linke, die um 1837 begonnen und im
Prinzip 1843 geendigt hatte, begann ihr zerstörendes wie aufbauendes Werk mit einer grundlegenden Religionskritik, historisierte die Person Jesu und überhaupt die Evangelien, kritisierte Christentum und Kirche von Grund auf. Das hatte
Heine bereits in der zweiten Hälfte der zwanziger Jahre getan, man denke nur an die Lucca-Teile der »Reise nach
Italien«. Philosophen wie *David Friedrich Strauß* und *Bruno
Bauer* erkannten, welche Grundfesten das alte System als Basis hatte. Sie dehnten ihre Kritik auf Staat und Recht aus. Der

Staat war vor allem Preußen, hier setzten *Arnold Ruge* und *Karl Friedrich Köppen* an. Systemkritik ließ sich vorzüglich über Hegel vornehmen, d. h. mit Hegelschen Methoden. Ein Meisterwerk dieser Richtung ist Bruno Bauers »Die Posaune des jüngsten Gerichts, über Hegel, den Atheisten und Antichristen« (1841). Es heißt darin: »Von der Religion hat Hegel die Seinigen befreit; der Gedanke, das Selbstbewußtsein, Freiheit, das sind die Güter, die er ihnen für das Geraubte gegeben hat.«

Eine weitere Bastion christkatholischen Fundamentalismus nahm Arnold Ruge mit seiner Kritik an »Schelling und die Offenbarung. Kritik des neusten Reaktionsversuchs gegen die freie Philosophie« (1842). Ebenso beschäftigte ihn »Die Hegelsche Rechtsphilosophie und die Politik unserer Zeit« (1842). *Max Stirner,* Autor von »Der Einzige und sein Eigentum«, schrieb über »Das unwahre Prinzip unserer Erziehung oder der Humanismus und Realismus« (1842). Andere Fragen waren der Liberalismus und die Freiheit, die Nation und schließlich zunehmend die Revolution. Im Einzelfall die Geschichtsschreibung selbst, über die *Edgar Bauer* treffend sagt: »Mit der sogenannten unparteiischen Geschichtsschreibung ist es nichts.« Und weiter: »Von Natur hat der Mensch keinen Besitz; es war daher ein Fehler, wenn die Nationalversammlung die Sicherheit des Eigentums unter die *Natur*rechte aufnahm. Das Eigentum ist eine Schöpfung der Zivilisation. [...] Hiernach gab es kein Eigentum, welches das Interesse des Volkes verletzte; alles Eigentum war unberechtigt, welches nicht durch die Bestätigung der Nation sanktioniert war. / Das war aber in der Tat die Aufhebung des Privateigentums.« Hier näherte sich die deutsche Hegel-Linke dem Diskurs der französischen.

Ein zunehmend dominierendes Thema war die Kritik, die Methode der Kritik, die Waffe der Kritik. Edgar Bauer: »Das Mittel, uns frei zu machen, ist die Kritik: sie vertreibt Schwäche und Glauben und spießbürgerliche Demut. Sie zeigt, daß der Mensch die Verhältnisse, nicht die Verhältnisse den Menschen schaffen und zu beherrschen haben. [...] Diese Geistesfreiheit ist die Waffe der Kritik, und an sie, die unzerstörbare Anlage im Menschen, wendet sie sich.« (»Der Streit der Kritik mit Kirche und Staat«, 1843) Das Wechselverhältnis war noch nicht gedacht.

Edgar Bauer im gleichen Text an anderer Stelle: »Der Privatbesitz ist es vor allem, welcher Vorrecht begründet, Vorrecht beschützt. Der Staat ist eine Schöpfung des die wahre Öffentlichkeit und Gemeinschaftlichkeit hassenden Egoismus; im Besitze findet der Egoismus seinen Ausdruck, seine äußerliche Repräsentation; der Besitz macht uns zu Ungleichen: Der Besitz beherrscht uns. Die Besitzlosigkeit dagegen macht uns gleich.« Man muß immer betonen, daß diese Sätze bereits 1843 geschrieben wurden. Arnold Ruge behandelte dasselbe Thema zur gleichen Zeit im Rahmen einer Rezension über Louis Blanc: »Zur Verständigung der Deutschen und Franzosen. Von einem Publizisten in der Fremde«. Das ist eine Vorrede zur deutschen Übersetzung von Louis Blancs »Geschichte der zehn Jahre« (1843), in der er im Überblick Werke von Blanc und Proudhon behandelt, mithin soziale Fragen, vor allem die des Eigentums. Die Annäherung von deutscher kritischer Philosophie und französischen Soziallehren wurde immer deutlicher.

Ruge mußte diesen Text in der Schweiz schreiben und veröffentlichen. Seine »Hallischen Jahrbücher« waren verboten worden; die »Deutschen Jahrbücher für Wissenschaft und Kunst«, ab Juli 1841 in Dresden herausgegeben, durften ab Juni 1843 nicht mehr erscheinen. Der Gegner, der preußische Staat und ihm folgend der Deutsche Bund, trieb die Opposition zusammen, sogar international. Ruge hatte dies verstanden und bewußt ausgedrückt, als er an Robert Prutz schrieb: »Ich lese die Revue's der Franzosen und ihre neusten Sachen. Man muß von ihnen lernen.« (25. Jänner 1843) Und an Moritz Fleischer noch genauer, im Zusammenhang seines Konzepts für eine jahrhundertbeherrschende Literatur: »Ich lese jetzt fortdauernd französisch, und zwar die Neueren, die Sand, Louis Blanc, Proudhon pp.« Eines der großen Themen dieser Gruppe war der Internationalismus, zumindest Europas, und der deutsch-französische Ausgleich, auch da Heine folgend. Karl Marx hatte an Ludwig Feuerbach geschrieben: »Sie sind einer der ersten Schriftsteller gewesen, welche die Notwendigkeit einer französisch-deutschen wissenschaftlichen Allianz aussprachen.« (3. Oktober 1843) Und bald sollten sich fast alle in Paris treffen.

Die »Rheinische Zeitung« war am 1. Jänner 1842 gegründet worden, führend gestaltet von Bruno Bauer und Karl Marx, mit wichtigen Beiträgen von Moses Heß. In dem Maße, wie sich das Blatt der »sozialen Frage« annahm, unter den Einfluß von Blanc, Cabet, Considérant, Leroux und Proudhon gelangte und die Französische Revolution nicht mehr von Mirabeau oder der Gironde, sondern von Konvent und Bergpartei aus interpretierte, geriet es in die Schußlinie der Reaktion. Bereits im Oktober traf die Zeitung der Vorwurf des Kommunismus, den ausgerechnet Marx abwehren mußte. Am 31. März 1843 kam auch für sie das Aus – die alten Mächte waren zum Gegenangriff übergegangen. Weitere Zeitungen halbwegs demokratischen Zuschnitts waren überall gefährdet oder in ihren Publikationsmöglichkeiten eingeschränkt. In Ruges Kopf bildete sich bereits der Plan zu »Deutsch-Französischen Jahrbüchern«. Das war im Juni 1843. Mit der Hegelschen Linken war es im wesentlichen zu Ende. Und wie stand unser Autor in Paris zu dieser Gruppierung?

Man kann seine Haltung, eine insgesamt positive, unter drei Gesichtspunkten beurteilen: geistigen, personenbezogenen, organisatorischen. Der geistige ist am einfachsten nachzuvollziehen: Es war Fleisch von seinem Fleische wie Geist von seinem Geiste, auch wenn er in Einzelfragen differierte und sich selbst keiner Partei zugehörig fühlte. Er war stets der

auf der Seite von Humanität, Freiheit, Fortschritt und revolutionärer Demokratie stehende Beobachter. So schrieb er im
November 1842: »Wir dürfen nicht die preußischen Doktri-
näre spielen, wir müssen mit den hallischen Jahrbüchern und
mit der Rheinischen Zeitung harmoniren, wir müssen unsre
politischen Sympathien und socialen Antipathien nirgens
verhehlen, wir müssen das Schlechte beim rechten Namen
nennen und das Gute ohne Weltrücksicht vertheidigen, wir
müssen das wahrhaft seyn was Herr Gutzkow nur scheinen
will – Anders geht es uns noch schlimmer – schlecht geht es
uns auf jeden Fall.« (An Laube, 7. November 1842)

Da er hier eine Art Bündnisstrategie entwickelt hatte, war
Organisatorisches mit im Spiel. Um Organisationsfragen
ging es ihm bei dem Vorschlag, Moses Heß die Redaktion
des »Telegraph für Deutschland«, eines Journals aus dem
Campe-Verlag, anzuvertrauen: »Wie gesagt, Sie antworten
mir bald in Betreff der Rugeschen Coterie (Sie sehen, ich
nenne die Sache bey ihrem Namen.) Was mich selbst betrifft,
so gehöre ich nie zu einer Coterie als solcher, unterstütze
aber Alles was mir gut und löblich dünkt. Für die Rugesche
Zeitschrift [die Deutsch-Französischen Jahrbücher] habe ich
daher gleich einen Beytrag geschrieben und ihn bereits abge-
liefert. Es sind drey Spottgesänge auf Ludwig von Bayern,
das sanglanteste, was ich je geschrieben, und habe ich Zeit
werde ich Ihnen gelegentlich eine Abschrift davon mitthei-
len; die Revue wird nemlich erst Anfang Februar erscheinen.«
(An Campe, 29. Dezember 1843)

Die letzten Sätze gehen über Beobachtungsstatus und Or-
ganisationsfrage hinaus: zum Mittun. Des Dichters Engagement für die große Sache drückte sich konkret aus in der Mitarbeit an den »Deutsch-Französischen Jahrbüchern« und am
»Vorwärts«.

In persona hat er die meisten der Hegelinge gekannt, so
Bernays, Börnstein, Ewerbeck, Fröbel, Grün, Heß, Mäurer,
Ruge, Seuffert, wohl auch Stirner, Weitling (der allerdings

kaum noch dazugehörte, bestenfalls als radikaler Umsetzer) und vor allem Marx sowie den später hinzugekommenen Engels; gewußt hat er von den beiden Bauer, wohl auch von Feuerbach und Strauß, die er allerdings kaum rezipierte. Näheren Umgang pflegten mit ihm Jakob Venedey, den er später als einen der revolutionsunfähigen Schwätzer der 48er Revolution verhöhnen wird, und der jüdische Autor Alexandre Weill. Beide gehörten zum weiteren Umfeld dieser Oppositionsgruppe, kaum zum Philosophen-Kreis. Den frühesten Kontakt hatte er zu *Moses Heß*, der ihm am 19. Oktober 1837 einen verehrungsvollen Brief geschrieben hatte, als Jude zum Juden, als Autor zum Autor, nicht unkritisch zu sich und seinem Volk: »Von allen Männern unsrer Zeit sind Sie der Einzige, mit dem ich in Verbindung treten möchte, weil Sie mich ganz verstehen werden [...]« Zu dieser Zeit war Heß noch kein Junghegelianer. Das von ihm angekündigte Buch war »Die heilige Geschichte der Menschheit von einem Jünger Spinozas« (1837). Erst mit seiner »Europäischen Triarchie« von 1841 fand er Aufmerksamkeit bei den Philosophen. Heß war ebenfalls stark von Heines Schriften beeinflußt, besonders von »Zur Geschichte der Religion und Philosophie in Deutschland«. Er hatte die Emanzipationsideen aufgenommen, die Zukunftsentwürfe, den Pantheismus und auch die Vision eines Zusammengehens von Deutschland und Frankreich. Schließlich kam der Gedanke der sozialen Revolution hinzu. Heß begriff die Hegelianer durchaus als Gruppe, ja bezog das Junge Deutschland, überhaupt die jüngere Literatur Deutschlands mit ein. Merkwürdig sind nur seine Zuordnungen: Feuerbach, Strauß und Vischer ordnete er rechts ein, Börne, Gutzkow (!) und Wienbarg links, Heine mit Bettina von Arnim, Laube und Pückler-Muskau als Mitte. Eine seiner wichtigsten Thesen in der Überwindung und Kritik Hegels ist die »Philosophie der Tat«. 1842, nach dem Ende der »Rheinischen Zeitung«, kam Heß nach Paris und lernte Heine kennen. Die Bekanntschaft bereicherte beide, auch wenn sie sich nicht unkritisch begegneten. Heß beförderte noch vor Marx Heines politische Radikalisierung. Sie publizierten in den »Deutsch-Französischen Jahrbüchern«, und Heine empfahl seinen Kollegen Ende 1843 an Campe für den »Telegraph für Deutschland«: »Dr. Hess ist eine der ausgezeichnetsten politischen Federn und er wäre sogar geeignet, […] die Hauptredakzion zu leiten.« (An Campe, 29. Dezember 1843) Die Zusammenarbeit und gegenseitige Befruchtung blieb kurz, die Achtung lange, besonders seitens Heß'. Auch in jüdischen Fragen stimmten sie weitgehend überein, bei beiden wurde das Thema nach der Revolution von 1848/49 wieder dominant: Heine schrieb seine großen jüdischen Dichtungen, Heß sein Buch »Rom und Jerusalem« (1862), eine der geistigen Grundlagen des späteren Zionismus. Andererseits brachten die großen Widersprüche der Zeit und der sozialistischen Bewegung die Mitarbeiter der »Jahrbücher« und des »Vorwärts« auseinander.

Die Bekanntschaft mit *Ruge* geht auf das Jahr 1838 zurück, als dieser seine sogenannte »Totschlagkritik« über den Pariser Emigranten veröffentlichte, die Heine nicht gelesen haben will. Diese Rezension war tatsächlich eine der gründlichsten jener Zeit und zugleich eine der verständnislosesten. Ruge, der aus einer eher dem Börne-Umkreis zuzurechnenden Richtung kam, verfehlte Heines Ideen und Absichten und bediente einige Klischees, die noch bei Karl Kraus wirken sollten.

Heine hatte sich zunächst nicht über Ruge geäußert, ab 1839 immerhin freundlich-sachlich, wie aus einem Brief von Laube hervorgeht. Im Sommer 1843 lernten sie sich in Paris kennen. Ruges Berichterstattung, sei es in Briefen, sei es aus der Erinnerung, lassen an die Börne-Art denken, nicht ganz so gehässig, zwischen Anerkennung und Ablehnung schwankend, vor allem aber den Poeten nicht verstehend. Am meisten hatten sie im Umkreis der »Jahrbücher« miteinander zu tun, so kurz diese Zeit auch war. Da ging es um die

»englisch-französische Socialtheorie«, die »viel radicaler« sei,
und um die politische Satire, die Heine Marx und Ruge zu
verdanken habe: »Lassen Sie doch die ewige Liebesnörgelei
und zeigen Sie den poetischen Lyrikern mal, wie man das
macht – mit der Peitsche.« Nun ist dieser Einfluß gewiß nicht
gering zu veranschlagen, doch hatte Heine auch vorher bereits kritisch-satirische Texte verfaßt. Immerhin gewannen
Ruges Urteile an Sachkunde und Sachlichkeit, besonders was
Heines Einsatz für die linken Blätter betraf. Später schrieb
Ruge auch über das Poem »Deutschland« eine gute Rezension, vermittelte in Streitereien, die von Börneanern ausgelöst worden waren.

Weitaus weniger ist über *Karl Ludwig Bernays* (eigentl. Lazarus, 1815–1879) und seine Beziehung zu Heine zu sagen.
Er gehörte nicht unmittelbar dem hegelianischen Kreis an,
war aber längere Zeit Marxens Vertrauter. Sein Hauptwerk
ist »Die Ermordung der Herzogin von Praslin« (1847, später
verschollen, 1976 wiederentdeckt). Vom 1. Juli bis 11. September 1844 war er als Nachfolger Heinrich Börnsteins
Chefredakteur des »Vorwärts«; vorher gehörte er zu den Autoren der »Jahrbücher«. Wegen Beleidigung des Königs von
Preußen wurde er zu zwei Monaten Haft verurteilt und mit
acht weiteren Linksintellektuellen (darunter Börnstein, Marx
und Ruge) aus Paris ausgewiesen. Da er einsaß, vergaß man
am Ende seine Ausweisung. Beide hatten miteinander zu tun,
als von Heine eine Reihe politischer und satirischer Gedichte
im »Vorwärts« erschienen. Auch später ist Bernays stets seiner Sache treu geblieben.

Ähnliches ist von *Heinrich Börnstein* (1805–1892), dem
Begründer des »Vorwärts«, zu berichten. Er und Heine hatten
sich Anfang 1842 kennengelernt. Verbunden hatte auch sie
der »Vorwärts«, anfangs ein »constitutionelles Oppositions-
blatt, ein Journal des *gemäßigten Fortschritts*«. Bei seinen Bemühungen, in Paris eine deutschsprachige Zeitung zu gründen, hatte sich Heine wegen finanzieller Hilfe an Meyerbeer

gewandt. Sie kam spät, eben zum Jahreswechsel 1843/44. Meyerbeer gab ein Startkapital. Börnstein beschrieb das so: »Es war bei alledem eine eigene Schickung, daß dieses Blatt, welches später *ultra-radikal* und der eigentliche Vorläufer der Achtundvierziger-Bewegung wurde und besonders der preußischen Regierung unbequem ward, mit dem Gelde des *königlich preußischen General-Musikdirektors Meyerbeer*, der Persona gratissima am Hofe Friedrich Wilhelms war, gegründet werden mußte. Habent sua fata libelli.«

Aus später Sicht gab Börnstein eine subtile Analyse der Krisenjahre 1846/47 und überlieferte einen prophetischen Ausspruch des damals schon kranken Dichters: »Die Revolution ist unausbleiblich und nur noch eine Frage der Zeit.« Das letztemal sahen sie sich im Mai 1848, kurz vor Heines endgültigem physischem Zusammenbruch. Börnstein berichtete: »Wir kamen auf die politische Lage zu sprechen, die er für sehr bedenklich hielt; – die Republik gab er verloren, war überhaupt Pessimist und prophezeite eine Revolution, die auch in den Junitagen eintrat.« Es handelte sich um den Arbeiteraufstand vom Juni 1848, der von General Cavaignac mit Kanonen niedergeschlagen ward.

August-Hermann Ewerbeck (1806–1860), Vorsitzender des »Bundes der Gerechten« und später Mittelsmann des kommunistischen Korrespondenzkomitees, hielt die Verbindung zu Marx und Engels. Es gab gelegentliche Kontakte und Briefe.

Karl Theodor Ferdinand Grün (1817–1887), frühsozialistischer Autor und Theoretiker, war ein guter Korrespondenzpartner und verläßlicher Informant über einige Jahre. Heine redete ihn mit »Liebster Grün« oder »Kollege« an – ein Aufrechter, der ihm keinen Ärger bereitete und in guter Gesinnung verbunden war. Die Beziehung zu den anderen basierte mehr oder weniger auf gemeinsamen organisatorischen oder redaktionell-verlegerischen Problemen in jenem Geiste, der sie alle zusammengeführt hatte. Von anderer Art war die Verbindung mit Karl Marx. Sie ist gesondert darzustellen.

Dieser aktive politische Kern bildete 1844 Heines wesentlichen Umgang, eine Gruppe, deren Ansichten ihm weit mehr zusagten als die der Republikaner alten Schlags: »[…] ist der jetzige Communismus doch eine weit respektablere und imposantere Erscheinung als der damalige schale nachgeäffte Jakobinismus.« (An Kolb, 12. November 1844) Was ihn nicht hinderte, sich von Max Stirner und Wilhelm Weitling schweigend bis respektvoll zu distanzieren. Ebenso von der andern Seite, etwa von Herwegh. 1844 schrieb er, vermutlich an Victor Cousin: »Daß Sie aber, mein Herr, die ganze Bewegung Deutschlands, die jüngere Schule der Hegelianer, Strauß, Bruno Bauer, Feuerbach, Marx, Ruge, die hallischen Jahrbücher, alle Sturm- und Drangmänner der Gegenwart um Herrn Georg Herwegh gruppiren, daß Sie diesen zum Mittelpunkt des Kampfs und Gegenkampfs machen, das ist mehr als absurd.« (Fragmente 1844 / Briefe über Deutschland) Es ging ihm, dem philosophischen und politischen Denker, um klare Fronten, um Zugehörigkeiten und Distanz: Herwegh hatte mit der demokratisch-oppositionellen Bewegung zu tun, doch zur Hegelschen Linken gehörte er nicht.

Als sich die Flüsse französischer Sozialismus/Kommunismus und deutsche Philosophie, d. h. Hegelsche Linke, zum Strom vereinigten, bestieg der Dichter ein Boot, diesen Strom für sich zu meistern. Das Gedicht »Lebensfahrt« gibt Auskunft über diese Art von Bündnis. Es ist im Frühjahr 1843 entstanden, nach der Begegnung mit Heß, noch vor der mit Marx. Die dritte Strophe sei hierhergesetzt:

> Ich hab' ein neues Schiff bestiegen,
> Mit neuen Genossen; es wogen und wiegen
> Die fremden Fluten mich hin und her –
> Wie fern die Heimat! mein Herz wie schwer!
>
> (»Neue Gedichte. Zeitgedichte«)

Marx mit Heine mit Marx

Karl Marx mag wohl als die Person gelten, in der sich die beiden genannten Strömungen am ehesten vereinigten: die Hegelsche Linke wird materialistisch und sozialistisch, der bis dato existierende Sozialismus/Kommunismus mit seinen sich auch widersprechenden Positionen wird philosophisch und dialektisch. Mit dem jungen Marx und dem inzwischen europaweit berühmten Schriftsteller trafen sich zwei Brüder im Geiste: Juden, Linke, Intellektuelle, Hegelianer, Meister der deutschen Sprache; Künstler der eine, kunstverständig der andere, Freunde des geschliffenen Dialogs. Für einen Moment der Geschichte gingen sie zusammen und dann verschiedene Wege: der eine in der Folge der Krankheit in sich zurück und auf den Gipfel des Parnaß, der andere nach außen, als Parteimann zur I. Internationale und zur Revolution. Ihre Differenzen wurden erheblich, doch blieben sie Freunde. Heß, der sie wahrscheinlich zusammenbrachte, gab eine lesenswerte und überaus gescheite Charakteristik des jungen Marx: »Dr Marx, so heißt mein Abgott, ist noch ein ganz junger Mann (etwa 24 Jahre höchstens alt), der der mittelalterlichen Religion und Politik den letzten Stoß versetzen wird; er verbindet mit dem tiefsten philosophischen Ernst den schneidendsten Witz; denke Dir Rousseau, Voltaire, Holbach, Lessing, Heine und Hegel in einer Person vereinigt; ich sage vereinigt, nicht zusammengeschmissen – so hast Du Dr Marx.« (Heß an Auerbach, 2. September 1841) Ein so Beschriebener mußte für Heine interessant sein, und so bildete sich eine fruchtbare Freundschaft, die auf beiden Seiten Resultate zeitigte: Heine befand sich in seiner produktivsten Phase, und Marx begann seine philosophisch-schriftstellerische Laufbahn mit der »Einleitung zur Kritik der Hegelschen Rechtsphilosophie«, er erhielt Anregungen für spätere Werke, gewann ein tieferes Kunstverständnis und lernte sprachlich viel von Heine, dem Ironiker und Meister der Metapher. Es wird – vor allem in älterer sozialistischer

Literatur – die Meinung vertreten, daß Heine von Marx gelernt habe. Ohne zu bezweifeln, daß Heine, der stets Aufneh-
mende, von dem jungen Multi-Genie angeregt worden ist,
wird es eher umgekehrt gewesen sein. Jedenfalls waren zwei
auf verschiedene Art Ebenbürtige sich begegnet.

Etwa 15 Monate waren sie mitunter »tagaus tagein bei
Marxens« und sprachen und arbeiteten meist miteinander,
wie Kautsky nach Mitteilungen von Eleanor Marx-Aveling
zu berichten wußte. Doch gibt es von beiden keine unmittel-
baren Aufzeichnungen darüber. Was vorliegt, verteilt sich auf
einen Zeitraum von knapp einem Vierteljahrhundert: von
Heine Äußerungen in den Pariser Berichten von 1844, in der
Vorrede zur zweiten Auflage von »Zur Geschichte der Religion und Philosophie in Deutschland« von 1852, in den »Geständnissen« von 1853/54, die »Retrospektive Erklärung«
vom August 1854 sowie ein Brief vom 21. September 1844;
von Marx einige Briefe von 1845/46 an Heine, Briefe an
andere, vor allem an Friedrich Engels, sowie eine Textstelle
aus dem »Kapital I« von 1867; schließlich von Zeitgenossen
einige Briefe und Berichte über Heine bzw. über beide. Während die Briefe der beiden selbst von gemeinsamer Arbeit
berichten und gegenseitige Sympathie bekunden, vermittelt
der bereits zitierte Kautsky-Bericht viel Persönliches, u. a. die
rührende Geschichte vom Heine als Kinderwärter, der die
von Krämpfen befallene Jenny Marx durch ein Bad rettete.

Zunächst aus den Briefen einige Sätze: »[…] aber wir brauchen ja wenige Zeichen um uns zu verstehen!« (Heine an
Marx, 21. September 1844) Unterzeichnet mit der bei ihm
seltenen Grußformel »Herzinnigst«. Marx wiederum an Heine,
kurz vor seiner Ausweisung aus Paris, im Zusammenhang
mit Arbeitsunternehmungen: »Von Allem, was ich hier an
Menschen zurücklasse, ist mir die Heinesche Hinterlassen-
schaft am unangenehmsten. Ich möchte Sie gern mit einpak-
ken« (1. Februar 1845). Die anderen Briefe sind Arbeitsdoku-
mente. Einer sei noch zitiert, berührt er doch ein in unserem

Zusammenhang bereits erörtertes Thema: »Vor einigen Tagen fiel mir zufällig eine kleine Schmähschrift gegen Sie in die
Hand – hinterlassene Briefe Börnes. Ich hätte ihn nie für so
fad, kleinlich und abgeschmackt gehalten, als es da schwarz
und weiß zu lesen ist. Und welch elendes Gekohl nun gar der
Nachtrag von Gutzkow, etc. Ich werde in einer deutschen
Zeitschrift, eine ausführliche Kritik Ihres Buches über Börne
schreiben. Eine tölpelhaftere Behandlung als dieß Buch von
den christlich-germanischen Eseln erfahren hat, ist kaum in
irgend einer Litteraturperiode aufzuweisen und doch fehlt's
keiner deutschen Periode an Tölpelei.« (Marx an Heine, etwa
5. April 1846) Leider hatte Marx die angekündigte Rezension
nicht verfaßt.

Alle diese Zeugnisse deuten auf eine gute Freundschaft hin.
Doch sollte das nicht immer so bleiben, zumindest nicht im
Philosophisch-Politischen. Marx hielt sich nach der Februarrevolution von 1848 zwischen März und Juni wieder in Paris auf. Die Ereignisse, besonders die zwischen Februar und
dem Arbeiteraufstand im Juni, waren für den Revolutionär
und Chefredakteur der »Neuen Rheinischen Zeitung« von
besonderem Interesse. In dieser Zeit nahm er den Verkehr
mit dem inzwischen sehr kranken Dichter wieder auf. Obwohl über diese Begegnungen keine Einzelheiten bekannt
sind, läßt sich einiges rückschließen. In der Zwischenzeit
hatte sich die – noch zu erläuternde – »religiöse« und in mancher Hinsicht philosophische Wende im Dichter vollzogen.
Doch kam er immer wieder auf Marx zurück, auch die Verbindung blieb erhalten, sei es über Engels oder über Richard
Reinhardt, den Sekretär Heines und Mitglied des »Bundes
der Kommunisten«. Von einer ersten Änderung der Meinung
des Dichters über den Philosophen berichtete Moritz Carrière 1851: »Marx ist ein höchst geistvoller, aber schroffer
Mann, der große Diktatorgelüste hat, und von dem Heine
sagte: Indes ist der Mensch bei alledem wenig, wenn er
nichts als ein Scheermesser ist.« (An Varnhagen von Ense,

11. Oktober 1851) Im selben Jahre übermittelte Reinhardt wieder herzliche Grüße und ein ungewohntes historisches Diktum Heines, das auf einen Wandel des geschichtsphilosophischen Verständnisses schließen läßt: »[...] er habe schon so vielerlei erlebt, daß er gar nicht mehr wisse, was eigentlich ein Fortschritt oder ein Rückschritt sei, u[nd] im Grunde sei auch vielleicht dies letzte noch ein Fortschritt.« (Reinhardt an Marx, 30. Dezember 1851)

1852 erschien die erwähnte 2. Auflage »Zur Geschichte der Religion und Philosophie in Deutschland« mit der neuen Vorrede, auf die Marx ebenfalls durch Reinhardt aufmerksam gemacht wurde. 1856, Heine ist schon tot, schrieb Marx an Engels eine bitterböse Sottise über Mathilde, die er »Saumensch« titulierte, da sie sich – »seine Leiche stand noch im Sterbehaus – am Tag des Begräbnisses« von ihrem »Maquereau« abholen ließ. Ähnliche Äußerungen sind von Börnstein und anderen dieser Kreise überliefert. Wütend äußerte er sich über Meißner, der Geld von Mathilde bekommen habe, um sie zu verherrlichen. Auch Marx' letzte bekannte Äußerung bekundet Zuneigung: »Wenn ich die Courage meines Freundes H. Heine hätte, würde ich Jeremias [Bentham] ein Genie in der bürgerlichen Dummheit nennen.« (Kapital I, 22, 5)

Doch dazwischen hatte sich ein Mißton eingeschlichen, hervorgerufen durch distanzierte Äußerungen des Dichters. Zunächst 1852. Im Zusammenhang mit seiner »religiösen Wende«, als er den Fall Nebukadnezars als Metapher für den seinigen nahm, steht geschrieben: »In dem prachtvoll grandiosen Buch Daniel steht diese Legende, die ich nicht bloß dem guten Ruge, sondern auch meinem noch viel verstocktern Freunde Marx, ja auch den Herren Feuerbach, Daumer, Bruno Bauer, Hengstenberg, und wie sie sonst heißen mögen, diese gottlosen Selbstgötter, zur erbaulichen Beherzigung empfehle.« (»Zur Geschichte der Religion und Philosophie in Deutschland«, Vorrede zur 2. Auflage) Das ist zum einen die Absage an Hegel, den er auf eine »spinnwebige Berliner Dia-

lektik« reduzierte. Marx blieb der »Freund«, freilich der »noch
viel verstocktere«. Auch hier kam der Spötter nicht aus seiner
Haut, als er ausgerechnet Bauer, Feuerbach, Marx mit dem
später so ultramontanen Katholiken Daumer und dem servilen evangelisch-preußischen Hengstenberg zusammentat.

In den »Geständnissen« wiederholte Heine dieselbe Sentenz nahezu im Wortlaut, indes in einem größern Umfeld
zwischen den von ihm achtungsvoll kritisierten Weitling und
Ruge einerseits und dem hochgeschätzten Moses: »Es gibt
wahrhaftig keinen Sozialisten, der terroristischer wäre als unser Herr und Heiland, und bereits Moses war ein solcher
Sozialist, obgleich er als ein praktischer Mann bestehende
Gebräuche, namentlich in Bezug auf das Eigentum, nur um-
zumodeln suchte. Ja, statt mit dem Unmöglichen zu ringen,
statt die Abschaffung des Eigentums tollköpfig zu dekretieren, erstrebte Moses nur die Moralisation desselben, er
suchte das Eigentum in Einklang zu bringen mit der Sittlichkeit, mit dem wahren Vernunftrecht und solches bewirkte er
durch die Einführung des Jubeljahrs, wo jedes alienierte Erb-
gut, welches bei einem ackerbauenden Volke immer Grundbesitz war, an den ursprünglichen Eigentümer zurückfiel,
gleichviel, in welcher Weise dasselbe veräußert worden. [...]
Moses wollte nicht das Eigentum abschaffen, er wollte vielmehr, daß jeder dessen besäße, damit niemand durch Armut
ein Knecht mit knechtischer Gesinnung sei. Freiheit war immer des großen Emanzipators letzter Gedanke [...]« (»Geständnisse«). Abkürzend und ergänzend sei gesagt, daß der
ursprüngliche Eigentümer die Gemeinde war und daß durch
Moses' Art der Verteilung nicht nur Freiheit, sondern auch
Gleichheit angestrebt war. Also ein Rückgriff auf eine Art
Ur-Gemeinschaft, zugleich eine Polemik gegen den »viel verstocktern Freund« Marx, denn kein anderer beabsichtigte,
»die Abschaffung des Eigentums tollköpfig zu dekretieren«.
Eine behutsame Kritik bestimmter Thesen des Freundes,
der weitere folgte. So hinsichtlich der teilweisen Zurück-

nahme der von Hegel verfochtenen Geschichtsprogression, die Marx unmittelbar ins Sozialgeschichtliche umformiert hatte, sowie des Volks- und Revolutionsbegriffes.

In der »Retrospektiven Aufklärung« im Artikel LVIII der »Lutetia« vom 6. Mai 1843 (Urfassung vom 21. März, stark verändert) behandelte der Autor der »Pariser Berichte« im Zusammenhang mit Korruptionsskandalen jenen Verdacht, in den er 1848 selbst geraten war: Während der Revolution wurden die Listen der Geheimfonds veröffentlicht, u. a. jene mit den Ehrenpensionen der Regierung für Exilanten, die auch Heine spätestens seit 1840 empfangen hatte. Auf eine Denunziation in der Augsburger »Allgemeinen Zeitung« hatte der Exilant mit einer »Erklärung« vom 23. Mai 1848 die Behauptungen der Korruption widerlegt und den Sinn der Ehrenpension erklärt. Sechs Jahre später kam er auf den Vorfall zurück: »Ich erinnere mich, als damals mehre meiner Landsleute, darunter der entschiedenste und geistreichste, Dr. Marx, zu mir kamen, um ihren Unwillen über den verleumderischen Artikel der ›Allgemeinen Zeitung‹ auszusprechen, rieten sie mir kein Wort darauf zu antworten, indem sie selbst bereits in deutschen Blättern sich dahin geäußert hätten, daß ich die empfangene Pension gewiß nur in der Absicht angenommen, um meine ärmern Parteigenossen thätiger unterstützen zu können. Solches sagten mir sowohl der ehemalige Herausgeber der ›Neuen Rheinischen Zeitung‹ als auch die Freunde, welche seinen Generalstab bildeten; ich aber dankte für die liebreiche Teilnahme, und ich versicherte diesen Freunden, daß sie sich geirrt, daß ich gewöhnlich jene Pension sehr gut für mich selbst brauchen konnte, und daß ich dem böswilligen anonymen Artikel der ›Allgemeinen Zeitung‹ nicht indirekt durch meine Freunde, sondern direkt mit eigener Namensunterschrift entgegentreten müsse.«

Marx hatte die »Vermischten Schriften« ziemlich bald erhalten und schrieb in einem Brief an Engels: »Ich habe Heines 3 Bände nun zu Hause. Unter anderm erzählt er ausführlich die Lüge, ich etc. seien ihn trösten gekommen, als er in der Augsburger ›AZ‹ wegen der Erhaltung von Louis-Philipp-schen Geldern ›angegriffen‹ war. Der gute Heine vergißt absichtlich, daß meine Intervention für ihn sich Ende 1843 ereignete, also nicht mit facts zusammenhängen konnte, die *nach* der Februarrevolution 1848 ans Licht kamen. But let it pass. In der Angst seines bösen Gewissens, denn der alte Hund hat für allen solchen Dreck ein monströses Gedächtnis, sucht er zu kajolieren.« (Marx an Engels, 17. Jänner 1855) Was stimmt nun? Log Heine, log Marx? Das mit der Marx-schen Intervention mag eine Verwechslung gewesen sein – elf oder sechs Jahre lagen dazwischen; da kann man sich irren, vor allem wenn man schwer krank ist und Opiate als Schmerzlinderungsmittel erhält. Marx hatte sich geärgert, Heine sich distanziert. Was war geschehen?

Der Philosoph hatte sich nicht nur geärgert, er hatte den Dichter beschimpft. Daß Marx' Sprache oft von Rabelais-scher Grobheit war, ist bekannt. Andererseits war er viel zu genau in seiner Wortwahl, als daß er nicht auf etwas Bestimmtes zielte mit seiner Beschimpfung. Zudem kannte er Heines Werk genau, und darin spielt die Metapher des Hundes – für Volk – eine große Rolle. Man denke an die »Französischen Zustände«, an »Atta Troll«, »Deutschland. Ein Wintermärchen«, an die »Geständnisse«, den »Tugendhaften Hund« oder an den Juden als geschlagenen Hund in »Prinzessin Sabbath«. Der Hund Medor »apportierte seinem Herrn Flinte und Patrontasche, und als sein Herr fiel und samt seinen Mithelden auf dem Hofe des Louvre begraben wurde, da blieb der arme Hund, wie ein Steinbild der Treue, regungslos auf dem Grabe sitzen, Tag und Nacht, von den Speisen, die man ihm bot, nur wenig genießend, den größten Teil derselben in die Erde verscharrend, vielleicht als Atzung für seinen begrabenen Herrn!« (»Ludwig Börne«, 2. Buch)

Das galt für 1830, als das Volk im Juli kämpfte und die Banker gewannen. Fast ein Vierteljahrhundert später erinnerte

sich der Berichterstatter, als er diesen sagenhaften Hund
besichtigen wollte, was ihm da widerfahren war: »Es sei
gar nicht der rechte Medor, ein intriganter Pudel, un chien de
lendemain, der sich füttern und hätscheln lasse und den
Ruhm des wahren Medor ausbeute, während dieser, bald
nach dem Tode seines Herrn, bescheiden davon geschlichen,
wie das Volk, das die Revolution gemacht' – der arme Medor
[…] läuft jetzt vielleicht in Paris herum, hungernd und ob-
dachlos, wie mancher andere Juliusheld, […] niederträchtige,
sittenlose Bestien gedeihen in unsrer Gesellschaft, während
der tugendhafte Hund, ein Hund der Natur und der Wahrheit, der seinen Überzeugungen treu bleibt, zugrunde gehen
muß und mit Schwären und Ungeziefer bedeckt auf einem
Misthaufen verendet!«

Dieser Variante des Volkes als austauschbarer, um die Er-
gebnisse seiner Kämpfe stets betrogener Idiot stellte Heine
um etwa die gleiche Zeit die des »tugendhaften Hundes«, des
Brutus, gegenüber. Brutus, der dressierte und moralisierte
Musterhund, auf ein Vollkommenheitsideal ausgerichtet und
ausgebeutet, sah zunächst zu, als die Mit- und Lumpenhunde
ihm den Fleischkorb stahlen und die Beute fraßen:

> Brutus sah anfangs dem Schauspiel zu
> Mit philosophischer Seelenruh';
> Doch als er sah, daß solchermaßen
> Sämtliche Hunde schmausten und fraßen,
> Da nahm auch er an der Mahlzeit teil
> Und speiste selbst eine Schöpsenkeul'.
>
> *Moral*
> Auch du, mein Brutus, auch du, du frißt?
> So ruft wehmütig der Moralist.
> Ja, böses Beispiel kann verführen;
> Und, ach! gleich allen Säugetieren,
> Nicht ganz und gar vollkommen ist
> Der tugendhafte Hund – er frißt!

Brutus ist bereits weiter als Medor und nimmt sich seinen Teil, ein Akt der Selbstbefreiung auf Plebejer-Art, dem an Vollkommenheitsgerede nichts liegen kann. Der Dichter hat mit seinen Hunde-Metaphern einen andern Volksbegriff gesetzt, nicht das ausgebeutete und dann kämpfende und gar siegende Volk, was mehr einem Marx entsprach, sondern das austauschbare, ausgenutzte, entfremdete, ja häßliche, im ganzen geschichtliche Volk ins Blickfeld gebracht: »O das Volk, dieser arme König in Lumpen, hat Schmeichler gefunden, die […] rufen begeistert: wie schön ist das Volk! Wie gut ist das Volk! Wie intelligent ist das Volk! – Nein, ihr lügt. Das arme Volk ist nicht schön; im Gegenteil, es ist sehr häßlich. Aber diese Häßlichkeit entstand durch den Schmutz und wird mit demselben schwinden, sobald wir öffentliche Bäder erbauen, wo Seine Majestät das Volk sich unentgeltlich baden kann. […] Das Volk, dessen Güte so sehr gepriesen wird, ist gar nicht gut; es ist manchmal so böse wie einige andere Potentaten. Aber seine Bosheit kommt vom Hunger; wir müssen sorgen, daß das souveräne Volk immer zu essen habe […] Seine Majestät das Volk ist ebenfalls nicht sehr intelligent; es ist vielleicht dümmer als die andern, es ist fast so bestialisch dumm wie seine Günstlinge. […] Der Grund dieser Verkehrtheit ist die Unwissenheit; dieses Nationalübel müssen wir zu tilgen suchen durch öffentliche Schulen für das Volk, wo ihm der Unterricht auch mit den dazugehörigen Butterbröten und sonstigen Nahrungsmitteln unentgeltlich erteilt werde. – Und wenn jeder im Volke in den Stand gesetzt ist, sich alle beliebigen Kenntnisse zu erwerben, werdet ihr bald auch ein intelligentes Volk sehen.« (»Geständnisse«, 1854)

Dieser Text hat es in sich: Themen wie Schönheit und Kommunismus (ein Thema, das den späten Heine oft beschäftigte), Humanität und Revolution, Bildung und Volk, schließlich ein anderer Entwurf von Volk, ein anderer Begriff als der Marxens, der auf ein organisiertes und diszipliniertes Proletariat, auf eine kämpfende Avantgarde setzte und damit

Schiffbruch erlitt. Ein Text von höchster Brisanz, neu gelesen in einer Zeit, die im Zeichen des Zurück zu Eigentum und Grundbesitz steht. Des Dichterphilosophen Sätze enthalten in der Tat ein im tiefsten Sinne volksbildnerisches Programm für evolutionäre Verwirklichung und sind insofern auch Marx nicht feindlich, doch entgegengesetzt.

Man könnte einwenden, die Hunde-Metapher, die Heine für das Volk gebrauchte, für das total sich selbst entfremdete Volk, und die von Marx so verstanden wurde, daß er sie mit dem »alten Hund« aufgriff, sei höchst zweideutig. Gewiß ist sie das. Nur mittelmäßige Dichter sind eindeutig.

Im übrigen hatte Marx nicht recht. Die Hunde-Metapher Heines traf das Volk realistischer als der revolutionär übersteigerte Begriff Marxens. Heute hätte ein Heine sicher eine Bananen-Metapher gewählt. Und der Dichter selbst war eher wölfisch denn ein »alter Hund«. »Marx *mit* Heine *mit* Marx« – aber doch im Widerspruch, im für die Geschichte produktiven? Und jüdische Fragen waren ihm wichtiger als Marx.

Fragen von Sozialismus, Kommunismus und der Arbeiterbewegung hatten angesichts der historischen Lage auf der Tagesordnung gestanden. Die Gedankenströme der französischen Sozialisten und Arbeiterkommunisten, der englischen Ökonomen und Chartisten sowie der deutschen Hegelschen Linken (wie überhaupt der großen klassischen Denker) flossen zusammen, Marx und Engels errichteten daraus einen riesigen Gedankentorso aus Utopie, Analyse und Instrument des Kampfes. Und Heinrich Heine war dabei gewesen – eine Zeitlang. Nie ward er ein Parteimann, blieb aber Vorausdenker und kritisch-warnender Begleiter, lebend die Widersprüche und immer die Hand auf die offene Wunde haltend. »Ein Gespenst geht um in Europa – das Gespenst des Kommunismus.« Der Zeitgeist hatte die Anker gelichtet, und Heine stand wieder auf dem Posten, als Publizist und als Poet – das klassische Jahrfünft hatte begonnen.

Pariser Berichte und »soziale Bewegung«

Kolb hatte von Heine etwas »ohne Ketzereien« gewünscht. Doch dieser, der politische Berichte schreiben wollte, der als seinen Helden die »soziale Bewegung« begriff und als sein Thema die bürgerlich-parlamentarische Gesellschaft und ihre Klassenkämpfe, setzte sich durch. Seine Absicht: kritische Durchleuchtung der bourgeoisen Geschäfte als Ganzes: Wirtschaft, Politik aller Richtungen, Parlament, Presse und ihre Manipulationstechniken, Kultur, Kunst und Kunstbetrieb, Wissenschaft, Soziales, die Stellung der Frau und die Depravation der Liebe. So wurden es am Ende »Berichte über Politik, Kunst und Volksleben«, ein Standardwerk der Historiografie und Kulturkritik unter dem Generalthema »Die Bourgeoisie und der Antagonist«.

Angedeutet seien drei Motive, ein zentrales Ereignis und des Autors Weise, sie meisterlich zu behandeln: Ökonomie, Eigentum, Revolution. Es galt seit Georg Lukács (1935) die Ansicht, Heine habe nicht viel von Ökonomie verstanden. Das mag auf die Ökonomie der Produktion zutreffen. Andererseits wußte er sehr wohl die Bedeutung neuer Produktivkräfte, der Industrialisierung einzuschätzen, zum Beispiel der Eisenbahn: »Die Eisenbahnen sind wieder ein solches providentielles Ereignis, das der Menschheit einen neuen Umschwung gibt, das die Farbe und die Gestalt des Lebens verändert; es beginnt ein neuer Abschnitt in der Weltgeschichte, und unsere Generation darf sich rühmen, daß sie dabei gewesen. Welche Veränderungen müssen jetzt eintreten in unserer Anschauungsweise und in unsern Vorstellungen! Sogar die Elementarbegriffe von Zeit und Raum sind schwankend geworden. Durch die Eisenbahn wird der Raum getödtet, und es bleibt uns nur noch die Zeit übrig.« (5. Mai 1843)

So unerhört diese Einsicht in das Verhältnis von Produktivkräften, Ökonomik, Sozialorganisation und menschlichem Denken auch war, mehr verstand Heine von der Zirkulation, vom Finanzkapital, von Eigentum und Mehrwert, ohne diesen Begriff bereits zur Verfügung zu haben – der Umgang mit Simonisten und Fourieristen, mit Proudhon und Blanc und Cabet war nicht ohne Folgen geblieben. Er entschleierte den Prozeß der Kapitalbildung in einem einzigartigen Bild: »Hier in Frankreich herrscht gegenwärtig die größte Ruhe. [...] Nur ein leiser monotoner Tropfenfall. Das sind die Zinsen die fortlaufend hinabträufeln in die Capitalien, welche beständig anschwellen; man hört ordentlich wie sie wachsen, die Reichthümer der Reichen. Dazwischen das leise Schluchzen der Armuth. Manchmal klirrt auch etwas, wie ein Messer das gewetzt wird.« (4. Dezember 1842) Hier spricht ein genialer Dichter, der zugleich Historiker und Kritiker ist. So genau seine Metaphern für das Nervenzentrum des Kapitalismus, die Börse, sind, so treffend beurteilte er auch das Wesen dieser Sozialordnung in ihrem Verhältnis zum Eigentum: »Und sie wollen wahrlich keine Republik, diese edlen Geldritter, diese Barone der Industrie, diese Auserwählten des Eigenthums, diese Enthusiasten des ruhigen Besitzes, welche die Majorität in der französischen Kammer bilden.« (9. April 1840) Und noch schärfer: »[...] denn die Bourgeoisie will vor allem Ordnung und Schutz der bestehenden Eigenthumsrechte – Begehrnisse, die eine Republik ebenso gut wie das Königthum gewähren kann.« (29. Juli 1842) Heine hat die Fragen des Eigentums in ihrem Wesen durchschaut, das Alpha und Omega der Bürgerklasse, er hat ihre bis heute empfindlichste Stelle getroffen und radikale Kritik angesetzt.

Auch bei diesen Gelegenheiten kommt er auf James Rothschild zu sprechen, den damals wichtigsten Mann Frankreichs, wenn nicht Europas, den er als das »beste politische Thermometer« bezeichnete. Damit berührte er die wahre Macht, die eben nicht bei den Politikern und Parlamentariern liegt. Manch einer hat die Nase gerümpft, daß Heine erst bei Rothschild dinierte, mit ihm korrespondierte, mit seinen Aktien spekulierte bzw. spekulieren ließ und am andern Tag bei den Simonisten, Fourieristen oder Kommunisten war, mit Marx über Literatur und Revolution debattierte und zum »Ankampf« gegen die alte Gesellschaft aufrief. Mit andern »Ankämpfern«, zum Beispiel den Republikanern, sich aufs heftigste stritt. Es ist einer dieser fleisch- wie geistgewordenen Widersprüche, die er gelebt hat. Im übrigen war er ein herausragender Beobachter, Kenner und Analytiker von Politik und Gesellschaft, und das macht seine Geschichtsschreibung so wertvoll.

Für die wirklichen Macher hatte er einen Nerv, und einem der größten, der Akteur und Repräsentant in einem war, lieferte er einen glänzenden allerletzten Nachruf: Napoléon I., dessen Leichnam im Dezember 1840 – nach Paris überführt – im Dôme des Invalides beigesetzt worden war. Heine war Zeuge der Auseinandersetzungen im Vorfeld des Aktes und schrieb darüber: »Es ist wahr, es ist tausendmal wahr, daß Napoleon ein Feind der Freiheit war, ein Despot, gekrönte Selbstsucht, und daß seine Verherrlichung ein böses, gefährliches Beispiel. [...] Aber es ist nicht dieser liberticide Napoleon, nicht der Held des 18. Brumaire, nicht der Donnergott des Ehrgeizes, dem ihr die glänzendsten Leichenspiele und Denkmale widmen sollt! Nein; es ist der Mann, der das junge Frankreich dem alten Europa gegenüber repräsentierte, dessen Verherrlichung in Frage steht: in seiner Person siegte das französische Volk, in seiner Person ward es gedemüthigt, in seiner Person ehrt und feiert es sich selber – und das fühlt jeder Franzose [...]« (30. Mai 1840) Diese Einschätzung der heroischen Phase des Bürgertums brauchte er, um im Gegensatz dazu die Nichtigkeit der Bourgeoisie, der Krämer und Händler, ihre Jämmerlichkeit und Feigheit zu zeigen, über die er nicht aufhörte zu sprechen und zu spotten.

Mindestens die gleiche Aufmerksamkeit wie Kapital und Kapitalismus, Bourgeoisie und Arbeiterklasse, Republik und Bonapartismus, Politik und Parlamentarismus, Guizot und Thiers, Kultur und Kunst findet die »soziale Bewegung«,

finden Volk, Revolution, Sozialismus und Kommunismus.
Bereits im Juni 1842 nannte er den Namen der neuen Bewegung der Arbeiter: »Nur Einen Gegner hat Guizot am
ernsthaftesten zu fürchten: dieser Gegner ist nämlich jener
spätere Guizot, jener Guizot des Communismus, der noch
nicht hervorgetreten ist, aber gewiß einst gewaltig hervortritt
und ebenfalls unerschrocken und uneigennützig seyn wird
wie der Gedanke; denn wie jener sich mit dem System des
Bourgeoisieregiments, so wird dieser sich mit dem System
der Proletarierherrschaft identificirt haben und der Consequenz die Consequenz entgegensetzen. Es wird ein schauer-
licher Zweikampf seyn. Wie wird er enden? Das wissen
die Götter und Göttinnen, denen die Zukunft bekannt ist.«
(20. Juni 1842) Dies war der originale Text für die AZ. Es sei
erlaubt, bereits hier einmal auf die Verschiedenheit der zehn
Jahre später erarbeiteten und 1854 erschienenen »Lutetia« zu
verweisen: »Wir sähen diesmal einen Antagonisten auftreten,
welcher der schrecklichste sein dürfte von allen, die bisher
mit dem Bestehenden in Schranken getreten. Dieser Antagonist bewahrt noch sein schreckliches Inkognito und residiert
wie ein dürftiger Prätendent in jenem Erdgeschoß der offiziellen Gesellschaft, in jenen Katakomben, wo unter Tod und
Verwesung das neue Leben keimt und knospet. Kommunismus ist der geheime Name des furchtbaren Antagonisten,
der die Proletarierherrschaft in allen ihren Konsequenzen
dem heutigen Bourgeoisieregiment entgegensetzt. Es wird
ein furchtbarer Zweikampf sein.« (Lutetia XLV) Hier erscheint der Antagonist in seiner vollen Größe, in seiner ganzen Kraft erkannt, soweit dies 1842, selbst 1854 überhaupt
möglich war.

Über die Kämpfe der Zukunft bis ins 20. Jahrhundert hinaus erkannte er bereits die Internationalisierung der sozialen
Revolution, als aus Kriegen proletarische Revolutionen oder
faschistischer Putsch respektive Gegenrevolutionen entstanden: »Der zweite Act ist die europäische, die Welterschütte-

rung, der große Zweikampf der Besitzlosen mit der Aristokratie des Besitzes, und da wird weder von Nationalität noch
von Religion die Rede seyn: nur Ein Vaterland wird es geben,
nämlich die Erde, und nur Einen Glauben, nämlich das Glück
auf Erden. Werden die religiösen Doctrinen der Vergangenheit in allen Landen sich zu einem verzweiflungsvollen Widerstand erheben, und wird etwa dieser Versuch den dritten
Act bilden? [...] Wie wird dieses Schauspiel schließen? [...]
Wilde, düstere Zeiten dröhnen heran, und der Prophet der
eine neue Apokalypse schreiben wollte, müßte ganz neue Bestien erfinden, und zwar so erschreckliche, daß die älteren Jo-
hanneischen Thiersymbole dagegen nur sanfte Täubchen
und Amoretten wären. [...] Die Zukunft riecht nach Juchten,
nach Blut, nach Gottlosigkeit und nach sehr vielen Prügeln.
Ich rathe unsern Enkeln mit einer sehr dicken Rückenhaut
zur Welt zu kommen.« (12. Juli 1842)

Sind das Prophetien!?! Es ist die Sprache Dantes ebenso
wie die des »Kommunistischen Manifestes«. Es ist die Prophetie von Untergängen, der faschistischen Shoa wie der
Weltrevolution, die hier noch »Welterschütterung« heißt. (In
der »Lutetia« dann wirklich »Weltrevolution«, in der »Lutèce«
»la révolution européenne et universelle«.) Das Sprachgenie
Heine, dessen erste Heimat, wie er sagte, die Sprache war,
auch ein Wortschöpfer in politischer Terminologie? Marx,
dem »Weltrevolution« üblicherweise 1846 zugesprochen wird,
eventuell mit Heine zusammen? In den Dialogen von 1844?
So wie Goethe den Begriff »Weltliteratur« geprägt hatte,
so die politischen Schriftsteller Heine und Marx, der eine
mehr Poet, der andere mehr Philosoph und Ökonom, den
der »Weltrevolution«. Schließlich zeigte sich der Beobachter und Kommentator dieser Prozesse bereits auch als Kritiker jener »sozialen Bewegung«. Der Kulturkritiker und – wie
sich zeigen wird – der Dichter hatte in diesem Jahrfünft
von 1840 bis 1844 eine Höhe dialektischer Betrachtung und
historischer, aktueller und prophetischer Weltsicht erreicht

wie kaum jemand, in Deutschland nicht und nicht in Frankreich.

Jedenfalls blieb er der große Individualist innerhalb der demokratischen Bewegung der vielen Stimmen, band sich an kein Kollektiv, ward schon gar nicht ein Parteischriftsteller wie nach ihm der hochbegabte Georg Weerth, dem allerdings nur eine ganz kurze Spanne der Produktivität vergönnt war. Diesen Widerspruch hat Heine durchlebt bis an sein Ende. Hier ist das Problem des Verhältnisses Genie und Massenbewegung berührt, ein durch Jahrhunderte stets widerspruchsreiches, oft tragisches Verhältnis.

Das klassische Jahrfünft
Pariser Leben II

Des Dichters Arbeitspensum in diesen Jahren war außerordentlich. Kaum hatte er sich von »Ludwig Börne« erholt, an den Folgen noch zu tragen und zu leiden, schrieb er an den »Pariser Berichten«, verfaßte den größten Teil der »Neuen Gedichte«, »Romanzen« und ab 1842 zunehmend »Zeitgedichte« sowie die beiden großen Poeme »Atta Troll. Ein Sommernachtstraum« und »Deutschland. Ein Wintermärchen«. Dabei reduzierte er sein geselliges Leben trotz des sich verschlechternden Gesundheitszustandes kaum. Er war überall, wo etwas geschah, im vornehmen Stadtteil Saint-Germain ebenso wie in den Arbeitervorstädten, an der Börse und im Parlament, bei den Arbeitern und in den linken politischen Kreisen. Er ging regelmäßig ins Theater, sah Stücke von Balzac, George Sand, Victor Hugo, besuchte Opern-Uraufführungen und Konzerte, Ausstellungen, Akademie- und Parlamentssitzungen, nahm an Banketten teil. In seinen aktiven Zeiten empfing er zu Hause nur ganz vertraute Personen. Sonst traf er sich lieber in Cafés oder exklusiven Restaurants, zumal er gut zu speisen liebte. Mit den Pariser Größen verkehrte er wie eh und je, die Beziehungen zu Balzac, Berlioz, Dumas père, Gautier, Janin, Taillandier und Meyerbeer blieben ungebrochen, die mit Gérard de Nerval begann. Andererseits zogen sich eher konservative Franzosen zurück, de Musset etwa, der im Absinth versank, oder auch Lamartine, de Vigny. Unbedeutende Deutsche, zweitrangige Literaten oder Journalisten stellte er französischen Freunden selten vor. Mathilde nahm er fast nie mit, machte sie kaum mit jemandem bekannt.

Zeitweilig verkehrte er mit Richard Wagner, der voller Illusionen nach Paris gekommen war und dort zu reüssieren gedachte. Bei sich hatte er die Partitur des »Fliegenden Holländers«, dessen Stoff und Fabel er Heine verdankte, wie später den »Tannhäuser« auch. Doch nicht nur dies: Heine vermittelte ihm Einsichten in Bewegungsgesetze des Kapitals und ästhetisch-dialektische Anregungen, die ihn sicher mit dazu befähigten, seine säkulare Zeitalter-Darstellung, den »Ring des Nibelungen«, zu bewältigen. Mit mehreren Artikeln verteidigte ihn Wagner 1841 im Börne-Strauß-Streit; später griff er ihn feindselig an, nicht nur antijüdisch, sondern antisemitisch, eine Ahnung gebend vom späteren schauderhaften Rassismus. Heine seinerseits wird Wagners dramatische Musik verhöhnen (»Jung-Katerverein für Poesie-Musik«, um 1853), sich dabei aber auf das Künstlerisch-Ästhetische beschränken.

Auch Friedrich Hebbel suchte – wie viele Paris-Besucher – Heines Umgang und lernte von ihm. Ihre Gespräche bezeugen zumeist gegenseitige Hochachtung; Heine schätzte besonders Hebbels »Judith«. In den ständigen Bekanntenkreis wuchsen der deutsche Publizist und spätere Politiker Jakob Venedey und der jüdisch-elsässische Journalist und Schriftsteller Alexandre Weill hinein, der lebenslang zu Heine hielt und lesenswerte »Erinnerungen« herausgab. Venedey wurde später als deutscher Katastrophenpolitiker und Narr der Paulskirchenpolitik (Kaiserwahl) Gegenstand unerbittlichen Spot-

tes (»Kobes I.«, als Karnevalskaiser). Bekannte Vormärz-
Autoren wie Franz von Dingelstedt und Georg Herwegh
suchten ihn anläßlich ihrer Paris-Besuche auf – keiner von ihnen entging seiner scharfen Feder. Auch der Kreis der Linkshegelianer nahm ihn in Anspruch.

Viele Unbekannte sprachen vor, Verehrer, Journalisten.
Heinrich Heine war eine Adresse in Paris, schon fast eine Institution. Jeder wollte ihn gesehen, mit ihm gesprochen haben, der eine erbat nur eine Widmung, der nächste wollte
Adressen und Verbindungen und wieder andere Geld. Der
Besuchte lieh nicht, er schenkte, was ihn selbst oft genug in
die Bredouille brachte. Auch die Denunzianten und Spitzel
taten weiterhin ihr Werk, ein Mann namens Schäfer etwa (für
die österreichische Regierung, im besonderen Auftrag Metternichs) oder Hermann Ebner 1843 für die gleiche Institution. Die meisten waren Journalisten oder gaben sich als solche aus. Der Meister hatte viel Verdruß mit ihnen, wie an
anderer Stelle berichtet. Doch sie alle schrieben etwas auf, so
daß es am Ende der Nachwelt auch Gewinn brachte in Form
von Zeitzeugen-Dokumenten. Heinrich Hubert Houben hat
in den zwanziger Jahren des 20. Jahrhunderts diese Texte gesammelt und als »Gespräche« publiziert. 1973 brachte sie der
Wahlfranzose Michael Werner in zwei Bänden unter dem Titel »Begegnungen mit Heine. Berichte der Zeitgenossen«, um-
fänglich erweitert und erstklassig kommentiert, neu heraus.
Eine Fundgrube an Einfällen und Lebensstoff, mit Genuß zu
lesen. Wir wissen, welches Schicksal Heines oft angekündigte »Memoiren« hatten und welches Bruchstück wir in den
Händen haben. Ganz gewiß sind diese Bände kein Ersatz für
eine tatsächliche Autobiografie. Aber sie sind an deren Stelle
getreten und gewiß besser als die bekannten Romane über
ihn.

Auch noch zwei längere Reisen sind zu vermelden – die
Deutschlandreisen von 1843 (auf dem Landwege) und 1844
(auf dem Seewege). Die erste allein, die zweite mit Mathilde,

die er der Familie vorstellen wollte – ein mißlungener Versuch, Mathilde reiste nach vierzehn Tagen ab, alle waren verstimmt, nur Heine selbst ließ sich nichts anmerken. Die erste Reise ward angetreten, um sein Verhältnis zu dem alternden und kränkelnden Onkel Salomon zu verbessern. (Es regelte sich alles zum besten, solange der Neffe da war. Nachher sollte alles ganz anders kommen.) Außerdem wollte er mit Campe Einvernehmlichkeit erzielen: Vor allem ging es um die Gesamtausgabe. Der Autor übertrug dem Verleger für die Zeit nach 1847 alle Rechte für eine Jahresrente von 1200 Mark banco, die im Todesfalle auf Mathilde übergehen sollte. Zudem wurden neue Bücher (»Neue Gedichte«, ursprünglich »Buch der Lieder. Zweiter Teil«) ausgehandelt. Auch konnte das gereizte Klima zwischen den beiden wieder freundlicher gestaltet werden (gemeinsame Essen: Austern und Rheinwein). Zum dritten wollte der Sohn nach dreizehn Jahren seine geliebte Mutter wiedersehen, vor der er sorgsam seine Krankheit verbarg.

Schließlich war es für ihn nicht unwichtig, Deutschland als Ganzes einmal wieder zu erleben, es war ihm entfremdet. Manche seiner Freunde beklagten seine Fremdheit, seine geringer gewordenen Kenntnisse des Landes, Varnhagen etwa und immer von neuem Julius Campe. Nun hatte er Gelegenheit dazu, sich mit den Veränderungen vertraut zu machen. Poetischer Ertrag der Reise: »Deutschland. Ein Wintermärchen« und einige Gedichte.

Zum zweitenmal reiste er, um die neuen Werke selbst zum Verlag zu bringen und ihre Drucklegung zu überwachen: »Neue Gedichte« (mit »Deutschland«) sowie »Deutschland« als Separatdruck. Zudem konnte er die 5. Auflage vom »Buch der Lieder« beaufsichtigen und gleich in Empfang nehmen. Lange hat er sich nicht aufgehalten, da preußische Haftbefehle ergangen waren und alle neuen Produktionen gleich verboten wurden.

Von Reisen war die Rede. Wie jedes Jahr bis 1847 eine Sommer- und Kur- oder Badereise, wobei es den stets krän-

ker Werdenden zunehmend ins Gebirge statt ans Meer zog,
wenn er nicht in der Pariser Gegend in Montmorency in
einem Sommerhaus blieb wie 1845 und 1847. 1841 reiste er
ins Pyrenäenbad Cauterets, 1846 nach Barèges. In Cauterets,
vermutlich während erholsamer Wanderungen im Tale Ronceval, kam ihm die Idee zum Versepos »Atta Troll«. Es war
wie immer: Reisen erbrachten Resultate in Gestalt von Prosa
oder Poesie. Solange er der Reise- und Großstadt- oder Stra-
ßendichter war, reagierte er unmittelbar. Später, nach 1848,
ans Krankenbett gefesselt, mußte er aus dem Gedächtnis
schreiben, Erinnerungsarbeit leisten. Da freilich kam ihm eine
urjüdische Tradition des Gedächtnis-Haltens zu Hilfe. Doch
noch war es nicht soweit. Noch galt es ein aktives Programm
wie im Gedicht »Doktrin«:

> Schlage die Trommel und fürchte dich nicht,
> Und küsse die Marketenderin!
> Das ist die ganze Wissenschaft,
> Das ist der Bücher tiefster Sinn.
>
> [...]
>
> Das ist die Hegelsche Philosophie,
> Das ist der Bücher tiefster Sinn!
> Ich hab sie begriffen, weil ich gescheit,
> Und weil ich ein guter Tambour bin.

Mit dem großen alten Bilde leitete er auch ein neues Kapitel
seiner Dichtkunst ein, die »Zeitgedichte« in dem zweiten Ge-
dichtbuch.

»Neue Gedichte« und anderes

Besonders seit Mitte der dreißiger und vor allem in den vierziger Jahren waren so viele Gedichte entstanden, daß der seit
1837/38 geplante zweite Gedichtband nun endlich fällig war:

Er erschien unter des Dichters Betreuung im Herbst 1844 und enthält fünf Abteilungen: »Neuer Frühling«, »Verschiedene«, »Romanzen«, »Zur Ollea« (spanisch, soviel wie: Vermischtes) und »Zeitgedichte«. Er umfaßt tatsächlich einen Zeitraum von 15 Jahren und wird insofern von einem weiten philosophischen und künstlerischen Bogen umspannt.

Der »Neue Frühling« war das am wenigsten Neue; da tönten noch die alten Weisen, der sentimentalische Klang von früher, den der Dichter so souverän beherrschte. Doch enthält die Sammlung einige wunderbare Gedichte wie das zum Volkslied gewordene sangbare »Leise zieht durch mein Gemüt«. Das für mich großartigste ist »Unterm weißen Baume sitzend«, ein poetische Gestalt gewordener Umschlag von Winter in Frühling, von Kälte des Herzens in Neubeginn, von Resignation in Hoffnung: »Und dein Herz, es liebt aufs neue.« Was kann es Schöneres geben als diese Empfindung!

Beispielhaft auskunftgebend ist das Eingangsgedicht »Prolog«:

> In Gemälde-Galerieen
> Siehst du oft das Bild des Manns,
> Der zum Kampfe wollte ziehen,
> Wohlbewehrt mit Schild und Lanz'.
>
> Doch ihn necken Amoretten,
> Rauben Lanze ihm und Schwert,
> Binden ihn mit Blumenketten,
> Wie er auch sich mürrisch wehrt.
>
> So, in holden Hindernissen,
> Wind' ich mich in Lust und Leid,
> Während andre kämpfen müssen
> In dem großen Kampf der Zeit.

Don Quichotte oder Parcival – gleichviel: Es ist des Dichters Widerspruch, den er zeitlebens gelebt! Lieber beobachtete er Blumen und Wolken und schöne Frauen und machte Verse,

doch letztlich stand er mit den anderen in »dem großen
Kampf der Zeit«. Gegen Ende des Zyklus macht sich Er-
schöpfung bemerkbar, das Thema der unglücklichen Liebe
verliert sich, die Rose verwelkt, die Verse werden klapperig,
die Sprache schal, der »Neue Frühling« endet mit schmähli-
chem Abgesang auf Langeweile und im Herbst – die Realität,
eine bittere, verschafft sich Eingang. Realismusgewinn war
zu verzeichnen, also »universelle Aneignung der Natur wie
des gesellschaftlichen Zusammenhangs selbst«, wie der beim
Erscheinen des Bandes neugewonnene Freund Marx formulierte.

Die Abteilung »Verschiedene«, Gedichte auf Frauen, Pariser Erlebnisse reflektierend, im Grunde immer Varianten seines inzwischen freilich anders gewordenen Frauenbildes, enthält schon weitaus mehr Leben und Lebenshaltungen, mit
dem Höhepunkt des »dritten Testaments« in »Seraphine 7«:

> Auf diesem Felsen bauen wir
> Die Kirche von dem dritten,
> Dem dritten neuen Testament;
> Das Leid ist ausgelitten.
>
> Vernichtet ist das Zweierlei,
> Das uns so lang betöret;
> Die dumme Leiberquälerei
> Hat endlich aufgehöret.
>
> Hörst du den Gott im finstern Meer?
> Mit tausend Stimmen spricht er.
> Und siehst du über unserm Haupt
> Die tausend Gotteslichter?
>
> Der heil'ge Gott ist der im Licht
> Wie in den Finsternissen;
> Und Gott ist alles, was da ist;
> Er ist in unsern Küssen.

264 Politikjahre in Frankreich

Das ist ganz sicher ein saint-simonistisches Bekenntnis, ein Bekenntnis zum Simonismus eines Enfantin, zum neusten Testament, dem des Glücks und der Liebe. Doch ist es auch ein jüdisches, indem es christlichem Dualismus, der ewigen Leib-Seele-Trennung, den jüdischen Monismus entgegenstellt. Der Dichter irrte nämlich, und er irrte konstant und konsequent, wenn er vom jüdischen Spiritualismus sprach, ihn einem christlichen gleichsetzend. Der jüdische Gott ist zwar ein geistiges Prinzip, doch gibt es keine Leiberquälerei, nicht mal im orthodoxen Judentum. Hier hatte der Dichter einen irrealen Widerspruch ausgelebt und ihn tapfer durchgehalten. Für einen Augenblick erscheint der Widerspruch gelöst, doch schon in »Psyche« ist er wiederhergestellt (»Romanzen«).

Kontrapunktisch zu diesen Ideen steht das Thema der bürgerlichen Misere, vom Alltag und vom Scheitern, von Ehe und Geschlechterkampf, das dann in den »Romanzen« in tragische Dimensionen vorstößt. Misere und Scheitern durchziehen den Zyklus: »Anno 1829« und »Anno 1839« thematisieren ersteres, die Romanzen »Ritter Olaf«, »Frau Mette«, »König Harald Harfagar« und vor allem »Unterwelt« mit dem Helden Pluto letzteres. Selbst der antike Stoff taugt nur noch für die Feststellung: »Verfehltes Leben, verfehlte Liebe!« und im Kontrapunkt: »Verfehlte Liebe, verfehltes Leben!« Poetische Herstellung ungebrochenen Menschentums gelang diesem Dichter – anders als noch Goethe – kaum; das war allenfalls Programm. Dazu bedurfte es einer umfassenden Befreiung, einer Aufhebung der Entfremdung. In »Verschiedene« geht es um die Befreiung, die sexuelle zuvorderst; die »Menschenmäkelei«, vor allem durch religiöse Unterdrükkung, war allzu groß, doch wußte der Dichter sehr genau, daß diese Freiheit allein kaum möglich ist, sondern mit der allgemeinen Befreiung einhergehen muß. Daher befinden sich diese sprachlich übergenau gearbeiteten Gedichte in übergreifenden Zusammenhängen, an deren Ende die har-

sche Zeitkritik, die Kampfansage und die Hoffnung stehen.
Von den eher himmlischen Gefühlen (und ihrer bürgerlichen
Ernüchterung) gelangt er über die kräftig-irdischen zu den
Höllensatiren (in der Regel in den antikapitalistischen Romanzen wie »Hoffart«) und zur Ankunft in der Realität; über
vitale Meisterung oder tragisches Scheitern hin zu Kampf
oder Hoffnung auf den lieblichen Morgen, der Liebe ver-
heißt. Fast goethisch: »Vom Himmel durch die Welt zur
Hölle«: der Weg Fausts, der noch weiter führte, zumindest
zu einer Erlösung (auf dem Theater), die Heine nicht mehr
bot – dafür Politik. Das sind dann die »Zeitgedichte«, die
über Literatur- und Haltungskritik oder Unglück und Scheitern hinausgehen. War diese Zeitkritik ein Widerspruch zu
den anderen, die vorangingen? Wenn einer, dann ein produktiver. Und eine Doppelrolle. Der Zeit- und Kulturkritiker begriff die Kunst selbst als Realität, als Praxis, und unterzog sie
der Kritik. Gleichzeitig demonstrierte er, wie man das macht:
politische Dichtung.
Man muß sich den Hintergrund vergegenwärtigen: die
gesellschaftliche Krisensituation, die zur vorrevolutionären
reifte, die zunehmende Oppositionsbewegung bzw. die soziale überhaupt und ihre progressive Literatur. Anfang der
vierziger Jahre waren schnell hintereinander zahlreiche Bücher bzw. Journale mit politischen Gedichten erschienen:
von Dingelstedt (»Lieder eines kosmopolitischen Nachtwächters«), Hoffmann von Fallersleben (»Unpolitische Lieder«), Freiligrath, Herwegh (»Gedichte eines Lebendigen«),
oft sogar im Verlag von Julius Campe. Die meisten der Autoren, Dingelstedt zuerst, Freiligrath und Herwegh ausgenommen, schlossen bald ihren Frieden mit den Herrschenden
oder wurden zum Schweigen gebracht. Ihre Positionen waren schwach, ihre Illusionen groß. Herwegh, der es unternommen hatte, den Preußenkönig für freiheitliche Ideen zu
gewinnen, wurde unter Haftandrohung ausgewiesen. Im
Streit über die Funktion von Literatur forderte Herwegh ein-

deutig Parteinahme gegen Freiligraths Ansicht von der Neu-
tralität des Dichters. In den Kämpfen von 1848/49 erwies
er sich als todesmutiger, doch untaktischer Kämpfer. In
den Gedichten »Georg Herwegh« und »Die Tendenz« setzte
sich der Meister auch dieses Genres mit dem Gutmeinenden
auseinander:

> Aranjuez, in deinem Sand,
> Wie schnell die schönen Tage schwanden,
> Wo ich vor König Philipp stand
> Und seinen uckermärk'schen Granden!
>
> Er hat mir Beifall zugenickt,
> Als ich gespielt den Marquis Posa;
> In Versen hab' ich ihn entzückt,
> Doch ihm gefiel nicht meine Prosa.
>
> (»Georg Herwegh«)

Am Schiller-Modell (Don Carlos) demonstriert er die Absur-
dität von Herweghs Auftreten. Ist hier die Kritik politisch, so
im nächsten Falle ästhetisch:

> Blase, schmettre, donnre täglich,
> Bis der letzte Dränger flieht –
> Singe nur in dieser Richtung,
> Aber halte deine Dichtung
> Nur so allgemein als möglich.

Der inzwischen zum politisch-poetischen Klassiker Gereifte
hatte die liberalen Illusionen dieser Schriftstellergruppe schnell
erkannt, auch ihre poetischen Schwächen, ihre pathetisch-
verblasene Allgemeinheit. Er kritisierte sie in Gedichten wie
»An einen politischen Dichter«, »Bei des Nachtwächters Ankunft zu Paris« (»Nachtwächter mit langen Fortschrittsbei-
nen«, an Dingelstedt), »An den Nachtwächter« (an denselben), »O Hoffmann, deutscher Brutus«. Für Dingelstedt hatte

er fast Verständnis, als der sich bereits 1843 als Hofbibliothekar in Stuttgart anstellen ließ:

> Ach! so ein Schreier weiß nicht, warum
> Der beste Nachtwächter wird endlich stumm,
> Es ahndet nicht so ein junger Maulheld,
> Warum der Mensch am End' das Maul hält.

Aber das – nur bedingte – Verständnis ist ironisch getränkt. Jener war eben doch ein Nachtwächter in des Dichters strafenden Augen. Am Schlusse des ersten Nachtwächter-Gedichts steht dann die herrlich satirische Strophe:

> Es blüht der Lenz, es platzen die Schoten,
> Wir atmen frei in der freien Natur!
> Und wird uns der ganze Verlag verboten,
> So schwindet am Ende von selbst die Zensur.

Das bezog sich auf das Verbot des Campe-Verlages 1842. Schärfer ging's nimmer. Und da wunderte sich so einer, daß er selbst dauernd verboten ward?! – Einige dieser Zeitgedichte sind in Zeitschriften oder später aus dem Nachlaß erschienen.

Die politische Kritik der Literatur war das eine; die andern Zeitsatiren richteten sich gegen das Ancien Régime selbst: »Der Kaiser von China«, eine köstliche Satire gegen Ludwig I. von Bayern, dessen Verdienst nur in den Leistungen einiger von ihm berufener Mitarbeiter bestand, Leo von Klenzes etwa oder des Hofrats Thiersch; gegen die Inhumanität des Kapitalismus in »Das neue israelitische Hospital zu Hamburg«, gemildert durch jüdische Gelder und Güte, eben des Onkels Salomon. Blieb die bange Frage, ob denn diese Mittel tauglich seien gegen die Not der Menschen: »Behaftet mit den bösen drei Gebresten, / Mit Armut, Körperschmerz und

Judentume! / [...] der unheilbar großen Brüderkrankheit.«
Zeitsatiren auch über den Verfall der bürgerlich-revolutionä-
ren Ideale in »Der Tambourmajor«; gegen die Miserabilität
der Opposition in »Kirchenrat Prometheus« (welch komische
Zusammenbindung), »Zur Beruhigung« (eine Travestie des
Brutus-Ideals wie auch im späteren »Tugendhaften Hund«).
Sie machen die Hauptsache des Zyklus aus. Die revolutionären Gedichte »Doktrin« und »Wartet nur« stehen am Beginn
und fast am Ende. »Wartet nur« ist schlicht die Ankündigung
einer Revolution, für die er seine Stimme erheben wird.

Die Metapher des Tambours, seit »Ideen. Das Buch Le
Grand« beliebt, erscheint in diesem Zyklus gleich zweimal,
einmal als Groteske und einmal im Bilde des »guten Tambours« in »Doktrin«. Hier steht sie für den kämpferischen
Künstler; die Marketenderin symbolisiert die Kunst selbst,
die man lieben muß, soll sie Wirkung haben. Lieben und
kämpfen, nützlich sein für den Fortschritt, für Humanität
und Demokratie, fürs Leben – das ist Lebenssinn. Nach der
alten jüdischen Weisheit, daß das Leben zwar keinen Sinn
habe, daß man ihm indes diesen Sinn geben muß. Aber da ist
auch noch ein Stück Hegel drin, poetisch materialisiert –
noch vor Marx und in Aktion. Im Zentrum und am Ende stehen die schmerzvoll-tragischen und doch optimistischen
Gedichte »Lebensfahrt« und »Nachtgedanken«, dieser tief
deutsch empfundene und von Liebe zur Mutter und zu
Deutschland erfüllte, ironisch-tragisch gebrochene Hymnus
(Kann Deutschland Mutter sein?), der den Schlußpfeiler des
Bogens, vom »Prolog« aus gesehen, bildet. Durch alle Leiden
mußte der lyrische Held hindurch und kämpfte mit an vorderster Stelle. Doch das letzte Wort haben Trauer um das
Land, Liebe zu Mutter, Frau und »französisch heitrem Tages-
licht«, Hoffnung. So schließt das Buch, das in seinen tiefen
Zusammenhängen und seiner Struktur meist nicht erkannt
worden ist. Die »Neuen Gedichte« hatten nur die vom Autor

selbst autorisierten Auflagen, auch später wenige selbständige; nur in den Gesamtausgaben wurden sie bekannt. Durch meine Edition von 1979, die in fünf Auflagen in 55 000 Exemplaren erschien, erhielt dieses Buch eine späte Rehabilitation.

»Zeitgedichte« sind aber auch die parallel entstandenen und vorher oder nachher veröffentlichten Versepen.

Die Versepen
Ein Dialog Heines mit sich selbst?
»Sommernachtstraum« und »Wintermärchen«

Zwei Dichtungen klassischen Formats – und können unterschiedlicher nicht sein: vom Stoff her, vom Thema wie von der Stoßrichtung, vom Aufbau wie vom Vers. Und doch werden sie oft zusammen genannt: gleiches Genre, nahe Entstehungszeiten und als Klammer Shakespeare-Titel: »Ein Wintermärchen« und »Ein Sommernachtstraum«. Zwei Seiten eines Autors, eines Dichters, der mit sich im Dialog ist? Mit seinem Publikum, dem Leser, war er es stets, und aus dem Dialog ward der Diskurs. Denn nie waren es nur zwei Seiten, sondern viele, die er zeigte. Das hat es auch seinem gutwilligen Publikum oft schwergemacht, das sich einem Poeten gegenübersah, der, kaum daß man sich an ein Gesicht gewöhnt hatte, ein neues zeigte. Immer brachte er das Unerwartete.

Und nun war wieder etwas Unerwartetes erschienen: »Atta Troll. Ein Sommernachtstraum«. Die Idee dazu entstand offenbar bei Wanderungen im Tale Ronceval. Sommernachtstraum assoziiert Shakespeare, doch auch Romantik, auf jeden Fall ereignen sich hier fantastische Dinge und Welten, die der Dichter bewußt der politisch-puristischen deutschen Literatur der Zeit entgegenstellt. Die Fabel vom Tanzbären ist schon älter, sie ward bereits in »Nordsee III« erwähnt.

Sonst ist die Quelle nicht weiter bekannt. Der Dichter nannte sein Poem, abgefaßt in der reimlosen Chevy-Chase-Strophe, das »letzte freie Waldlied der Romantik«. »Das tausendjährige Reich der Romantik hat ein Ende, und ich selbst war sein letzter und abgedankter Fabelkönig. Hätte ich nicht die Krone vom Haupte fortgeschmissen, und den Kittel angezogen, sie hätten mich richtig geköpft. Vor vier Jahren hatte ich, ehe ich abtrünnig wurde von mir selber, noch ein Gelüste mit den alten Traumgenossen herumzutummeln im Mondschein – und ich schrieb den Atta Troll, den Schwanengesang der untergehenden Periode, und Ihnen habe ich ihn gewidmet. Das gebührte Ihnen, denn Sie sind immer mein wahlverwandtester Waffenbruder gewesen, in Spiel und Ernst; Sie haben gleich mir die alte Zeit begraben helfen und bey der neuen Hebeammendienst geleistet – ja, wir haben sie zu Tage gefördert und erschrecken.« (An Varnhagen von Ense, 3. Jänner 1846) Romantik ist hier weniger der quälende Nachttraum des Novalis oder das duftende Waldlied des Eichendorff, schon gar nicht der dumpf-katholische Alptraum aus den Schelling-Schlegel-Ställen, sondern die Fantasie, die Poesie. Und der Rest ist ein Widerspruch, einer des Erschreckens vor dem Eigenen.

Heine, der mit diesem Poem eine Stufe absoluter Meisterschaft errungen hat (wie mit dem »Wintermärchen« auch), verband vielerlei Absichten und Interessen damit, auch pekuniäre. »Ich habe nemlich ein kleines humoristisches Epos geschrieben, das großen Lerm machen wird. Es sind etwa 400 vierzeilige Strophen in 20 Abtheilungen, [...] es ist nemlich unter uns gesagt das Bedeutendste was ich in Versen geschrieben habe, Zeitbeziehungen in Fülle, kecker Humor [...] Der Held meines kleinen Epos ist ein Bär, der einzige der zeitgenößenschen Helden, den ich des Besingens werth hielt. Ein toller Sommernachtstraum.« (An Laube, 7. November 1842) Und weiter: »Ich habe in dieser zweiten Hälfte versucht die alte Romantik, die man jetzt mit Knüppeln todtschlagen will,

wieder geltend zu machen, aber nicht in der weichen Tonart
der frühern Schule, sondern in der keksten Weise des modernen Humors, der alle Elemente der Vergangenheit in sich aufnehmen kann und aufnehmen soll. Aber das romantische Element ist vielleicht unserer Gegenwart allzusehr verhaßt, es ist
untergegangen bereits in unserer Literatur, und vielleicht in
dem Gedichte, das ich Ihnen jetzt schicke, nimmt die Muse
der Romantik auf immer Abschied von dem alten Deutschland.« (An Laube, 20. November 1842)

Heine formulierte hier einen Widerspruch, den er seit 1842
durchlebte. Man kann es auch so sagen: Er will retten, was zu
retten ist vor der aufkommenden »sozialen Bewegung«. Das
Poem ist eine herbe Satire auf deutsche Republikaner und
Vormärzleute und deren Literaten, die – obwohl politisch ab-
sichtsvoll im Sinne der guten Leute und schlechten Musikan-
ten – ästhetischen Ansprüchen nicht genügten. Der Tanzbär
hat etwas von Börne, von Jahn oder Maßmann, den Liberalen
wie den Altdeutschen; einmal verhält er sich wie Burschenschaftler, ein andermal wie Dingelstedt oder auch mal wie
Freiligrath. Doch einschichtig ist er nicht: er preist die Tiere,
nimmt sie in Schutz vor dem Hochmut des Menschen; tadelt
Eigennutz und Eigentum, da ist er fast Proudhon. Der Bären-
führer ist ein Karlist, also ein Feudal-Klerikaler.

Im Grunde ist der Bär ein tüchtiger und ganz normaler
Deutscher, ein Michel und Dummkopf, ein bisserl Poet und
ebensoviel Politiker, dick und alt, einer, der alles mögliche
will und verspricht, zu vieles und zu Unangemessenes, dabei
das meiste schlecht macht. Daher geht er zugrunde, hauptsächlich an seinen Illusionen – eine weitere Vorwegnahme
der Revolution 1848/49, die nicht zuletzt an Provinzialismus
und Unangemessenheiten, an täppischer Durchführung und
teilweise fehlender Massenbasis und natürlich an der Ge- und
Entschlossenheit des Gegners scheiterte, trotz tapferen Hel-
denmutes. Die tiefe deutsche Bezüglichkeit erkennt man
deutlich an der wilden Jagd an Urakas Hütte, auch wenn da

noch Gestalten aus anderen Mythen- und Geschichtskreisen
vorüberziehen, bis hin zur schwäbischen Dichterschule.

Einige Textproben. Schon der Eingang ist zum Entzücken:

> Rings umragt von dunklen Bergen,
> Die sich trotzig übergipfeln,
> Und von wilden Wasserstürzen
> Eingelullet, wie ein Traumbild,
>
> Liegt im Tal das elegante
> Cauterets. Die weißen Häuschen
> Mit Balkonen; schöne Damen
> Stehn darauf und lachen herzlich.
>
> Herzlich lachend schaun sie nieder
> Auf den wimmelnd bunten Marktplatz,
> Wo da tanzen Bär und Bärin
> Bei des Dudelsackes Klängen.
>
> Atta Troll und seine Gattin,
> Die geheißen schwarze Mumma,
> Sind die Tänzer, und es jubeln
> Vor Bewundrung die Baskesen.

Mit dem Eingangsakkord voll im Thema, und das Orchester
kann musizieren. In Caput III klingt das subjektive, auf den
Urheber bezogene Zweitthema an:

> Traum der Sommernacht! Phantastisch
> Zwecklos ist mein Lied. Ja, zwecklos
> Wie die Liebe, wie das Leben,
> Wie der Schöpfer samt der Schöpfung!
>
> Nur der eignen Lust gehorchend,
> Galoppierend oder fliegend,
> Tummelt sich im Fabelreiche
> Mein geliebter Pegasus.

Ist kein nützlich tugendhafter
Karrengaul des Bürgertums,
Noch ein Schlachtpferd der Parteiwut,
Das pathetisch stampft und wiehert!

Das ist natürlich auch ein polemisch Lied gegen einen öden
Kunstfunktionalismus und stimmt nicht in voller Breite;
denn just dieser Meister hat mit seinem Wort so oft die heiligsten Ideen der Menschheit Gestalt werden lassen.

Die obengenannte Menschenkritik in Caput X:

Nein, nicht mehr der fromme Wahn,
Nicht die Schwärmerei, nicht Tollheit,
Sondern Eigennutz und Selbstsucht
Treibt sie jetzt zu Mord und Totschlag.

Nach den Gütern dieser Erde
Greifen alle um die Wette,
Und das ist ein ew'ges Raufen,
Und ein jeder stiehlt für sich!

Ja, das Erbe der Gesamtheit
Wird dem einzelnen zur Beute,
Und von Rechten des Besitzes
Spricht er dann, von Eigentum!

Eigentum! Recht des Besitzes!
O des Diebstahls! O der Lüge!
Solch Gemisch von List und Unsinn
Konnte nur der Mensch erfinden.

Keine Eigentümer schuf
Die Natur, denn taschenlos,
Ohne Taschen in den Pelzen,
Kommen wir zur Welt, wir alle.

In diesen Phasen klingt der Bär sehr überzeugend. Ein Widerspruch zur sonstigen Tumbheit? Wenn ja, dann ein produktiver. Eine einlinig negative Figur wäre langweilig, erst diese Doppelbödigkeit macht die Kunstgestalt überzeugend.

Als der Jäger Laskaro den Bären erlegt hat, setzt er ihm ein Denkmal mit der Inschrift:

> Atta Troll, Tendenzbär; sittlich
> Religiös; als Gatte brünstig;
> Durch Verführtsein von dem Zeitgeist,
> Waldursprünglich Sansculotte;
>
> Sehr schlecht tanzend, doch Gesinnung
> Tragend in der zott'gen Hochbrust;
> Manchmal auch gestunken habend;
> Kein Talent, doch ein Charakter!
>
> (Caput XXIV)

An dieser Stelle läßt das Talent die Katze aus dem Sack. Das unglückselige Börne-Wort, welches so viel Ungemach und Ärger gebracht hatte, ward nun auch sehr ehrenvoll begraben, in der Gruft eines Charakters. Mit der Widmung an Freund Varnhagen klingt das heitere Nachtstück aus, sarkastisches Resümee alles in allem:

> Andre Zeiten, andre Vögel!
> Andre Vögel, andre Lieder!
> Sie gefielen mir vielleicht,
> Wenn ich andre Ohren hätte!

Das Mißverständnis kam schnell – man unterstellte Heine eine Verhöhnung revolutionärer Ideen. So töricht das auch immer sein mochte – viele Leser und Kritiker konnten damals sowenig lesen wie heute, und deshalb wies er den Vorwurf in der »Vorrede« zur Buchfassung von 1846 ausdrücklich zurück: »Aber du lügst, Brutus, du lügst, Cassius, und auch du lügst, Asinius, wenn ihr behauptet, mein Spott träfe jene Ideen, die eine kostbare Errungenschaft der Menschheit sind und für die ich selber so viel gestritten und gelitten habe. Nein, eben weil dem Dichter jene Ideen in herrlichster Klarheit und Größe beständig vorschweben, ergreift ihn desto unwiderstehlicher die Lachlust, wenn er sieht, wie roh, plump und täppisch von der beschränkten Zeitgenossenschaft jene Ideen aufgefaßt werden können. Er scherzt dann gleichsam über ihre temporelle Bärenhaut. Es gibt Spiegel, welche so verschoben geschliffen sind, daß selbst ein Apollo sich darin als Karikatur abspiegeln muß und uns zum Lachen reizt. Wir lachen aber alsdann nur über das Zerrbild, nicht über den Gott.« Wer wirft einen Stein auf einen, der schon gelacht hat – heute? Oder hat wer noch nicht gelacht? – Die letzten Sätze waren eine Reaktion auf den Erstdruck in Laubes »Zeitung für die elegante Welt« und seine Folgen. 1847 war das Epos, überarbeitet und ergänzt, bei Campe als Buch erschienen.

»Deutschland. Ein Wintermärchen« – aus dem gleichen Grunde geschrieben und doch konträrer kaum denkbar: die Stoßrichtung ist zwar dieselbe, aber die Front breiter, der Keil geht tiefer, direkter; die Feinde sind die gleichen, aber diesmal sind es alle, also das gesamte Spektrum, das seit dem »Ludwig Börne« auf ihn eingeschlagen hatte. Neben der Verurteilung des Alten steht die Vision einer Zukunft. Wieder sind es 27 Caput, wieder vierzeilige Volksliedstrophen, doch diesmal jambisch und gereimt. Im Grunde ist es ein versifiziertes Reisebild; »humoristisches Reise-Epos« nannte sein Urheber die Wiederaufnahme eines vor rund fünfzehn Jahren von ihm praktizierten Genres. Es folgt der Reise nach Deutschland von 1843, doch in umgekehrter Reihenfolge: also Aachen, Köln, Hagen, Unna, Teutoburger Wald, Minden, Bückeburg, Hannover, Hamburg. Caput I bezieht sich auf Caput XXVII und das Ganze als »Wintermärchen« auf

den »Sommernachtstraum«; Shakespeare stand ebenso Pate
wie Aristophanes, den der Dichter direkt anruft.

Heine selbst hielt viel von diesem Opus und kündigte
es seinem Verleger entsprechend an: »Meine Gedichte, die
neuen, sind ein ganz neues Genre, versifizierte Reisebilder,
und werden eine höhere Politik atmen als die bekannten
politischen Stänkerreime.« (An Campe, 20. Februar 1844)
Und an anderer Stelle: »Es ist ein gereimtes Gedicht, welches
[...] die ganze Gärung unserer Gegenwart, in der keksten,
persönlichsten Weise ausspricht. Es ist politisch romantisch
und wird der prosaisch bombastischen Tendenzpoesie hof-
fentlich den Todesstoß geben. [...] daß ich ein Werkchen
gegeben habe, das mehr furore machen wird als die populärste Broschüre und das dennoch den bleibenden Werth
einer klassischen Dichtung haben wird.« – Am Rande sei
hier noch der Plan einer Fortführung vermerkt: »Ich hatte
anfangs die Absicht noch 10 bis 12 Bogen Prosa hinzuzu-
schreiben und hier die merkwürdigen Veränderungen zu be-
sprechen, die ich in Deutschland vorgefunden. [...] Schon
allein die Personenschilderungen der seit 13 Jahren ver-
storbenen Freunde und Bekannte in der Literatur könnte
einen großen interessanten Band liefern: Hegel, Gans, Cotta, Immermann, Michael Beer, Schenk, Arnim, Chamisso,
Fouqué, Frau von Varnhagen, Roberts, Maltiz und noch
eine Menge kleiner und großer Köter – nicht zu vergessen
Grabbe, den wichtigsten [...]« (An Campe, 17. April 1844)
Zur Ausführung dieses Plans ist es leider nicht mehr gekommen.

Heine hatte sich nicht geirrt, es ist eine klassische Dichtung – im Wertbegriff von Klassizität – geworden.

Im »Vorwort« bekennt er sich zu Deutschland, zu einem
demokratischen unter der Fahne schwarz-rot-gold, allerdings auf der Höhe eines linken deutschen Geistes. Selten
war der Internationalist nationaler als hier: Deutschland ist
das durchgehende Thema – mit vernichtender Kritik das alte,

in der Utopie das neue. Hatte der Dichter im »Atta Troll« die politischen Illusionen und Fehlleistungen, vor allem der sogenannten Fortschrittler, ironisiert, so in »Deutschland« das Ancien Régime, Klerikalismus und Religion, die restaurativ-historischen Ideen, den altdeutschen Romantismus, den neudeutschen Liberalismus gleich noch einmal mit, die Verwandlung des Citoyen-Ideals in Bourgeois-Praxis. Antibourgeois wird er in Caput XIII, im biblischen Gleichnis vom Jehoschua (Jesus), dem Gekreuzigten, der Geldwechsler und Banker aus dem Tempel gejagt hat:

> Ach! hättest du nur einen andern Text
> Zu deiner Bergpredigt genommen,
> Besäßest ja Geist und Talent genug,
> Und konntest schonen die Frommen!
>
> Geldwechsler, Bankiers, hast du sogar
> Mit der Peitsche gejagt aus dem Tempel –
> Unglücklicher Schwärmer, jetzt hängst du am Kreuz
> Als warnendes Exempel!

Säkularisation von Mythos und Offenbarung nennt man solches Verfahren.

Scharf geht er mit allen restaurativen Ideologien und Symbolen des alten deutschen Reiches ins Gericht, dem Dombau zu Köln (den er selbst als Dombau-Vereinsmitglied mitfinanziert hatte!). Schärfer noch mit der Kaiser-, genauer Barbarossa-Legende. Das ist besonders wirkungsvoll durch das Kunstmittel des literarischen Traumes, in dem er den Kaiser zunächst als sympathischen Gesprächspartner auftauchen läßt, als Kontrastmodell, um ihn dann um so wirkungsvoller abzukanzeln: »Bedenk' ich die Sache ganz genau, / So brauchen wir gar keinen Kaiser.« (Caput XVI) Poetischer Höhepunkt ist die Wiedererweckung der alten Amme mit ihrem märchenhaften Lied: »Sonne, du klagende Flamme«, ein Lied von Rache und Recht und Gerechtigkeit, herzustellen notfalls mit Gewalt. Und nicht ohne Trauer und Klage über das, was dabei angerichtet werden kann.

Während der alte Rhein, Fluß der Jugend, noch halbwegs liebevoll behandelt wird und nur bedingt als nationalistisches Symbol gelten kann (vernichtender Hohn auf das Rheinlied des Nikolaus Becker »Sie sollen ihn nicht haben, den deutschen Rhein«), gibt es scharfe Schmäh auf den Teutoburger Wald und den entsetzlichen Cheruskerhelden, auf Militär und das Symbol des preußischen Adlers. Einen poetisch eigenständigen Stellenwert hat das Hamburg-Erlebnis mit der Göttin Hammonia. In grausig-höhnischer Ironie entsteht ein Bild von Altdeutschland, am schlimmsten vor und im Kackstuhl:

> »Die Zukunft Deutschlands erblickst du hier,
> Gleich wogenden Phantasmen,
> Doch schaudre nicht, wenn aus dem Wust
> Aufsteigen die Miasmen!«
>
> Sie sprach's und lachte sonderbar,
> Ich aber ließ mich nicht schrecken,
> Neugierig eilte ich, den Kopf
> In die furchtbare Ründung zu stecken.
>
> Was ich gesehn, verrate ich nicht,
> Ich habe zu schweigen versprochen,
> Erlaubt ist mir zu sagen kaum,
> O Gott! was ich gerochen! – – –
>
> Ich denke mit Widerwillen noch
> An jene schnöden, verfluchten
> Vorspielgerüche, das schien ein Gemisch
> Von altem Kohl und Juchten.
>
> Entsetzlich waren die Düfte, o Gott!
> Die sich nachher erhuben;
> Es war, als fegte man den Mist
> Aus sechsunddreißig Gruben. – – –

Ich weiß wohl, was Saint-Just gesagt
Weiland im Wohlfahrtsausschuß:
Man heile die große Krankheit nicht
Mit Rosenöl und Moschus –

Doch dieser deutsche Zukunftsduft
Mocht' alles überragen,
Was meine Nase je geahnt –
Ich konnt es nicht länger ertragen – – –

(Caput XXVI)

Das grausig-eklige Bild hatte vor allem das damalige Publikum entsetzt und erneute Verbote hervorgerufen. Es war eine ungeheure Prophetie. Doch weit unter dem, was hundert Jahre später wirklich aus der Jauchegrube kam.

Überaus kunstvoll ist die nationale wie soziale Negation von Positionen eingefaßt: Am Anfang steht die so bekannte, so berühmte wie hinreißende saint-simonistisch-fourieristische, fast kommunistische Utopie vom »Himmelreich auf Erden«, anknüpfend an das sozialrevolutionäre Programm in »Salon II«, vom Leben mit Brot und Zuckererbsen und Schönheit, von der aufgehobenen Entfremdung: »Ein neues Lied, ein besseres Lied«. Am Ende dann die Prophetie vom Heranwachsen eines »neuen Geschlechts«: »Ganz ohne Schminke und Sünden, / Mit freien Gedanken, mit freier Lust – / Dem werde ich alles verkünden.« Zuallerletzt beruft sich der Dichter auf die Dichter Aristophanes und Dante, auf die strafenden Dichter, mit Blick auf die Mächtigen, repräsentiert durch den preußischen König:

Kennst du die Hölle des Dante nicht,
Die schrecklichen Terzetten?
Wen da der Dichter hineingesperrt,
Den kann kein Gott mehr retten –

> Kein Gott, kein Heiland erlöst ihn je
> Aus diesen singenden Flammen!
> Nimm dich in acht! daß wir dich nicht
> Zu solcher Hölle verdammen.

Ebendiese Berufung war entscheidend in bezug auf die Debatte um politische Kunst, für seine ästhetische Praxis, die
immer die des Künstlers war wie die des politischen Menschen. In der Metapher des Liktors (Caput VI) wird das früher bereits Gesagte erhärtet: »[…] ich bin / Die Tat von deinem Gedanken.«

Die Gegenposition zum »Atta Troll« ist deutlich geworden, trotz mancher verwandter, ja gleicher Nebenthemen. Es
ist, als ob der Autor den Dialog mit sich selber führe und erst
eine Position klären mußte, um zur andern zu kommen. Bald
sollte dieser Dialog abgebrochen werden, um mit anderen
Fragen neu zu beginnen.

Manche dieser hier im klassisch-klaren Text zu lesenden
Ansichten sind aus anderen Äußerungen bekannt, doch Klarheit, Prägnanz und Schärfe haben zugenommen: Die Bekanntschaft mit den Pariser Sozialisten und den deutschen
Hegelianern, mit Cabet, Heß und Ruge und vor allem dem
jungen Dr. Karl Marx zahlte sich aus. Der zeitweise tägliche
Umgang des Philosophen und Ökonomen, der zur gleichen
Zeit an der »Einleitung zur Kritik der Hegelschen Rechtsphilosophie« und an den »Philosophisch-Ökonomischen Manuskripten« arbeitete, in denen es um nichts weniger als um die
Aufhebung der Entfremdung ging, mit dem berühmten Poeten hatte sich für beide gelohnt.

In den »Deutsch-Französischen Jahrbüchern«, die – bald
verboten und finanziell unzureichend gesichert – nur eine
Nummer erlebten, veröffentlichte Heine die Satire »Lobgesänge auf König Ludwig«, die sich in guter Gesellschaft mit
der »Einleitung zur Kritik …« befand. Preußen reagierte mit
einem Haftbefehl für sämtliche Mitarbeiter, auf den Guizot

zunächst nicht einging. Man scharte sich nun um den »Vor-wärts« von Börnstein, später Bernays, Marx, Ruge, wo et-liche Zeitgedichte (dann im Buch »Neue Gedichte«), »Der neue Alexander I, II, III«, »Die armen Weber« (Vorfassung der »Schlesischen Weber«) sowie »Deutschland. Ein Winter-märchen« in Fortsetzungen erschienen.

Diese progressive Radikalität nicht allein der Heineschen Beiträge, die auf revolutionäre Veränderung der Gesellschaft zielte, erregte außergewöhnliches Aufsehen, rechts wie links. Friedrich Engels schrieb über Heine in »The New Moral World« und veröffentlichte dort ebenfalls das »Weber«-Lied. Marx, Ruge u. a. beschlossen die Gründung einer revolutio-nären Gesellschaft; der »Vorwärts« sollte Monatsrevue wer-den. Die preußische Regierung verlangte die Ausweisung der Mitarbeiter; Bernays ward wegen Verletzung des preußi-schen Pressegesetzes verurteilt. Am 25. Jänner 1845 wurden die Mitarbeiter ausgewiesen. Am schärfsten traf es Bakunin und Marx. Dem Dichter kam sein Wohnrecht zugute und eine französische Verordnung von 1814, die allen zwischen 1791 und 1801 in Düsseldorf geborenen Personen das Recht gab, in Frankreich zu leben. Möglicherweise nützten ihm auch seine Beziehungen zu französischen Politikern. Frank-reich war darin meist nobler, auch gegenüber dem politi-schen Gegner, dem geistigen Produzenten, als andere euro-päische Staaten – man denkt da unwillkürlich an de Gaulles Äußerung, als Sartre verhaftet worden war: »Voltaire verhaf-tet man nicht!«, worauf er ihn sofort freiließ.

Der politische Schriftsteller und klassische Poet konnte in Paris bleiben – das Heimatrecht ward gewährt, als die alte, soeben kritisch-lobend besungene Heimat noch feindlicher ge-worden war. Doch mit dem Ende dieser politischen Kern-gruppe war auch seine politische Schriftstellerei mit klassischen Meisterwerken im wesentlichen beendet. Einige Fragmente, die man »Briefe über Deutschland« nennt und aus denen be-reits zitiert wurde, waren seine letzten direkt politischen Texte.

Heine setzte sein Werk unter veränderten Umständen und
mit veränderten Mitteln fort: Nicht mehr aus der direkten
Aktion oder Beobachtung von draußen, sondern zunehmend
stärker von innen und aus der Erinnerung, nach dem Grundsatz »Lehret Gedächtnis!« Und das ist ganz jüdisch.

Die gesellschaftlichen Nackenschläge wurden begleitet
von natürlichen: Am 23. Dezember 1844 starb der Aufstei-
ger-Millionen-Onkel in Hamburg und hinterließ dem Dich-
ter-Neffen ganze 8 000 Mark banco und eine gekürzte Rente.
Für den im 48. Lebensjahr stehenden kränkelnden Mann trat
an die Stelle politischen Kampfes ein neuer Existenzkampf,
und die Musen hatten vorerst zu schweigen.

Hellene und Jude

»Die Gegensätze sind hier grell gepaart, / Des Griechen Lust-
sinn und der Gottgedanke / Judäas! […]« In diesen Versen
aus dem Gedicht »Für die Mouche« ist der im Grunde unauf-
lösbare Widerspruch auf eine Formel gebracht. Oder ist er
lösbar? Zumindest ist er lebbar – dieser eine, der hier zur
Rede steht, hat ihn gelebt. Nun stammt der Vers aus dem
Spätwerk, in welchem Jüdisches ohnehin wieder stärker im
Mittelpunkt steht. Jetzt geht es noch um die hellenistisch-
klassische Phase, die etwa nach 1825 begann und um die
Mitte der vierziger Jahre endete. Es geht um Heines zentralen
Konflikt, um den Konflikt des Juden zwischen Emanzipation
und Assimilation in einer Gesellschaft, die – wenn nicht
christlich tradiert – von griechisch-antiken Werten geprägt
ist. Jüdisch war der Ausgangspunkt, jüdisch ist der End-
punkt. Die Mitte ist griechisch. Aber auch das stimmt nur
zum Teil. Denn das Jüdische verschwindet nie ganz, bildet
unter der Oberfläche einen Nebenstrom, während der
Hauptstrom griechisch-hellenisch ist. Um es musikalisch zu
sagen: Zwei Themen ringen umeinander und miteinander,

und man vermag zunächst nicht zu sagen, welches das Hauptthema ist. Gibt es überhaupt eines? Das erste, das jüdische Thema klingt prägnant an, wird verarbeitet, derweilen taucht ein anderes auf, wird stärker, endlich setzt es sich durch, dominiert lange; das erste läßt sich nicht verdrängen und kehrt zum Ende in voller Stärke wieder, doch auch das zweite bleibt. In einem harten Fugato kämpfen sie gegeneinander, der Schluß ist nur vermeintlich ein Ende, ein dissonanter Takt ohne Ende, ohne Entscheidung – der Widerspruch bleibt.

So geht es in diesem Kapitel darum, zu zeigen, daß auch in der hellenistischen Phase der Dichter Jude geblieben ist. Das Thema geht nie unter. In fast allen Texten und in vielen Briefen der dreißiger und auch frühen vierziger Jahre sowie in Aussagen der Zeitgenossen klingt das jüdische Thema an, mal stärker, mal schwächer; manchmal selbständig, mal angewendet, um etwas anderes zu beweisen. Vor allem bei seinen Bestimmungen von Spiritualismus und Sensualismus, Materialismus und Pantheismus, von Nazarenertum und Hellenismus in den Büchern »Zur Geschichte der Religion und Philosophie in Deutschland« und in der Denkschrift »Ludwig Börne«; im »Rabbi von Bacherach« ohnehin. Einmal beschwört er großen jüdischen Geist: »Der Geist der hebräischen Propheten« ruhte vielleicht noch auf ihrem späten Enkel – Spinoza. Dann begeht er seinen bereits angeführten Fehler, als er das jüdische Volk als reines »Volk des Geistes« und leibverachtend darstellt und über das Christliche den Begriff des Nazarenertums konstituiert, das Jüdische einbeziehend. Im Börne-Buch heißt es: »Ich sage nazarenisch, um mich weder des Ausdrucks ›jüdisch‹ noch ›christlich‹ zu bedienen, obgleich beide Ausdrücke für mich synonym sind und von mir nicht gebraucht werden, um einen Glauben, sondern um ein Naturell zu bezeichnen. ›Juden‹ und ›Christen‹ sind für mich ganz sinnverwandte Worte im Gegensatz zu ›Hellenen‹, mit welchem Namen ich ebenfalls kein be-

stimmtes Volk, sondern eine sowohl angeborene als ange-
bildete Geistesrichtung und Anschauungsweise bezeichne.
In dieser Beziehung möchte ich sagen: alle Menschen sind
entweder Juden oder Hellenen, Menschen mit asketischen,
bildfeindlichen, vergeistigungssüchtigen Trieben, oder Menschen von lebensheiterem, entfaltungsstolzem und realisti-
schem Wesen.« (»Ludwig Börne«) Die Begriffe Juden und
Hellenen dienen hier vorrangig als Vehikel zum Thema »Rehabilitation der Materie«, der Harmonisierung. So psycho-
logisch und anthropologisch-typologisch hat Heine sie indessen nur selten angewandt. Der Hellene war der ihm
näherstehende, der gewünschte, der ideale Typ, doch der
Jude war immer da, trotz allem Deutsch- oder Hellene-Sein-
Wollen und trotz des irreführenden Juden-Typs.

1831 schrieb Michael Beer an ihn: »Jemand dem der Himmel vor der Geburt wie Sie einmal sehr richtig sagten, die
drey größten Mißgeschicke aufbürdete, nehmlich ein Jude,
ein Deutscher und ein Dichter zu seyn, der findet in seinem
Leben ohnedies anstößige Steine genug.« (10. Juni 1831)

Wer solches im Brief schreibt, setzt einen Dialog fort.
Ebenfalls aus Dialogen stammen die von Laube überlieferten
Sätze: »Er hatte etwas von einem Raubthier, das ununterbro-
chen auf der Hut ist, und hierin am meisten zeigte sich seine
Herkunft von einem verfolgten Geschlechte. Wenn ich ihn
mahnte, diese Unruhe doch endlich einmal aufzugeben, dann
rief er halb grimmig, halb komisch: ›Wie kann ich aus meiner
Haut, die aus Palästina stammt, und welche von den Christen
gegerbt wird seit achtzehnhundert Jahren! Das Taufwasser
von Langensalza [Heiligenstadt – TF] hat daran nichts verbessert, und der Ausdruck ›ewiger Jude‹ hat tausendfache Bedeutung!« Und an anderer Stelle berichtete Laube: »Und dabei sprach er doch hundertmal über Eigenthümlichkeiten der
Juden und Christen.« Auch Meyerbeer bestätigte diese existentielle Problematik als Gesprächsthema: »Ich bin nicht
Ihrer Meinung theuerster Freund, daß der oder das Richess

[Judenhaß, -feindschaft – TF] ein so abgenutztes Kriegsmittel sei und meine Feinde Unrecht hätten sich dessen zu bedienen. Ich glaube es geht mit dem Richess wie mit der *Liebe* in den Theaterstücken und Romanen, wie oft man sich auch deren in allen Formen und Gestalten bedient hat, doch verfehlt das Mittel, geschickt angewendet nie seine Wirkung. […] Neun und neunzig Hundertheile der Leser sind Reschoim [Judenfeinde – TF], deßhalb haben und werden sie Richess goutiren wenn er nur ein wenig geschickt administrirt wird. –. Was ist zu thun? […] nicht einmal das Bad der Taufe kann das Stückchen Vorhaut wieder wachsen lassen, daß man uns am 8ten Tage unsres Leben's raubte: und wer nicht am 9ten Tage an der Operation verblutet, dem blutet sie das ganze Leben nach, bis nach dem Tode noch.« (29. August 1839) Was der Jude auch immer tut und läßt, er bleibt Jude sein Leben lang, dem Haß ausgesetzt und Außenseiter, die Wunde vernarbt nicht, sie blutet weiter, und wenn du Hellene bist!

Das leitet unmittelbar über zu des Hellenen-Juden Äußerungen anläßlich der Damaszener Judenfolterungen und -verfolgungen. Die Veröffentlichung des »Rabbi von Bacherach« war eine Reaktion, Kommentare die anderen Texte. In den »Pariser Berichten« heißt es am 7. Mai 1840: »[…] der Henker foltert und der Jude gesteht, daß er, bei dem herannahenden Paschafeste etwas Christenblut brauchte zum Eintunken für seine trockenen Osterbröde, und daß er zu diesem Behufe einen alten Capuziner abgeschlachtet habe! […] Aber für den Freund der Menschheit wird dergleichen immer ein Herzleid seyn. Erscheinungen dieser Art sind ein Unglück, dessen Folgen unberechenbar. Der Fanatismus ist ein ansteckendes Uebel, das sich unter den verschiedensten Formen verbreitet, und am Ende gegen uns alle wüthet.«

In der Tat tauchten 1840 die ältesten mittelalterlichen Vorurteile und Verleumdungen wieder auf und gaben Zündstoff für die Politik. Diese Vorfälle und die entsprechenden Reaktionen beschäftigten den Pariser AZ-Publizisten über

längere Zeit. Am 27. Mai tadelte er das geringe Interesse der
assimilierten Pariser Juden, allzusehr mit Spekulationen im
Eisenbahnbau befaßt, am Unglück ihres Volkes im Orient:
»Das Interesse, welches die hiesigen Juden an der Tragödie von Damaskus nahmen, reducirt sich auf sehr gering-
fügige Manifestationen. Das israelitische Consistorium, in
der lauen Weise aller Körperschaften, versammelte sich und
deliberirte; das einzige Zeugnis dieser Deliberation war die
Meinung, daß man die Aktenstücke des Processes zur öffentlichen Kunde bringen müsse. Hr. Crémieux, der berühmte Advocat, welcher nicht bloß den Juden, sondern den
Unterdrückten aller Confessionen und aller Doctrinen, zu
jeder Zeit seine großmüthige Beredsamkeit gewidmet, unterzog sich der obenerwähnten Publication [...] ist wohl
Hr. Cremieux der einzige in Paris, der sich der Sache Israels
thätig annahm.« Dieser jüdische Anwalt Crémieux war mit
dem jüdischen Juristen Dr. Heine gut bekannt und wurde
von ihm geschätzt. Parteinahme für die jüdische Sache bei
Kritik an Juden zeichnete beide aus, den großen Verteidiger
seiner Zeit wie den Berichterstatter, der in einem weiteren
Artikel der Angelegenheit nachging, die Pariser Presse entsprechend ihrer Haltung beurteilte und tief in einen Sumpf
der Abhängigkeiten vorstieß.

Bezeichnenderweise ist dieser Artikel vom 11. Juni nicht in
der AZ erschienen: die jüdische Sache hatte die Regierung
Thiers in Verlegenheit gebracht (da sie mitschuldig war an
dem Gemetzel) und die Presse zu Offenbarungseiden gezwungen und somit in extreme Positionen oder zur Banalität
gedrängt. Auch am 25. Juli kam Heine noch einmal auf die
Damaszener Angelegenheit zurück, im Zusammenhang aller
Vorgänge im mediterranen Raum zwischen Barcelona, wo es
einen Aufstand gab, und der Rebellion der maronitischen
Christen im Libanon: Damaskus noch einmal im Mittelpunkt
und damit Crémieux, der viel für die Juden erreicht hatte: »In
der That, dieser Advocat der Juden plaidirt zugleich die Sache

der ganzen Menschheit.« Programmatische Sätze, die ihre
Wurzeln im Disput des Berliner »Vereins für Cultur und Wissenschaft der Juden« haben.

Das Thema läuft durch: auch in Heines hellenistischer
Phase ist die jüdische Problematik anwesend, nicht kontinu-
ierlich, doch taucht sie wieder und wieder auf. Man kann die
Bücher und Bände jener Zeit aufschlagen, wo man will, immer läßt sich ein markanter Beleg für seine Haltung finden.
So schrieb er am 21. September 1842 an Cécile Heine (Furtado), empfehlend eine Creolin namens de Castro, die nicht
in ihre Heimat zurückkehren kann: »[...] denn wie Sie vielleicht wissen, es herrscht dort ein gräuliges Vorurtheil gegen
die Abkömmlinge von schwarzer Raçe. Der dortige weiße
Hautadel verachtet die farbigen Menschen eben so sehr, wie
unser deutscher *Vorhautadel* die Juden verachtet.« Dieses
Dokument ist in zweierlei Hinsicht aufschlußreich: Zum
einen verweist es auf Rassismus, obwohl es einen offiziellen
Begriff dafür noch gar nicht gab (erst seit den siebziger Jahren
des 19. Jahrhunderts), zum zweiten zeigt sich, daß der Helle-
nenjude ein ausgeprägtes Bewußtsein für Diskriminierung in
dieser Hinsicht hat und dieses auch gegenüber der angehei-
rateten millionenschweren jüdischen Verwandten (Frau Carl
Heines) ausdrückt. Selbst im ästhetischen Bereich bleiben jüdische Bezüge nicht aus. So schrieb er an die Mutter auf eine
Frage zum »Atta Troll«: »[...] er mag von einem Emanzipa-
tions-Juden ein bischen Färbung bekommen haben, doch
hatte ich nur die Satyre auf die menschlichen Liberalismus-
Ideen überhaupt im Sinne« (21. Februar 1843).

Eine bündige Kritik äußerte er über Felix Mendelssohn
Bartholdy: »Ich habe Malice auf ihn wegen seines Christelns,
ich kann diesem durch Vermögensumstände unabhängigen
Menschen nicht verzeihen, den Pietisten mit einem großen,
ungeheuren Talente zu dienen. – Je mehr ich von der Bedeutung des letzteren durchdrungen, desto erboster werd ich ob
des schnöden Mißbrauchs. Wenn ich das Glück hätte, ein

Enkel von Moses Mendelssohn zu seyn, so würde ich wahrlich mein Talent nicht dazu hergeben, die Pisse des Lämm-
leins in Musik zu setzen.« (An Ferdinand Lassalle, 11. Februar
1846) Gültiger kann man den Komponisten des »Saul« nicht
charakterisieren, der selbst vom Saulus zum Paulus ward und
offenbar just in diesem Werk eigene Probleme des Abtrünnigen oder Übertreters verhandelte. Das gilt selbst dann noch,
wenn die Hauptverantwortung dessen Vater Abraham trug,
Sohn des großen Moses Mendelssohn.

Ebenfalls 1846 notierte er die Wahl von Achille Fould zum
Deputierten (für Tarbes in den Pyrenäen). Der Mann interessierte ihn weniger, sondern die Tatsache an sich, »weil dadurch das Princip der bürgerlichen Gleichstellung der Israeliten in seiner letzten Consequenz sanctionirt wird. Es ist
freilich, sowohl durch das Gesetz wie durch öffentliche Meinung, hier in Frankreich längst der Grundsatz anerkannt
worden daß den Juden, die sich durch Talent oder Hochsinn
auszeichnen, alle Staatsämter ohne Ausnahme zugänglich
seyn müssen. Wie tolerant dies auch klingt, so finde ich auch
hier doch noch den säuerlichen Beigeschmack des verjährten
Vorurtheils. Ja, solange die Juden nicht auch ohne Talent und
ohne Hochsinn zu jenen Aemtern zugelassen werden, [...] so
lange ist [...] das Vorurtheil nicht radical entwurzelt, und es
herrscht noch immer der alte Druck! Die mittelalterliche Intoleranz schwindet aber bis auf die letzte Schattenspur, sobald die Juden auch ohne sonstiges Verdienst bloß durch ihr
Geld zur Deputation, dem höchsten Ehrenamte Frankreichs,
gelangen können ebenso gut wie ihre christlichen Brüder,
und in dieser Beziehung ist die Ernennung des Hrn. Achilles
Fould ein definitiver Sieg des Princips der bürgerlichen
Gleichheit.« (»Pariser Berichte«, 20. August 1846)

Der Text ist in mehrfacher Hinsicht von Interesse: zum
einen wegen der Kritik an den für Juden zusätzlichen Bedingungen für eine Kandidatur, zum andern durch die Forderung nach bürgerlicher Gleichheit, die freilich eine des Gel-

des ist. Trotz dieser Einschränkung zeigt sich hier ein Status, der dem deutschen eine Epoche voraus war, wenn man bedenkt, wie lange Juden in Deutschland noch jegliches Staats- oder Wahlamt verwehrt blieb.

Ein Satz von Bernays, mit dem sich Heine in gutem Einvernehmen befand, traf haargenau seine Situation wie die der Freunde und Genossen: »Der Jude gilt dem Christen trotz der Taufe niemals als Christ, er haßt ihn und verfolgt ihn auch bei Gelegenheit – als einen getauften Juden.«

Textzeugen über Textzeugen. Bleiben noch die eigentlichen Zeugen zu erwähnen, Heines jüdische Freunde und Bekannte jener Jahre: Felix Bamberg, Bernays, Börnstein, die Fould-Furtados, die Friedlands, Meir Aron Goldschmid, Heß, Homberg, Lassalle (Vater und Sohn), Fanny Lewald, Marx, Alfred Meißner, Meyerbeer, die Rothschilds, Spazier, Hermann David Schiff, Weill u. a. Genannt seien auch die Verleger, Eugène Renduel zum Beispiel und die Lévy Frères, doch die gehören bereits in die spätere, jüdisch bewußte Phase. Auch der weitere Kreis jüdischer Personen, zu denen Heine Kontakt hatte, einschließlich der weitverzweigten eigenen Familie ist schwächer oder stärker im jüdischen Bewußtsein verankert. Doch dieses Bewußtsein ist eben auch bei Heine widersprüchlich: In dieser Periode des Spannungsverhältnisses zwischen Hellenentum und Jüdisch-Sein gibt es Zeugen für Abstoßung, für Abwendung, die mehr sind als Kritik. Manchmal mochte und wollte er mit seinem Volk nichts zu tun haben, aus dem Verlangen nach Emanzipation oder dem (nie langen und tiefen) Wunsch nach Assimilation oder aus Gründen der Taktik.

Israelische Historiker wie Jaakov Katz und Tzwi Bacherach sehen Heinrich Heine als positives Gegenbeispiel zu den Abtrünnigen, da er trotz Konversion zum Christentum den Kampf für Jüdisches weiterführte. Wir fügen hinzu: ungeachtet seines sensualistischen Hellenentums. Abschließend – zumindest für diese Periode – gilt ein Satz von 1850 zu

Ludwig Kalisch: »Ich mache kein Hehl aus meinem Juden-
thume, zu dem ich nicht zurückgekehrt bin, da ich es niemals verlassen hatte.«

Vom Enthusiasmus zum Miserere –
Krisen – Poesie als Trotzdem

Wenig erfreulich lesen sich die Dokumente der kommenden
Jahre – Geldangelegenheiten sind nun einmal nichts Erfreuli-
ches, für die meisten jedenfalls. Was die Hamburger Aufstei-
ger- und Parvenufamilie, die er dennoch so geliebt, in Gang
setzte, ist ein makabres Kapitel, zumal es ein innerjüdischer
Streit war. Nun, warum nicht, könnte jemand einwenden. Fa-
milienstreitigkeiten gibt es überall. Sicher! Doch dreierlei läßt
sich dagegenhalten: 1. Es wurden Grundgesetze der Solidarität außer Kraft gesetzt, und Solidarität ist eines der höchsten
jüdischen Gebote, vor allem in der Diaspora. 2. Es handelte
sich um relative Größenordnungen: für den Dichter um existentielle, für die steinreiche Familie um äußerst belanglose
Größen. 3. Die Angelegenheit ward zum öffentlichen Fall,
was vor allem vom Betroffenen selbst ausging.
      Es ist durchaus wahrscheinlich, daß Ohrenbläser den Al-
ten zu jener Testamentsbestimmung, die Änderung eines ge-
gebenen Versprechens war, veranlaßt hatten: 1838 war die
Pension über 4000 Francs festgelegt und 1841 – nach des
Neffen Eheschließung – auf 4800 Francs erhöht, 1843/44
während der Deutschlandbesuche bestätigt worden. Der
Dichter selbst sah es so: »[…] die schleichende Mittelmäßig-
keit, die zwanzig Jahre lang harrte, ingrimmig neidisch auf
den Genius, hatte endlich ihre Siegesstunde erreicht.« (An
Varnhagen, 3. Jänner 1846) Dies zielt auf den Widerspruch
Kapital und Kunst, Bourgeois und Künstler, zugespitzt durch
einen Künstler, der diese Bourgeoisie-Gesellschaft verändern
bzw. beseitigen wollte. Der innerjüdische Konflikt verschärfte

diesen Widerspruch noch: eine mißverstandene Emanzipation war bei dieser Familie zur Assimilation mißraten und geriet in Schieflage zum Jüdisch-Sein sui generis, zu jeglichem Jüdisch-Bewußtsein.

Der Dichter hatte Grund, ärgerlich zu sein, ja tief empört: Schließlich hatte er 1832 den choleraerkrankten Carl Heine unter Lebensgefahr gepflegt und dessen Ehe mit Cécile Furtado angebahnt. Aber es geht die Rede, er sei auch ein Geliebter dieser Cécile gewesen. (Eine Aussage im Brief vom 9. Jänner 1845 an Detmold stützt die Vermutung!) Sollte hier eine alte Rechnung beglichen werden? Wie dem auch sei, tiefe Gegensätze traten offen zutage. Äußerlich gesehen, hatte der Onkel für den Neffen viel getan, ihm eine gute Ausbildung ermöglicht und ihn auch sonst unterstützt. Inzwischen war der ein berühmter Autor geworden, ein Mann von bald fünfzig Jahren. Warum sollte die Familie ihn lebenslang finanzieren?

Spätere Generationen erkannten die Ursachen dieses Streits in dem Widerspruch zwischen einer geradezu zwangsläufigen Anhäufung riesiger Kapitalien aus Zinsen, genauer: aus Geldverleih im Bankgeschäft, und der ungesicherten Lage des bürgerlichen Schriftstellers. Als ein solcher hatte sich Heine konsequent durchgesetzt, sosehr er gelegentlich sozial oder politisch kompromißbereit war, künstlerisch aber hat er nie ein Zugeständnis gemacht. Wer wollte es ihm verdenken, daß er einen Anteil an dem Millionenvermögen beanspruchte, um leben und arbeiten zu können? Er hatte Ansprüche, und diese Ansprüche setzte er durch, wie er die Position des freien Schriftstellers als Institution durchgesetzt hatte. Er setzte sie in diesem Falle durch mit Mitteln, die an Erpressung grenzten: dem Einsatz seiner gefürchteten Feder. Und dies eben wollte die Banker-Familie mit aller Macht und ebenfalls Erpressung verhindern: Geld nur, wenn er seine Manuskripte der Familienzensur ausliefere, besonders solche, in denen sie vorkäme.

Es gehört zur Tragik im Leben des Dichters, daß er einen erheblichen Teil seiner Kräfte und seiner Gesundheit in Existenzkämpfen aufreiben mußte. Die de-facto-Enterbung hatte ihn geschockt und demoralisiert – seine Verfassung verschlechterte sich spürbar, und seine Produktion ging auffällig zurück. Individualstolz, moralisches Zentrum und Persönlichkeitskern waren getroffen. Dabei blieb er sich seiner Sonderrolle und Ausnahmestellung stets bewußt: »Nur an der Achtung Heinrich Heines liegt mir etwas, und ich habe demgemäß gelebt und gelitten; was ich bey der Welt gelte ist mir gleich.« (An Varnhagen, 24. Februar 1846) Stolze Worte eines tief Verletzten, die im übrigen gar nicht stimmten. Gerade ihm lag auch sehr viel an der Geltung in der Welt.

So entfesselte er eine Art Privatkrieg gegen Carl Heine vornehmlich über die Presse, doch auch über diplomatische Aktionen, in die er zahlreiche Persönlichkeiten einschaltete: Campe, Alexander von Humboldt, Laube, Meyerbeer, Fürst Pückler-Muskau, Varnhagen u. a. Das Spektrum reichte vom alten Hochadel bis zum Sozialisten Ferdinand Lassalle. Er führte Pressekriege und beabsichtigte, das Erbe einzuklagen. Die Maßvollen unter den Freunden rieten ab. Im Februar 1847 einigten sich beide Seiten: Carl Heine zahlte die Pension von 4 800 Francs, Mathilde sollte ihren Anteil nach des Ehegatten Tod erhalten. Der Dichter mußte sich verpflichten, nichts über Salomon Heine und die Aufsteiger- und Parvenu-Familie zu veröffentlichen.

War der Schriftsteller Heine ökonomisch saniert mit nunmehr drei Pensionen: der Familie, des Verlages, der französischen Regierung? Letztere entfiel ab März 1848, nach dem Sturz des Bürgerkönigtums und der Regierung Guizot. Bemühungen über französische Freunde (Jaubert und dessen Schwager, Minister d'Alton-Shée), die Ehrenpension wiederzuerlangen, scheiterten am Geldmangel der Revolutionsregierungen und an der Ignoranz Bonapartes. Daher – und auch wegen des Widerstands von Campe – entfiel der Napoléon feiernde Text, das sogenannte »Waterloo-Fragment«, aus den »Geständnissen«.

Andererseits bewilligte Carl Heine, ab 1851 nunmehr zufriedengestellt durch Schweigen, zusätzliche Summen, Campes Zahlungen steigerten sich ebenfalls. Schließlich erbrachten zahlreiche Finanzgeschäfte über die Bankhäuser Rothschild, Homberg und Péreire sowie Spekulationen mit Aktien der Prager Gas-Gesellschaft »Iris« über den Industriellen Ferdinand Friedland (einen Schwager Lassalles) sowie verschiedene literarische Arbeiten beträchtliche Einkünfte.

Die Legende älterer Heine-Literatur, der Dichter sei ein armer Mann gewesen und hätte – vor allem im Alter – wirtschaftliche Not gelitten, kann getrost als widerlegt betrachtet werden. Ebenso sicher ist: Er war kein reicher Mann wie etwa Dumas père oder Liszt, Meyerbeer oder Scribe, ging er doch keine künstlerischen Kompromisse ein. Daß er oft in Geldnöten war, lag bis Mitte der vierziger Jahre an seinen bereits beschriebenen Ansprüchen und an anderen Umständen: Mathilde gab viel aus für Haushalt und Putz, er selber unterstützte zahlreiche Exilanten und wurde von gewissenlosen Pseudo-Exilanten geprellt. Zunehmende Kosten verursachten die medizinischen Behandlungen, Ärzte und Badereisen. In der Spätphase konsultierte er zeitweise ein halbes Dutzend Doktoren: Auguste Chomel, David Gruby, David Koreff, Léon Rostan, Jules Sichel, Leopold Wertheim, die meisten Juden. Außerdem stellte er mehrere Sekretäre ein, um seine schriftstellerische Produktion fortzusetzen und die ständig steigende Korrespondenz bewältigen zu können. Die dafür anfallenden Honorare waren nicht unbeträchtlich.

Jedenfalls hatte sich Heine, so kampf- und opferreich auch immer, als freier Schriftsteller durchgesetzt. Seine Einkünfte entsprachen alles in allem denen einer mittleren Bürgerexistenz.

Es folgte, was folgen mußte: auf die Krise der Zusammenbruch. Alle ärztlichen Mühen halfen nichts, die Bäder in den

Pyrenäen 1846, die Aufenthalte auf dem Lande in Montmorency 1845 und 1847, die Behandlung im Hospital Faultriers
1848 blieben ohne tiefgreifende Wirkung. Eine bis heute nie
zureichend diagnostizierte Krankheit führte 1848 zur völli-
gen Lähmung. Was war das nun für eine Krankheit, für die so
viele Deutungen versucht wurden.

Es gibt bis in die neunziger Jahre unseres Jahrhunderts
65 Veröffentlichungen von 64 Autoren (29 Nichtmedizi-
nern und 35 Medizinern) mit ca. 35 Diagnosen. Sie reichen
von fortschreitender Rückenmarkserweichung über Tabes
und Tabes dorsalis, luische und syphilitische Tabes dorsalis,
Rückenmarksleiden aller Art, Multiple Sklerose und Lues
cerebrospinalis, progressive spinale Muskelatrophie und
myatrophische Lateralsklerose bis hin zu progressiver Muskelatrophie und heredodegenerativer Erkrankung vom auf-
steigenden Typ. In der letzten mir zugänglichen Publikation
heißt es: »Der Krankheitsverlauf belegt eindeutig eine chro-
nisch rezidivierende Erkrankung. [...] Die evaluierten Allge-
meinbeschwerden, die internistischen und zentralnervösen
Symptome, der Krankheitsverlauf und die Todesursache weisen ohne Einschränkung auf eine tuberkulöse Infektion als
Ursache aller Krankheitserscheinungen hin. Insbesondere
aber die basale Meningitis/Meningoenzephalitis mit jedoch
ungewöhnlich tahiertem Verlauf erklärt die in Heines letzten
Lebensjahren dominierende neurologische Symptomatik und
als einzige Erkrankung auch die Todesursache des Dichters.
Die Tuberkulose erscheint daher als Erkrankung Heines sehr
wahrscheinlich.« (Montanus)

Das wäre also die 36. Diagnose. Eine endgültige Klarheit,
an welcher Krankheit der arme Heine gestorben ist, wird es
niemals geben. Wichtiger ist die tapfere Art des Sterbens, der
Mut in der achtjährigen Leidenszeit und die Klarheit und
Heiterkeit seines Seins, vor allem diese enorme Produktivität
aus Erinnern und Gedächtnis heraus.

Das Miserere war eingeläutet, der Zusammenbruch kam,

doch Kaddisch ward noch lange nicht gesagt. 1851 hat der
Dichter im Nachwort zum »Romanzero« seinen Zusammenbruch in poetischer Weise beschrieben: als vor der Statue der
Venus von Milo im Louvre Mitte Mai 1848 geschehen, mithin ein Abschied von der Schönheit, vom hellenischen Ideal –
es gab nur noch die bittere Wahrheit. Von nun an war er bett-
lägerig (Matratzengruft) und von der Außenwelt abgeschnitten. Doch ich habe vorgegriffen. Noch war es nicht soweit.
Der Abbruch seines Außen- und Straßen- oder Caféhaus-
lebens vollzog sich nicht abrupt, sondern allmählich. Noch
immer ging er aus, zu Leuten, traf sich mit ihnen und empfing Besuche, so eingeschränkt auch immer.

Mehrmals, vor allem 1849, besuchte ihn noch Karl Marx,
einige Male mit Engels zusammen; sie baten ihn um Mitarbeit an Periodika und sandten ihm ihr Gemeinschaftswerk
»Die heilige Familie«. Die Beziehung zu Ferdinand Lassalle
ging weiter, in dem er vorübergehend »den Messias des Jahrhunderts« sah. Er verstand ihn vermutlich als charismatische
jüdische Persönlichkeit, disponiert zum Führer der aufkommenden Klasse, die er schon oft beschrieben hatte; fast
ebenso schnell hatte er die Grenzen dieses Mannes begriffen,
in welchem Voluntarismus und Eitelkeit, Theorieschwäche
und Erfolgssucht eine sonderbare Mischung eingegangen
waren. Mit Lassalles Schwager Friedland erlebte er Uner-
quickliches bei Spekulationen mit Aktien der Gesellschaft
»Iris«. Grämliche Briefe zeugen davon. Mit dem Arzt August-
Hermann Ewerbeck verkehrte er wie vordem. Die Fäden liefen nach allen Seiten, nur ließen sie sich schon schwerer binden und knüpfen. 1847 nahm er noch an Veranstaltungen
der Fourieristen teil. Die Beziehung zum Gegenspieler, zum
Mächtigsten der Macher, Baron James Rothschild, ging weiter – durchaus ertragreich, wie wir wissen. Das Verhältnis
zum Rothschild der Musik, Giacomo Meyerbeer, ward allerdings immer spannungsreicher – Geldangelegenheiten verfeindeten die einstigen Freunde; die böse Satire »Festgedicht«

(»Beeren-Meyer, Meyer-Beer!« mit den Epilog-Versen »- ich schrieb dies Poem, / Und ich befinde mich besser seitdem«) setzte eine Art Schlußpunkt.

Andere Freunde hielten die Treue: Berlioz, die Fürstin Belgiojoso, Familie Jaubert; Balzac bis fast zu seinem Tod 1850, Alexandre Dumas père, Théophile Gautier, Gérard de Nerval, der kongeniale Übersetzer von Heines später Lyrik; Eugène Sue, der fantastische Sozialist, über dessen Diskurs mit Balzac und Heine Alexandre Weill so einen trefflichen Bericht mit einigen Fehlern gegeben hat; andere Schriftsteller wie Léon Gozlan, Jules Janin, die Musikverleger Léon und Marie-Pierre-Yves Escudier waren seine Gäste.

Deutsche Schriftsteller besuchten ihn zunehmend, bekannte wie fremde: Creizenach, Ignaz Kuranda, Seuffert, auch Karl Grün kamen, halfen, die alten Linkshegelianer, soweit sie noch da waren. Einige, die den politischen Kompromiß bis zum Verrat trieben, hat er sich vom Leibe gehalten: Laube wird er nach 1848 kritisieren, ohne mit ihm zu brechen, über den politischen Narren Venedey harte Satiren schreiben (»Kobes I.« und »Offenes Sendschreiben«). Moritz Hartmann, Levin Schücking, der Ungar Karl Maria Kertbény (Benkert), Freund von Sandor Petöfi, suchten ihn auf, wollten Rat und gaben welchen, brachten Literatur, schrieben über ihn. Auch Freiligrath, den Heine menschlich schätzte und weniger als Poeten, bemühte sich um eine Begegnung, zu der es dann aber nicht kam.

Er blieb auf dem Kampffeld, wenngleich nicht mehr Kämpfer in vorderster Linie. Die andern freilich schossen auch noch auf den sich Zurückziehenden. Als er sich zu seinem Studienfreund Professor Dieffenbach, inzwischen ein berühmter Arzt, nach Berlin begeben wollte, drohte ihm trotz Vermittlung Varnhagens, Pückler-Muskaus, Lassalles und Humboldts die Verhaftung. Die Reaktion hatte schon immer ein gutes Gedächtnis hinsichtlich ihrer Gegner, Rache war seit jeher eines ihrer Dogmen; so blieb der große Europäer von dem Deutschen unbehandelt. Auch Pressekrieg und Rufmord gingen weiter: Im Sommer 1846 hatte eine deutsche Zeitung gemeldet, er befinde sich in einem Pariser Irrenhaus. Wenig später las man die Nachricht von seinem Tod, und der Lebende konnte die Nekrologe über sich zur Kenntnis nehmen, auch einen seines Freundes Laube, der zum Glück unveröffentlicht blieb. (Laube rühmte vor allem des deutschen Dichters herausragende Stellung gegenüber den französischen Kollegen, seine leidenschaftliche und geschickte Verteidigung deutscher Kultur und Wissenschaft, die er in Deutschland so kritisch sah.) Es folgten die Dementis, doch Unruhe war geschaffen.

Der kranke Mann erlebte freilich auch anderes, Freudigeres, so seine Anerkennung bei den deutschen Arbeitern in Paris, wie ihn 1845 Ewerbeck wissen ließ. Oder daß englische Arbeiter im »Deutschen Westend Communisten Verein« das »Weber«-Gedicht jeden Freitag zu ihren Versammlungen vortrugen. Anfang 1847 war der Text in der zweiten, noch schärferen Fassung mit dem bekannten Titel »Die schlesischen Weber« (ursprünglich »Die armen Weber«) in der sächsischen Zeitschrift »Album«, herausgegeben von dem linksorientierten Hermann Püttmann, erschienen. Eine solche Verbreitung war insofern wichtig, als das Gedicht weder in den »Neuen Gedichten« noch in einer der beiden späteren Lyrik-Sammlungen im Campe-Verlag erscheinen konnte. Es tat seine Wirkung vor allem unter jenen, an die es gerichtet war, und der Verfasser war präsent in Schichten, die sonst wenig Chancen hatten, Literatur zu lesen. Es sollte von hier aus weiterwirken, in Nachschöpfungen und im Arbeiterlied selbst, bis hin zur Hymne des Jüdischen Arbeiterbundes von S. An-Ski.

Und er schrieb weiter, trotzdem, wie so vieles in seinem Leben ein Trotzdem war. Zahlreiche Gedichte, die später im »Romanzero« bekannt wurden: »Der Asra«, »Pfalzgräfin Jutta«, »Walküren« und weitere Zeitgedichte, die entweder in

Journalen, in den »Vermischten Gedichten« oder zu Lebzeiten gar nicht mehr erschienen sind. Er überarbeitete den »Atta Troll« für die Buchausgabe und begann einen Aufsatz über »Französische Geschichtschreiber«, der Fragment geblieben ist. Seine wichtigsten Arbeiten dieser Jahre waren die beiden Ballett-Libretti »Die Göttin Diana« und »Der Doktor Faust«. Angeregt wurden sie durch den englischen Ballett-Direktor Benjamin Lumley, den der Dichter im Winter 1846 kennengelernt hatte. Er schrieb »Die Göttin Diana« in ziemlich kurzer Frist, lieferte den Text, der gut honoriert, doch niemals choreografiert ward, bereits im Februar. Ähnlich verhielt es sich mit »Doktor Faust«, den er im Herbst 1847 nach London sandte. Auch damit geschah auf der Bühne nichts. Wenn überhaupt, dann in Adaptionen, so 1854 durch den Berliner Ballettdirektor Taglioni, der eine »Satanella« in Szene setzte, die nur entfernt etwas mit dem Heine-Text zu tun hatte. Schließlich einhundert Jahre später durch Werner Egk mit »Abraxas« (1947), der nach Heines Vorlage eines der wirkungsvollsten zeitgenössischen Ballette des 20. Jahrhunderts schuf. »Der Doktor Faust« konnte noch 1847 französisch erscheinen, deutsch 1851. Darüber an anderer Stelle.

Für den Historiografen notierens- und erinnernswert ist, daß die persönliche Krise mit der allgemeinen einherging: 1847 stand im Zeichen einer allgemeinen europäischen Wirtschaftskrise, und 1848 brach die Revolution aus. Zuerst im Februar in Paris, im März in Berlin und Wien, von wo sie sich über nahezu alle europäischen Länder ausbreitete, niedergeschlagen ward und im Herbst 1849 unter russischen Bajonetten in Ungarn ihr Ende fand. Heine kommentierte zuerst die französische, deren wichtigste Etappen der Beginn im Februar und der Arbeiteraufstand im Juni waren und die ziemlich schmählich 1851 mit dem Staatsstreich von Louis Bonaparte auslief, der 1852 als Napoléon III. ein zweites Kaiserreich begründete. Im März verfaßte der immer noch aktive Publizist vier Artikel für die AZ, von denen nur der erste noch erschien, während der dritte nur bruchstückhaft erhalten ist. Bis 1854 kommentierte er die genannten Vorgänge in Briefen und Gesprächen, zuletzt noch einmal in verschiedenen Passagen der »Vermischten Schriften«, vor allem in den »Geständnissen«. Und dies durchaus unterschiedlich, vom Lobpreis der Revolutionsmänner bis zum grimmigen Hohn. Als stetiger Gedanke erscheint, daß immer das Volk gekämpft habe und dann von Glücksrittern, zuletzt vor allem von der Geldaristokratie betrogen worden sei; das war schon 1830 so und kehrte nun wieder. Auch diese Revolution hat die Hauptaufgabe einer sozialen Revolution nicht gelöst, der Besitz ist in den Händen der wenigen, und die Armen sind erneut arm geblieben. Hier sieht sich der stets kritisch beobachtende Autor bestätigt. Auch wieder der Zwiespalt: er akzeptiert die Revolution, weil sie notwendig ist, um unerträgliche Zustände zu beseitigen, und zugleich fürchtet er sie als zerstörend. Das zentrale Thema des Dichters, der die Schönheit bedroht sieht, wird zugespitzt, verschärft. Sein Jubelgesang aus den frühen dreißiger Jahren nach der Julirevolution, dieser »dionysische Revolutionsbegriff« (Werner), ist gewichen.

Ich konstatierte bereits, daß die Revolution ein zentrales Ereignis Heineschen Denkens war – neben seiner Krankheit – und daß er dieselben Geschehnisse über Jahre hinweg sehr unterschiedlich beurteilte. Da sind Kritiker meist schnell bei der Hand, ihm nicht nur die Widersprüche, sondern unentschiedene, leichtfertige oder gar betrügerisch-charakterlose Aussagen bzw. konjunkturbeflissenen Meinungswechsel zu unterstellen. Abgesehen davon, daß sich Ansichten tatsächlich geändert haben, sollte man die Widersprüche eher in der Realität suchen. Diejenigen, die er während der Februarrevolution noch feierte, hatten enttäuscht, die Revolution verraten, kaum ein ernsthaftes Revolutionsziel erreicht, den Arbeiteraufstand niederschlagen lassen; die Revolution hatte das Königtum beseitigt (politische Form) und im Kaiserreich

geendigt. Das alles hatte er gelebt und reflektiert. So erklären sich auf andere Weise diese unterschiedlichen Auffassungen.

Sicher hatte er den Enthusiasmus von 1830 hinter sich ge-
lassen – das war realistischer – und auch die Siegesgewißheit
von 1842/44 nicht mehr geteilt. Was die Hegelinge und die
französischen Sozialisten/Kommunisten in ihren Schriften
vertraten, war von ihnen aufgegeben worden oder hatte sich
als nicht richtig oder zumindest als nicht machbar erwiesen.
Da reduzierte sich sein aus jüdischen Traditionen und von
Hegel gespeister, doch nie teleologischer Geschichtsopti-
mismus, wenn er im März 1848 fragte: »Werden die Angelegenheiten dieser Welt wirklich gelenkt von einem vernünfti-
gen Gedanken, von der denkenden Vernunft? Oder regirt sie
nur ein lachender Gamin, der Gott-Zufall?« Das ist die zentrale geschichtsphilosophische Frage aller Zeiten. Als 1989/90
die Geschichtsphilosophien, die von einer Gesetzmäßigkeit
und vom Fortschreiten in der Geschichte ausgegangen sind,
teleologisch und staatstragend und steril geworden waren
und ihre Systeme zusammenbrachen, feierten Denkweisen
vom Ende der Geschichte, vom Zufall, vom Chaos fröhliche
Urständ und gaben noch weniger Antworten auf menschliche Fragen, verbreiteten Pessimismus. Das war 1848/49 so
ähnlich, und auch Heine blieb von solchen Vorgängen nicht
unberührt, hatte doch sein religiöser Wandel damit zu tun.

»[…] das ist Universalanarchie, Weltkuddelmuddel, sichtbar gewordener Gotteswahnsinn! Der Alte muß eingesperrt
werden, wenn das so fortgeht.« (An Campe, 9. Juli 1848)
Vom Enthusiasmus zum Miserere!? Niedergeschrieben wurde
das, als der Juni-Aufstand der Pariser Arbeiter durch General
Cavaignac und der Volksaufstand von Prag durch Marschall
Windischgrätz niedergeschlagen worden war. Wenige Tage
später zwang Marschall Radetzky den italienischen National-
aufstand in die Knie. Sicher ist: mit derlei – meist privaten –
Kommentaren wurde der politische Schriftsteller den Ereig-

nissen von 1848/49 nicht gerecht. Langfristig und vom Ergebnis her betrachtet, von so vielen Irrtümern und vertanen Chancen jener liberalen, republikanischen, kleinbürgerlich-sozialistischen oder anarchistischen und frühkommunistischen Revolutionsmänner, behielt er freilich recht. Seine Aussage ähnelte in manchem der Marxschen (»Revolution und Konterrevolution in Deutschland«), mutatis mutandis: in Sachen Volksbegriff war er Marx überlegen, hinsichtlich der politischen Analyse kaum, da war dessen Resultat tiefer begründet. Die sozialen Widersprüche waren zwar nicht gelöst worden, doch die Bahn ward frei für die volle Kapitalisierung und Industrialisierung, vor allem im zurückgebliebenen Deutschland.

Die Geschichtsereignisse jener Jahre stellten nicht nur Revolutionsbegriff und Geschichtsphilosophie des Dichter-Philosophen in Frage, sondern gleichfalls seine künstlerische Identität. Wie der Dichter darauf antwortete, ist bekannt und wird noch in folgenden Kapiteln behandelt: Er hat weitergeschrieben und sich mit allem, was ihn umgab, nach wie vor auseinandergesetzt, anders (Gedächtnis und Erinnerung) und tiefer (tragischer Optimismus). Eine Lebensweise und Reflexionsform von Widersprüchen, die ihresgleichen so bald nicht findet.

Ein bedeutender dichterischer Reflex dieser konfliktreichen Lage, zugleich Abgesang einer Periode, in der er seine Haltung dazu poetisiert hat, ist das Gedicht »Im Oktober 1849« (1850 gesondert erschienen, 1851 im »Romanzero«), das ziemlich unmittelbar nach der Besiegung der letzten Revolutionsarmee in Ungarn entstand.

> Gelegt hat sich der starke Wind,
> Und wieder stille wird's daheime;
> Germania, das große Kind,
> Erfreut sich wieder seiner Weihnachtsbäume.

Wir treiben jetzt Familienglück –
Was höher lockt, das ist vom Übel –
Die Friedensschwalbe kehrt zurück,
Die einst genistet in des Hauses Giebel.

Gemütlich ruhen Wald und Fluß,
Von sanftem Mondlicht übergossen;
Nur manchmal knallt's – Ist das ein Schuß? –
Es ist vielleicht ein Freund, den man erschossen.

Vielleicht mit Waffen in der Hand
Hat man den Tollkopf angetroffen
(Nicht jeder hat soviel Verstand
Wie Flaccus, der so kühn davongeloffen).

Es knallt. Es ist ein Fest vielleicht,
Ein Feuerwerk zur Goethefeier! –
Die Sontag, die dem Grab entsteigt,
Begrüßt Raketenlärm – die alte Leier.

Auch Liszt taucht wieder auf, der Franz,
Er lebt, er liegt nicht blutgerötet
Auf einem Schlachtfeld Ungarlands;
Kein Russe noch Kroat' hat ihn getötet.

Es fiel der Freiheit letzte Schanz'
Und Ungarn blutet sich zu Tode –
[…]

Wenn ich den Namen Ungarn hör',
Wird mir das deutsche Wams zu enge,
Es braust darunter wie ein Meer,
Mir ist, als grüßten mich Trompetenklänge!

[…]

LEIDENSJAHRE IN FRANKREICH

Fiat justitia, pereat mundus!

Im dreifachen Exil
Die Umstände und die Lage als Schriftsteller

Es ist dasselbe Schicksal auch –
Wie stolz und frei die Fahnen fliegen,
Es muß der Held, nach altem Brauch,
Den tierisch rohen Mächten unterliegen.

Und diesmal hat der Ochse gar
Mit Bären einen Bund geschlossen –
Du fällst; doch tröste dich, Magyar,
Wir andre haben schlimmre Schmach genossen.

Anständ'ge Bestien sind es doch,
Die ganz honett dich überwunden;
Doch wir geraten in das Joch
Von Wölfen, Schweinen und gemeinen Hunden.

Das heult und bellt und grunzt – ich kann
Ertragen kaum den Duft der Sieger.
Doch still, Poet, das greift dich an –
Du bist so krank, und schweigen wäre klüger.

Mit dem ersten Teil des »anachronistischen Zuges« endete das vorangegangene Kapitel, der Schlußteil desselben Gedichts (»Im Oktober 1849«) soll das neue Kapitel einleiten und auf diese Weise die geistige Einheit herstellen. Heines »anachronistischer Zug« steht im Unterschied zu den demagogischen Losungen wie »Freiheit und Democracy« in Brechts Gedicht ganz offen unter reaktionären Schlagworten wie Ruhe und Ordnung – in beiden Fällen Ausdruck und Stimmung einer eindeutigen Konterrevolution.

Heines Kollege, der mit ihm befreundete Historiker Mignet, hatte bereits 1842 eine klassische Formulierung für Konterrevolution gefunden, abstrahiert von den monarchistischen

Aufständen 1793 in der Vendée: »Eine Konterrevolution hat ihre eigenen Gesetze; einmal begonnen, muß sie ihren Lauf nehmen wie jede Revolution.« Marx und Engels sagten es – bezogen auf die konkrete Situation von 1849/50 – eindeutiger: »Die ›Mächte der Vergangenheit‹ vor dem Sturm von 1848 sind wieder die ›Mächte der Gegenwart‹[...]«

Heine gab in einem Brief folgenden ironischen Kommentar: »Hier ist Alles still, denn wir haben alles, was wir wollen und sogar ein alter Bonapartist wie ich bin, mag allenfalls zufriedengestellt seyn, wenn er vive Napoléon rufen hört! Dem Kommunismus geht es auch gut, obgleich er über schlechte Zeiten jammert. Wir haben alle kein Geld mehr und somit existirt de facto die communistische Gleichheit. Auch haben wir Weibergemeinschaft; nur die Ehemänner wissen es noch nicht.« (An Kolb, 17. April 1849; beigefügt ein Spottgedicht und einige ironische Bemerkungen über Meyerbeer.)

Das also war die Lage, in der sich der kranke Dichter befand: eine verlorengegangene Revolution und eine siegreiche Konterrevolution, vollendet durch Zar Nikolai I., als er seine Armeen nach Ungarn marschieren und die Freiheitskämpfer niederschlagen ließ. In Frankreich eine nun noch stärker expandierende und profitierende Bourgeoisie, nobel verhüllt mit dem – durchsichtigen, wenn auch eleganten – Schleier des Operetten-Imperiums des letzten Bonaparte, der sich 1851 an die Macht geputscht, 1852 mit der Krone versehen hatte. In Deutschland ein sich etwas offener als bislang zur Macht schleichendes Bürgertum, gestützt wie gehemmt durch die Privilegien einer sich allmählich selbst kapitalisierenden Aristokratie. Heine, der die Illusionen der kleinbürgerlich-republikanischen Linken kaum geteilt hatte, war so gründlich desillusioniert, daß er die Utopie nahezu fallenließ. Und doch zeichnete sich in dieser Phase, den letzten sieben Jahren, die ihm blieben, noch einmal ein Wandel, wenn nicht gar Entwicklung ab: der totalen Resignation nach den Revolutions- und Niederlagenjahren 1848/49 folgte etwa ab 1851 eine Art

Aufschwung, der sich in erster Linie in dichterischer Produktivität äußerte sowie in Gesprächen, in welchen er ganze Weltbilder negierte und neue entwarf. Dieser hochsensible Kerl war unverwüstlich – trotz alledem. Sein Dichten erwies sich letztlich als eine Art tragisch-heroische Welthaltung: die »Romanzen« und »Historien« bezeugen es ebenso wie auf andere Weise die »Lamentationen«.

Er arbeitete zahlreiche geschichtliche Erfahrungen auf: in der Lyrik (»Rhampsenit«, »Schlachtfeld bei Hastings«, »Karl I.«, »Marie Antoinette«, »König David«, »Der Mohrenkönig«, »Firdusi«, »Vitzliputzli«) wie später in Prosa (»Geständnisse«, Lutetia«). In der Lyrik griff er bewußt – aus der Zwangssituation heraus, sich nur noch sehr schwierig mitteilen zu können – auf entfernte Stoffe und einfache, zum Teil bereits früher gebrauchte Formen poetischer Kommunikation zurück: das lyrische Spätwerk, obschon in tiefste Abgründe sozialen und psychischen Seins vorstoßend, ist von höchster Einfachheit. Die Lage des Poeten und der Ausgang seines Schreibens hatten sich verändert vom Dabei-Sein zum Sich-Erinnern und Sich-Hineinversetzen.

Man schaue sich nur einmal die Stoffe der genannten Titel an: sie stammen aus mehreren Erdteilen und vielen Ländern – aus dem alten Ägypten, aus Persien oder Mittelamerika bzw. Mexiko; aus England, Frankreich, Spanien; aus hebräisch-biblischen Kulturkreisen wie aus arabischen; aus dem deutschen Bereich ist es der rheinisch und rheinisch-pfälzische. Meist gehören sie der Geschichte an, nur selten, wie bei »Pomare«, der französischen Gegenwart, im Falle der »Zwei Ritter« der polnischen. Fast überall erscheinen die Gespenster der Vergangenheit, meist siegt das Schlechte, die Geschichte verläuft tragisch und führt in den Untergang. Doch nicht ausschließlich, und der Untergang trifft oft das historisch Überfällige wie in »Karl I.«, einer meisterhaften Romanze, an der Grenze zur Ballade und im Metrum und Vers des Kinder- oder Wiegenliedes. Über den historischen Vorfall hinaus, als

eine bürgerlich-puritanische Mehrheit unter Cromwell den
letzten absoluten König Englands richtete, läßt er hier das
Köhlerkind, den heranwachsenden neuen Riesen, Henker
sein. Und gar in »Vitzliputzli«, jenem Poem von den Greuel-
taten der Spanier unter Cortez, begangen an den Azteken des
Reiches von Montezuma, verwandelt sich der Gott und geht
nach dem feindlichen Europa, um dort teuflisch zu wirken:

> Mein geliebtes Mexiko,
> Nimmermehr kann ich es retten,
> Aber rächen will ich furchtbar
> Mein geliebtes Mexiko.

Fast möchte man diese Prophetie als erfüllt ansehen, denn
Gutes haben das geraubte Gold (»die gelbe Sündenlast«) und
das vergossene Blut Europa nicht gebracht. In einer Serie von
Gemetzel und Krieg und Katastrophen hat es die Erde bei-
nahe an den Rand des Untergangs gebracht und inzwischen
seine Bedeutung verloren: Heute ist es im Begriff, sich einzu-
mauern.

Heines Weise des dichterisch-ästhetischen Reflexes ist außergewöhnlich. Vor allem wenn man sie mit den Positionen
anderer deutschsprachiger Schriftsteller seiner Zeit vergleicht.
Der politisch progressivste Schriftsteller der Deutschen, Par-
teidichter, Mitstreiter von Marx, Georg Weerth, verstummte
nach 1850 völlig. Er betätigte sich als Kaufmann in Übersee,
durchreiste den amerikanischen Kontinent, schrieb an den
Exilanten in der Rue d'Amsterdam eindrucksvolle, überaus
farbige, mitunter in Rassendingen recht merkwürdige Briefe
und starb in Kuba im selben Jahre wie sein Adressat. Grillparzer, schon vorher ziemlich still, lebte als Einsiedler im fran-
zisch-josephinischen Wien. Hebbel wurde konservativer in
Weltbild und Dramaturgie. Das Schlußwort vom Meister Anton aus »Maria Magdalena«: »Ich verstehe die Welt nicht
mehr«, ward zum Diktum und in »Gyges und sein Ring« be-

stätigt. Dingelstedt, Gutzkow und Laube gingen Kompromisse ein, machten praktische Kulturpolitik im Dienste der alten Klasse, als Redakteure, königliche Vorleser oder Theaterdirektoren. Mit Laube überwarf sich der Todkranke zeitweilig. Anlaß war dessen Buch über »Das erste deutsche Parlament«, das in seiner halbliberalen Servilität ein echtes Renegatenbuch ist. Er, der in diesem Augenblick selbst auf unmittelbar politische Zeitgedichte verzichtete, hat ihm das als Verrat an der Sache der »Vernunft und der Wahrheit« nicht verziehen, was Laube indes nicht hinderte, bis ins Alter freundlich und angemessen für den Dichter einzutreten und über ihn zu berichten. Noch 1882 bezeichnete er Heine als »Kassandra«, einen Vorausseher von Umsturz und Unglück. In ähnlicher Weise hielt Alfred Meißner, der, eigentlich linksliberal, sich dennoch in den Adelsstand heben ließ, Heine stets die Treue. Mögen seine Berichte auch etwas idealisierend und harmonisierend sein, so hat er dessen politische Ansichten, etwa Heines Kritik an Republik und Republikanern bis hin zu Proudhon, doch glaubhaft übermittelt. Und einmal den Nagel auf den Kopf getroffen: »Aber er war der Mischling aller Widersprüche und Gegensätze: grausam und gutmüthig, sanft und herb, sentimental und spöttisch. Er sah fortwährend die Dinge von ihren beiden Seiten und konnte nicht davon ablassen, sie umzukehren und umzudrehen. Er war in einer Person der arme Yorik, der Schalksnarr, ein ›Bursche von den vortrefflichsten Einfällen‹ und der Hamlet, der mit dem Schädel des armen Yorik spielte.« (1862)

Doch zurück zu der Frage, wie andere Autoren seiner Zeit die nachrevolutionäre Lage bewältigten. Nestroy, Österreicher und Dramatiker, in manchem dem rheinischen Juden durchaus art- und geistesverwandt, hatte sein schärfstes Pulver vor 1848 in Metternichs Ära verschossen, seine nachmärzliche Haltung ähnelte der Heineschen entfernt in Bitternis. Stifter zog sich zurück und suchte Humanität im Verhältnis zur Natur, erst 1868 gab er mit »Witiko« wieder eine politisch

getönte Antwort. Richard Wagners Position ist der Heineschen am nächsten – und zugleich am entferntesten. Äußerlich waren die Kompromisse Wagners größer – das Endziel
das eigene Theater, in welchem sie am Ende unter sich blieben: er und die Herrschenden, deren Machenschaften er
am historisch-mythologischen Stoff zu verdeutlichen suchte.
Zeitweilige konservative Philosopheme, die allzu mythologische Verschlüsselung des Mythos, vor allem sein scheuß-
licher Antisemitismus, der sich besonders gegen Meyerbeer
und Heine richtete, verhüllten die Wahrheit. Wagner hielt
gleichwohl – darin Heine am nächsten – an der kritischen
Durchleuchtung und an der Ablehnung von Kapital und
Machtherrschaft wie am Liebesprinzip als höchster menschlicher Verwirklichung fest – auch angesichts tragischer Be-
drohung und in »Götterdämmerungen«.

Heine stellte sich der neuen, veränderten Wirklichkeit. Eine
seiner radikalsten Einsichten lautete 1851: »Ich habe es früh
eingesehen, daß den Banquiers ein Mal die Weltherrschaft an-
heimfalle.« (Überliefert durch Gustav Heine) Auch darin war
er seinem Antipoden Wagner gleich: Alberich ist die mäch-
tigste Figur im »Ring des Nibelungen« und bleibt nach der
Katastrophe als einziger übrig, er kann weitermachen. Heine
stellte freilich der Weltherrschaft der Banker die Zukunft der
Kommunisten gegenüber – einen Kampf mit ungewissem
Ausgang. Der offene Widerspruch und die Prophetie – das ist
fast der gesamte Heine, auf eine grobe Formel gebracht. Und
so arbeitete, schrieb er weiter, reagierend und – geistig –
agierend. *Daß* er dies so tat, spricht für ihn als politischen
Schriftsteller; *wie* es machte – als Dichter; *unter welchen
Umständen* – als Menschen.

> In meine dunkle Zelle dringt
> Kein Sonnenstrahl, kein Hoffnungsschimmer;
> Ich weiß, nur mit der Kirchhofsgruft
> Vertausch' ich dies fatale Zimmer.

Poetisch klang es so, im Briefe ähnlich: »Die Ereignisse in Deutschland wirken sehr unangenehm auf meine Gemüthsstimmung. Welche ekelhafte Misère. Es ist vielleicht ein Glück für mich daß ich mich in nichts zu mischen brauchte [...], ich lebe in einer schauerlichen Einsamkeit, obgleich mitten in Paris, dem Tummelplatz aller Leidenschaften.« (An Maximilian Heine, 3. Dezember 1848) Obwohl zwischen den beiden Texten einige Jahre liegen, haben sie die gleiche Grundstimmung: Einsamkeit, Hoffnungslosigkeit, Schmerzen, Unglück, Aussicht auf den baldigen Tod. Und die Einsicht in seine veränderte Autorenposition: sich nicht mehr einmischen zu können oder zu wollen.

Der Dichter lebte nun in einem dreifachen Exil. Zum einen im Exil eines jeden Juden, der nicht in Palästina bzw. Israel ist. Darüber hat er nicht reflektiert, doch ist dies ein jüdischer Tatbestand, von dem man auszugehen hat. Zum zweiten im bekannten und vielerörterten politischen Exil, zumindest seit 1835. Während und nach der Revolution hatten ihm Freunde und Verehrer geraten, nach Hamburg zur Familie oder in andere, angesichts der Krankheit günstigere Orte überzusiedeln. Doch auch nach der Revolution waren die Restriktionen und Gefahren keineswegs aufgehoben, auch wenn man einige Haftbefehle zurückgezogen hatte. Außerdem wäre ein solcher Umzug einem lebensgefährlichen Transport gleichgekommen und war auch insofern unmöglich. Damit sind wir bei dem dritten Exil: dem des Krankenzimmers, welches er nur noch anläßlich der letzten Umzüge verließ, mal sitzend, mal liegend oder von der Wärterin getragen.

Unter ungeheuren Schmerzen, betäubt durch Morphium, das in künstlich offengehaltene Wunden gestreut wurde, zum Skelett mit dem Gewicht eines Kindes abgemagert, nahezu völlig gelähmt, mit Kreislauf- und Stoffwechselstörungen aller Art – so verbrachte er fast acht Jahre auf einem aus mehreren Matratzen bestehenden Lager, der »Matratzengruft«.

Eines hatte die Krankheit verschont: den Geist. Von seinem Arbeitswillen und seiner schöpferischen Energie haben die meisten Besucher voller Bewunderung berichtet. Dem zerstörten Körper rang er bedeutende Dichtungen und eine umfangreiche Korrespondenz ab. Neben den Gesprächen, die er mit zahlreichen Besuchern führte, ließ er sich viel vorlesen: deutsche Klassik, meist Goethe und Schiller, philosophische, theologische und historische Schriften. Bewundernswert auch, was er an Organisatorischem leistete, etwa bei der Vorbereitung der zweiten französischen Gesamtausgabe (Œuvres complètes in sieben Bänden) oder der deutschen Werkausgabe, die er nicht mehr erlebte, sowie bei Finanzgeschäften aller Art, der Internationalisierung seines Wirkens. Fast bis zum Ende gab es Phasen, in denen er sich den verschiedensten Geschäften und Arbeiten zuwenden konnte. Unter schweren Opfern konnte er seine Finanzen sanieren, sein und Mathildes Leben sichern, Beziehungen zur Umwelt unterhalten, Pflegepersonal und Sekretäre beschäftigen, Gäste empfangen, Polemiken führen.

Komplizierter wurde das Verhältnis zu Eugénie Crescentia Mirat – Mathilde. Das einzige Band, das sexuelle, war zerrissen. Sie aber war noch jung. Zweifellos hat sie ihr eigenes Leben geführt (sogar mit einer Gesellschafterin), sich aber nicht von ihm getrennt, wußte sie doch, daß sie als Madame Heine wirtschaftlich abgesichert war. Er, der einst von deutschen Philistern als amoralisch verketzerte Mann, fühlte sich ihr so weit verpflichtet, daß er in Familienbriefen von seiner Liebe schrieb, sie also immer nach außen legitimierte und sie schließlich als Universalerbin einsetzte. Er mochte das Unmögliche seiner Situation gespürt haben, als er 1850/51 in einem anderen Zusammenhang gegenüber Fanny Lewald und Adolf Stahr äußerte: »Es ist dies ein Ausschlag des christlichen Spiritualismus. Das Geschlechtsverhältnis ist dadurch unheilbar korrumpiert. Wir haben bis jetzt nur auf der einen Seite den ganz unerträglichen Zwang der Polizeiehe des Christentums, und auf der andern die Depravation, der das Konkubinat anheimfällt, weil es außer dem Gesetz ist und unnatürlich genug für eine Schande gilt. Das Alles muß geändert werden.« (Lewald, 1887)

Die letzte tiefe Neigung seines Lebens galt der »Mouche«, einer jungen Frau, die Elise Krinitz hieß, sich als Schriftstellerin Camille Selden nannte und vermutlich die außereheliche Tochter eines böhmischen Magnaten von Nostitz war. Sie, die den Dichter seit den vierziger Jahren verehrt hatte, kam im Juni 1855 nach Paris. Sie besuchte ihn sobald als möglich, sprach ihm Trost zu und erleichterte ihm die letzten Monate, Wochen und Tage. Sie übersetzte Gedichte und half bei der Ordnung seiner Gesamtausgabe. Der todkranke Mann liebte sie. Vermutlich war zum erstenmal eine Frau in sein Leben getreten, die ihm hätte Partnerin sein können. Immerhin verdankt die deutsche Literatur dieser kurzen und seltsamen Beziehung einige der schönsten, ungewöhnlichen Liebesgedichte. Das philosophisch tiefste heißt »Für die Mouche« und beginnt: »Es träumte mir von einer Sommernacht«. Es beschreibt das bereits zitierte visionäre Bild seines Sarkophages und ist voller griechischer und judäischer Symbolik:

O, dieser Streit wird enden nimmermehr,
Stets wird die Wahrheit hadern mit dem Schönen,
Stets wird geschieden sein der Menschheit Heer
In zwei Partein: Barbaren und Hellenen.

Das poesievollste ist jedoch die »Lotosblume. (An die Mouche)«:

Wahrhaftig, wir beide bilden
Ein kurioses Paar,
Die Liebste ist schwach auf den Beinen,
Der Liebhaber lahm sogar.

Sie ist ein leidendes Kätzchen,
Und er ist krank wie ein Hund,
Ich glaube, im Kopfe sind beide
Nicht sonderlich gesund.

Sie sei eine Lotosblume,
Bildet die Liebste sich ein;
Doch er, der blasse Geselle,
Vermeint der Mond zu sein.

Die Lotosblume erschließet
Ihr Kelchlein im Mondenlicht,
Doch statt des befruchtenden Lebens
Empfängt sie nur ein Gedicht.

Überwiegt hier die Tragik einer nicht stattgehabten Erfüllung
oder das Glück eines letzten, menschlich-tiefen Erlebens?
Kaum zu sagen – die Empfindungen überlagern sich in nicht
zu entwirrender Weise.

Heinrich Heine ging nicht einsam aus dem Leben. Zwar
stellten sich infolge der revolutionären Ereignisse bis 1849
tatsächlich nur wenige Besucher bei ihm ein. Vorher war um
ihn, den ersten wirklichen Großstadtdichter der Deutschen,
immer Trubel gewesen. Er liebte den Umgang mit Freunden,
Bekannten und Unbekannten; Zustimmung oder – mehr
noch – Kritik hatten ihn angeregt. Dann wieder hatte er sich
zurückgezogen und in voller Anspannung und Konzentra-
tion gearbeitet. Es waren die Phasen der Entspannung im
»Betrieb« der großen Stadt gefolgt. Jetzt war die Situation
eine andere – er konnte nirgendwo hin. Nur mehr umgeben
von Ehefrau und deren Gesellschafterin, von Wärterin, Ärzten und den mehrfach wechselnden Sekretären, empfand er
sich plötzlich als einsam. Aber Kommunikation, Kontakte
brauchte er, der kein Diogenes in der Tonne noch ein sich
kasteiender Eremit war. Nein, er war ein Jude, Angehöriger
eines gesprächigen Volkes. Die Lebensorganisation mußte

geändert werden – die andern mußten zu ihm kommen. Und auch die Korrespondenz wurde zum Ersatz für lebendigen Umgang. Der letzte Briefband der Säkularausgabe enthält für die sechs Jahre von 1850 bis 1856 allein 472, mehr als ein Viertel der 1765 Briefe aus dreißig Jahren. Bei den Briefen an Heine verhält es sich noch krasser: von 1343 an ihn gerichteten Briefen entfallen 488 auf die Zeit ab 1849, d. h. mehr als ein Drittel. Hinzu kommen die mehrfach erwähnten »Berichte der Zeitgenossen« unter dem Titel »Begegnungen mit Heine«. Der zweite Band umfaßt die zehn Jahre 1847 bis 1856 und enthält auf über 500 Seiten rund 300 Textzeugen, während der erste Band für knapp 50 Jahre nur etwas mehr als das Doppelte bietet. Und das sind nur die erhaltenen.

Viele hatten ihn besucht: Freunde und alte und neue Bekannte, Berühmtheiten und einfache Reisende: Mitglieder der Familie wie Charlotte, Gustav und Max Heine, Nichten und Neffen, auch Carl Heine; Julius Campe kam wie Börnstein und Lassalle, Marx und Engels, Auersperg-Grün, Fürst Pückler-Muskau, Varnhagen von Ense; Laube und Meißner, Hermann Schiff, Adolf Stahr und Fanny Lewald; Joseph Lehmann und Leopold Zunz; Gathy und Sigmund Engländer; Wihl und Weill; Balzac, Berlioz, Buloz, Dumas père, Grenier, de Nerval, Sainte-Beuve und Sue, die Goncourts, der Anwalt Henri Julia, Belgiojoso und Jaubert.

Durch seine Brief- und Gesprächspartner kam Welt in das Dasein der Matratzengruft. Besonders vielfältig waren die Briefe Georg Weerths, der sich auch in diesem Genre als herausragender Schriftsteller erwies. Aus einem dieser Schreiben soll ausführlicher zitiert werden, um sinnfällig zu machen, welche Art von Informationen Heine erreichten:

»Ja, während *wir* dem Grabe entgegen gehen, messen sich die großen Völker rings um uns herum in immer neuen Unternehmungen, in immer größern Thaten. Während *wir* Todte und Verrückte auf den Markt bringen, liegt in London die ganze Welt offen in ihren schönsten, herrlichsten Produkten. –

Durch den Atlantic halten Britten und Amerikaner ihre großen Wettrennen; wer New-York oder Liverpool in 10 Tagen
erreiche, oder in 9 Tagen und so viel Stunden. In Kalifornien
ist ein mächtiges Reich entstanden in zwei Jahren. Die Produktion der Australischen Küsten ist in kurzer Zeit so sehr
gesteigert, daß schon jetzt die Wolle unsrer Antipoden das
Produkt der adligen Schafzüchter im Herzen von Sachsen
und Schlesien zu verdrängen anfängt. Mit jedem Tag rücken
die russischen Eisenbahnen dem Baltischen- und dem Schwar-
zen-Meer näher; das Gold des Ural muß die Wege bahnen, auf
denen bald der Bodenreichthum des Innern Rußlands nach allen Richtungen dringen wird, um in einer Konkurrenz auf Leben und Tod den deutschen Ackerbau zu vernichten. Was die
Eisenbahnen auf dem Festlande zurecht bringen, vollendet seit
der Abschaffung der Navigations-Akte, die Ausdehnung der
Segelschiffahrt auf allen Meeren, so daß bald die Produkte des
Mississippi eben so rasch und billig in unsern Häfen eintreffen
werden wie die Produkte des eigenen Landes.

Dann beginnt der große Kampf; nicht der Kampf des Chri-
stenthums mit dem Heidenthum; der Welfen mit den Ghibel-
linen, der Whigs mit den Torys; nein! es heißt: Kampf zwischen dem Golde des Ural und dem Golde Kaliforniens;
Kampf zwischen russischem und amerikanischem Getreide;
Kampf zwischen amerikanischem und deutschem Korne;
Kampf zwischen australischer und deutscher Wolle; Kampf
zwischen der Baumwolle und dem Flachs; Kampf zwischen
westindischen Kolonien und der deutschen Runkelrübe! Und
in diesem Zusammenstoß, in dieser Völkerwanderung, nicht
der Cimbern, der Gothen und Hunnen – nein, der Korn- der
Kaffe- und der Wollsäcke, ja, in diesem unerhörten Wettstreit
der Produktion jungfräulicher Länder, werden die alten Reiche der Franken und der Germanen, ausgesogen bis auf die
Hefen, verschuldet bis über die Ohren, sich vergebens an-
strengen: Land, Lage, Wissenschaft, neue Einrichtungen geltend zu machen; der Preisunterschied wird stets zu ihrem

Nachtheil sein und wenn sie der Preisunterschied immer ent-
schiedener dazu zwingt die Produktionskosten zu ermäßigen
und der Hunger, der Vater der Revolutionen, die Könige ge-
schlachtet, den Adel gefressen haben wird, da werden wir
doch wahrscheinlich noch in der großen Völkerschlacht der
Konkurrenz überwunden und vernichtet, so daß nach Jahren
vielleicht von ganz Deutschland nichts anderes übrig bleibt als
die Hegelsche Philosophie und ein Band Ihrer Gedichte – –
Dies ist der einzige Trost den ich Ihnen bieten kann.«
(Weerth an Heine, 10. Juni 1851) Viel, sehr viel der Prophetie
dieses Weltkindes gegenüber dem Weltlehrer ist eingetroffen!

Im Laufe der Jahre hatten etliche der Freunde Heines Bekanntenkreis verlassen: Chopin war 1849 gestorben, Balzac
1850, George Sand hatte sich zurückgezogen, Musset war
im Alkohol versunken, mit Liszt und Meyerbeer hatte er sich
überworfen. Die mit ihm bekannten Politiker und Ideologen
der Julimonarchie waren in den Hintergrund getreten, ausgenommen Jules Michelet und Edgar Quinet.

Die meisten Briefe des letzten halben Jahres waren an die
»Mouche« gerichtet, auch der drittletzte seines Lebens; die
beiden letzten an Alexander von Humboldt und den Verleger
Lévy – ein Arbeitspapier als letztes Zeugnis des schöpferischen Menschen.

Verkehr, Umgang, Austausch gab es hinreichend. Und es
geschah ziemlich viel: In den Briefen ging es mehr um Arbeit
und Finanzen (zum großen Teil um Spekulationen mit dem
Bankhaus Homberg); in den Begegnungen und Gesprächen
mehr um Literatur und Philosophie, soziale Bewegung und
Politik, Geist und Kritik. Dokumente ärgerlicher Streitereien
und Lappalien stehen neben solchen geistiger Höhenflüge
und menschlicher Größe. Läppisch nehmen sich die meisten
Familienbriefe aus: Charlotte schrieb meist »Stuß«, wie sie es
selbst nannte, die Nichten und Neffen nicht viel Besseres,
Anna ausgenommen. Bruder Gustav markierte Kraft, gab an,
mischte sich in Harrys Geschäfte und verdarb das meiste;

Bruder Max, mit dem Kindernamen »Hühnergeschisse«, war, obwohl Arzt, ebenfalls Offizier und dilettierte literarisch, vermochte im Grunde wenig zu helfen. Carl Heine gab sich, wenn er schrieb, meist freundlich-sachlich oder hochnotpeinlich. Viel Familienklatsch, Menschlich-Allzumenschliches, auch Hemmendes. Man muß schon sehr tief in jüdische Lebensbräuche eintauchen, um Heines Liebe zu dieser Mischpoche oder zumindest seine Hinneigung oder Verbundenheit, die eben auch eine Abhängigkeit war, zu verstehen: Die jüdische Familie war in der Diaspora die Organisation überhaupt, die Halt und Sicherheit gab. Und das galt noch weit bis in die Emanzipations- bzw. Assimilationszeiten hinein.

In dieser Hinneigung war die zur Mutter von besonderer Güte. Rührend war der Sohn um die alte Mutter, deren Briefe im jüdischen Slang selten mehr als allgemeine Freundlichkeiten und Familienklatsch boten, besorgt: Nie durfte sie von seinem Zustand erfahren. In den Briefen an sie berichtete er nur von leichten Beschwerden, gelegentlichem schlechtem Sehen, Augenübel. Auch alle anderen Familienmitglieder waren angehalten, in gleicher Weise zu verfahren. Auch hier vor allem jüdische Solidarität. Die Mutter Betty Heine, geborene van Geldern, hat ihren Sohn um drei Jahre überlebt.

Der Jud, der seinen Gott denkt

»Mein Leben war schön, sagte er eines Tages zu mir. Ich war der Lieblingspoet der Deutschen und wurde auf dem Römer in Frankfurt gekrönt. Die Mädchen in weißen Kleidern streuten mir Blumen. Was war mein Unglück? Ich nahm meinen Heimweg durch die Judengasse. Da – – – – – – – – Seitdem klebt ein fataler Geruch an meinen Lorbeeren, den ich nicht wegbringen kann.« (Alfred Meißner, 1849) Metaphorisch drückte der Düsseldorfer Jude hier aus, was er sinngemäß 1833 im Brief an Varnhagen – Motto unseres ersten Kapi-

tels – bereits gesagt hatte: »[…] in meiner Wiege lag schon
meine Marschroute für das ganze Leben.« Man sollte es sich
in Erinnerung bringen, bevor man folgende Sätze und überhaupt das Kapitel liest: »[…] daß ich aller atheistischen Philosophie satt, wieder zu dem demüthigen Gottesglauben des
gemeinen Mannes zurückgekehrt bin.« (An Heyman Lassalle,
30. April 1850) In einem andern Brief heißt es: »Die religiöse
Umwälzung, die in mir sich ereignete, ist eine bloß geistige,
mehr ein Akt des Denkens als des seligen Empfindelns, und
das Krankenbett hat durchaus wenig Antheil daran, wie ich
mir fest bewußt bin. Es sind große, erhabne, schauerliche Gedanken über mich gekommen, aber es waren Gedanken,
Blitze des Lichtes und nicht die Phosphordünste der Glau-
benspisse.« (An Campe, 1. Juni 1850) Für die Öffentlichkeit,
zum Beispiel im Nachwort zum »Romanzero«, der im Herbst
1851 erschien, hieß es: »Ja, ich bin zurückgekehrt zu Gott,
wie der verlorene Sohn, nachdem ich lange Zeit bei den
Hegelianern die Schweine gehütet. War es die Misere, die
mich zurücktrieb? Vielleicht ein minder miserabler Grund.
Das himmlische Heimweh überfiel mich und trieb mich fort
durch Wälder und Schluchten, über die schwindligsten Berg-
pfade der Dialektik. Auf meinem Wege fand ich den Gott der
Pantheisten, aber ich konnte ihn nicht gebrauchen. […] Was
mich betrifft, so kann ich mich in der Politik keines sonder-
lichen Fortschritts rühmen; ich verharrte bei denselben demokratischen Prinzipien, denen meine früheste Jugend hul-
digte und für die ich seitdem immer flammender erglühte. In
der Theologie hingegen muß ich mich des Rückschreitens
beschuldigen, indem ich, was ich bereits oben gestanden, zu
dem alten Aberglauben, zu einem persönlichen Gotte, zurückkehrte. […] Ausdrücklich widersprechen muß ich dem
Gerüchte, als hätten mich meine Rückschritte bis zur
Schwelle irgendeiner Kirche oder gar in ihren Schoß geführt.
Nein, meine religiösen Überzeugungen sind frei geblieben
von jeder Kirchlichkeit […]«

Es gibt noch mehrere ähnliche Bekenntnisse, so in der »Berichtigung« von 1849, zuletzt in den »Geständnissen«. Des kranken Dichters religiöser Wandel ist viel erörtert worden – seinerzeit und bis zum gegenwärtigen Tage. Es gibt die unterschiedlichsten Versionen, wie ernst er es gemeint habe. Bei einem Ironiker wie ihm tatsächlich keine leichte Frage und von den landläufigen Ausgangspunkten her kaum zu klären; zu vieldeutig sind die Zeugnisse, äußerlich betrachtet, zu viel Späße auch hatte sich der große Spötter geleistet, zu verschieden ist der Gottesbegriff im Gesamtwerk. Schließlich: zu selten ist die Frage jüdisch gestellt worden.

Unbestritten bleibt, daß zu seinen Hauptgegnern zeitlebens Kirchen und Religionen als Stützen des alten Regimes gehörten. In die Synagoge war er in den zwanziger Jahren noch gegangen, später nicht mehr. Orthodoxie, die er zwar achtete, konnte seine Sache nicht sein, die sich allzu assimilatorisch gebärdenden Reformer betrachtete er mit Mißtrauen. Zweiter Grund für seinen Kampf gegen Kirchen und christliche Religionen war ihre Trägerschaft des Spiritualismus, der den Menschen geteilt und entehrt, ihm durch den Sündebegriff die Leibesrechte genommen habe. (Über seinen Irrtum, das Judentum in diesem Sinne mit dem Christentum gleichzustellen, handelten wir an anderer Stelle.) Sein Ziel war ursprünglich die Wiedereinsetzung des Menschen in seine Gottesrechte. Hegel und der Saint-Simonismus, besonders in der Auslegung von Prosper Enfantin, hatten ihre Spuren hinterlassen, der Umgang mit den Sozialisten und den Gefährten der Hegelschen Linken hatte dies Konzept vertieft. Noch 1850 sagte er von sich selbst: »Welch ein guthmütiger und liebenswürdiger Gott war ich in meiner Jugend, als ich mich durch Hegels Gnade zu dieser hohen Stellung emporgeschwungen!« (An Laube, 12. Oktober 1850). In der Religionskritik hatte er sich bekanntlich in einer Reihe mit Bruno Bauer und Ludwig Feuerbach befunden. Die christlichen Kirchen haben ihm das kaum je verziehen, der katholische Index war gut genug für ihn.

So betrachtet, mußten die späten Bekenntnisse, gar die
»Geständnisse« wie eine Abkehr erscheinen. Doch so einfach
ist es eben nicht. Zum einen muß man die Texte sehr genau
lesen, zum andern den Gottesbegriff durch das Gesamtwerk
verfolgen, schließlich sollte man die Frage jüdisch stellen. Genaugenommen war Gott nie völlig verschwunden bei ihm.
Der Dichter preist ihn für die Schönheit der Natur in der
»Harzreise« und der Frau im »Hohelied«. In der Schrift »Zur
Geschichte der Religion und Philosophie in Deutschland«,
wo von den »Gottesrechten des Menschen« die Rede ist, lobt
er ihn für die Fähigkeit des Menschen zum Genuß. Selbst im
Poem »Deutschland« ist von Gott und dem Himmelreich gehandelt: vom »Himmelreich auf Erden« zwar, und die Götter
werden unter den Dichter gestellt, aber sie erscheinen; ebenso wie Jehoschua, also Jesus, mehrfach herbeizitiert wird, als
revolutionäre Metapher zwar, aber er ist vorhanden. Der Dichter konnte auf die Gott-Metapher nicht verzichten. Man
kann das als Pantheismus bezeichnen, einen sehr weiträumi-
gen, der viel Materialismus enthielt und Platz ließ für soziale
und politische Programme. Vom Pantheismus nun distanzierte er sich, ohne Preisgabe seiner politisch demokratischen
Überzeugungen.
  Man kann das aber auch einen ziemlich chevaleresken
Umgang mit Gott nennen – eine souveräne Haltung einem
Jahrtausendbegriff oder Mythos gegenüber, die weder in den
polytheistischen noch in den späteren abrahamitischen Religionen denkbar war und auf höchste geistige Freiheit hin-
wies. Gott als Bekannter, Gefährte, mit dem man gelegent-
lichen Umgang pflegt, Gott als poetisch-philosophische Metapher, Gott als geistige Kategorie. Sehr jüdisch dies!
  Es hatte sich sein Gottesbild geändert. Ein persönlicher
Gott erscheint wieder in seinen Betrachtungen, den er einst
aufgegeben. Der Umweg war das protestantische Christentum: »Ein Protestant ist ein Katholik, der den Götzendienst
der Dreieinigkeit verläßt und auf den jüdischen Monotheis-

mus lossteuert. Der Jude muß ihm seinerseits auf dem halben
Wege entgegenkommen. Deshalb wurde ich Protestant. Ich
habe mich in die Festung geschlichen, um sie besser in die
Luft zu sprengen. Aber ich zerstöre zugleich die Bastionen
des Judentums, damit sie sich beide auf dem Felde der Freiheit vereinigen.« Er äußerte dies in einem Gespräch mit Weill,
der darauf fragte: »›Und wenn sie sich dann schließlich in der
Wüste des Atheismus zusammenfinden […], was erreichen
Sie damit?‹ – ›Der Monotheismus ist das *unerläßliche Min-
destmaß* an Religion‹, erwiderte Heine. ›Unter dem läßt sich's
nicht machen.‹« Das Gespräch muß um 1849/50 stattgefunden haben, also genau in der Phase der erörterten Veränderung. Spricht so ein Tiefgläubiger? Es ist dies eine halbwegs
historische, im Grunde höchst intelligible Konstruktion, wobei er noch einmal das alte Konzept des »Vereins« hochholte,
die freiheitliche Humanisierung oder Humanisierung in Freiheit. Und am Ende der Replik steht der Monotheismus, der
in der Folge des überlieferten Gesprächs ebenfalls wieder in
Frage gestellt, in Zweifel gesetzt wird. Soviel kann einstwei-
len festgehalten werden: Die Konstruktion eines persönlichen Gottes aus jüdischem Geiste ist eine des Denkens, sich
zum Nutzen.

Die Lage war auch danach, daß er einen Gott gebrauchen
konnte. Man hat von jüdischem Deismus gesprochen – mit
Recht, doch in selbstgesteckten Grenzen. Da ist einer in großen inneren und äußeren Krisen und greift in die Schatzkam-
mer der Weltkultur kraft seines Denkens und seines Gedächt-
nisses, greift nach dem, was er am besten kennt, woran er
sich am besten erinnern kann, dank eines ihm und seiner Kultur innewohnenden Erinnerungs- und Gedächtnisgebotes.
Und er erschafft sich seinen Gott – oder holt ihn sich wieder –, weil er ihn nötig hat. War es ihm ernst damit? Gewiß –
Heine heuchelte niemals. Aber er differenzierte sehr genau,
dachte ebenso, auch spielte er sehr genau, und spielen meint
hier das schöpferische Spiel des Künstlers mit seinen Mög-

lichkeiten. Das hat er sogar ziemlich überzeugend beschrieben: »Was man von meiner jetzigen Gläubigkeit und Frömmelei herum erzählt, ist mit vielem Unsinn und noch mehr Böswilligkeit vermischt. Es hat sich in meiner religiösen Gefühlsweise gar keine so große Veränderung zugetragen und das einzige innere Ereigniß, wovon ich Dir mit Bestimmtheit und mit Selbstbewußtseyn etwas melden kann, besteht darin, daß auch in meinen religiösen Ansichten und Gedanken eine Februar Revoluzion eingetreten ist, wo ich an der Stelle eines frühern Prinzips, das mich früherhin ziemlich indifferent ließ, ein neues Prinzip aufstellte, dem ich ebenfalls nicht allzu fanatisch anhänge und wodurch mein Gemüthszustand nicht plötzlich umgewandelt werden konnte: ich habe nämlich, um Dir die Sache mit einem Worte zu verdeutlichen, den Hegelschen Gott oder vielmehr die Hegelsche Gottlosigkeit aufgegeben und an dessen Stelle das Dogma von einem wirklichen, persönlichen Gotte, der außerhalb der Natur und des Menschen Gemüthes ist, wieder hervorgezogen. Dieses Dogma, das sich ebensogut durchführen läßt, wie unsere Hegelsche Synthese, haben am tiefsinnigsten, laut den Zeugnissen der Neoplatonischen Fragmente, schon die alten Magier dargestellt, und später in den Mosaischen Urkunden tritt es mit einer Wahrheitsbegeisterung und einer Beredsamkeit hervor, welche wahrlich nicht bei unsern neuern Dialektikern zu finden ist. Hegel ist bei mir sehr heruntergekommen und der alte Moses steht in Floribus. – Hätte ich aber doch neben dem Moses auch seine Propheten!« (An Laube, 25. Jänner 1850)

Er führte den Gedanken weiter, vielenorts, in Text, Brief und Gespräch. In einem von Lewald/Stahr überlieferten Gespräch von 1851 lehnte er ein Axiom christlich-religiösen Empfindens, den »Glauben an persönliche Fortdauer nach dem Tode«, als »Wahnsinn« ab, wofür es im Alten Testament keine Belege gäbe und der von einer »krankhaften Sekte« wie dem Christentum zusammen mit der »Askese« aufgebracht worden sei. Und dann: »Es ist ein eigen Ding damit, daß wir so universelle Religionen haben, während doch gerade die Religion das Individuellste sein müßte.« Zur oft wiederholten Kritik am Christentum mußte nichts weiter gesagt werden. Viel wichtiger war ihm der Gedanke der »individuellen Religion«, was eben persönlicher Umgang mit Gott heißt. Auch, daß man ihn kritisieren und anklagen kann. Einmal sprach er von dem Gott als dem »großen Tierquäler« (an Laube, 12. Oktober 1850).

In der Anklage geht er im Testamentsentwurf vom 13. November 1851 noch viel weiter: »Nur Du, o Gott! bist der wahre Urheber meines Untergangs; jene arme Menschen tragen nicht die Schuld. O Gott! Du wolltest, daß ich zu Grunde ging, und ich ging zu Grunde. Gelobt sei der Herr! Er hat mich herabgestürzt von dem Postamente meines Stolzes, und ich, der ich in meinem dialektischen Dünkel mich selber für einen Gott hielt, und Gefühle hegte und Tugenden übte, die nur einem Gotte ziemten – ich liege jetzt am Boden, arm und elend, und krümme mich wie ein Wurm. Gelobt sei der Herr! Ich trage mit Ergebung meine Qualen, und ich leere den Kelch der Erniedrigungen ohne mit den Lippen zu zucken, bis zum letzten Tropfen. Weiß ich doch, daß ich aus dieser Erniedrigung auferstehe, gerechtfertigt, geheiligt und gefeiert.« Das ist eine Anklage gegen Gott, wie sie nur im Judentum möglich ist. Einen so gültigen wie eindrucksvollen Beleg für eine solche Haltung liefert der Israeli Elie Wiesel mit seinem Stück »Prozeß in Schamgorod«, wo ein regelrechter Prozeß gegen Gott stattfindet und dieser zur Verantwortung gezogen wird, daß er solche Verbrechen gegen Juden wie 1648 in der Ukraine durch die Banden des Kosakenhetmans Bogdan Chmelnitzki zugelassen habe. Wichtige Gedanken zum Thema finden sich auch bei Hans Jonas in »Gott nach Auschwitz«. Jüdisches Denken pur – bei Heine bereits. Ein gewaltiges Hirn der Art schafft sich die Dinge, die es braucht – ein jüdisches dazu die, die es hat.

Der Dichter zeigte sich auch hier als Denker und Philosoph, auch wenn er kein Systematiker war. Nicht nur in Sozialkritik, politischer Betrachtung, gesellschaftlicher Utopie, Psychologie, Ästhetik – nein, als Erkenntniskritiker. Soviel kann man bisher, ohne noch eine Anfrage an poetische Texte gerichtet zu haben, feststellen: Heines religiöse Wende ist in keinem Falle von einem christlichen Gottesbegriff her zu beantworten, sondern vom jüdischen, zudem über seine Freiheit des Denkens. Man erkennt dann religiös-philosophische Anschauungen in ihren Veränderungen und ihren Widersprüchen. Gelöst sind sie nicht restlos, aber gelebt.

Die zu befragenden poetischen Texte sind in erster Linie die »Hebräischen Melodien« des »Romanzero. Drittes Buch«. Drei Dichtungen sind es, lange Romanzen sefardischer Tradition. Das populärste dieser Gedichte, populär auch, weil es schon oft zum Kabalath Schabbat in Jüdischen Gemeinden oder Organisationen, auch in Familien zur traditionellen Eröffnung des Schabbat am Freitagabend bei Erscheinen des ersten Sternes gesprochen wurde, heißt »Prinzessin Sabbat«. Es beschreibt den Verlauf dieses Abends, an dem das Lied »Lecho Daudi Likras Kalle« (Komm, mein Freund, der Braut entgegen) zu Beginn gesungen (oder gesprochen) wird. Dieses hat der Dichter wortgetreu übertragen. Möglicherweise muß hier erklärt werden, daß der Schabbat – Jom Kippur ausgenommen – der wöchentlich wiederkehrende höchste Feiertag der Juden ist und daß er freudig wie eine Braut begrüßt wird, eine hohe Braut, daher »Prinzessin Sabbat« (Schabbat gesprochen). Das Volk Israels, sonst einem getretenen Hunde gleich, welches sich mit der Prinzessin, also dem Schabbat, vermählt, wird zum Prinzen. Erst danach wird der Schabbat geheiligt. Das gesungene Lied stammt von dem mittelalterlichen Dichter Jehuda ben Halevy, dem das Verspoem gilt. Im Mittelpunkt des Abends steht ein feierliches Mahl (hier Schalet). Es werden Gebete gesprochen, die im Gedicht nicht vorkommen. Die letzten fünf Strophen gelten dem eigentlichen Schabbat am folgenden

Tage mit der abschließenden Hawdala-Zeremonie, der Tren-
nung des Feiertags von der Woche, an deren Schluß das Licht
mit dem letzten Schluck Wein gelöscht wird. Wer solches beschreiben kann, muß dabeigewesen sein. Diese wunderschöne
jüdische Tradition ist dem Dichter also bewußt geblieben, und
er schrieb daraus eines seiner schönsten Gedichte: der Jude mit
seinem persönlichen Gott, doch ohne Gebet.

»Jehuda ben Halevy« verdiente eine eigene Behandlung.
Zum Jüdischen hier nur soviel: Jehuda war neben Salomon
Gabirol und Moses Ibn Esra der wichtigste des hinreißenden
Dreigestirns der mittelalterlichen jüdisch-spanischen Poeten-
und Denkerschule. Er interpretierte wichtige alte Schriften
des Judentums, klärte halachische Bestimmungen und edierte
haggadische Erzählungen. Er war wichtig für die Konstituierung jüdischen Bewußtseins im Mittelalter und für die Wei-
tergabe der Tradition. Und ein Klassiker mittelalterlich-jüdi-
scher Dichtkunst. Gegen Ende seines Lebens pilgerte er nach
Jeruschalayim, um dort zu sterben. Auch für die Konstituierung von Heines jüdischem Geschichts- und Kulturbewußt-
sein war dieser Klassiker prägend.

> Aus dem großen Goldzeitalter
> Der arabisch-alt-hispanisch
> Jüdischen Poetenschule
> > (»Jehuda ben Halevy«)

stammte auch der Stoff der »Disputation«. In Toledo findet
ein jüdisch-christlicher Streit zwischen einem Franziskaner-
Pater (neben den Dominikanern der judenfeindlichste Orden)
und einem Rabbiner statt. Der Worte werden viel gewechselt
über den wahren und einzigen Gott und über die richtigen
Rituale; der Franziskaner reagiert extrem feindlich. Ein Ergebnis gibt es auch nach tausend Argumenten nicht, und der
Dichter läßt Doña Blanka das Schlußwort sprechen, ein gna-
denlos ironisches:

Welcher recht hat, weiß ich nicht –
Doch es will mich schier bedünken,
Daß der Rabbi und der Mönch,
Daß sie alle beide stinken.

Einen Gottesbeweis gibt es nicht, eine richtige Religion noch
weniger, und keiner hat recht. War nicht Lessing, der in anderer Weise einst Ähnliches vorführte, der Lieblingsdichter
Heines? Der Dichter griff, um sich einen Gott zu schaffen, auf
nichts und niemandes Dogma zurück. Allenfalls auf jüdisches
Denken, wenn er Gott weniger als zentrale Autorität nahm,
sondern als individuellen Dialogpartner.

Wenn es noch eines Beweises für diese Ansicht bedarf,
dann holen wir ihn aus den »Geständnissen«. Auch dort
die gleiche Weise des Umgangs mit dem selbstgeschaffenen
Gott, dem »Aristophanes des Himmels«. Der eleganteste Spott
über den Papst, als den er sich selber vorstellt. Eine Attacke
gegen die religiösen Amtsträger aller Richtungen, wie sie in
gleicher Schärfe nur in der »Stadt Lucca« erfolgt war.

Hier gestand einer, wie unwichtig ihm alle diese Einrichtungen und Richtungen sind; hier mußte einer bekennen und
gestehen, weil gar zu viel Gerede über ihn war, schon seit seinem Eintritt in die Literatur, um wieviel mehr, als man in ihm
ein Kind Gottes sehen wollte; über seine Existenzart, seine
Denkungsweise, deren Verständnis auch durch die taktische
Schreibart erschwert worden war.

Bleibt die Kritik an Hegel, die als Abwendung dargestellt
wird. Unkritisch stand er zu Hegel, dem er das meiste verdankte, eigentlich nie. Ich denke da an ein frühes Gedicht
aus dem Mitte der zwanziger Jahre entstandenen Zyklus »Die
Heimkehr«:

Zu fragmentarisch ist Welt und Leben!
Ich will mich zum deutschen Professor begeben,
Der weiß das Leben zusammenzusetzen,

Und er macht ein verständlich System daraus;
Mit seinen Nachtmützen und Schlafrockfetzen
Stopft er die Lücken des Weltenbaus.

»Ideen. Das Buch Le Grand« folgte. In der »Geschichte der
Religion und Philosophie in Deutschland« und in »Doktrin«
trat eine gedankliche Aktivität zutage, die über Hegel hinaus-
wies. In seiner Zeit mit der Hegelschen Linken, mit Bauer,
Ruge und vor allem Marx hatte er Weiteres zur Hegel-Kritik
erfahren. Einsichten in die Wirkungsweise der Hegelschen
Staatsphilosophie in Preußen als Ende der Geschichte wirkten ebenso mit wie die Rolle etlicher Vertreter der Hegelinge
in der Praxis der Revolution, die die Dialektik schlecht hand-
habten, jedenfalls kaum in diesem Sinne handelten. Im tiefsten
Grunde mag er eine von Hegels Folgen, die er im damaligen
Kommunismus verkörpert sah, als kunstfeindlich gefürchtet
haben. Die Enttäuschungen durch den schein- und pseudo-
revolutionären Idealismus angesichts der revolutionären und
später konterrevolutionären Praxis haben ihr übriges dazu getan. Als der Dichter sich in einem Schöpfungsakt seinen Gott
erschuf – anderes hatte er nicht im seinerzeitigen Elend –,
störte ihn obendrein die Logik des einstigen Lehrers. So tat er
sie ab, in immerhin ziemlich eleganter Manier. Und selbst in
der Absage noch dem Denken (in seinen Mythen-Schriften)
und der Triade des Meisters verpflichtet, nur in anderer
Reihenfolge: Aus Kunst, Religion, Philosophie ward Philosophie, Religion, Kunst, wobei man sich noch bei den letzten
beiden Positionen über die gedachte Folge streiten könnte,
aber ich denke, selbst dieser Gott ist bei ihm ein Kunstwerk,
ein jüdisch autochthones. Jedenfalls trat an die Stelle des
Denkers Hegel der Tatmensch Moses.
    Dabei fällt auf, daß er Juden aus seiner Kritik ausnimmt,
wiewohl er an anderer Stelle erstarrtes Rabbinentum durchaus nicht ungeschoren läßt. Nun also Moses: Nichts Theolo-
gisches wird betont, sondern dessen sozialer, stammesgesell-

schaftlicher Eigentumsbegriff, das Gesetz, als Gegensatz zum
römischen Corpus Juris, der Grundlage des Klasseneigentums,
besonders des kapitalistischen. Wenig göttlich erscheint der
frühe Staatsgründer Israels. Ebensowenig göttlich läßt er
auch dies autobiografische Bekenntnis im Sinnbild jenes mis-
selsüchtigen Klerikers ausklingen, dessen Lieder im Lande
gesungen werden, während jener arm, krank und verlassen
dahinsiecht. Hier hatte der Künstler die Identifikationsge-
stalt, den Leidenden und Narren in einer Figur, von dem er
nur noch das Echo seines Traumgesichtes hört, »die knarren-
den Töne der Lazarusklapper«. Konkret bezog sich dieser
Schluß auf die in der Edition der »Vermischten Schriften« folgenden Gedichte. Des weiteren hatte er damit die jüdische,
christlich tradierte Metapher des leidenden, doch weiterleben-
den Juden für sich angenommen.

Im folgenden sei noch auf zwei Texte verwiesen, die des
Denkers Umgang mit der Instanz Gott bzw. mit der Einrichtung Religion veranschaulichen. In einem Dialog mit
Stahr/Lewald vom Herbst 1850 sagte er: »Aber ich habe auch
meinen Glauben. Denken Sie nur nicht daß ich ohne Religion
bin. Opium ist auch eine Religion. [...] Es ist mehr Verwandt-
schaft zwischen Opium und Religion, als sich die meisten
Menschen träumen lassen. Sehen Sie, da hab ich die Bibel. Ich
lese viel darin, das heißt, ich lasse mir vorlesen. Es ist doch ein
ganz wunderbares Buch, dies Buch der Bücher. Wenn ich
meine Schmerzen nicht mehr ertragen kann, nehme ich Morphium, wenn ich meine Feinde nicht todtschlagen kann, über-
lasse ich sie der Vorsehung, wenn ich meine Angelegenheiten nicht mehr besorgen kann, übergebe ich sie dem lieben
Gott – nur [...] meine Geldangelegenheiten besorge ich doch
noch lieber selbst.« Der letzte Satz bestätigt über Ironie die
These vom selbstgeschaffenen Gott. Da ist nichts von Offenbarung. Auf den Zusammenhang von Religion und Opium
war Heine bereits in »Ludwig Börne« eingegangen, als er die
Religion ein »geistiges Opium« nannte. Auch Marx formu-

lierte 1844 – das war das Jahr des Dialogs zwischen beiden –
in der »Einleitung zur Kritik der Hegelschen Rechtsphilosophie« den Satz: »Religion ist Opium für das Volk.« Hier waren
sich die Hegel- und Religionskritiker durchaus einig.

Bei Stahr/Lewald heißt es dann weiter: »[...] hat dieser
Mann die ganze Energie seines aristophanischen Geistes, die
volle Kraft seines unverwüstlichen Humors und all die
schneidende Schärfe seines vernichtenden Witzes bewahrt.
Man hat von ihm berichtet, er habe sich bekehrt, der deutsche Aristophanes des neunzehnten Jahrhunderts sei ›fromm‹,
sei ein Betbruder geworden. Es ist kein wahres Wort daran. [...] Es ist wahr, daß er die Bibel liest, weil er ihre poetischen Schönheiten wie wenige empfindet, wahr daß er gern
von Gott und Unsterblichkeit redet. [...] Aber sein freies Verhältnis zu diesen Dingen bleibt unverändert, und selbst wo er
eine gewisse Gläubigkeit zeigte, war er sich doch stets seiner
Freiheit bewußt und überhaupt geistig in allen Dingen voll-
kommen der Alte.« Nicht ganz, möchte man da einwenden.
Ein Betbruder freilich war er nicht geworden.

Andere sahen es auch anders, wobei das Jüdische ausschlaggebend ist. Der vom Dichter nicht unbedingt ge-
schätzte Wihl schrieb an ihn: »Ihre Rückkehr zu dem alten
Jehova ist ein Sieg der großen Sache, der meine schwachen
Kräfte und Lieder gewidmet sind. [...] zeigen Sie sich der
ganzen Welt wie Sie sich mir gezeigt haben. Der zweite Tempel soll – nach einem Schönen Worte der Propheten – schöner noch als der erste sein! – Wohlan, wenden Sie diese Stelle
der Bibel, von der Sie mir gesagt haben, daß Sie Ihnen werth-
voller als die unsterblichen Gesänge Homers sei, auf sich
an, errichten Sie sich diesen zweiten Tempel, in welchem Sie
vor aller Welt dem huldigen, dem allein die Huldigung gebührt! [...] Es ist das schönste Testament, welches Sie der
Welt hinterlassen können – schöner noch als das der drei
Ringe, welches der Dichter des Nathan so glücklich benutzt
hat.« (Ludwig Wihl an Heine, 16. November 1849) Hier ist in

der Tat mehr von der jüdischen Sache als von Gott die Rede, und Wihl hat sie ernster verstanden, als Heine sie meinte, der sich ein Konstrukt schuf.

Ich meine auch nicht, daß da eine »Rückkehr« stattgefunden hat – Heine war immer jüdisch, nur eben verhaltener. Das Neue ist die Seitenverkehrung dieses ihn lebenslang begleitenden Widerspruchs. Aus seinem Jüdisch-Sein kann man nicht austreten wie aus einer Gemeinde. Das Jüdische war eher verdeckt, im Hader mit den andern Elementen von Assimilation und Emanzipation. Verdeckt, weil der Widerspruch mit der umgebenden Welt sonst unerträglich gewesen wäre, andererseits war dieser produktiv – wie Widersprüche meist. Nun war zumindest dieser halbwegs gelöst im Sinne des vollen Jüdisch-Seins. Das Zeichen dafür war Jehova. Offen bleibt, was Wihl mit der »großen Sache«, der »weltgeschichtlichen Mission« (gerade Juden missionieren nicht) und dem neu zu errichtenden »zweiten Tempel« gemeint hat. Eine besondere jüdisch-orthodoxe religiöse Bewegung war damals nicht in Sicht, Mitte des 19. Jahrhunderts dominierten die Reformer. Im übrigen kann nur der »dritte« gemeint sein. Sollte er Frühformen des Zionismus gedacht haben? Einer dessen Vorväter war Moses Heß, von dem ein gutes Jahrzehnt später »Rom und Jerusalem« erschien. Doch von »Vorabend« konnte keine Rede sein, dessen eigentlicher Auftritt kam erst gegen Ende des Jahrhunderts.

Der Dichter schuf sich seine Götter, wie und wann er sie brauchte, als philosophische oder Kunst-Metaphern, gelegentlich als Lebenshilfe. In letzter Instanz ein grandioser, poetisch und jüdisch eingefärbter Atheismus, überzogen mit spinnwebiger deistischer Dialektik. Als letzter Beleg dafür, wie sich der Jud seinen Gott dachte, einen Gott des Widerspruchs, wenn man nicht Dämon dafür sagen will, können Äußerungen kurz vor dem Tod gelten, die, obwohl mehrfach überliefert, möglicherweise nicht völlig authentisch, dann aber trefflich erfunden sind. Auf die Frage, ob er denn bereit

sei, vor Gott zu treten, damit ihm dieser verzeihe, antwortete
er: »Dieu me pardonnera, c'est son métier.« (Gott wird mir
verzeihen, es ist sein Beruf.) Und einem katholischen Priester
entgegnete er auf die Frage, ob er als Gottesleugner sterben
wolle: »Oui! c'est de mon métier!« (Ja, dies ist mein Beruf!)
Und das war sein letztes Wort in dieser Sache.

»Romanzero«
– »die dritte Säule meines lyrischen Ruhmes« –
und das lyrische Testament:
»Gedichte 1853 und 1854«

> Wenn man an dir Verrat geübt,
> Sei du um so treuer;
> Und ist deine Seele zu Tode betrübt,
> So greife zur Leier.
>
> Die Saiten klingen! Ein Heldenlied,
> Voll Flammen und Gluten!
> Da schmilzt der Zorn, und dein Gemüt
> Wird süß verbluten.

Dies ist das Motto zur dritten Sammlung der Gedichte, die
überwiegend (Teil II ausgenommen) im sefardisch-spani-
schen Romanzenton gehalten ist und ihren treffenden Titel
zu Recht trägt; er stammte übrigens von Campe. Kunst er-
leichtert, mildert, heilt – nicht nur den Leser, in erster Linie
den Autor. Er dichtete trotz dieser schwersten aller Lagen,
befreite sich, zumindest geistig-seelisch.
   Die Gedichte der Sammlung entstanden in den späten
vierziger Jahren, und nur einige, im Unterschied zu früheren
Sammlungen, waren zuvor in Journalen erschienen. Nach
den schweren Erschütterungen vor und nach 1848 und einer
gewissen Stabilisierung der Lage, als bereits eine beträcht-

liche Anzahl von Gedichten existierte, teilte er am 28. September 1850 Campe seinen Plan mit: »[...] die dritte Säule meines lyrischen Ruhmes wird vielleicht ebenfalls von gutem Marmor, wonichtgar von besserem Stoffe sein.« Der Band ließ lange auf sich warten, und es bedurfte erst der Verhandlungen, die Weerth in Hamburg führte. Ab Juli 1851 ging es dann zügig voran: Der Verleger besuchte seinen Autor in Paris und schlug ihm vor, den Band für 6000 Mark banco zu drucken. Am 24. Juli ward der Vertrag geschlossen. Am 21. August teilte der Autor seinem Verleger mit: »Ich habe sehr viele Gedichte, die ich nicht bedeutend genug hielt, zurückgehalten, und auch jedes Gedicht, welches politischen Anstoß erregen konnte, unterdrückt, so daß dieses Buch Ihnen auch nicht die geringsten Schwierigkeiten erregen dürfte.« Gustav Heine brachte das Manuskript Ende September nach Hamburg, Vorgesehenes entfiel, anderes ward aufgenommen, und bereits Mitte Oktober lag der Band gedruckt vor. Campe, der für die Neuerscheinung eine außerordentliche Werbung betrieb, brachte in einem Vierteljahr vier Auflagen von dreimal 5000 und einmal 3000 Exemplaren heraus – ungewöhnlich nicht nur für die damaligen Verhältnisse. Es gab eine umfangreiche Presse, Taillandier schrieb einen großen Artikel in der »Revue des deux Mondes« – der Erfolg glich einer Sensation. Der totgeglaubte Heine hatte sich auf eindringliche Weise aus der Gruft gemeldet und sein geistiges Leben bewiesen. Allerdings war es zunächst nur ein Augenblickserfolg, bedingt wohl auch durch die Sensationsgier des deutschen Lesepublikums.

Doch die alten Vorwürfe der Unsittlichkeit kamen wieder hoch; in Preußen ward auch dies Buch verboten und in Berlin sogar verbrannt – nicht erst 1933! Tief verstanden wurden die Dichtungen nur selten – das »Buch der Lieder« blieb in der Publikumsgunst an erster Stelle, erlebte Auflage um Auflage, wodurch Heines Ruhm eine gewisse Einseitigkeit erhielt. Was unter anderem auch Theodor W. Adorno zum Gedanken der »Wunde Heine« veranlaßte. Das größere Werk ward erst sehr viel später verstanden und angemessen rezipiert, zum Beispiel von Theodor Fontane.

Der Band umfaßt drei Teile: »Historien«, »Lamentationen« und »Hebräische Melodien«. Teil I und III enthalten Reflexionen zur allgemeinen und jüdischen Geschichte, Teil II mit dem poetischen Kernstück des »Lazarus« Selbstaussagen des Dichters. Auf ihn wollen wir uns hier konzentrieren.

Heine betonte verschiedenenorts die Komposition seiner Zyklen, wie er die im »barbarischen Geist ihrer Verfasser« veröffentlichten Sammlungen anderer abwertete. Man kann seine Forderung besonders hier auf den Prüfstand legen, bei den »Lamentationen«, dem Gedankengang einer Rückschau. Ich wies an anderer Stelle darauf hin, daß sich Heines Literaturbegriff und das Verständnis seines Dichtens verändert hatten – die Erinnerung, hier direkt angesprochen durch den Titel »Rückschau« (Lazarus II), dominierte das poetische Geschehen. Dabei läßt sich eine geistig-geschichtliche Linie erkennen.

Eingangs gibt er im Motto einen ironisch poetisierten Widerspruch:

> Das Glück ist eine leichte Dirne,
> Und weilt nicht gern am selben Ort;
> Sie streicht das Haar dir von der Stirne
> Und küßt dich rasch und flattert fort.
>
> Frau Unglück hat im Gegenteile
> Dich liebefest ans Herz gedrückt;
> Sie sagt, sie habe keine Eile,
> Setzt sich zu dir ans Bett und strickt.

Der Teil, vergleichbar dem zweiten Satz einer Tondichtung, beginnt mit einem dunklen romantischen Akkord (»Waldeinsamkeit«). Aber er ist – nach dem »Atta Troll« – ein nochmaliger Abschied:

Die schöne Zeit, sie ist verschlendert,
Und alles hat sich seitdem verändert,
Und ach! mir ist der Kranz geraubt,
Den ich getragen auf meinem Haupt.

Am Ende quälen die Gespenster der Vergangenheit.

In »Spanische Atriden« vermengen sich antiker Mythos und spanische Geschichte zu einem mörderischen Familiendrama in grellen Motiven, endend in schrill-ironischer Dissonanz. Aus der alten Geschichte führt das Leitthema in die junge Geschichte, etwa des Vormärz mit seinen Helden, den Dingelstedt, Herwegh, Maßmann, Schelling, Görres und allen »Plateniden« – die Haltung wird satirisch und gibt dem Herwegh-Brutus noch einen guten Dur-Ton (»Der Ex-Lebendige«, »Der Ex-Nachtwächter«). Scherzoartig geht es in den nächsten Takten zu, Nebenthemen klingen auf, mehr oder weniger Glossen auf kleinbürgerliche Haltungen sind es von »Mythologie« bis »Solidität«. Hier kann man nur noch abwinken! Nur einmal blitzt es heroisch auf, oder ist das scheinheroisch oder ein Heroismus mit doppeltem Boden?

An die Jungen

Laß dich nicht kirren, laß dich nicht wirren
Durch goldne Äpfel in deinem Lauf!
Die Schwerter klirren, die Pfeile schwirren,
Doch halten sie nicht den Helden auf.

Ein kühnes Beginnen ist halbes Gewinnen,
Ein Alexander erbeutet die Welt!
Kein langes Besinnen! Die Königinnen
Erwarten schon kniend den Sieger im Zelt.

Wir wagen, wir werben! besteigen als Erben
Des alten Darius Bett und Thron.
O süßes Verderben! o blühendes Sterben!
Berauschter Triumphtod zu Babylon!

Die jungen Helden werden kein besseres Schicksal haben als die alten, wenn sie sich totgesiegt haben. Pyrrhussiege werden es sein.

In »Alte Rose« und »Auto-da-fé« werden nochmals die Romantik, aber auch die eigenen damaligen Accessoires zu Grabe getragen, die Rose, die Veilchen, das blaue Band, die Liebe und die falschen »Liebeschwüre« – sie verwelken oder werden zu Asche. Da noch ein ironischer Schock, da ein Verglühen im Feuer, Trauer pur. Da ist etwas zu Ende. Aber die Trauer ist etwa so schwer wie die eines Nocturnes von Chopin, in einer Molltonart des Quintenzirkels mit vielen Kreuzen gespielt, noch nicht in einer der schweren der vielen b-Zeichen. Das bleibt dem Lazarus-Zyklus vorbehalten, und es klingt schon wie früher Mahler (der leider oft so schlechte Texte seinen Sinfonien anschloß und komponierte – warum kam er nie auf Heine?)

Harte und bittere Töne werden angeschlagen, so im »Weltlauf«:

> Hat man viel, so wird man bald
> Noch viel mehr dazubekommen.
> Wer nur wenig hat, dem wird
> Auch das wenige genommen.
>
> Wenn du aber gar nichts hast,
> Ach, so lasse dich begraben –
> Denn ein Recht zum Leben, Lump,
> Haben nur, die etwas haben.

Der Auftakt zu dem Satz der schweren Trauer ist grell und fast brutal: die Bourgeoisie, die er so gut kannte, kriegt es ab – es geht um die Gesetze der Profitmaximierung, die Aneignung des Mehrwerts, die Entfremdung, die Anbetung des Mammons, wonach sie angetreten –, vorher schon so aggressiv in »Das goldne Kalb«, im folgenden noch einmal in »Lumpentum«. Mit breitem Mahlerschen Klang wird die

»Rückschau« vollzogen, werden prometheische Oden der Klassik zurückgenommen und ebenso sarastrosche Hymnen, das ist eine Registerarie in negativo. Selbst die kommende »Auferstehung« kann nur noch als Witz verstanden werden. Immer dunkler werden Töne und Tonart, an »Sterbende« gemahnend.

Und da blitzen plötzlich getragene Klarinetten und Oboen auf, aber hell, punktieren ein jugendliches Thema: »Erinnerung« – es ist die Erinnerung an jenen Fritz von Wisewsky aus Düsseldorf, bekannt aus den »Memoiren«, der ein Kätzchen retten wollte, welches ins Wasser gefallen war, und dabei selber ertrank. Der Vorfall war im Gedächtnis geblieben, unerbittlich; unerbittlich der Rhythmus des Schlußverses einer jeden Strophe, wie ein Refrain: »Doch die Katze, die Katz' ist gerettet« – sechsmal und unbarmherzig. Immer härter werden die Schläge und kurzen, staccatohaften Töne, längst nicht mehr von den Holzbläsern getragen, sondern von gestopften Trompeten und vielleicht Saxophonen, mit viel Schlagwerk. Jäh ist der Übergang zum Song von der »Unvollkommenheit«: vom schrillen Moll zum gedämpften, das Instrumentarium ist fast dasselbe, die Machart anders, Mahler fast von Kurt Weill eingeholt. Von nun an wird die Tonalität immer dunkler, immer abgekühlter, doch Weill mengt noch weiter seine Effekte ein – bis zu »Salomo«: »Verstummt sind Pauken, Posaunen und Zinken«. Das nehmen wir wörtlich. Über leisem Trommelwirbel soll Salomo zu Wort kommen, schlafend schon und noch immer begierig auf Liebe, doch »Verlorene Wünsche« behalten die Oberhand und kulminieren in der »Gedächtnisfeier«:

> Keine Messe wird man singen,
> Keinen Kadosch wird man sagen,
> Nichts gesagt und nichts gesungen
> Wird an meinen Sterbetagen.

Der Tiefpunkt ist erreicht. Leise schwere Paukenschläge deuten ihn an. Generalpause. Dann zirpen wieder die Flageoletts und die Oboen, leise freilich, doch unüberhörbar ironisch.

Selbst über diesen Tiefpunkt eines Juden, keinen Kaddisch gesagt zu bekommen, erhebt sich der schöpferische Tenor des Geistes. Zwei alte Weiber spinnen ihren Klatschfaden der Vergangenheit bei einem »Wiedersehen«, »Frau Sorge« heißt die eine. Schumanns Faust-Orchester führt den Hörer wie Leser rasch über das »Wiedersehen«, das vergebliche, unfroh-unlebendige, hinweg und gibt Berlioz mit seinen Klang- und Instrumentalmassen das Zeichen zum Einsatz. »An die Engel« kann nur im Kontrast zum Text gespielt werden, ihn ironisch kommentierend oder gewaltig überdeckend, um den Widerspruch aufzureißen. Von dort geht es nahtlos in den tragischen Heroismus von »Oktober 1849«, dem Klagegesang über eine verlorene Revolution, dem anachronistischen Zug jener Tage. Zuletzt hat wieder Mahler den Ton: »Böses Geträume«, »Sie erlischt« und »Vermächtnis« sind Klagegesänge, Trauerlieder ohne Maß, doch mit Form. Sopran, Alt, Tenor wechseln sich ab, bevor der Baß den Schlußgesang anhebt und alle einfallen. Moderate bis ganz langsame Zeitmaße in wechselnden Rhythmen bilden den – auch kommentierenden – Musikhintergrund für diese Texte.

Sie erlischt

Der Vorhang fällt, das Stück ist aus,
Und Herrn und Damen gehn nach Haus.
Ob ihnen auch das Stück gefallen?
Ich glaub', ich hörte Beifall schallen.
Ein hochverehrtes Publikum
Beklatschte dankbar seinen Dichter.
Jetzt aber ist das Haus so stumm,
Und sind verschwunden Lust und Lichter.

Doch horch! ein schollernd schnöder Klang
Ertönt unfern der öden Bühne; –
Vielleicht, daß eine Saite sprang
An einer alten Violine.
Verdrießlich rascheln im Parterr’
Etwelche Ratten hin und her,
Und alles riecht nach ranz’gem Öle.
Die letzte Lampe ächzt und zischt
Verzweiflungsvoll, und sie erlischt.
Das arme Licht war meine Seele.

Langanhaltende Töne der dunklen Hörner, danach ein Intermezzo nach Art des Mussorgski, bevor das Vokalensemble
und das Orchester zu einem verzweiflungsvoll ingrimmigen
wie ironisch gebrochenen Finale nicht ohne Pathos des Blechs
anheben, gebrochen, aber nicht verzweifelt, in strengem To-
nus – mit einem nie gehörten Schluß. Schönberg läßt vielleicht solches ahnen, bevor er »Moses und Aron« abbrach.
Der Bogen vom Chopinschen Nocturne bis zum Schlußton
sollte erkennbar werden – im Text ist er es.
    »Lazarus« ist ein erschütterndes Dokument, in welchem
über die biblisch-mythische Gestalt in starkem Maße Auto-
biografisches verarbeitet und zeitgenössischer Realität Maß
genommen wird. Der Realismus Heinescher Dichtung ist
nachmärzlich verändert, zu einem tragischen Realismus mit
stark pessimistischen Tönen, aber nicht ausweglos. Heine
bewahrte sich die Souveränität des geschichtlichen Blicks.
Existentielle Grundkonflikte auszusprechen heißt nicht, sie
als ewige anzuerkennen. Sein historischer Blick war trotz aller Niederlagen, trotz tragischen Empfindens der gegenwärtigen Lage nicht auf Dauer gebrochen. Allein der Reichtum
künstlerischer Mittel, die Vielfalt der Strukturen und Strophen, der Reime und Rhythmen sind ein hier nicht auszu-
schöpfendes Thema. Nur soviel: Die Spätlyrik tendiert zum
Epischen – bei den großen Gedichten zum Poem, zur Vers-

erzählung, in den kleineren Gedichten zur Prosa. Nicht umsonst heißen die Gedichte in der französischen Ausgabe
»Poèmes en prose«. Eine Tendenz, die sowohl in Haltungen,
wie Sarkasmus, Elegie, Pathos, als auch in einer Art Verfrem-
dung Brecht vorwegnimmt. Mit dem Pathos schließlich des
fallenden, doch unbesiegten Kämpfers in »Enfant perdu«
(Verlorenes Kind), einem Gedicht, welches in meinem Leben
eine so unglaubliche Rolle gespielt hat und auch aus diesem
Grunde hierhergesetzt wird, klingen die »Lamentationen«
aus:

Verlorner Posten in dem Freiheitskriege,
Hielt ich seit dreißig Jahren treulich aus.
Ich kämpfe ohne Hoffnung, daß ich siege,
Ich wußte, nie komm' ich gesund nach Haus.

Ich wachte Tag und Nacht – Ich konnt' nicht schlafen,
Wie in dem Lagerzelt der Freunde Schar –
(Auch hielt das laute Schnarchen dieser Braven
Mich wach, wenn ich ein bißchen schlummrig war).

In jenen Nächten hat Langweil' ergriffen
Mich oft, auch Furcht – (nur Narren fürchten nichts) –
Sie zu verscheuchen, hab' ich dann gepfiffen
Die frechen Reime eines Spottgedichts.

Ja, wachsam stand ich, das Gewehr im Arme,
Und nahte irgendein verdächt'ger Gauch,
So schoß ich gut und jagt' ihm eine warme,
Brühwarme Kugel in den schnöden Bauch.

Mitunter freilich mocht' es sich ereignen,
Daß solch ein schlechter Gauch gleichfalls sehr gut
Zu schießen wußte – ach, ich kann's nicht leugnen –
Die Wunden klaffen – es verströmt mein Blut.

Ein Posten ist vakant! – Die Wunden klaffen –
Der eine fällt, die andern rücken nach –
Doch fall' ich unbesiegt, und meine Waffen
Sind nicht gebrochen – nur mein Herze brach.

Die letzte vom Dichter autorisierte Sammlung »Gedichte
1853 und 1854« aus den »Vermischten Schriften« ist nicht
so streng komponiert wie der »Romanzero«; allenfalls von
den elf Texten »Zum Lazarus« läßt sich das sagen. Darin klingen noch einmal die alten Töne an, nicht als Wiederholung
oder gar eklektische Nachäffung, sondern als Vertiefung, so
ganz aus der Erinnerung. Es ist mehr wie ein gefilmtes Konzert oder vielleicht auch ein gemaltes. Überhaupt gemahnt
mich diese Sammlung mehr an eine eher lockere Ausstellung,
einen Pariser Salon mit Themen zwar, aber keinem Zwang
zum Thema. Wie locker gehängt erscheinen die Gedichte,
ein wenig thematisch gruppiert, doch nicht streng – und sehr
traurig: letzte Bilder, und der Sarkophag steht draußen,
in der Vorhalle, der Schöpfer der Werke liegt noch nicht
drin, doch alles ist bereit und lange vorbereitet, so wie diese
Sammlung.
    »Gathy [ein vermittelnder Gehilfe Campes – TF] wird Ihnen
gewiß gesagt haben, daß der poetische Heine, den Sie mit
dem ›Atta Troll‹ abgeschlossen glaubten, noch ein bedeutend letztes Wort zu sagen hat.« (An Campe, 5. Oktober 1853)
Solchermaßen kündigte der Dichter seine letzte Gedicht-
sammlung an, die er ursprünglich »Gedichte der Agonie« genannt hatte, wie ebendieser Gathy zu berichten wußte, die
eigentlich ein »Buch Lazarus« werden sollte und letztlich unter dem sachlich-trockenen Titel erschien. Die Folge besteht
aus 22 Gedichten und einem »Epilog«. Ja, und nun muß ich
auf das Bild der Ausstellung zurückkommen: einer Ausstellung mit 22 Bildern und einem kunstvollen Plakat am Ausgang, wie von Toulouse-Lautrec gemalt. Es scheint, als hätte
den Dichter bei der Anordnung des Ganzen die Kraft doch

verlassen. Schließlich nahmen die großen Prosa-Texte der
»Schriften« ihn ganz in Anspruch, die »Geständnisse« und vor
allem »Lutetia« mit ihrem riesigen Arbeitsaufwand. Dabei ist
auch diese Sammlung noch sehr viel besser als das, was spätere Herausgeber mit den Nachlaßgedichten taten, etwa im
»Deutschen Musenalmanach« 1857, im »Orion« 1863 oder
gar in den von Strodtmann ohne erkennbare Ordnung 1869
edierten »Letzten Gedichten«, deren Wert vor allem in Ret-
tung und Herausgabe der Texte liegt. Spätere Philologen
haben selbst die hier zur Rede stehende letzte Sammlung in
ihrem Philologenfleiß oder ihrer Philologenwut (z. B. Ernst
Elster) noch zerstört.

Auch bei diesem Band hatte Heine Ordnungsgedanken
geäußert, so über die »Paginazion der Gedichte; letztere müssen an dem vorgeschriebenen Ort stehen, weil sonst die Harmonie des Buches gestört wird; sie sind die Nase im Buche;
sie dürfen an keiner andern Stelle stehn; sie sind eine Fortsetzung der Bekenntnisse, und am Schlusse des Buches komme
ich wieder auf dasselbe Thema zurück. Es sind die letzten
Gedichte, die ich geschrieben in der jüngsten Zeit, kein einziges derselben wollte ich drucken lassen, wie sehr man mich
auch anging, und ich gab immer vor, ich müßte für Campe
einen zweyten Theil des Romanzero liefern und dürfte denselben nicht defloriren.« (An Campe, 18. Juli 1854) Und zwei
Wochen später: »Die Poesien sind etwas ganz Neues und geben keine alten Stimmungen in alter Manier; aber zu ihrer
Würdigung sind nur die ganz naiven Naturen und die ganz
großen Critiker berufen.« (An Campe, 3. August 1854)

Ein übrigens wichtiger Gedanke, daß sich Naive und Geniale oft im Urteil begegnen. Und was die alten Stimmungen
betrifft, ist das richtig gegenüber allem, was etwa vor 1840
entstanden ist. Es ist schon eher ein zweiter Teil des »Romanzero«, auch mancher Ton der »Neuen Gedichte« ist noch zu
hören. Aber vertieft und erweitert, vor allem im sozialen und
politischen Thema.

Überblickt man die Sammlung, so scheint die Musik des
»Romanzero« nachzuklingen in den Räumen, in denen wir
jetzt sind: in »Ruhelechzend« entflieht das lyrische Subjekt
dem Musikbetrieb und »Im Mai« kontradiktorisch der Welt
von einst: »O schöne Welt, du bist abscheulich!« Die nächsten fünf Gedichte stellen Moralitäten unter verschiedenen
Gesichtern und in wechselnden geistigen Räumen vor. »Leib
und Seele« streiten miteinander – es ist der alte Dualismus,
doch schon verändert: Die Seele umschlingt den Leib und
will ihn nicht gehen lassen, doch der Leib läßt der Seele den
Vortritt. Ganz jüdisch meint er: »[…] und ich werde, / Was
ich gewesen, eitel Erde.« Die Erde ist Durchgangsstation, nur
die Seele kehrt heim. Doch Gott wird ausgelassen zugunsten
eines Witzes. Der Dualismus ist überwunden, rein geistig.
»Rote Pantoffeln« ist ein Katzenbild, und die weißen Mäuse
sollten sich in acht nehmen vor der bösen alten Katze. Eine
Moralität par excellence, in kräftigen Farben. Die Striche
werden allmählich kräftiger, die Farben düsterer. »Babyloni-
sche Sorgen« – man sieht förmlich den väterlichen Freund
und Geliebten, der die junge Frau vor den Gefahren in Paris
warnt und die schlimmsten Ungeheuer herbeizitiert, um ihr
angst zu machen. Aber sie wartet ja nur auf den Tod, der Kof-
fer wird schon gepackt – sie will sich in das Treiben stürzen,
Moral interessiert nicht, der Sterbende verzweifelt.

Waren die Sujets bislang kleiner und auch privater dargestellt, erscheint »Das Sklavenschiff« in Übergröße – ein bereits 1828/29 in der »Reise von München nach Genua« vor-
geformter Stoff. Man sieht in grellen, dabei schweren Farben
und großem Strich das Schiff auf hoher See, auf dem die ge-
fesselten schwarzen Sklaven dahinsterben, den Haien zum
Fraße. Erst auf des Schiffsarztes Rat dürfen sie Spaß haben
und tanzen und bleiben gesund, und Mynheer van Koek bittet um ihr Leben: »Verschone ihr Leben um Christi will'n, /
Der für uns alle gestorben! / Denn bleiben mir nicht dreihun-
dert Stück, / So ist mein Geschäft verdorben.« Ein Bild wie

von Horace Vernet und Daumier zusammen. Das Thema der
sozialen Moral auch in »Affrontenburg«, nur dezenter dargeboten, dafür um so schärfer. Man sieht ein Haus mit einem
Garten und einem zarten Jüngling davor, dahinter zischelnde
Schlangen und Megären. Urerlebnisse des Dichters aus der
Ottensen-Villa des Oheims, wo ihm unzählige Wunden zuge-
fügt – damals. Man könnte sich das alte Bild in der Galerie
mit dem Untertitel der Hauptzeile vorstellen: »Nicht gedacht
soll seiner werden!« Übrigens eine jüdische Verfluchung or-
thodoxester Art!

Wir gehen weiter in einen andern Raum und sehen die
sechzehnteilige Folge »Zum Lazarus«, worin in dunkelsten
Farben das Lied musiziert wird, in den Tonarten des »Romanzero«-Orchesters. Mit sonderbaren, nie gehörten Instru-
menten, schrägen Fiedeln, quietschenden Holzbläsern und
dumpfem Blech: »Vom Schöppenstuhle der Vernunft / Bist
du vollständig freigesprochen«. Ein Dirigent, der aussieht wie
Berlioz und Victor Ullmann in einem, dirigiert ein Wahnsinns-
orchester. Die spinnenden Parzen erinnern an die Nornen
der »Götterdämmerung« – ein entsetzliches Miserere scheint
dort gesungen zu werden. Quälend das XII. Bild, der mit sich
selber kämpfende Lazarus:

> Der Bursche behauptet, er sei ich selbst,
> Wir wären nur eins, wir beide,
> Wir wären ein einziger Mensch,
> Der jetzt am Fieber leide.
>
> [...]
> Und mit dem verdammten zweiten Ich
> Hab' ich mich endlich geprügelt.
>
> Doch sonderbar! jedweden Puff,
> Den ich dem Burschen erteile,
> Empfinde ich am eignen Leib,
> Und ich schlage mir Beule auf Beule.

Tod und Widerspruch als Weisheit letzter Schluß!? Doch es
geht ja noch weiter.

Es wird nun bunter: »Die Libelle« leuchtet in hellen, doch
trügerischen Farben. Das tückische Wesen lockt die Käfer, und
sie verenden in der Fremde, in Dreck und Elend. Eine gleißende Parabel des Exils. Wie nun stellt man eine »Himmel-
fahrt« dar, diesen geistigsten und abstraktesten aller religiösen
Prozesse? Indem man einen Philosophen, der wie Hegel aussieht, sich von Petrus, dem jüdischen Fischer, am Himmelstore
beraten läßt, wie man sich im Himmel zu verhalten habe –
nämlich wie auf Erden, nur ohne Philosophie. Ein weiterer,
diesmal versifizierter und sarkastisch-komischer Abschied von
Hegel. Der Mann im Biedermeierfrack neben dem im heiligen
Ornate sieht jedenfalls komisch aus. Ein weiterer Abgesang auf
Liebe, die sich nie erfüllt hat, unter dem Titel »Die Wahlverlob-
ten«. Die Frau sieht aus wie die Mouche.

Die zweite Abteilung des sozialen Mutes und der Kritik:
»Der Philanthrop«. Das ist der, der seine arme Schwester ver-
hungern läßt, weil er die Herren vom Rate zu Gast hat beim
üppigen Festmahl – ein bitter-boshaftes Bild und wie von
Daumier. Unter dem Titel »Die Launen der Verliebten« steht
geschrieben:»Eine wahre Geschichte, nach älteren Dokumenten wiedererzählt und aufs neue in schöne deutsche Reime
gebracht«. Man sieht den Käfer, der einer Fliege einen Antrag
macht mit hohem Angebote. Die Fliege lehnt ab. Dann aber
wartet sie doch auf ihn, den Abgewiesenen, der niemals mehr
kommt. Eine Fabel der Unangemessenheit, eine harte Zeichnung. In der nächsten Abteilung – nur unserer Ordnung –
stellt sich die Kunst selbst dar, freilich in Katzengestalt:
»Mimi« und der »Jung-Katerverein für Poesie-Musik« machen die falsche Musik – laute Katzen im Bilde und die Ma-
libran und Wagner. Es wird satirischer, die Karikaturen nehmen zu, die kulturellen, sozialen und politischen. Wie sieht
nur die Karriere-Leiter im »Guten Rat« aus! Man bricht in
verständnisinniges, doch unheiteres Lachen aus, das einem

sogleich im Halse steckenbleibt angesichts der »Erinnerung an Hammonia« mit dem Umzug der armen Waisenkinder. Mit Bitternis wird diese Art der Wohltätigkeit ironisiert, doch dann wird es global und sehr ernst:

> Leider kommt mir in den Sinn
> Jetzt ein Waisenhaus, worin
> Kein so fröhliches Gastieren;
> Gar elendig lamentieren
> Dort Millionen Waisenkinder.
>
> Die Montur ist nicht egal,
> Manchem fehlt das Mittagsmahl;
> Keiner geht dort mit dem andern,
> Einsam kummervoll dort wandern
> Viel Millionen Waisenkinder.

Elfmal erscheinen in den Fünfzeilern die »Waisenkinder«, am End sind es Millionen – die Steigerung ist brutal, es sind die Armen dieser Erde. Soziale Bitternis und aggressive Schärfe in »Schnapphahn und Schnapphenne«. »Ich merke: hat der Mensch kein Geld / So ist der Mensch schon halb gestorben«, heißt es da. Sind es wirklich schon 140 Jahre her, als dies geschrieben? Vor Brecht, vor Grass? Bezieht sich Schnappen und Schnäppchenmachen nur auf 1854?

Die letzten vier Titel sind Politsatiren – da ist Stoff zum bitteren Lachen. Man sieht die Szenen der Revolution von 1848/49 und ihrer jämmerlichen Macher: Was für einen kummervollen Anblick bietet »Hans ohne Land«, mit dem Erzherzog Johann von Österreich gemeint ist, seines Zeichens Reichsverweser in diesen beiden Jahren, im Hintergrund die Farce um die sogenannte Kaiserwahl durch die Paulskirchen-Versammlung. Am Ende heißt es: »Leb wohl! Die Nachwelt wird sagen, daß ich / Verdiente, die Krone zu tragen – / Wer weiß? Die Nachwelt wird vielleicht / Halt gar nichts von mir sagen.« So ist es auch gekommen – ein wenig

Gerechtigkeit ist halt doch in der Geschichte. Einem Genre-Bildchen gleich »Erinnerung aus Krähwinkels Schreckenstagen«, da Bürgermeister und Senat Anordnungen erlassen: »Vertrauet eurem Magistrat, / Der fromm und liebend schützt den Staat / Durch huldreich hochwohlweises Walten; / Euch ziemt es, stets das Maul zu halten.« In der »Audienz« sieht man Georg Herwegh vor König Friedrich Wilhelm IV. in einer Situation wie Marquis Posa vor dem zweiten Philipp, ganz schillerisch, doch ohne Pathos. Die Geschichte wiederholt sich absurd und komisch, und das Ende des Vorgangs sieht ebenso aus:

> Der König stand erschüttert tief –
> Es war eine schöne Szene; –
> Mit seinem Rockärmel wischte sich
> Der Schwab' aus dem Auge die Träne.

> Der König sprach endlich: »Ein schöner Traum! –
> Leb wohl, und werde gescheiter;
> Und da du ein Somnambülericht,
> So geb ich dir zwei Begleiter,

> Zwei sichere Gendarmen, die sollen dich
> Bis an die Grenze führen –
> Leb wohl! Ich muß zur Parade gehn,
> Schon hör' ich die Trommel rühren!«

> So hat die rührende Audienz
> Ein rührendes Ende genommen.
> Doch ließ der König seitdem nicht mehr
> Die Kindlein zu sich kommen.

War Herwegh eine ernst zu nehmende Erscheinung, so jener Jakob Venedey, einer der liberalen Paulskirchenschwätzer, kaum. Heine macht ihn nun zum Kölner Karnevalskaiser »Kobes I.«. Es gelang ihm da eine geradezu irre Gespenster-Orgie, ein Maskenball des politischen Quatsches, ein irres

Lachen über vertane Geschichtsmöglichkeiten – ein Lachen, bis heute anhaltend. Als ob er es vorausgesehen hätte, wie in einem der Esel-Gedichte, daß der Esel sich selbst erkennt an der schrillen Stimme. Venedey erkannte sich und erwiderte mit ausgerechnet sieben Gedichten, eines langweiliger als das andere.

Der »Epilog« hat eine plakative Schönheit, und man verläßt diesen Salon, in welchem Todesdunst sich verbreitet, mit einem Aufatmen: »Der Pelide sprach mit Recht: / ›Leben wie der ärmste Knecht / In der Oberwelt ist besser, / Als am stygischen Gewässer / Schattenführer sein, ein Heros, / Den besungen selbst Homeros.‹«

So verlassen wir diese, dem biedermeierlichen Salon ähnelnde Ausstellung und resümieren ihre Themen: das Sterben, erbitterte Kritik am Kapitalismus, Trauer um die verlorene Revolution und Hohn auf Revolutionäre oder politische Personen jener Tage sowie Kunstkritik, etwa an Liszt und Wagner. Letztere im »Jung-Katerverein« erscheint halbwegs verfehlt, da Wagner, der in seiner Frühzeit ebenfalls revolutionär-demokratischen Überzeugungen anhing, kaum in seinem Wesen getroffen ist; inhaltlich zielte der sonst in Kunstdingen so treffend urteilende Heine einigermaßen daneben. Musikalisch war er stark an Mozart und Chopin sowie an den Italienern Rossini, Bellini und Donizetti orientiert oder an der französischen Spieloper; sinfonisch tolerierte er Berlioz, um so stärker verwundert Liszts Verurteilung. Der Kritiker wollte zweifellos mehr die soziale Haltung treffen, nutzte indes dafür die Musik und stieß, indem er die ästhetisch-technische Entwicklung der Gattungen negierte, ins Leere.

Ähnliches gilt für Meyerbeer, den Heine einst sehr schätzte und später in dem – nicht in diese Sammlung aufgenommenen – »Festgedicht« so unbarmherzig verspottete. Allerdings meinte er mehr den Kulturbetrieb um den Komponisten und sein Werk »Der Prophet«. So manches an diesen späten Dichtungen, etwa »Im Mai« mit der herben Absage »O schöne

Welt, du bist abscheulich!«, erinnert bereits an die »Blumen
des Bösen« von Baudelaire, und diese Töne sind nun massiv
konzentriert. Mit seiner Spätlyrik greift er in die Strukturen
und Metaphern der eigentlichen Moderne. Die Komposition
der Sammlung und ihre Stellung in den »Vermischten Schriften« vermittelt allerdings wieder die welthistorische Perspektive, das Prinzip Hoffnung, durchaus ein jüdisches, das Sterben und Tod des Individuums aufhebt.

Die Darstellung des Sterbens, der Agonie, der Todesnähe
gehört zu den großen Leistungen des späten Heine:

Zum Lazarus

Laß die heil'gen Parabolen,
Laß die frommen Hypothesen –
Suche die verdammten Fragen
Ohne Umschweif uns zu lösen.

Warum schleppt sich blutend, elend,
Unter Kreuzlast der Gerechte,
Während glücklich als ein Sieger
Trabt auf hohem Roß der Schlechte?

Woran liegt die Schuld? Ist etwa
Unser Herr nicht ganz allmächtig?
Oder treibt er selbst den Unfug?
Ach, das wäre niederträchtig.

Also fragen wir beständig,
Bis man uns mit einer Handvoll
Erde endlich stopft die Mäuler –
Aber ist das eine Antwort?

Todesnähe, die zerstörende Macht der Zeit, Vergänglichkeit
des Physischen, Fragen nach dem Dauernden, die wiederum
jüdische Anklage gegen Gott sind die Elementarthemen, die
zum Existentiellen vorstoßen. Und in einer Sprache, die der

gesprochenen gleicht, einer Sprache des Lebens, die angenommen und verstanden wird. Auf diese Weise wurden Ta-
bus durchbrochen, lyrische Thematik des 20. Jahrhunderts
weit vorweggenommen. Kaum einer der späteren wird dieses Thema so umfassend in Lebenszusammenhängen aufge-
hen lassen, wie der modernste Dichter der Deutschen vor
hundert Jahren es tat.

Über diese letzte Sammlung hinaus bot der im wesentlichen
bis 1869 herausgegebene Nachlaß noch manche Überra-
schung. Einiges hatte der Dichter aus Qualitätsgründen zurückgehalten, sicher zu Recht. Es gibt da Wiederholungen,
Klischees, Kopien seiner selbst. Anderes, politisch Offensives
und Aggressives, durfte nicht gedruckt werden. Einige Gedichte wurden in Zeitschriften publiziert, so die »Lobgesänge
auf König Ludwig«, »Der neue Alexander« und »Die schlesischen Weber«, die 1844 und 1847 in zwei Fassungen erschienen waren. Die beiden anderen Gedichte sind Satiren auf die
zwei übelsten deutschen Monarchen-Gestalten jener Zeit:
Ludwig I. von Bayern und Friedrich Wilhelm IV. von Preußen. Der Bayernkönig, dem Heine nicht vergessen konnte,
daß er ihm 1828 die erhoffte Universitätsstelle verweigert
hatte – ein Juwel überkommener restaurativer Politik –, hatte
ihn zu originellen Formulierungen und Reimen angeregt. Er
nannte ihn, auf die Redeweise dieses Ludwig anspielend, den
»angestammelten König«, aus dem »angestammten« Herr-
scherhaus der Wittelsbacher. An anderm Ort hatte er den
Namen der Tänzerin und Maitresse Lola Montez auf »selber
habend nie gekonnt es« gereimt. Auch in den »Lobgesängen«
gibt es wieder so einen köstlich verwegenen Reim: »Herr
Ludwig ist ein großer Poet, / Und singt er, so stürzt Apollo /
Vor ihm auf die Knie und bittet und fleht: ›Halt ein! ich werde sonst toll, o!‹« Auch der Preußenkönig, der Trinker, regte
den Satiriker zu entlarvenden Reimen an:

Mein Lehrer, mein Aristoteles,
Der war zuerst ein Pfäffchen
Von der französischen Kolonie,
Und trug ein weißes Beffchen.

Er hat nachher als Philosoph
Vermittelt die Extreme,
Und leider Gottes! hat er mich
Erzogen nach seinem Systeme.

Ich ward ein Zwitter, ein Mittelding,
Das weder Fleisch noch Fisch ist,
Das von Extremen unserer Zeit
Ein närrisches Gemisch ist.

Ich bin nicht schlecht, ich bin nicht gut,
Nicht dumm und nicht gescheute,
Und wenn ich gestern vorwärts ging,
So geh ich rückwärts heute;

Ein aufgeklärter Obskurant,
Und weder Hengst noch Stute!
Ja, ich begeistre mich zugleich
Für Sophokles und die Knute.

Herr Jesus ist meine Zuversicht,
Doch auch den Bacchus nehme
Ich mir zum Tröster, vermittelnd stets
Die beiden Götter-Extreme.

Ich könnte hier meine dem Buch zugrunde liegende These von den gelebten Widersprüchen auf komische Weise variieren: Widersprüche zum historischen Exzeß getrieben in einer Figur, die später dem Wahnsinn verfiel. Doch sind die Extreme auch eine Metapher Preußens – Sophokles (Anspielung auf die Neu-Aufführung der »Antigone« durch Ludwig Tieck) und die Knute. Und nur darüber konnte man reimen »Fisch ist« auf »Gemisch ist«.

Andere Gedichte blieben zu Lebzeiten unveröffentlicht, etwa der unvergängliche »Hymnus« (»Ich bin das Schwert, ich bin die Flamme«) und »1649–1793 – ????«, jene große dichterische Anfrage an das Parlament der Leser in Deutschland, wann denn – nach den Königshinrichtungen von 1649 und 1793 – eine deutsche Majestät dereinst wird »untertänigst guillotiniert«; »Der Wanzerich«, eine böse Satire auf einen jüdischen Komponisten, Kapitalisten und Halsabschneider (namens Joseph Dessauer); die zahlreichen Tierfabeln: »Der tugendhafte Hund«, »Pferd und Esel«, »König Langohr I.«, »Die Wahlesel«, »Die Wanderratten«; die Mouche-Gedichte oder das fragmentarische Verspoem »Bimini«. Sie wurden im wesentlichen 1857 und 1869 veröffentlicht, einige noch später. Ein – neben dem »Hohelied«, einer Salomo-Paraphrase – profanes und erotisch-drastisches Gedicht, »Zur Teleologie«, erschien bis ins 20. Jahrhundert entstellt, »aus Schicklichkeitsgründen«, wie Strodtmann formulierte und Karpeles und Elster nachbeteten, also aus Prüderie. Das Gedicht fragt nach den Funktionen der Körperteile und benennt die Doppelfunktion des Penis. So sittlich gebärdeten sich einst die Deutschen.

Besonders liebte der alternde und kranke Dichter das Genre der Tierfabel. »Meine geistige Aufregung ist vielmehr Produkt der Krankheit als des Genius, so z. B. habe ich in der letzten Zeit, um meine Schmerzen zu beschwichtigen, eine Menge drolliger Thierfabeln versifizirt, wovon ich vielleicht eine nächstens unserm Kronprinzen, dem jungen Cäsarowitsch Campe, meinem künftigen Verleger, zum Auswendiglernen schicken werde. Rasend vor Schmerzen, wirft sich mein armer Kopf hin und her in den schrecklichen Nächten, und die Glöckchen der alten Kappe klingeln alsdann mit unbarmherziger Lustigkeit.« (An Campe, 12. August 1852) Die Erklärung der Tierfabeln ist das eine, die Fixierung der Narrenposition das andere. Nicht neu, denn Kunz von der Rosen kann als eine Zentralfigur und Metapher dieses Dichterlebens gelten. Wobei der Narr ein Doppelwesen ist: Idiot und Weiser mit den oft kämpferischen Zügen.

Den Tierfabeln stehen zumeist Hunde, aber auch Katzen, Insekten, sehr oft Esel und ihr Gegenentwurf, der Löwe, Modell. Diese Tiere sind vielfach aus den alten Fabeln bekannt. Neueren Ursprungs indes sind Ratten, diese unappetitlichen, gefräßigen und zähen Großstadtnager. In ihnen ist die unbarmherzige Logik der »sozialen Bewegung«, ja der Revolution von unten, des hungernden Volkes im wenig schmeichelhaften Bild dargestellt. Die Wanderratten als Metapher für das eben nicht schöne Volk, für jene frühen Proletarier, kleinbürgerlichen Sozialisten, Anarchisten, Frühkommunisten von Blanc und Proudhon, mehr noch Cabet, Stirner und Weitling.

> Es gibt zwei Sorten Ratten:
> Die hungrigen und satten.
> Die satten bleiben vergnügt zu Haus,
> Die hungrigen aber wandern aus.
>
> [...]
>
> Die radikale Rotte
> Weiß nichts von einem Gotte.
> Sie lassen nicht taufen ihre Brut,
> Die Weiber sind Gemeindegut.
>
> Der sinnliche Rattenhaufen,
> Er will nur fressen und saufen,
> Er denkt nicht, während er säuft und frißt,
> Daß unsre Seele unsterblich ist.
>
> So eine wilde Ratze,
> Die fürchtet nicht Hölle, nicht Katze;
> Sie hat kein Gut, sie hat kein Geld
> Und wünscht aufs neue zu teilen die Welt.
>
> [...]

O wehe! wir sind verloren,
Sie sind schon vor den Toren!
Der Bürgermeister und Senat,
Sie schütteln die Köpfe, und keiner weiß Rat.

Die Bürgerschaft greift zu den Waffen,
Die Glocken läuten die Pfaffen.
Gefährdet ist das Palladium
Des sittlichen Staats, das Eigentum.

Nicht Glockengeläute, nicht Pfaffengebete,
Nicht hochwohlweise Senatsdekrete,
Auch nicht Kanonen, viel Hundertpfünder,
Sie helfen euch heute, ihr lieben Kinder!

Heut' helfen euch nicht die Wortgespinste
Der abgelebten Redekünste.
Man fängt nicht Ratten mit Syllogismen,
Sie springen über die feinsten Sophismen. […]

Das hat es in sich, ist aber ehrlicher als die These vom klas-
senbewußten Proletariat, das stets nur in der Minderheit war.
Das Wanderratten-Proletariat war und ist von jeher die Tragödie aller Revolutionen: es verrichtet die Schmutzarbeit und
wird betrogen. Das ist die eine Seite; das sich den Bauch voll-
schlagende Volk die andere. Die als Subjekte gegen »das Palladium des sittlichen Staates, das Eigentum«, angetreten sind,
werden allemal wieder Objekte. Die Ratten tragen die Total-
kritik gegen alles Bestehende vor und kommen selber nicht
ungeschoren davon. Auch sie kann der Dichter kaum als die
Lösung-Bringenden ansehen. Wo das Geistige fehlt und die
Kultur – was kann da herauskommen? Es ist sein altes Problem seit den vierziger Jahren, er wird es noch einmal 1855,
kurz vor seinem Tode, gültig formulieren. Als Leser spürt
man förmlich die Aufregung angesichts dieses Stoffes, der
sozialen Bewegung und ihrer unerbittlichen Logik, bis in den

Rhythmus, dargestellt im jähen Wechsel von drei- und vier-
hebigen, manchmal daktylisch oder anapästisch gebrochenen Jamben. Da ist nichts mehr von klassischem Jamben-
Gleichklang – Brecht hätte seine Freude gehabt.

Die letzte große Versdichtung, Fragment geblieben und
möglicherweise als solches beabsichtigt, denn wo gab es da
ein Weiter, ist »Bimini«, vermutlich 1853 geschrieben. Bimini
ist das mythische Land der Verjüngung. Es liegt zwischen
Kuba und Mexiko und Irgendwo. Erzählt wird das Leben
von Juan Ponce de Leon, einem Mittelamerika-Eroberer aus
dem Kreis um Cortez. Er, der Entdecker Floridas, sucht nun
Bimini. Flugs gesellt sich der Dichter hinzu und rüstet ein
Schiff aus, ein Zauberschiff, ein Narrenschiff:

> Fürchtet nichts, ihr Herrn und Damen,
> Sehr solide ist mein Schiff;
> Aus Trochäen, stark wie Eichen,
> Sind gezimmert Kiel und Planken.
>
> Phantasie sitzt an dem Steuer,
> Gute Laune bläht die Segel,
> Schiffsjung' ist der Witz, der flinke;
> Ob Verstand an Bord? Ich weiß nicht!
>
> Meine Rahen sind Metaphern,
> Die Hyperbel ist mein Mastbaum,
> Schwarz-rot-gold ist meine Flagge,
> Fabelfarben der Romantik –
>
> […]
>
> Schallende Fanfaren blasen –
> Aber horch! da unten klingt
> Aus der Meerestiefe plötzlich
> Ein Gekicher und Gelächter.

Ach, ich kenne diese Laute,
Diese süßmokanten Stimmen –
Das sind schnippische Undinen,
Nixen, welche skeptisch spötteln

Über mich, mein Narrenschiff,
Meine Narrenpassagiere,
Über meine Narrenfahrt
Nach der Insel Bimini.

Da haben wir noch einmal das romantische Arsenal, aber
modern möbliert und ganz verfremdet im Nirgendwo, und
das heißt auch Utopia. Jedenfalls hat sich der Dichter ein fan-
tastisches Kunstschiff gebaut und läßt es segeln. Die trochä-
isch-rhythmischen Versbewegungen haben in der Tat Segel-
rhythmus, den Heine kannte. Er ist alt geworden wie sein
Held – und nun suchen sie Bimini, wo die Quelle der Verjüngung fließen soll. Sie segeln und segeln und entdecken es nie.
Endlich finden Juan Ponce und sein poetischer Mitsegler ein
Land: es ist das Land des Todes, der Orkus, wo Lethe, die
Quelle des Vergessens, fließt:

Lethe heißt das gute Wasser!
Trink daraus, und du vergißt
All dein Leiden – ja, vergessen
Wirst du, was du je gelitten –

Gutes Wasser! gutes Land!
Wer dort angelangt, verläßt es
Nimmermehr – denn dieses Land
Ist das wahre Bimini.

Ankunft im Tode, dieser als Ziel – ein ganz normaler Vor-
gang. Eine Aussage von unerhörter Stärke, niemals vorher so
geäußert, auch nicht in der Dichtung des Barock, die doch
das Todesthema groß gestaltet, doch freilich sehr katholisch.

Hier ist zwar das mythische Gewand hellenisch, doch der
Geist ist jüdisch. Es ist die Heimkehr. Die letzte lyrische Äu-
ßerung: Ende des Individuums, nicht der Gattung, nicht des
Geistes.

Heines allerletzte lyrische Äußerung ist vermutlich im Gedicht »Für die Mouche« mit dem Vers, der hier bereits zitiert
wurde: »Stets wird die Wahrheit hadern mit dem Schönen«.
Was bleibt, ist der bis zum Ende gelebte Widerspruch.

Von der Politik zur Geschichte
und in die Zukunft
Späte Prosa I

»Spottet des Völkleins nicht! es hat ja den römischen Adler /
Eine geringere Zahl solcher Apostel gestürzt.« Das nicht ganz
versreine Distichon stammte aus dem Jahre 1843, ist von
Herwegh und trägt den Titel »Die Kommunisten«. Dieser
gehörte ebenfalls zu den wenigen, die die Kraft der neuen Bewegung erkannten, ja sie überhaupt bemerkten. Doch während seine Verse kaum bekannt wurden, hatte Heine als Publizist die Möglichkeit, seine Meinung in der »Allgemeinen
Zeitung« einer großen Leserschaft nahezubringen. 1851 beschäftigte ihn ein neues Projekt und er schrieb deshalb an
Kolb: »Ich bedarf nämlich zu einem Zwecke, dessen Auseinandersetzung zu weitläufig wäre, die Collection aller Artik-
kel, die ich seit dem Ministerium der Herren Thiers und Guizot, also vom 1. März 1840 bis zur Februarrevolution in der
Allgemeinen Zeitung drucken ließ. Ich bitte Sie inständigst,
liebster Kolb! mir sämmtliche Artickel der bezeichneten Periode ohne irgend eine Ausnahme hervorzusuchen [...] Wie
unendlich leid thut es mir jetzt, daß ich nie Copie davon behielt, daß ich die zeitgemäßen Abänderungen und Auslassungen der Redaction nicht mehr wieder herstellen kann, und
auch eine gute Anzahl Artickel, die Sie gar nicht abgedruckt

haben, für mich verloren sind […] Wie schade ist es, daß
Sie mir in der Allgemeinen nicht immer freie Hand ließen,
und zumal meine bestimmten und immer wiederholten Vor-
aussagungen über den damals unbeachteten Sozialismus
als Chimeren oder als indirecte Propaganda zurückwiesen!
Man würde mir zugestehn müssen, daß ich zu den Wenigen gehörte, welche die Zukunft am richtigsten beurtheilt.
Auch hat mich nichts überrascht. Betrübt hat mich jedoch
vieles, und wie alle Propheten habe ich am meisten erdul-
det. Ich kann mich über die Siege meiner liebsten Überzeugungen nicht recht freuen, da sie mir gar zu viel gekostet
haben.« (21. April 1851)

Der prophetische Schriftsteller meinte damit die sozialistischen und kommunistischen Bewegungen, die sich in den
vierziger Jahren formiert und die er beobachtet hatte. Und
gar zu oft wurden – just bei diesen Themen – seine Texte arg
zugestutzt oder ganz eliminiert, zunehmend 1843, bis er etliche an anderer Stelle drucken ließ und schließlich die aktuelle
Berichterstattung ganz eingestellt hatte. Von den Artikeln
aus dem Jahr 1848 war bekanntlich nur einer veröffentlicht
worden. Die Überzeugung von der Perspektive und Ge-
schichtsträchtigkeit dieser revolutionären Bewegungen mögen ihn – wie wohl auch praktische Erfordernisse, sich als
Schriftsteller zu behaupten und in der veränderten Lage präsent zu sein – auf die Idee gebracht haben, aus den »Pariser
Berichten« ein Buch herzustellen. Heine ging immer ziemlich
haushälterisch mit Einfällen, Ideen und Stoffen um. Als auch
erneute Bitten vom November 1851 und Februar 1852 um
Rücksendung der Artikel nur Teilerfolge zeitigten, wandte er
sich direkt an Johann Georg Cotta: »Durch meinen körperli-
chen Zustand abgesperrt von den Genüssen der Außenwelt,
suche ich jetzt Ersatz in der träumerischen Süße der Erinnerungen, und mein Leben ist nur ein Zurückgrübeln in die
Vergangenheit.« (26. März 1852) Danach traf das Verlangte
ziemlich rasch bei ihm ein.

Dazwischen befaßte er sich mit anderen Plänen, und es ist immer wieder erstaunlich, wieviel Publikationsideen der Kranke hatte und auch zum Teil realisierte. So dachte er an eine Überarbeitung der »Geschichte der Religion und Philosophie in Deutschland«, veranlaßt durch seine sich vertiefende Kritik an Hegel, der in dieser Abhandlung nur am Rande vorkommt. Zudem erwog er die Fortsetzung der »Romantischen Schule« mit Darstellungen über Grabbe, Immermann, Kleist, Oehlenschläger. Zu beiden Vorhaben ist es trotz Vorarbeiten (Lektüre von Grabbes »Napoleon«) nicht mehr gekommen.

Die andern Prosapläne verfolgte Heine indes hartnäckig. Und die »Vorrede« zur zweiten Auflage von »Salon II«, eben zur genannten »Geschichte …«, war Ausgangspunkt der »Geständnisse«, die im Zusammenhang mit den »Memoiren« zu sehen sind. Die Keimzelle liegt wahrscheinlich in den Fragmenten von 1844, den sogenannten »Briefen über Deutschland«. Schreiben war Zwang für ihn, war Existenzform.

1852 unterbreitete er seinem Verleger den Vorschlag zu dem neuen Frankreichbuch: »Eine litterärische Publication, mit welcher ich mich trug, hat mir Vehse aus dem Sinn geredet, und er hat mich darauf aufmerksam gemacht, daß das Publicum viel mehr Gefallen jetzt findet an Schilderung sozialer und politischer Zustände, als an dem alten belletristischen Kunst- und Literatur-Geschwätze. Ich benutze diese Winke, und in meinem Geiste formirt sich ein Buch, welches Blüthe und Frucht, die ganze Ausbeute meiner Forschungen während einem Vierteljahrhundert in Paris sein wird, und wo nicht als Geschichtsbuch, doch gewiß als eine Chrestomathie guter publicistischer Prosa, sich in der deutschen Literatur erhalten wird. Nach dem Romancero, versicherten mir längst einige Freunde, verlangte man Prosa von mir […]« (7. Juni) Obwohl Campe zunächst zustimmend reagierte, vergingen bis zum Erscheinen des Buches noch reichlich zwei Jahre. Der Arbeitsaufwand war umfangreicher, als der erfahrene

Autor, Meister inzwischen, ihn sich vorgestellt hatte: Die Texte, vielfach zensurverstümmelt, mußten ergänzt werden, soweit das überhaupt möglich war; vieles gefiel dem Autor nicht mehr, und er schrieb Neues. Schließlich sollte es ein »Musterbuch« werden, »das die Tagesgefühle ansprechen soll« (an Campe, 12. August 1852).

Verzögerungen gab es auch wegen des geforderten Honorars von 6000 Mark banco, einer Summe, die Heine bei Gelegenheit des »Romanzero« als »enorm« bezeichnet hatte, selbstredend nicht gegenüber dem Verleger. Der lehnte erst einmal ab, verwies auf den schleppenden Absatz der »Französischen Zustände«, verkannte wohl auch den Charakter der neuen, nicht nur inhalts-, sondern auch umfangreichen Produktion. Am 24. August 1852 warb der Autor erneut für sein Projekt und betonte gegenüber Campe den Unterschied zu den »Zuständen«, in denen Louis Philippe zu sehr dominiert habe. In diesem Zusammenhang steht der berühmte Satz, der das neue Buch, welches erst später den Namen »Lutetia« erhielt, so gut charakterisiert: »Der Held meines Buches, der wahre Held desselben ist die sociale Bewegung, welche Thiers, als er auch Deutschland aufposaunte, plötzlich entfesselte und welche Guizot vergebens zurückzudrängen suchte. Diesen Stoff behandelt mein Buch, er entfaltet sich am meisten in den Jahren 40–43; die Februarrevolution ist nur der Ausbruch der Revolution und ich könnte wohl mein Buch mit Recht eine Vorschule derselben nennen [...]« Thiers als Entfesseler von Krieg und Revolution, die er – als sie die Gestalt der Commune von 1871 annahm – mit Bismarcks Hilfe niederschlug, Literatur als »Vorschule«!

Um die Angelegenheit zu beschleunigen, beauftragte Heine seine Brüder, erst Gustav, dann Max, mit den Verhandlungen, die sie allerdings nur noch mehr verwirrten. Inzwischen schrieb er – es ist das Jahr 1853 – »Die Götter im Exil«, die uns im nächsten Kapitel ausführlicher beschäftigen werden. Sie erschienen zuerst in der »Revue des deux Mondes« und hatten eine Reihe unerlaubter Nachdrucke zur Folge. Heine und Campe waren erbost, veranlaßten Artikel über »Die Sicherung des geistigen Eigentums« in der »Allgemeinen Zeitung«. Das Hauptprojekt ruhte scheinbar. Erst Anfang 1854 kamen die Dinge wieder in Gang, als Campe einlenkte – die Edition der »Berichte« erschien ihm nun nicht mehr als eine Ansammlung alter Zeitungsartikel – und den Rechtsanwalt Dr. Trittau mit der Führung der Geschäfte beauftragte. Trittau war ein ehemaliger Achtundvierziger und für den Kranken ein angenehmerer Umgang als jener Oskar Peschel von der AZ, der eher denunziatorische Aufgaben hatte.

Trittau konnte dem Verleger für die »Vermischten Schriften« folgendes Angebot unterbreiten: »Geständnisse«, »Die Götter im Exil«, »Die Göttin Diana«, »Pariser Berichte« und eine überarbeitete Fassung von »Shakespeares Mädchen und Frauen«, die dann jedoch entfiel. Bereits am 7. März 1854 kamen die »Gedichte 1853 und 1854« und »Denkworte über Ludwig Marcus« hinzu. Die »Pariser Berichte« sollten »Briefe und Berichte aus der Glanz-Periode des parlamentarischen Regimentes« heißen, doch der umständliche Titel gefiel Campe nicht, zumal er in dieser Form einen Protest gegen das damals herrschende cäsarisch-bonapartistische Regime ausdrückte, ein durch Operette gemildertes Militärregime. Campe fürchtete schon wieder Verbote, was sicher nicht unberechtigt war. Im übrigen ist Titelfinden wahrhaft schwierig.

Nach nochmaligen Verstimmungen gingen die Verhandlungen im April weiter: Die »Geständnisse« bezeichnete Heine als eine »höchste wichtige Lebensurkunde, die in der Welt viel Aufsehen machen wird«, die »opuscula« – dieser Name war von ihm vorgeschlagen worden – als »ein Geschichtsbuch [...], das den heutigen Tag anspricht und in der Zukunft fortleben wird«: »Tag und Nacht beschäftigte mich diese Hundearbeit des Umarbeitens, des Hinzuschmiedens von etwa 8 bis 10 Bogen, Alles um das *Werk* artistisch vollendet und mit den Zeitfragen im Einklang erscheinen zu las-

sen. Sie dürfen aber bey Leibe nicht verrathen, daß ich von
den alten Berichten oft kaum 1/10 stehen ließ und meinen
tollsten Humor in neugeschmiedeten Briefen ausließ. Wer
das Handwerk versteht verräth den Meister nicht. ›Pariser
Briefe und Berichte aus der Parlamentarischen Periode – vom
1ten Merz 1840 bis Juni 1843‹ – ist der Privattitel des 2ten
Bandes und Sie sehen schon das die Zeit kaum mehr als
3 Jahre umfaßt und das Buch trotz der gaukelnden Abwechs-
lung der Themata, dennoch eine geschlossene Einheit hat –«
(An Campe, 15. April 1854) Manchmal übertrieb werbend
der alte Schelm, aber viel Arbeit hat er sich gemacht.

Nach Campes Einwänden gegen ein Textstück der »Geständnisse«, welches seitdem als »Waterloo«-Fragment bezeichnet wird, entfernte es Heine aus der Sammlung und fügte
anderes hinzu wie die Verteidigung von George Sand, eine
übrigens etwas maliziös-männliche gegenüber der eman-
zipationsbewußten Schriftstellerin. So schwollen die »Pariser
Berichte« auf zwei Bände an. Am 27. April stimmte Campe
endlich zu, auch den 6000 Mark banco für drei Bände »Vermischte Schriften« über je 21 Bogen. Den Titel »Opuscula«
allerdings wies er zurück. Am 20. Mai 1854 teilte der Autor
den nunmehr endgültigen Titel mit: »Lutetia« (Lutetia Pari-
siorum, lateinischer Name für Paris, damals noch »Lutezia«
geschrieben), Untertitel: »Berichte über Politik, Kunst und
Volksleben«. Der Verleger akzeptierte, und so ging unter diesem Namen eines der hochbedeutenden Prosawerke der
Deutschen in die Literatur wie auch in die Geschichte ein.

Doch noch immer war diese größte zusammenhängende
Edition einer inzwischen fünfunddreißigjährigen Schriftstel-
lerlaufbahn nicht fertig, und gerade auf den inneren Zusammenhang legte Heine den größten Wert. Immer wieder Änderungen und Ergänzungen, auch zu den Gedichten, bis das
Manuskript der »Lutetia« am 26. Juni an Campe abging:
»Wenn Sie beide Theile in einem Zug durchlesen, werden Sie
bemerken, welche falsche Idee Sie sich von dem Buche

machten, als Ihnen die ›Französischen Zustände‹ vorschwebten. [...] das Ganze liest sich wie ein Roman, während es zugleich ein historisches Aktenstück ist, und mein prägnante-
ster Styl sich darin kundgibt.« Als die ersten Korrekturbogen
bei Heine eintrafen, wechselte er den Aufsatz »Thomas Rey-
nolds« (über den irischen Politiker, der einen geplanten Abfall
Irlands von Großbritannien verhinderte) durch den Beitrag
»Retrospektive Aufklärung« aus, in dem die Streichung der
französischen Ehrenpension im Jahre 1848, Ursachen und
Folgen, erörtert und auf Denunziationen und Querelles eingegangen wird. Ärger auch mit den Druckereien in Halle und
Kassel. Heine legte so großen Wert auf diese Edition, daß er
wünschte, Campe möge die Verlagskorrekturen selbst übernehmen. Mehrfach beklagte er sich über schlechte Satzquali-
tät, technische Mängel des Drucks und Eingriffe in die Ge-
dicht-Anordnung.

Es ist hier der Ort, nach dem Stellenwert der Gedichte und
Mythen-Schriften in dieser Sammlung zu fragen. Der geistige
Bogen von den »Geständnissen« über die Gedichte, die My-
then-Schriften und »Ludwig Marcus« bis zur »Lutetia« ist
nicht leicht zu fassen. Sicher liegt er in der Person des Autors,
der Texte einer bestimmten Lebensphase zusammenfaßte.
Aber memoirenartige Prosa, Lyrik, Theatervorlagen wie die
Ballett-Libretti und historische Prosa in einer Edition?

Der strenge Gattungskanon der Aufklärung und der Klassik war längst aufgebrochen: zum einen durch die Romantik,
deren Philosophie und Ästhetik mehr nach Auflösung denn
nach Ordnung drängte, zum andern durch den neuen literarischen Markt mit seinem Angebot an Journalen, Almana-
chen und Serien wie auch durch den Zwang, die Zensur zu
umgehen. So hatte Heine Techniken und Tugenden entwik-
kelt, um in den verschiedensten Medien seine Wahrheit an
die Öffentlichkeit zu bringen. Bereits in seinem zweiten
Buch, den »Tragödien«, veröffentlichte er Gedichte, und in
den »Reisebildern« und »Salons« brachte er quasi alles unter,

was er parat hatte und was gerade möglich war. So erklärt
sich in gewisser Weise die Praxis der »Vermischten Schriften«,
wobei seine konkrete Situation gewiß auch eine Rolle gespielt hat. Aufklärung über sich selbst als politischer Schriftsteller in einer besonderen Situation und über Politik an sich
ist der übergreifende Gesichtspunkt: »Die ›Lutezia‹ enthält einen geistigen Schatz für die Erwecker des politischen Lebens
in Deutschland. Hier wird nicht bloß amüsirt, sondern auch
gelehrt [...]« (An Campe, 18. Juli 1854) Weitere Bindeglieder
sind das tatsächliche Material und der Erfahrungsschatz. Am
21. August 1854 ging als letztes Textstück der »Zueignungs-
brief. An seine Durchlaucht, den Fürsten Pückler-Muskau«,
den generösen liberalen Hochadligen und Weltreisenden, mit
der Definition des Werkes als »Geschichtsquelle« an den
Verlag, und am 4. Oktober 1854 wurden die »Vermischten
Schriften. Erster – Dritter Band« als letzte neue Buchproduk-
tion zu Heines Lebzeiten in Deutschland ausgeliefert. Sie waren zunächst kein großer Bucherfolg, erregten indes etliches
Aufsehen und Presse-Reaktionen. Allerdings mehr die »Geständnisse« und die »Gedichte« als das Hauptwerk »Lutetia«,
mit dem das zeitgenössische Publikum einmal wieder überfordert war.

Der Tatsache der gravierenden Unterschiede zwischen den
Texten der vierziger und der fünfziger Jahre haben die Herausgeber der neuen historisch-kritischen Ausgaben Rechnung getragen, indem sie die Texte nach ihrer Entstehungs-
zeit gesondert herausgaben; in der Säkular-Ausgabe in den
Bänden 10 und 11 und die »Lutèce« zusammen mit allen
französischen Texten in Band 19.

Wegen der Eigenständigkeit der französischen Ausgabe
soll daher noch kurz von der »Lutèce« die Rede sein, die als
dritter Band der »Œuvres complètes« bei Michel Lévy Frères
im April 1855 erschien. Heine hatte ihr eine »Préface« voran-
gestellt, die – sein Verhältnis zu Republikanismus, Sozialismus und Kommunismus zusammenfassend – Berühmtheit

erlangte und viel zitiert worden ist. In ihr begründete er, warum er die französische Ausgabe so schnell folgen ließ: der Verfälschungsgefahr wegen und der Verleumdungen, die in Paris auf Grund der Sprachunkenntnis über ihn im Umlauf waren. Der Verteidigung läßt er eine Liebeserklärung an Paris folgen sowie Mitteilungen zur Genesis des Werkes, zur Taktik des Schreibens und Komponierens, verweist auf Unterschiede zwischen Zeitschriftenabdruck und Buchausgabe. Er feiert die Kraft der Tatsachen und erklärt, wie er sie literarisch handhabt. Und die wichtigste Tatsache, das waren weder Parlamentsdebatten noch Kabinettsintrigen, weder Börsenberichte noch Theaterklatsch, nicht einmal die beschränkten Republikaner, die er dennoch gegen die Bourgeoisie verteidigt habe, sondern die Sozialisten, genauer: die Kommunisten. Was auch Herwegh wußte – Heine hatte es verbreitet, mit welchem Erfolg auch immer.

Und so liest sich dieser von Kritik und Skepsis durchdrungene, doch letztlich eindeutige Text als großes, die Bewegung selbst warnendes Bekenntnis, als ein Ja zum Kommunismus, obwohl der Dichter ihn fürchtet ob seiner kunstzerstörenden und nivellierenden Kraft und seines Mangels an Religion – dies wieder mit unüberhörbarem ironischem Unterton –: weil sein Programm die Lösung der sozialen Frage ist; weil er gegen die Ungerechtigkeit des Kapitals ist und für das arbeitende und leidende Volk eintritt, das er zum Kämpfen stimuliert; weil er die Elementarbedürfnisse wie Essen, Kleidung, Wohnung verteidigt; weil er gegen jede Art beschränkten Obskurantismus und Nationalismus ist; weil er international und weltumspannend humanistisch ist. Das ist Heinesches Denken, das viele seiner Texte seit 1840 prägte, eigentlich schon seit Mitte der dreißiger Jahre, und ist sein letzter Schluß. Diesen Widerspruch hat er getragen bis zuletzt.

Aus der Vorrede: »Dieses Bekenntnis, daß die Zukunft den Kommunisten gehört, dieses Bekenntnis machte ich im Ton der Besorgnis und äußersten Furcht, und – ach! das war

keineswegs Verstellung! Wahrhaftig, nur mit Schauder und
Schrecken denke ich an die Zeit, da diese finsteren Bilderstür-
mer zur Herrschaft gelangen werden; mit ihren schwieligen
Händen werden sie erbarmungslos alle Marmorstatuen der
Schönheit zerbrechen, die meinem Herzen so teuer sind [...]
Und dennoch, ich bekenne es mit Freimut, übt eben dieser
Kommunismus, so feindlich er allen meinen Interessen und
meinen Neigungen ist, auf meine Seele einen Reiz aus, dem
ich mich nicht entziehen kann; zwei Stimmen erheben sich in
meiner Brust zu seinen Gunsten, zwei Stimmen, die sich
nicht zum Schweigen bringen lassen wollen [...]
   Denn die erste dieser Stimmen ist die der Logik. Der Teufel
ist ein Logiker! sagt Dante. Ein fürchterlicher Syllogismus
hält mich umstrickt, und wenn ich diesen ersten Satz nicht
widerlegen kann, ›daß alle Menschen das Recht haben zu essen‹, so bin ich gezwungen, mich auch allen anderen Folgerungen zu unterwerfen. [...] und ich rufe aus: sie ist schon
seit langem gerichtet, verurteilt, diese alte Gesellschaft! Möge
die Gerechtigkeit ihren Lauf nehmen! Möge sie zerbrochen
werden, diese alte Welt, wo die Unschuld zugrunde ging, wo
die Selbstsucht gedieh, wo der Mensch vom Menschen ausgebeutet wurde! Mögen sie von Grund aus zerstört werden,
diese übertünchten Grabstätten, in denen die Lüge und die
Verderbnis herrschten! [...] fiat justitia, pereat mundus!
   Die zweite der beiden gebieterischen Stimmen, die mich
umstricken, ist noch mächtiger und noch infernalischer als
die erste, denn sie ist die des Hasses, des Hasses, den ich gegen eine Partei hege, deren schrecklichster Gegner der Kommunismus und die aus diesem Grunde unser gemeinsamer
Feind ist. Ich spreche von der Partei der sogenannten Repräsentanten der Nationalität in Deutschland, von jenen falschen Patrioten, deren Vaterlandsliebe in nichts anderem besteht als in einer idiotischen Abneigung gegen das Fremde
und gegen die Nachbarvölker [...] jetzt, da das Schwert der
Hand des Sterbenden entfällt, fühle ich mich getröstet durch

die Überzeugung, daß der Kommunismus, der sie als erste auf
seinem Wege finden wird, ihnen den Gnadenstoß versetzen
wird [...] Aus Haß gegen die Parteigänger des Nationalismus
könnte ich den Kommunisten fast meine Liebe zuwenden.
[...] als Hauptdogma bekennen sie sich zum unbedingtesten
Weltbürgertum, zu einer weltumspannenden Liebe zu allen
Völkern, zu einer alle Menschen umfassenden Bruderschaft
von Gleichen, zu freien Bürgern dieses Erdballs. Dieses grundlegende Dogma ist das gleiche, das einst das Evangelium ge-
predigt hat, dergestalt, daß dem Geist und der Wahrheit nach
die Kommunisten sehr viel christlicher sind als unsere sogenannten germanischen Patrioten, jene beschränkten Verfech-
ter einer exklusiven Nationalität.«

Den Bogen zu spannen vom Evangelium zum Kommunismus, bedarf es einer geistigen Leistung, die dem Sprung von
Moses zu Jesus entspricht und in der Neuzeit dem von Hegel
zu Marx etwa. Und für die nationalistischen Gegner waren
Juden und Kommunisten ohnehin fast gleich. Bleibt die
bange Frage, wie sich solch Text heute, nach Faschismus und
Shoa, Sozialismus als Staatssystem und Gulag, liest, wo auch
linke Parteien ängstlich den Namen Kommunismus vermei-
den! Fast alle staatssozialistischen Systeme, die in einer historisch äußerst kurzen Zeitspanne von wenigen Jahrzehnten
meist in unterentwickelten oder geteilten Ländern entstanden waren und höchst unreife Formen erreichten, sind zu-
sammengebrochen. Deren Gegner frohlocken und meinen,
der Kommunismus habe sich erledigt. Sie sollten nicht zu
früh frohlocken!
Auch ich sage das mit Furcht, denn ein noch ausstehender
Entscheidungskampf könnte das Ende aller Zivilisation be-
deuten. Die von Heine angeführten sozialen Gründe für den
Kommunismus gleichen den heutigen: weltweit zunehmende Armut gegenüber einigen reichen Staaten, die in immer
größere soziale Probleme und Widersprüche hineingeraten;

wahnsinnige Nationalismen vielenorts sind nicht beseitigt, seine danteske Logik ist nicht widerlegt; Gegenkräfte da und dort, geschwächt, zersplittert, sind vorhanden. Dieses Vermächtnis ist nicht abgegolten.

Bleibt noch die Frage der Kunst. Heines Furcht vor Kunstzerstörung ist immer noch die des Narren Kunz von der Rosen aus den »Reisebildern«, durch Erfahrung verstärkt. Auch herrschende Mächte waren und sind nur bedingt kunstfreundlich, mögen eher affirmative denn kritische Kunst. Und revolutionäre Bewegungen traten im Grunde erst einmal kunstfeindlich auf: die frühen Christen, die die antiken Tempel und Statuen zerstörten; die Hussiten und Lutheraner, die die Kunstwerke der alten Kirchen vernichteten, die für sie die Ideologie des Alten verkörperten; die kämpfenden Bauern, die die Klöster und Schlösser als Stätten der Unterdrückung verwüsteten; die Geusen, Puritaner und Jakobiner. Kunst ist erst einmal das Alte und die schöne Nebensache bzw. Symbol des Bösen, soweit sie nicht die Revolution selbst stimuliert. Auch bei den frühen Kommunisten gab es solche Tendenzen, von Weitling über Proudhon bis Blanqui und Bakunin; die »Doktoren der Revolution« Marx und Engels waren hochgebildet und keineswegs kunstfeindlich, aber die von ihnen wie auch von Lenin inspirierten Bewegungen waren nicht frei davon. Zerstört ward weniger in der Revolution, aber wieviel an Kunst wurde später be- oder verhindert, einseitig radikalisiert. Was geschah im China der Kulturrevolution, in Kambodscha? Was richtete der Islam in seiner Geschichte an? Wer wollte da den Dichter in seinen Bedenken kritisieren? Er hatte recht, in seiner Prognose wie in seinen Befürchtungen.

Mit seiner die riesige Spannweite von der Bibel bis zum »Kommunistischen Manifest« umfassenden Erklärung brachte Heine im Grunde die größten Widersprüche unseres Jahrhunderts zur Sprache, die er selber beobachtet, durchlitten, mit denen er gelebt hatte. Seinen Erfolg in Frankreich kom-

mentierte er mit den Worten: »Meine ›Lutezia‹ auf französisch macht hier viel Spektakel; ob sie gefällt, weiß ich
nicht, ist mir auch sehr gleichgiltig. Nur Narren wollen gefallen; der Starke will seine Gedanken geltend machen.« (An
Wertheim, 28. April 1855) Die Tagesberichte zur Politik
waren zum Buch der Geschichte geworden und reichten weit
in die Zukunft.

Von der Geschichte zum Mythos
und in die Vergangenheit
Späte Prosa II

Mythische Stoffe begleiteten Heine ein Leben lang: biblische
von Haus aus; griechische spätestens seit dem Gymnasium,
auch als junger Mann las er im Homer; mit nordischen beschäftigte er sich in Bonn und Göttingen, mit indischen in
Berlin; spanisch-sefardische kamen hinzu, besonders im Zusammenhang mit der spanischen Invasion Mittelamerikas.
Letztere bewegen sich im Grenzbereich zwischen Mythos
und Geschichte, und auch bei biblischen wie griechisch-antiken Stoffen ist die Geschichte stets sehr nahe, oder der Mythos beruht auf geschichtlichen Vorgängen und hat Kunst-
formen angenommen. Über die spanischen Stoffe waren
zugleich Mythen der Azteken und anderer von den Spaniern
und Portugiesen unterjochter Völker nach Europa gekommen. Heines »Bimini« und »Vitzliputzli« geben Kunde davon.
In vielen seiner Arbeiten tauchen mythologische Gestalten
auf; die griechisch-römischen Götter Jupiter und Poseidon,
Venus und Apollo oder Helena sind gegenwärtig in den
»Göttern Griechenlands« (»Nordsee II«). Hebräische und
christliche Bibel liefern inhaltliche und gestalterische An-
knüpfungspunkte. Moses und Jesus sind nahezu Zentralge-
stalten im Heineschen Werk, um Lazarus sind zwei umfangreiche Gedichtfolgen gruppiert, auch die Könige David und

Salomo erscheinen im Gedicht. Von den Gestalten der nordischen Sagen griff der Dichter vor allem Tannhäuser im Gedicht und den Fliegenden Holländer im »Schnabelewopski«
auf. Nordischen bzw. deutschen und hellenisch-antiken Mythen sind vier eigenständige Werke gewidmet: »Elementargeister« von 1836/37 (im »Salon III« 1837 publiziert), »Der
Doktor Faust. Ein Tanzpoem« von 1846/47 (1847 in französisch veröffentlicht, deutsch erst 1851), »Die Göttin Diana«,
ebenfalls vom Winter 1846/47 (1854 in den »Vermischten
Schriften« erschienen) und »Die Götter im Exil« (um 1847, in
der »Revue des deux Mondes« von 1853 und in nichtautori-
sierten deutschen Übersetzungen gedruckt).

»Elementargeister« und »Die Götter im Exil« sind Prosa-
Arbeiten, halb Erzählung, halb Essai, »Die Göttin Diana« und
»Der Doktor Faust« sind Ballett-Libretti für den englischen
Ballett-Direktor Benjamin Lumley. Dem Faust-Libretto sind
»kuriose Berichte über Teufel, Hexen und Dichtkunst« bei-
gegeben, eine gelehrsame wie vergnügliche Betrachtung.

Geschichte und Mythos existierten nahezu in der gesamten Zeit von Heines poetischem Wirken nebeneinander,
doch dominierten am Ende eher die Mythen, das Leben ward
zum »Zurückgrübeln in die Vergangenheit«, die persönliche
und die mythische.

> Denn immerhin, ihr alten Götter,
> Habt ihr's auch eh'mals in Kämpfen der Menschen
> Stets mit der Partei der Sieger gehalten,
> So ist doch der Mensch großmüt'ger als ihr,
> Und in Götterkämpfen halt ich es jetzt
> Mit der Partei der besiegten Götter.
>
> (»Die Götter Griechenlands«, Nordsee II)

Ein anderes Thema dieses Kapitels ist die Ironisierung der
gesamten mythologischen Familie, Moses und Jesus ausgenommen, eine Abkehr vom erhabenen Gedanken und

großen Gestus, den Klassizisten und Aufklärer zwischen dem 17. und frühen 19. Jahrhundert über antike Figuren transportierten.

Mythologie

Ja, Europa ist erlegen –
Wer kann Ochsen widerstehen?
Wir verzeihen auch Danäen –
Sie erlag dem goldnen Regen!

Semele ließ sich verführen –
Denn sie dachte: eine Wolke,
Ideale Himmelswolke,
Kann uns nicht kompromittieren.

Aber tief muß uns empören
Was wir von der Leda lesen –
Welche Gans bist du gewesen,
Daß ein Schwan dich konnt' betören!

(»Romanzero. Lamentationen«)

Des weitern fällt an Heines Mythologisieren auf, daß er den Gestalten ein wirkliches Leben gibt und mit ihnen in einen Dialog eintritt. Nie war Heine so hegelisch wie hier, wenn er Erscheinungen des Bewußtseins zu Erscheinungen des absoluten Geistes bzw. der absoluten Idee machte, indem er ihnen reales Leben verlieh. Und das gerade zu einer Zeit, als er sich von Hegel zu verabschieden gedachte. Die Verlebendigung von Bewußtseinsfiguren hatte den Vorteil, daß er als Künstler mit seinen Kunstgestalten nicht nur ganz vertraulich umgehen, sondern auch ihr Werden und Vergehen darstellen konnte. Bei Hegel ist alles nur dadurch, daß es auch nicht ist, also vergeht. Im Werden ist *Sein* und *Nichtsein*, ebenso im Vergehen. Werden geht in Vergehen und Vergehen in Werden über, was auch den Betrachter einschließt. So konnte der

alte Hegelianer seinen antiken wie nordischen Göttern und
Mythen Leben geben und sie vergehen, im Vergehen aber
weiter- und überleben lassen: in Wechsel, Veränderung und
Einssein.

Von erregender anwaltlicher Beredsamkeit für die »Partei
der besiegten Götter« sind die »Elementargeister«. Das Buch
hat zwei Teile. Im ersten greift der Dichter weit zurück zu
den Ursprüngen von Erd- und Luftgeistern, den Zwergen
und Elfen und Feen, deren Kehrseite die Hexen, also verketzerte freie Frauen, sind. Ihre Heimat ist »das Land der Poesie«. Hauptbeschäftigung der Elfen und der »Willis« (Bräute,
die vor der Hochzeit gestorben sind) ist das Tanzen. Was
wunder, daß auch in diesem Falle eine der Geschichten des
so musikalischen Autors zum bis heute aufgeführten Büh-
nenwerk wurde: »Giselle« von Adolphe Adam nach einem
Libretto von Théophile Gautier.

Nach den Erd- und Luftgeistern erregten die Wassergei-
ster, Nixen und Schwanenjungfrauen seine Aufmerksamkeit.
Er suchte hinter ihre Geheimnisse zu kommen, indem er sie
wie ein Chronist beschreibt, ihnen aber möglichst das Poe-
tisch-Rätselhafte beläßt. Er entschleiert die matriarchalischen
Urgründe: Tragödien aus gebrochenen Liebesversprechen,
die sich rächen, wenn jene gescheiterten Ur-Wesen nun als
Geister daherkommen. Viele Motive, die wir auch aus Märchen kennen, nordischen Märchen zumeist, haben ihre Quellen in Britannien, Dänemark, Holland, Skandinavien. Überall
entdeckt er Verwandlungen und führt sie auf Götter und
Helden der nordischen Heiden zurück. Auch in dem balla-
desken Lied »German, der fröhliche Held« ist ein Nachwe-
hen des Matriarchalischen spürbar: Frau Adelutz ist die Stärkere, die den Helden rächt, weil sie ihn nicht retten kann, und
dabei selbst den Tod findet. Ein Wunder, daß Wagner daraus
keine Oper gemacht hat. Auch Walküren kommen vor und
Nornen, die Parzen des Nordens, die später zu Hexen gemacht wurden. An einer Stelle schreibt Heine: »Ich habe in

diesen Blättern immer nur flüchtig ein Thema berührt, welches zu den interessantesten Betrachtungen einen bändereichen Stoff bieten könnte: nämlich die Art und Weise, wie das Christentum die altgermanische Religion entweder zu vertilgen, oder in sich aufzunehmen suchte, und wie sich die Spuren derselben im Volksglauben erhalten haben. Wie jener Vertilgungskrieg geführt wurde, ist bekannt.« Langwieriger als die Vernichtung war die Anverwandlung: die Veränderung alter Bräuche, der Bau von Kirchen auf heidnischen Kultstätten, das Meiden von bestimmten Plätzen, von Steinen, Flüssen, Bäumen oder auch Feuerstätten, wo weitere Elementargeister, die Salamander, hausten.

Von den Feuergeistern kommt Heine auf den Teufel zu sprechen, als wäre er ein alter Bekannter (Heimkehr, Nr. 35), ein Logiker, der sogar mit Dante legitimiert wird. »Der Teufel ist ein Logiker. Er ist nicht bloß der Repräsentant der weltlichen Herrlichkeit, der Sinnenfreude, des Fleisches, er ist auch Repräsentant der menschlichen Vernunft, eben weil diese alle Rechte der Materie vindiziert; und er bildet somit den Gegensatz zu Christus [in andern Zusammenhängen heißt es meist Jesus; hier in kritischem, auch jüdischem Verständnis gebraucht, das einen Christus nicht anerkennt – TF], der nicht bloß den Geist, die asketische Entsinnlichung, das himmlische Heil, sondern auch den Glauben repräsentiert. Der Teufel glaubt nicht, er stützt sich nicht blindlings auf fremde Autoritäten, er will vielmehr dem eignen Denken vertrauen, er macht Gebrauch von der Vernunft! Dieses ist nun freilich etwas Entsetzliches, und mit Recht hat die römisch-katholisch-apostolische Kirche das Selbstdenken als Teufelei verdammt und den Teufel, den Repräsentanten der Vernunft, für den Vater der Lüge erklärt.« Der Teufel als Aufklärer, als Verbündeter – welch ein wunderbarer Elementargeist in der Tat! Nur vom Zynismus des Teufels grenzt sich der Dichter ab, denn zynisch war er nie, Zynismus ist dem Juden wesensfremd.

Der zweite Teil der »Elementargeister« beginnt mit der wehmütigen Erzählung über einen Wissenschaftsautor namens Kitzler, der immer schreibt und nie etwas zustande bringt. So arbeitet er an einem Buch von der Vortrefflichkeit des Christentums, bedenkt derweil alle Gegenargumente und wird darob so verzweifelt, daß er sein Werk für ungültig ansieht und das Manuskript ins Feuer wirft. Aus diesen Argumenten für »den Sieg des Christentums über das Heidentum« entwickelt Heine nun zweierlei: seine eigene Kampfposition gegen die Weltreligion und seinen Hellenismus. Hier aber geht es ausschließlich um das Weiterleben der altgriechischen Gottheiten, der Partei der Verlierer, im Bewußtsein des Volkes, als Elementargeister eben. Das waren Paris und Helena, Diana und Endymion, Kalypso und Ulysses und andere, die wir von Marmorstatuen, aus dem Homer oder den Tragikern kennen. Und die bekanntesten sind Frau Venus und der Göttervater Zeus oder Jupiter. Dem Zeus setzte er an anderer Stelle ein Denkmal, der Frau Venus aber im Louvre, wo er an deren Statue sein aktives Dasein des dichtenden Gesellschaftsmenschen beendete, und hier. Auch sie mußte sich in tiefen Höhlen verbergen, wo sie weiterlebte und ritterlich deutsche Helden verführte wie den Tannhäuser. Darüber erzählen alte Lieder, zwei davon druckte Heine in den »Elementargeistern« ab, aus der Kenntnis von noch älteren mit »weit poetischerem Charakter«; er entschied sich für das von Kornmann und Prätorius überlieferte, in »Des Knaben Wunderhorn« mitgeteilte, und für sein eigenes. In beiden Fassungen kehrt Tannhäuser in den Venusberg zurück, wo er bis zum Jüngsten Tage bleibt, und bei Buß und Reue soll ihm die Sünde vergeben sein: »Ich bleibe jetzt im Venusberg, / Bei meiner schönen Frauen.« Verwiesen sei auf die kleine, aber gewichtige Änderung beim Abdruck in den »Neuen Gedichten« von 1844, wo er mit einer anderen Strophe schließt: »Zu Hamburg sah ich Altona, / Ist auch eine schöne Gegend; / Ein andermal erzähl' ich dir / Was mir alldort begegent.« Also kein so eindeutiges, ein eher offenes Finale. Heines Lied in den »Elementargeistern« war antichristlich, solidarisch mit den Verlierern.

Dabei handelte es sich nur scheinbar um Nebenwerke, auch wenn es quasi »Gelegenheitsarbeiten« waren. Heines »Elementargeister« entstanden auch aus der Not von Zensur und Verbot seiner Werke. So gestaltete er ein Grundanliegen in einem scheinbar nebensächlichen Stoff. Verstanden aber wurde der Text kaum, die Rezensionen waren banal. Immerhin war das hellenistische Konzept in Ansätzen bereits entwickelt.

Zehn Jahre später dann die »Gelegenheitswerke« des Jahres 1847, »Der Doktor Faust« und »Die Göttin Diana«. In ihnen vollzieht der Dichter-Denker eine Abwendung vom klassischen Ideal und zugleich eine ästhetische Neubestimmung des eigenen Standorts, der bisher hellenistisch-sensualistisch formiert war und in seinen höchsten Ausprägungen die Entfremdung aufgehoben hatte, dichterisch utopisch selbstverständlich. Die Realität ist fraglos stärker als die Utopie, was diese indes niemals außer Kraft setzt, weil die Realität keine andere Chance hat, als sich auf Ideal oder Utopie hinzubewegen. Alles andere ist Leerlauf. Daß es zugleich eine neuerliche Auseinandersetzung mit Goethe und dem klassischen Konzept, bezeugen nicht nur die Goethe-Erwähnungen in den Erläuterungen zum »Faust« und in Briefen, sondern die Stoffe: antik-mythologische von Heidengöttern und der historisch-mythologische Faust nebst seinem Mephistopheles und allen weiteren Teufeln. Beide Bereiche haben durch den europäischen Klassizismus und die deutsche Klassik ihre eigene Prägung erfahren, waren von zentraler Bedeutung für Philosophie und Ästhetik, Fortschrittsidee, Menschenbild und Widerspruchsgestaltung.

Heine griff weder zufällig nach diesen Stoffen, noch wurden sie ihm aufgedrängt. Lumley wollte nur Libretti, Tanzfabeln. Daß er sie im Medium Ballett verarbeitete, mag mit

seiner Vorliebe für diese Kunstform zu tun gehabt haben und
mit seinen Pariser Theater-Erfahrungen. Der Diana-Stoff,
nach den »Elementargeistern« und »Atta Troll« (Caput IX),
nun also in einem kurzen Libretto. Diana erscheint als die
Verführerin, die den Tugendritter aus seinen Bindungen löst
und, trotz der Widerstände des auch hier auftretenden treuen
Eckart, mit Hilfe der Venus für sich gewinnt. Das klingt wie
Parodie. Ein großes Bacchanal, im Grunde ein Operetten-
finale, beendet die Handlung. Deutsch-französische Menta-
litäts- und Ästhetikgegensätze spielen ebenso eine Rolle wie
die alten Konflikte zwischen christlichem Spiritualismus und
antikem Sensualismus, doch bereits verschoben. Entschei-
dender ist die Trivialisierung des Stoffes, die Banalisierung in
Richtung des französischen Lustspiels und damit die Hin-
wendung zur bürgerlichen Realität in ihrer Widersprüchlich-
keit. An die Stelle der Utopie ist der Operettenschluß getreten: 1846 ward ein Vaudeville, eine Revue »Les Dieux de
l'Olympe à Paris« von Clairville aufgeführt. Offenbach war
schon erfolgreich tätig, obwohl seine eigentliche Zeit erst mit
dem zweiten Kaiserreich kam: »Orpheus in der Unterwelt«
ließ nur noch ein gutes Jahrzehnt auf sich warten. 1858 war
die Uraufführung, und andere der süffisanten Götterparodien
voller Spott auf die imperiale Misere folgten in bunter Reihe.
    Ähnlich und doch anders verhält es sich mit »Doktor Faust.
Ein Tanzpoem nebst kuriosen Berichten über Teufel, Hexen
und Dichtkunst«. An die »Diana«-Konstellation erinnert die
Gestalt der Herzogin, eine der drei Frauen, mit denen Faust
zu tun hat, die Verkörperung einer vom Teufel beeinflußten
Triebliebe. Die zweite ist Helena, Symbol der Schönheit und
Vollkommenheit, der Synthese von Körper und Geist. »Alles
atmet hier griechische Heiterkeit, ambrosischen Götterfrieden,
klassische Ruhe. [...] Die Königin dieser Insel ist Helena von
Sparta, die schönste Frau der Poesie [...]« Die Idylle dauert
nur kurz, die herzogliche Furie zerstört Arkadien – Glück
und Harmonie sind nicht möglich. Zwar tötet Faust die Her-

zogin, doch dadurch stellt sich das Glück erst recht nicht her. Die dritte Frau ist die Tochter des Bürgermeisters, ein Gretchen-Typus, die Faust heiraten will, um in einem »bescheiden-süßen Stilleben das Hausglück« zu finden. Doch der Teufel, hier weiblich: Mephistophela, im Grunde der vierte Typ, macht ihm einen Strich durch die Rechnung: der Pakt ist abgelaufen, die Höllenfürsten erscheinen, Faust wird trotz Bittens und Flehens von Mephistophela in Gestalt einer Schlange erwürgt. Die Gruppe der Höllenfürstin versinkt, Glockengeläute und Glockengetöne fordern zu christlichen Gebeten – Erlösung findet nicht statt. Dazwischen gibt es noch eine schwarze Satansmesse, analog der Blocksbergszene, nur schlimmer, mit dem Oberteufel in Gestalt des schwarzen Bockes – es tanzen Faust und die Herzogin, Mephistophela und Mephisto sowie das übliche Hexen-Personal, alle die Personifikationen der alten heidnischen Geister und der frustrierten, von der Kirche verketzerten Frauen, die man als Hexen bezeichnete und zu Tausenden auf die Scheiterhaufen brachte. Einer der übelsten judenfeindlichen Begriffe war der »Hexensabbat« für Orgie oder Höllenbacchanal, also die totale Umkehrung des heiligsten Tages der Juden. Sehr merkwürdig, daß sich der Jude Heine, der die schönsten Schabbat-Gedichte geschrieben oder auch übersetzt hat, dieses Begriffes unkommentiert bediente.

Vom Ende her gesehen ein Anti-Goethe, sosehr der Bezug auch immer gewahrt wird. Die Helena-Beziehung scheitert schließlich auch beim Weimarer Klassiker. Doch die Wandlungen sind grundsätzlicher Natur und nicht nur aus dem Libretto selbst ersichtlich, sondern auch in den Erläuterungen begründet. Heine beruft sich auf das Volksbuch, das er sogar herausgeben wollte, und wirft Goethe Abweichungen von der Quelle vor, das heißt die Entwicklung des Faust-Stoffes. Das verwundert ebenso wie die exorbitante Fehleinschätzung des zweiten Teils der Goethe-Tragödie, den Helena-Akt ausgenommen. Es fällt schwer, anzunehmen, daß ein kunst-

378 Leidensjahre in Frankreich

sinniger Mann wie Heine, der obendrein mit den Genres ex-
perimentierte, solange er schrieb, Goethes kritische Zeitalter-
Besichtigung nicht verstanden haben sollte. Was Heine störte,
war offensichtlich die Erlösung Fausts, also die Utopie. Er,
der bislang selbst einer Utopie angehangen hatte, war so tief
in die Widersprüche seiner Epoche verstrickt, hatte das Scheitern vieler Konzepte erlebt, daß ihm derlei als Hohn vorkommen mußte. Die Enttäuschung über die Krise von 1847/49,
deren Nichtbewältigung durch Politik und die meisten Politiker bis hin zu den Republikanern und kleinbürgerlichen Linken war zu groß. Sein eigenes Leben trieb zu sehr nach unten.
Die bürgerliche Realität mit dem Elend in den Vorstädten und
auf dem Lande hatte den Sieg über das klassisch-bürgerliche
Ideal wie über die frühsozialistische Utopie davongetragen.

Heine stellte durch die Volksbuch-Tradition und das Ein-
bringen bürgerlicher Erfahrungen, der Prosa des Alltags, eine
Art Volksnähe her. Die vier Frauentypen veranschaulichen
das: Seine persönlichen Erfahrungen, die er so dezent-cheva-
leresk verbarg, mögen hier mitgespielt haben. Alle diese bürgerlichen oder aristokratischen Frauen haben in zahlreichen
Varianten seinen Weg gekreuzt: die bürgerliche Hausfrau, die
adelige Schönheit, die Intellektuelle, die im Grunde kalt ist,
und der verführerische Sinnenteufel. Da es sie pur oder ideal-
typisch nicht gibt, sind sie als Göttin oder Teufelin gestaltet.
Von oder mit ihnen ist keine vollkommene Liebe zu erlangen, sondern immer nur eine Seite, und schon gar nicht vol-
les Menschentum. Obwohl für Heine, den Dichter-Philosophen, die Liebe nach wie vor das höchste Weltprinzip war, er
selbst es indes nicht zu leben vermochte, sah er für sie keine
Möglichkeit mehr in seiner Lebenswelt und Gesellschaft. Sie
neu zu entwerfen über einem Gedanken-Gebäude des sensualistischen Hellenentums, vermochte er gleichfalls nicht
mehr. Der Zusammenbruch des Helena-Glücks im »Faust«
zeigt auch diesen Abschied.

Aber war der endgültig?

»Die Götter im Exil« sind nämlich auch eine Art Identifi-
kationsschrift – das zweite Hauptwort deutet darauf hin. Ein
Exilant, noch dazu ein langjähriger, wußte, wovon er schrieb.
Gedanklich knüpfte er an die »Elementargeister« an, in denen
vom Fortexistieren der alten Heidengötter als Geister im
Volksbewußtsein die Rede ist. Sie waren immer Ausdruck einer Opposition, vor allem gegen das Christentum, das sie besiegt hatte, wie als Untergrund-Opposition überhaupt. Nun,
nach allen Veränderungen, dies Hohelied der alten Götter,
für die er so hegelische, ja materialistische Erklärungen gibt,
als wären es konkrete Personen. Was soll man davon halten,
wenn ein Bacchanal, ein Dionysos-Fest gefeiert wird, wie hier
beschrieben, wenn die alten Götter ihren Ruinen entsteigen,
»um den alten fröhlichen Gottesdienst noch einmal zu begehen, um noch einmal mit Spiel und Reigen die Siegesfahrt des
göttlichen Befreiers, des Heilandes der Sinnenlust, zu feiern,
um noch einmal den Freudentanz des Heidentums, den Can-
can der antiken Welt, zu tanzen, ganz ohne hypokritische
Verhüllung, ganz ohne Dazwischenkunft der Sergeants-de-
ville einer spiritualistischen Moral, ganz mit dem ungebunde-
nen Wahnsinn der alten Tage, jauchzend, tobend, jubelnd:
›Evoe Bacche!‹«
Sicher, es ist nur eine Vision, in der Dionysos auch noch
eine Art Jesus-Mantel umgelegt bekommt, aber eine sehr pla-
stische. Und den alten Göttern wird nachgespürt, dem
Apollo, dem Mars, dem Mercur, dem Pluto und dem Nep-
tun. Wo aber ist Zeus-Jupiter geblieben? In der erschüttern-
den Erzählung eines alten Mannes von der Kanincheninsel
hinter den Eisbergen wird die Identität des obersten Heiden-
gottes enthüllt, gleich einem Denkmal gefallener Größe, und
mit höchstem Ehrgefühl. Nimmt man so den endgültigen
Abschied von seinen Idealen? Auf der einen Seite Jehova, auf
der andern Zeus-Jupiter? Wie geht das? Oder ist das wiederum eine taktische Schrift, durch die ihr Verfasser seinen
Hellenismus verkleidet weiterführte und die Fortexistenz op-

positioneller Ideen, so sie nur vom Volke getragen sind, beweisen wollte? Dafür spricht auch die Struktur des Textes, in dem Volksfiguren auftreten und erzählen oder Dialoge führen. Der Autor erscheint nur am Anfang als direkter, später als indirekter Erzähler und am Ende als Bekenner.

»Die Götter im Exil« schließen direkter an die »Elementargeister« an als »Die Göttin Diana« und »Der Doktor Faust«. 1847 war der Abfall radikal und 1848 bis 1850 die Depression total, die jenen neuerlichen Schritt zu Jehova möglich machte. 1853 war zwar der Mensch Heinrich Heine sehr krank, aber der Schriftsteller, der Dichter wieder voll im Sein und im Bewußtsein. Mir scheint, der Hellene hatte sich nicht entleibt. Die alten Götter durften nicht sterben, und der gefeierte Dionysos war bekanntlich auch ein Gott der Auferstehung, was durch den Heilandbezug verdeutlicht wird. Bleibt Jehova, noch dazu in den »Geständnissen« der gleichen Edition von 1854, Jehova, hier vertreten durch Moses und Ludwig Marcus. Heine war ein Schriftsteller genauen Kalküls, der nichts dem Zufall überließ. Mit der Komposition dieser drei Bände, hatte er sich größter Geistesanstrengung unterzogen: »Stets wird die Wahrheit hadern mit dem Schönen«, hieß es wenig später. Es ist in der Tat so: Zeus blieb neben Jehova. Das konnte nur Heinrich Heine.

Sterblicher Dämon der Disharmonie
oder Unsterblicher Gott der Vielspältigkeit
Zum Exitus

»Ich will nicht behandelt sein als Rekrut.« (An Campe, 2. Mai 1854) – »Wie langsam kriechet sie dahin, / Die Zeit, die schauderhafte Schnecke! / Ich aber, ganz bewegungslos / Blieb ich hier auf demselben Flecke.« (»Zum Lazarus 3«)
Zwischen diesen Extremen achtunggebietender Respekthaltung und Resignation bewegten sich die letzten Jahre.

Bewegungslos war er nur physisch – geistig um so weniger. Und selbst sein physischer Zustand erlaubte es ihm, auch in diesen Jahren noch mehrmals umzuziehen. Seine letzte Wohnung war in der Rue Matignon 3, nahe den Champs Elysées, jenem Lebenszentrum, das er so liebte. (An dem Haus befindet sich eine Gedenktafel, sonst nur noch in der Cité Bergère 4, wo Heine in den dreißiger Jahren gewohnt hatte.) Lebenszentrum im Weltzentrum Paris, der damaligen Capitale du monde. Bis zuletzt hat er sie geliebt. Vorschläge, nach Hamburg zur Familie überzusiedeln oder in Kurorten mit Heilquellen bzw. im Süden, in Nizza, zu leben, hat er abgelehnt. »Es gibt kein noch so mildes Klima, keine noch so lieblich duftende Luft, keine noch so entzückende Gegend, die mir den stinkenden Dunst von Paris aufwiegen könnte, dem ich meinen Husten verdanke. Glauben Sie mir: Den Flachköpfen und Einfaltspinseln zum Trotz, ein wirklich intelligenter Mensch kann nur in Paris leben und sterben. Zugegeben, die Luft, die man hier atmet, ist verseucht, das Leben ist abgehetzt; aber man befindet sich in einem geistigen Klima, einer Luft, die auch in die abgeschlossensten und einsamsten Wohnungen dringt. Paris ist das gestaltgewordene Leben, das kondensierte Weltall. Man verschone mich mit Nizza und dem Süden und lasse mich in Ruhe hier mein Leben enden! Heinrich Heine darf man aus Paris ebensowenig wegholen wie einen Fisch aus dem Wasser.« (Überliefert von Henri Julia, 1855/83) Da ist es wieder, das alte Bild von 1831. Dort gehörte er hin, in das Leben der City wie auf den Montmartre.

Wohnungswechsel, immer neue Besucher, neue Ärzte: 1853 machte ein Dr. von Bury 14 Visiten. Gab es neue Hoffnungen? Intensiv beobachtete er die Politik, besonders während der neuen Orientkrise, die zum Krimkrieg führte, den er kommen sah. »Hier ist Alles ruhig, und die Furcht vor dem Krieg ist verschwunden. Dennoch glaube ich, daß der Krieg unvermeidlich nächstes Jahr ausbricht, da die Verhältnisse und Interessen zu sehr verwickelt sind. Ein Schwefelhölzchen kann die Welt jetzt in Brand stecken und die Pompiers, die an der Spitze sind, haben mehr Angst als Vernunft.« (An Betty Heine, 18. August 1853)

Schmerzen und Depressionen, der vertiefte Blick nach innen verstellten ihm nicht den Blick nach draußen, ebensowenig für seine Chancen beim rastlosen Spekulieren mit Aktien. Er hatte Glück: die Banker, namentlich die Rothschilds, meinten es oft gut mit ihm, aus jüdischer Solidarität zumeist. So bedankte er sich einmal: »[…] ich sehe darin ein Zeichen der Achtung für einen Poeten und zugleich ein Zeichen der Pietät für den Geist überhaupt, den selbst der Hochgestellte nie verletzt ohne dadurch zu beurkunden, daß er nicht zur Parthey der Geister gehört. Wie wenig verstehen zumal die Neo-Millionäre die Kunst des Gebens! Jedes Mal wenn sie uns ein Stück Geld zuwerfen, werfen sie uns zugleich ein Loch in den Kopf; denn sie wissen die feineren Köpfe, die leicht wundbar, nicht zu unterscheiden von dem dicken Hirnschädel des Pöbels, der alles verträgt. Ja die Kunst des schönen Gebens wird in unserer Zeit immer seltener, in demselben Maße wie die Kunst des plumpen Nehmens, des rohen Zugreifens täglich gemeiner gedeihet, daher nochmals meine Danksagung […]« (An Anselm von Rothschild, 30. Dezember 1855) Man sollte sich bei derlei Äußerungen stets das Datum ansehen, um nicht in andere Zeitläufte hineinzurutschen!

Immer wieder diese Verschiedenheiten, die wechselnden Stimmungen, die jähen Wendungen, eben die benannten Vielspältigkeiten. So schrieb er an die Mutter resignierend: »Es ist mir nichts geglückt in dieser Welt, aber es hätte mir doch noch schlimmer gehen können. So trösten sich halbgeprügelte Hunde.« (3. Dezember 1853) Wie seltsam mutet doch diese Äußerung eines Menschen von Weltrang an, noch dazu seiner Mutter gegenüber, von der er alles fernhielt und der er so schöne Denkmäler gesetzt hat, man denke an die »Nachtgedanken« oder an »Deutschland, Caput XX«, und

selbst dort hatte er witzig redend so viel verschwiegen dem
»lieb Mütterlein«. Und ich befinde mich in radikalem Gegensatz zu einem Kritiker namens Fritz J. Raddatz, der diesen
Satz des H. Heine in einem Buch über den Dichter im Sinne
eines Scheiterns verwendet.

Und dann wieder ein ganz anderer Ton: »Ich würde gern
die französische Ausgabe der ›Lutezia‹ durch die herrlichsten
Zusätze ausschmücken, aber ich verzettele viel Zeit, und
überhaupt bringt mir dieses Buch im Französischen, so wie
überhaupt die ganze französische Ausgabe meiner Bücher,
nur wenig ein, und dient nur als Reklame meines Namens.
Wer keine große, ungeheure Anerkennung in Frankreich sich
erworben hat, darf sich keiner europäischen Reputazion rühmen; und so wird indirekt dem Eigenthümer meiner deutschen Werke, durch die Mühen, die ich mir bei den französischen Versionen gebe, wieder das Beste zu Gute kommen,
nämlich die Sicherheit, daß mein Name immer mehr und
mehr ziehen wird.« (An Campe, 24. Oktober 1854) Das
nenne ich Selbstwertgefühl und Werbung in eigener Sache. Da
dachte einer in Dimensionen, die über Europa hinausgingen,
und man erinnert sich des Stolzes, mit dem er sich über die
japanische Lyrik-Übersetzung in den »Geständnissen« ausließ, oder des rangbewußten Ingrimms anläßlich der Raub-
drucke, nicht nur der Werkausgabe in den Niederlanden,
sondern auch der ebenfalls unberechtigten Gesamtausgabe
bei John Weik in Philadelphia/USA.

Intensiv arbeitete er an der mit Lévy vertraglich vereinbar-
ten siebenbändigen Ausgabe – es war immerhin schon die
zweite französische – und auch an den »Memoiren«, um sie
womöglich noch beenden zu können. Vier Bände der »Œuvres« erlebte er noch: zwei Bände »De l'Allemagne«, »Lutèce«
(gleich in zwei Auflagen) und »Poèmes et Légendes«, jene
Gedichte, die ursprünglich für unübersetzbar galten. Mit
Hilfe Gérard de Nervals und auch anderer Übersetzer waren
es »petits poèmes en prose« geworden – und der Weg zu

Baudelaire war frei. Die »Tableaux de voyage«, deren Korrektur er noch erlebte, erschienen erst nach seinem Tode und »De la France« 1857. Nur die deutsche Gesamtausgabe kam seit zwanzig Jahren nicht voran – Campe nannte immer andere Gründe, meist Verbote oder Behinderungen durch Zensur. Das war kein Ruhmesblatt, nicht für den Verlag, nicht für Deutschland. Der Verleger besuchte seinen Klassiker 1855 noch einmal, offenbar mobilisiert durch die ausländischen Editionen, vor allem die unberechtigten. Doch erst fünf Jahre nach Heines Tod kamen die ersten Bände in großen Auflagen heraus.

So ging dieses Künstlerleben seinem Ende entgegen: unruhig und disharmonisch, mit Arbeit und Streit, Querelles und Geschäften, trotz aller Krankheit, über die er nicht genug klagen konnte. Aber auch mit den Freuden des schöpferischen Menschen: über das Erscheinen der »Schriften« in Deutschland, den Erfolg der »Lutèce« in Paris, den »Weltlerm« der »Œuvres«, den Weltruhm, der ihn gerade noch erreichte. Wie die Liebe eines Menschen, ihn, der die universale Liebe als unveräußerliches Lebensprinzip gepriesen hatte. Alfred Meißner hat das nach den letzten Besuchen sehr schön beschrieben: »Heine war der Dichter der Liebe, er besang sie vom Platonismus bis zum Hexensabbath, er hatte das Wort für ihre zartesten Ahnungen, als besitze er das Herz der Elfen, und kannte ihre lascivsten Ausdrücke, als hätte er an den Festen der Faune theilgenommen. [...] / Für Heine war sie ein Element des Lebens, kein Taumel, kein zeitweiliger Sprung in die Liederlichkeit, sondern eine unermeßliche Leidenschaft, die sein ganzes Wesen durchdrang und in einen großen und schön lodernden Brand steckte. [...] Seine Seele war ganz bei dem, was er liebte. In dieser sein ganzes Leben durchklingenden Leidenschaft, in der Liebe fühlte er sich hinausgehoben über den Zwiespalt der Welt, der Menschen, wie der Staatsformen; in ihr schwang er sich auch über sich hinaus und über den inneren sich ewig mit elektrischer Gewalt reibenden Dualismus seiner Natur. Aber die Flammen, in denen er so gerne athmete, fraßen an seinem Leben, verzehrten ihn selbst. Nicht eben materielle, geistige Erregungen arbeiteten an seiner zarten Organisation und warfen ihn nieder. Er ging in dem unter, in dem er gelebt.« Und an anderer Stelle: »So konnte er hassen, tief, ingrimmig, mit einer Energie, wie ich sie bei keinem andern Menschen noch angetroffen, aber nur darum, weil er auch lieben konnte. [...] sein Herz war gut. Doch dieses Herz gehörte nur seinen Freunden, der Haß war für die Feinde.«

Die Frau, die er so geliebt hatte am Ende, die Mouche, wußte ebenfalls noch etwas Ingrimmiges über seinen Haß zu berichten, indem sie ihn zitierte: »Ich halte sie, [...] weder tot noch lebendig können sie mir jetzt entschlüpfen. Wer es gewagt hat, sich an mir zu vergreifen, kann sich freuen, wenn er diese Zeilen liest! Heine stirbt nicht wie der erste Beste, und die Krallen des Tigers werden auch noch nach dem Tode des Tigers zerfleischen.« Letztere Äußerung wird dem Sterbenden während der Abfassung der »Memoiren« zugeschrieben, die, sicher nicht mehr vollendet, der Vernichtung zum Opfer gefallen sind, jedenfalls nach allen vorliegenden Indizien.

Haß und Liebe – wieder zwei unversöhnliche Pole. Aber die Liebe war doch das erste Prinzip, und von ihr getragen, vermochte er in seinen besten und höchsten Momenten nicht den Widerspruch, sondern die Liebe zu leben – dann nicht mehr Dämon der Disharmonie, sondern unsterblicher Gott der Vielspältigkeit, die für kurze Zeit in einer Harmonie sich auflösen konnte.

Am 16. Februar 1856 nahm Heine letzte ärztliche Hilfe durch Gruby in Anspruch, und am 17. starb er um 5 Uhr früh. Der Gipsformer Joseph Fontana nahm am 19. die Totenmaske ab, die heute im Düsseldorfer Heine-Institut zu sehen ist. Am 20. ward er auf dem Friedhof Montmartre zu Grabe getragen – das später das weltbekannte Hasselrijs-Monument zieren sollte –, unter Teilnahme von etwa hundert Menschen,

darunter zahlreichen Schriftstellern. Und so, wie er es bestimmt hatte, wie es dem Kämpfer gegen Eigentum, Thron
und Altar, Aristokratie und Bourgeoisie zukam, geschah es:
»Kein Geistlicher hat ihn begleitet.« Auch kein Rabbiner.

Ein letzter Bericht anläßlich des Trauerzuges stammt von
der Mouche: »Unser Zug hielt also an, wie es Sitte ist [vor
der Friedhofskapelle mit der Jungfrau Maria – TF]. In diesem
Augenblick wandte sich ein junger Mann von jüdischem Typus, ein sanftmütiges, gescheites, vielleicht etwas skeptisches
Gesicht, zu einigen Männern um, die auch dem Trauerzug
angehörten, und zuckte fast unmerklich mit den Achseln –
ich weiß nicht, was dieser junge Mann dachte, aber es war in
der Tat merkwürdig, daß Heine, dessen letzter Besuch zu
Lebzeiten der Venus von Milo gegolten hatte, nun der trau-
rigen und reinen Schönheit eine letzte Reverenz erwies.«

Der junge Jude wird gedacht haben, daß Maria eigentlich
eine Myriam war, eine junge, mutige und kräftige wie liebes-
fähige Jüdin. Nach dem ersten Abschied des Hellenen von
der Venus von Milo 1848 nun noch der Abschied des Juden
von Myriam. Gelebter Widerspruch bis in den Tod, und die
Wunde ist nicht vernarbt.

ANHANG

Zeittafel

1795–1799   Directoire in Frankreich (Ende der Großen Revolution 1789–1794).

1797   Am 13. Dezember wird Harry Heine in Düsseldorf geboren.

1798   Zweiter Koalitionskrieg gegen Frankreich.

1799   Staatsstreich Napoléons, Sturz des Directoire, bis 1804 Konsulat.

1803   Reichsdeputationshauptschluß: Auflösung von 112 Reichsständen im Deutschen Reich, territoriale Neugliederung Deutschlands.
Aufnahme Harry Heines in die Jüdische Privatschule (Cheder) Rintelsohn.

1804   Besuch der Normalschule.
Napoléon wird Kaiser der Franzosen, Herausgabe des Code civil.

1805   Dritter Koalitionskrieg gegen Frankreich.

1806/07   Vierter Koalitionskrieg gegen Frankreich, Kontinentalsperre gegen England; Schaffung des Rheinbunds, Auflösung des »Heiligen Römischen Reiches Deutscher Nation«. In der Folge tritt Bayern das Herzogtum Berg mit Düsseldorf an Frankreich ab, Düsseldorf erhält französische Besatzung unter Murat.

1808   Großherzogtum Berg direkt unter Verwaltung Napoléons.

1809   Fünfter Koalitionskrieg gegen Frankreich.

1810/11   Handels- und Industriekrise in Europa.

1810   Aufnahme Heines in das Düsseldorfer Lyceum unter Rektor Schalmayer.
Hamburg zu Frankreich, Gleichberechtigung der Juden.

1811   2.–5. November Napoléon in Düsseldorf (vgl. *»Das Buch Le Grand«*).

1812   Krieg Frankreichs gegen Rußland, Rückzug der »Grande Armée«; Judenedikt in Preußen (gilt für Stammländer).

1813   Sechster Koalitionskrieg gegen Frankreich, Niederlage Napoléons bei Leipzig gegen die Verbündeten; Kriegsteilnahme zahlreicher deutscher Schriftsteller.

1814   Einzug der Verbündeten in Paris, Abdankung Napoléons
       und Verbannung nach Elba. Wiener Kongreß.
       Wirtschaftliche Schwierigkeiten der Familie Heine;
       Harry muß das Lyceum ohne Abschlußzeugnis verlas-
       sen; Arbeit im Geschäft des Vaters.

1815   Rückkehr Napoléons und Herrschaft der »Hundert Tage«
       bis zur Niederlage bei Waterloo; Gründung der Heiligen
       Allianz; Gründung des Deutschen Bundes (38 Staaten,
       davon 4 freie Städte); nach dem Wiener Kongreß Berg
       mit Hauptstadt Düsseldorf zu Preußen.
       Heine zur Herbstmesse nach Frankfurt a. M.; Beginn
       einer Handelslehre beim Bankier Rindskopf; Entstehung
       der »*Wünnebergiade*«.

1816   Juni: Heine nach Hamburg, Beginn einer Kaufmanns-
       lehre in der Bankfirma Heckscher & Co unter dem
       Patronat des Onkels Salomon Heine; Liebe zur reichen
       Cousine Amalie Heine; es entstehen erste »*Traumbilder*«
       und »*Romanzen*«.

1817   Erste Gedichtveröffentlichungen in der Zeitschrift »Ham-
       burgs Wächter« unter dem Pseudonym »Sy Freudhold
       Riesenharf«.
       Bankrott zahlreicher Hamburger Firmen.

1818   Wiedereröffnung der Bonner Universität.
       Errichtung des Manufakturwarengeschäfts Heine & Co.
       in Hamburg, Graskeller 139.

1819   Karlsbader Beschlüsse; Preußen und Österreich be-
       schließen Demagogen-Verfolgungen.
       Gründung des Bankhauses Salomon Heine in Hamburg;
       Liquidation des Geschäftes von Heine & Co. (März);
       Rückkehr Heines nach Düsseldorf; im Herbst Beginn
       des Studiums der Rechts- und Cameralwissenschaften
       in Bonn; Liquidation des elterlichen Geschäfts, in der
       Folge (1820) Übersiedlung der Eltern nach Oldesloe/
       Holstein.

1820   Wechsel Heines zur Universität Göttingen; Arbeit am
       »*Almansor*«, erste Prosaarbeit »*Romantik*« im »Rheinisch-
       Westfälischen Anzeiger«.

1821   Aufstand der Griechen gegen die Türkenherrschaft, Echo
       in ganz Europa; Tod Napoléons auf St. Helena; Saint-
       Simon: »Das industrielle System«.

Heine verläßt Göttingen in der Folge eines Duells (es bestand Duellverbot); Immatrikulation in Berlin.

1822 »*Gedichte*« erscheinen bei Maurer (Auslieferung bereits 1821); »*Briefe aus Berlin*« erscheinen im »Rheinisch-Westfälischen Anzeiger«; Aufnahme in den »Verein für Cultur und Wissenschaft der Juden«; Reise in das preußisch besetzte Polen (Posen, Gnesen) mit Eugen Graf Breza.
In England stirbt der konservative Politiker Castlereagh, Canning wird britischer Außenminister, damit liberale Erneuerung der britischen Politik mit Folgen für Europa; in Preußen hingegen durch Tod Hardenbergs verschärfter reaktionärer Kurs, in der Folge Aufhebung des Judenedikts.

1823 »*Über Polen*« erscheint im »Gesellschafter«; im April folgen »*Tragödien nebst einem lyrischen Intermezzo*« bei Dümmler, Berlin; Uraufführung »*Almansor*« in Braunschweig, Theaterskandal.
Antisemitische Tendenzen in Berlin (Schließung der Synagoge); Heine verläßt Berlin, lebt längere Zeit in Lüneburg bei den inzwischen dorthin übergesiedelten Eltern, dazwischen in Hamburg und Umgebung.

1824 Fortsetzung des Studiums in Göttingen; Arbeit (bis 1825) am »*Rabbi von Bacherach*«; Reisen über Magdeburg (Bekanntschaft mit Immermann) nach Berlin; im Herbst Reise durch den Harz und Thüringen, in Weimar Besuch bei Goethe; anschließend Fortsetzung des Studiums.

1825 Taufe als beglaubigter Übertritt zur evangelischen Kirche am 28. Juni in Heiligenstadt; Promotion am 20. Juli; Sommeraufenthalt in Norderney, anschließend Lüneburg; ab November in Hamburg; Bemühungen um eine Advokatur scheitern.

1826 Wirtschaftskrise, von Frankreich ausgehend; »*Harzreise*« in gekürzter Fassung im »Gesellschafter« (Berlin); Bekanntschaft mit dem Verleger Julius Campe; Mai: es erscheinen »*Reisebilder. Erster Teil*«; erneut in Norderney (Arbeit an »*Nordsee II*«); ab Herbst in Lüneburg, Arbeit an »*Ideen. Das Buch Le Grand*«.

1827 April: Erscheinen der »*Reisebilder. Zweiter Teil*«; Eng-

landreise: London, später in Seebädern Margate und
Ramsgate, im August Rückkehr; über Holland, dort
vor allem Amsterdam, nach Norderney, von dort nach
Wangeroog: Arbeit an den »*Englischen Fragmenten*« und
»*Aus den Memoiren des Herren von Schnabelewopski*«;
September–November in Hamburg; Oktober: »*Buch
der Lieder*«; München, Redakteur bei Cotta an den
»Neuen allgemeinen politischen Annalen« für ein Jahres-
gehalt von 2000 Gulden (bis Mitte 1828).

1828 »*Englische Fragmente*« in den »Neuen allgemeinen politischen Annalen«.
Wellington wird englischer Premier, neue konservative
Phase der englischen Politik.
Vergebliche Bemühungen um eine Professur in München; August–November: Italienreise; längere Aufenthalte in Bad Lucca und Florenz; Dezember: Tod des Vaters Samson Heine; Rückreise nach Hamburg.

1829 Ab Februar in Berlin und ab April in Potsdam; Platens
»Der romantische Ödipus« erscheint; in Berlin vergebli-
che Bemühung um eine Stelle als Privatdozent; August/
September auf Helgoland; »*Reisebilder. Dritter Teil*« zum
Jahresende (Jahreszahl 1830).

1830 Zeitweilig in Hamburg; Mai/Juni in Wandsbek, ab Juli
auf Helgoland.
Ausbruch der Julirevolution in Paris, Rücktritt Karls X.,
Louis-Philippe wird König von Frankreich (bis 1848);
zahlreiche Aufstände und Unruhen in Europa und auch
in Deutschland, judenfeindliche Aktionen in Hamburg;
Dezember: Warschauer Aufstand.
Bemühung um die Stelle eines Ratssyndikus in Hamburg; Beschäftigung mit dem Saint-Simonismus.

1831 »*Nachträge zu den Reisebildern*« (Vierter Teil), »*Einleitung*« zu Robert Wesselhöft: »Kahldorf über den Adel«;
Abreise nach Paris am 1. Mai, über Frankfurt und Straß-
burg, Ankunft am 20. Mai; erste Arbeit aus Paris: »*Gemäldeausstellung in Paris*« (später »*Französische Maler*«)
im »Morgenblatt«; während neue Auflagen der »*Reisebilder*« erscheinen, beginnen die Verbote in Preußen.
Niederlage der polnischen Aufständischen, erste Erhe-
bung der Seidenweber in Lyon.

1832 »*Französische Zustände*« in »Allgemeine Zeitung« (Augsburg, bei Cotta), in der Folge Buchausgabe (erscheint zum Jahresende mit Jahrzahl 1833).
Unruhen in Paris; Beschlüsse des deutschen Bundestages gegen liberale Landstände und zur Unterdrückung der Presse: keine Schrift politischen Inhalts unter 20 Bogen darf ohne Zensurerlaubnis erscheinen; Tod Goethes, Walter Scotts und J. F. Cottas.
Erste Übersetzungen seiner Werke ins Französische und Englische, es erscheinen Rezensionen in diesen Sprachen.

1833 März–Mai »*État Actuel de la Littérature en Allemagne*« (»*Zur Geschichte der neueren schönen Literatur in Deutschland*«) in: »L'Europe littéraire«, deutsche Ausgabe bei Heideloff und Campe in Paris; »*De la France*« bei Renduel in Paris; August–September: Boulogne sur Mer, Vorbereitung des »*Salon. Erster Band*«; Verlagsvertrag mit Renduel für »*Œuvres*«, Verbot zahlreicher Heine-Werke in Preußen.

1834 »*Der Salon. Erster Band*«; »*Zur Geschichte der Religion und Philosophie in Deutschland*« in französischer Fassung unter dem Titel »*De l'Allemagne depuis Luther*« in der »Revue des deux Mondes«; »*Œuvres*«, Bd 2, 3 (»*Tableaux de voyage*«), 4 (»*De la France*«) bei Renduel (5 und 6 »*De l'Allemagne*« kommen 1835 heraus, 1 erscheint nicht); Heine lernt Crescentia Eugenie Mirat (Mathilde) kennen.
Unruhen in Paris, neuerliche Weberaufstände in Lyon; Gründung des deutschen Zollvereins, der politischen Organisation »Junges Europa« durch Mazzini, des »Bundes der Geächteten« in Paris; Verbot des Verlages Heideloff in Preußen, Repressalien gegen Campe in Hamburg.

1835 »*Der Salon. Zweiter Band*«; Angriffe Wolfgang Menzels gegen die literarische Gruppierung »Junges Deutschland« und Heine, deren Schriften verboten werden, zuerst in Preußen, später durch den Bund in ganz Deutschland.
Unruhen in verschiedenen deutschen Städten, nach Attentat auf Louis-Philippe Verkündung der sogenannten Septembergesetze gegen demokratische und plebejische Opposition in Frankreich.

1836 *»Die romantische Schule«*, Artikel *»An die hohe Bundes-*
versammlung« zur Verteidigung; bis November in der
Provence.
Gründung des »Bundes der Gerechten« in Paris, Putsch-
versuch Louis Bonapartes: Sonderzensur für »Junges
Deutschland« in Preußen.

1837 Eröffnung der ersten Eisenbahn Paris – Saint – Germain;
Tod Ludwig Börnes und Georg Büchners (anläßlich der
Bestattung Börnes kommen 3000 Menschen zusammen); Blanqui gründet die revolutionäre »Gesellschaft
der Jahreszeiten«.
Vergebliche Verhandlungen mit Campe über eine Gesamtausgabe; es erscheinen: *»Der Salon. Dritter Band«*;
»Ueber den Denunzianten. Eine Vorrede zum dritten Teil
des Salons« (Separatdruck aus Zensurrücksichten); *»Ein-*
leitung« zu Cervantes »Der sinnreiche Junker Don Quixote von la Mancha«, *»Buch der Lieder«*, 2. Auflage (bis
zum Tode 13 Auflagen); Augenerkrankung, lange Kuraufenthalte in Granville, Boulogne und Le Havre.

1838 *»Über die französische Bühne. Vertraute Briefe an August*
Lewald« in der »Allgemeinen Theater-Revue« (es folgt
die französische Ausgabe unter dem Titel *»Lettres confi-*
dentielles«); Plan zu einer deutschen Zeitung in Paris;
längerer Aufenthalt in Granville, Aussöhnung mit Salomon Heine; *»Shakespeares Mädchen und Frauen«* bei
Delloye, Paris (Jahreszahl 1839), *»Der Schwabenspiegel«*.

1839 Längerer Aufenthalt in Granville; Bekanntschaft mit
Richard Wagner, Heinrich Laube, Louis Blanc, von dem
in diesem Jahr »Organisation der Arbeit« erscheint.
Eisenbahn Paris – Versailles, Aufstand der »Société des
Saisons« (Blanquisten) in Paris.

1840–1848 Politische Berichterstattung – *»Pariser Berichte«* (später
»Lutetia«) – in der »Allgemeinen Zeitung« (Augsburg).

1840 Eröffnung weiterer Eisenbahnlinien; Orientkrise (England, Österreich, Preußen und Rußland gegen Frankreich und Ägypten), Juden-Verfolgungen in Damaskus;
Verstärkung der französischen Streitkräfte, Ausbruch eines Arbeiteraufstandes in Paris; Überführung der Leiche
Napoléons I. nach Paris; in Preußen Thronbesteigung
Friedrich Wilhelms IV., Amnestie (nicht für »Junges

Deutschland«) und Auflösung der Ministerialkommission für Demagogenverfolgungen; Tod Immermanns.

Heine erhält eine französische Regierungspension in Höhe von 4800 Franc (bis 1848); »*Ludwig Börne. Eine Denkschrift*« (unter dem Titel »*Heinrich Heine über Ludwig Börne*«) erscheint, ferner »*Der Salon. Vierter Band*«; erneut längerer Aufenthalt in Granville.

1841 Zusammenstoß mit Salomon Strauß in der Folge der durch »*Ludwig Börne*« ausgelösten Reaktionen (Juni) mit anschließendem Pistolenduell (September); Heine heiratet Mathilde (31. August); Juni–August Kur im Pyrenäenbad Cauterets; Bekanntschaft mit Dingelstedt und Herwegh, dessen »*Gedichte eines Lebendigen*« gerade erschienen sind; Verbot des Gesamtverlages Hoffmann und Campe.

1842 Neue Zensurgesetze in Preußen, Audienz Herweghs beim König von Preußen, Gründung liberaler Literaturvereine, besonders in Sachsen, begünstigt die sogenannte Vormärz-Literatur.

Großbrand in Hamburg, die Wohnung der Mutter und der Campe-Verlag brennen ab.

1843 »*Atta Troll*« in »Zeitung für die elegante Welt«; politische Schwierigkeiten mit den »*Pariser Berichten*« in der »Allgemeinen Zeitung«, mehrere Artikel erscheinen in der »Eleganten Welt«; Sommeraufenthalt in Trouville; nach Rückkehr Bekanntschaft mit Friedrich Hebbel, im Dezember mit Karl Marx; davor Deutschlandreise, Aufenthalt in Hamburg, Gesamtvertrag mit Campe; Zeitungspläne (»Deutsch-Französische Jahrbücher«, »Telegraph für Deutschland«).

1844 Verkehrt im Kreis der linken Hegelianer, Mitarbeit an den »Deutsch-Französischen Jahrbüchern« und am »Vorwärts«; Aufstände der schlesischen Weber, »*Die armen Weber*« (später: »*Die schlesischen Weber*«) entstehen; zweite Deutschlandreise; Haftbefehl für Börnstein, Heine, Marx, Ruge durch Friedrich Wilhelm IV. von Preußen, Heine verläßt wenig später Deutschland; es erscheinen: »*Neue Gedichte*« (mit »*Deutschland. Ein Wintermärchen*« 1. und 2. Auflage, »*Deutschland. Ein Wintermärchen*« als Separatdruck, mit Vorwort), 1. und

2. Auflage; zahlreiche Verbote in vielen deutschen Staaten, gelangt auf Index librorum prohibitorum des Vatikans; Marx, Ruge, Klincksieck, Förster planen die Gründung einer revolutionären Gesellschaft, Heine lernt Lassalle kennen; Tod Salomon Heines.

1845 Erbschaftsstreit mit der Familie Heine; zahlreiche Freunde und Kampfgefährten müssen Paris verlassen; zwischen Juni und Oktober Aufenthalt in Montmorency.

1846 Fortsetzung des Erbschaftsstreites; Verschlimmerung der Krankheit trotz längerer Kuraufenthalte (Juni–August in Barèges), keine Einreiseerlaubnis nach Berlin trotz Fürsprache Alexander von Humboldts; Ballette *»Die Göttin Diana«*, *»Der Doktor Faust«*; neuer Plan einer Gesamtausgabe; Entwurf eines Testaments (Mathilde als Alleinerbin); Friedrich Engels in Paris, Besuch bei Heine.

Heranreifen einer politischen Krise in Frankreich, neues Attentat auf Louis-Philippe, Neuwahlen, Arbeiterunruhen in Pariser Vorstadt Saint-Antoine.

1847 Aus der politischen Krise wird eine Agrar-, Industrie- und Finanzkrise, schließlich eine Krise in Europa; Gründung des »Bundes der Kommunisten« in London, Marx und Engels beginnen die Ausarbeitung des »Kommunistischen Manifestes«; Jules Michelet: »Geschichte der Französischen Revolution«.

»Atta Troll. Ein Sommernachtstraum« (Buchausgabe, mit *»Vorrede«*), 2 Auflagen *»La Légende du Docteur Jean Faust«* (Übersetzer A. Gathy) Paris; Mai–September in Montmorency; Beilegung des Erbschaftsstreites mit Carl Heine.

1848 Februar–April: Aufenthalt in der Heilanstalt Faultriers, im Mai Zusammenbruch, anschließend bis Ende September in einem Gartenhaus in Passy, ab Oktober auf Dauer in Paris, Beginn der Lähmung, der *»Matratzengruft«*.

Februarrevolution in Paris, Straßenkämpfe, Abdankung Louis-Philippes, Proklamation der Zweiten Republik; Veröffentlichung des »Kommunistischen Manifests« in London; Konstituierung der Zentralbehörde des »Bundes der Kommunisten« in Paris, Ausbruch der Revolution in Wien am 13. März, Straßenkämpfe, Flucht Metternichs; Unruhen in Berlin, Revolution am 18. März, Sieg des Volkes; in Italien Aufstand gegen Österreich, Beginn des Risorgimento; Arbeiterdemonstrationen in Paris, die Revolution ergreift fast ganz Europa; ab Juni verstärkte konterrevolutionäre Bewegungen in allen revolutionären Zentren; Louis Napoléon wird zunächst Abgeordneter der Pariser Nationalversammlung; in Wien besteigt Franz Joseph I. den österreichischen Kaiserthron.

Bereitschaft Heines zur Mitarbeit an der »Neuen Rheinischen Zeitung«; die »Revue Rétrospective« nennt Namen von Staatspensions-Empfängern, darunter den Heines – die Pension entfällt.

1849 Cholera in Paris; Parlamentswahlen in Frankreich mit Sieg der Monarchisten, in der Folge neue, von sozialistischen Kräften getragene Aufstandsversuche; Ausbreitung des ungarischen Freiheitskampfes unter Führung von Kossuth, Niederschlagung durch russische Armee; umfassender konterrevolutionärer Terror in Europa; »Neue Rheinische Zeitung« muß ihr Erscheinen einstellen; Tod Chopins.

Heines Krankheit verschlechtert sich weiter, allmähliche Lähmung des Zentralnervensystems; Einstellung eines persönlichen Sekretärs (mehrfacher Wechsel).

1850 Umgang mit Ferdinand Lassalle, Alfred Meißner, Alexandre Weill, Gérard de Nerval; intensive Lektüre deutscher Klassiker, erneut Arbeit an den »*Memoiren*«.

Sozialistischer Wahlsieg bei Nachwahlen zur französischen Nationalversammlung; Demonstrationen gegen Louis Bonaparte; Einschränkungen der Pressefreiheit sowie der Klub- und Versammlungsfreiheit; Tod Balzacs.

1851 Industrieausstellung in London; Regierungskrisen in Frankreich; Staatsstreich Louis Napoléons mit folgenden Straßenkämpfen in Paris; Napoléon wird in einer Volksabstimmung unter Polizeigewalt zum Präsidenten gewählt; Verhaftungsaktionen gegen den »Bund der Kommunisten« seitens der preußischen Polizei.

Abfassung eines beglaubigten Testaments; Weerth, Campe und Bruder Gustav Heine besuchen Heine in Pa-

ris; mit Campe Vertrag über »*Romanzero*« und »*Faust*«,
»*Romanzero*« in vier Auflagen, »*Der Doktor Faust. Ein
Tanzpoem nebst kuriosen Berichten über Teufel, Hexen
und Dichtkunst*« (zwei Drucke), beide in Preußen und
Österreich verboten.

1852 Es erscheinen: »*Die Harzreise*« (Einzelausgabe); »*Reisebilder – Tableaux de voyage*« (nicht autorisiert); »*Méphi-
stophéla*« (französische Übersetzung durch Taillandier);
Vorbereitungen der zu Lebzeiten nicht erschienenen
deutschen Gesamtausgabe; längerer Besuch Maximilian
Heines.
Politische Rechtsbewegung in Frankreich: Ausweisung
der demokratisch-republikanischen Oppositionsführer
(u. a. Victor Hugos); Louis Napoléon wird Kaiser von
Frankreich (als Napoléon III).

1853 Beginn des russisch-türkischen Krieges (Krimkrieg) unter Beteiligung der europäischen Mächte England und
Frankreich.
Richard Reinhardt (Mitglied des Bundes der Kommunisten) wird Heines Sekretär; Spekulationen mit Eisen-
bahnaktien; es erscheinen »*Die Götter im Exil*« (in
französischer Übersetzung Taillandiers), in der Folge zahlreiche berechtigte und unberechtigte Nachdrucke in Europa und den USA; »*Tannhäuser*« in russischer Sprache.

1854 Ausweitung des Krimkrieges – England und Frankreich
erklären Rußland den Krieg und beteiligen sich direkt,
Komplizierung der europäischen Wirtschaftslage, darunter des Buchmarktes.
Zahlreiche deutsche (Fürst Pückler, Lewald, Meißner)
und französische Besucher (de Nerval, Taillandier, Lévy)
bei Heine; lebt zeitweilig in Batignolles bei Paris; Vorbereitung der zweiten französischen Gesamtausgabe, es
erscheinen »*Vermischte Schriften*«, Bd 1–3, »*Le livre de
Lazare*« (französische Übersetzung durch Taillandier);
zahlreiche Rezensionen zu den »Vermischten Schriften«
in der deutschen und französischen Presse; »*Sämtliche
Werke*«, 18 Bde (Binger, Amsterdam, unberechtigt) beginnen zu erscheinen.

1855 Fortsetzung des Krimkrieges; Attentat auf Napoléon III.
Industrieausstellung in Paris, zahlreiche internationale

Besucher bei Heine; Besuch Campes, Unterredung über Gesamtausgabe; Charlotte Embden und Gustav Heine besuchen den Dichter, ebenfalls Lassalle; Bekanntschaft mit Elise Krinitz, der »Mouche«; Spekulation mit Rothschild-Aktien; Kündigung Reinhardts; es erscheinen: »*Œuvres complètes*« (»*De l'Allemagne*«, 2 Bde, »*Lutèce*«, beide Übersetzungen von Reinhardt; »*Poèmes et légendes*«, Übersetzung vor allem von Gérard de Nerval) bei Lévy Frères in Paris; weitere Bände der unberechtigten »*Sämtlichen Werke*« in Amsterdam; »*Sämtliche Werke*« bei John Weik in Philadelphia beginnen zu erscheinen, Nachdrucke und Rezensionen in zahlreichen Ländern und Sprachen (unberechtigt).

1856 Besuche von Fürstin Belgiojoso, Caroline Jaubert und Elise Krinitz, Gautier und Janin. 17. Februar, fünf Uhr, Tod Heines; 19. Abnahme der Totenmaske durch Fontana; 20. Bestattung auf dem Friedhof Montmartre unter Teilnahme von rund 100 Personen.

Ende des Krimkrieges.

Es erscheinen »*Œuvres complètes*«: »*Tableaux de voyage*«, 2 Bde.

1857 »*Œuvres complètes*«: »*De la France*«.

Baudelaires »*Les Fleurs du mal*«.

1861–1869 Campe veröffentlicht »*Sämtliche Werke H. Heines*« in 19 Bdn. (erste rechtmäßige Ausgabe in deutscher Sprache).

Literaturhinweise

Im folgenden werden die Ausgaben, Monografien und Einzelstudien genannt, denen die vorliegende Arbeit in besonderem Maße verpflichtet ist. Die Zitate aus Heines Briefen folgen der Säkularausgabe, die aus den Werken der von Hans Kaufmann besorgten Edition des Aufbau-Verlages. Alle Berichte von Zeitgenossen über Heine werden nach den von Michael Werner herausgegebenen »Begegnungen mit Heine« zitiert. Die Ausführungen und Zitate im Zusammenhang mit dem Berliner »Verein für Cultur und Wissenschaft der Juden« stützen sich vor allem auf die Veröffentlichung von Edith Lutz. Die Quellen für das Kapitel »Neobabouvismus, Sozialismus, Arbeiterkommunismus« wurden dem Band von Joachim Höppner und Waltraud Seidel-Höppner »Von Babeuf bis Blanqui« entnommen. Die Darlegungen über die Hegelsche Linke sind der Arbeit von Heinz und Ingrid Pepperle verpflichtet.

Werkausgaben und Lebenszeugnisse

Heinrich-Heine-Säkularausgabe. Werke. Briefwechsel. Lebenszeugnisse. Hrsg. von den Nationalen Forschungs- und Gedenkstätten der klassischen deutschen Literatur in Weimar und dem Centre National de la Recherche Scientifique in Paris. Berlin 1970 ff. Es liegen vor: Bde 1–12 (Texte deutsch), 13–19 (Texte französisch), 20–23 (Briefe von Heine), 24–27 (Briefe an Heine), Kommentarbände (bislang nicht vollzählig)

Heinrich Heines sämtliche Werke. Hrsg. von Ernst Elster. 7 Bände, Leipzig 1897 ff.

Heinrich Heine: Werke und Briefe in zehn Bänden. Hrsg. von Hans Kaufmann. Berlin 1961–1976

Heinrich Heine: Sämtliche Schriften. Hrsg. von Klaus Briegleb. 12 Bände, München 1976

Gespräche mit Heine. Gesammelt und hrsg. von Heinrich Hubert Houben. 2. Aufl., Potsdam 1948

Begegnungen mit Heine. Berichte der Zeitgenossen. Hrsg. von Michael Werner. 2 Bände, Hamburg 1973

Gesamtdarstellungen und Biografien

Brandes, Georg: Heinrich Heine. Kopenhagen 1897 (dt. 1922)

Brod, Max: Heinrich Heine. Amsterdam 1934, dt. Ausgabe Berlin 1956

Galley, Eberhard: Heinrich Heine. Lebensbericht in Bildern und Dokumenten. Kassel 1973

Grab, Walter: Heinrich Heine als politischer Dichter. Frankfurt a. M. 1992

Hädecke, Wolfgang: Heinrich Heine. Eine Biographie. München – Wien 1985

Hermand, Jost: Streitobjekt Heine. Ein Forschungsbericht 1945 bis 1975. Frankfurt a. M. 1975

Hirth, Friedrich: Bausteine zu einer Biografie. Mainz 1950

Höhn, Gerhard: Heine-Handbuch. Zeit, Person, Werk. Stuttgart 1987

Kaufmann, Hans: Geistige Entwicklung und künstlerisches Werk. Berlin und Weimar 1967

Marcuse, Ludwig: Heinrich Heine. Melancholiker – Streiter in Marx – Epikureer. Zürich 1977

Reeves, Nigel: Heinrich Heine. Poetry and politica. Oxford 1974

Sammons, Jeffrey L.: Heinrich Heine. A Modern Biography. Princeton 1979

Sternberger, Dolf: Heinrich Heine und die Abschaffung der Sünde. Hamburg 1972

Strodtmann, Adolf: Heinrich Heines Leben und Werke. 2 Bände, Berlin 1867–1869

Trilse-Finkelstein, Jochanan Christoph: Heinrich Heine. Eine Bildbiographie. Leipzig 1984, 1986[2], 1990[3]

Uhlmann, Alfred: Heinrich Heine. Sein Leben in Bildern. Leipzig 1965

Vontin, Walter: Heinrich Heine. Lebensbild des Dichters und Kämpfers. Berlin 1949

Windfuhr, Manfred: Heinrich Heine. Revolution und Reflexion. Stuttgart 1969

Ziegler, Edda: Heinrich Heine. Leben – Werk – Wirkung (Bildband). Zürich 1993

Zu einzelnen Lebensperioden

Kruse, Joseph A.: Heines Hamburger Zeit. Hamburg 1972
Kruse, Joseph A./Werner, Michael u. a.: Heine in Paris 1831–1856.
Eine Ausstellung des Heinrich-Heine-Instituts Düsseldorf (Kata-
log) Düsseldorf 1981
Montanus, Henner: Der kranke Heine. Stuttgart – Weimar 1995
Oehler, Dolf: Pariser Bilder 1 (1830–1848). Antibourgeoise Ästhetik
bei Baudelaire, Daumier und Heine. Frankfurt a. M. 1979
Wolf, Gerhard: Heine in Berlin. In: Heine: Und grüß mich nicht unter
den Linden (Märkischer Dichtergarten). Berlin 1980

Einzelstudien

Adorno, Theodor W.: Die Wunde Heine. In: Noten zur Literatur I.
Frankfurt a. M. 1958
Betz, Albrecht: Ästhetik und Politik. Heinrich Heines Prosa. Mün-
chen 1971
Briegleb, Klaus: General Marx – Hund Heine. In: Heinrich Heine
1797–1856. Internationaler Veranstaltungszyklus zum 125. To-
desjahr 1981 bei Eröffnung des Studienzentrums Karl-Marx-
Haus Trier. Trier 1981 (Beiträge von Ursula Roth, Joseph A.
Kruse, Bernd Kortländer, Hans Joachim Ruckhäberle, Michael
Esagne, Inge Rippmann, Wolfgang Schieder, Michael Werner,
Klaus Briegleb, Jacques Grandjonc)
Briegleb, Klaus: Schriftstellernöte und literarische Produktivität. Zum
Exempel Heinrich Heine. In: Neue Ansichten einer künftigen
Germanistik. Hrsg. von Jürgen Kolbe. München 1973
Enzensberger, Hans Magnus (Hrsg.): Ludwig Börne und Heinrich
Heine. Ein deutsches Zerwürfnis. Nördlingen 1986
Harich, Wolfgang: Heinrich Heine und das Schulgeheimnis der deut-
schen Philosophie. Vorwort zu: Heine, Zur Geschichte der deut-
schen Philosophie. Berlin 1956
Hermand, Jost: Mehr als ein Liberaler. Über Heinrich Heine. 2. Aufl.
Frankfurt a. M. 1993
Hörling, Hans: Heinrich Heine im Spiegel der politischen Presse Frank-
reichs von 1831–1841. Frankfurt a. M. – Bern – Las Vegas 1977
Hörling, Hans: Die französische Heine-Kritik. Band 1: 1830–1834,
Stuttgart – Weimar 1996

Houben, Heinrich Hubert: Heinrich Heine. In: Houben: Jungdeutscher Sturm und Drang. Leipzig 1911

Kraus, Karl: Heinrich Heine und die Folgen. In: Werke. Hrsg. von Heinrich Fischer. München 1954–1970, Band 8

Löwenthal, Erich: Studien zu Heines Reisebildern. Berlin 1922

Lutz, Edith: Der »Verein für Cultur und Wissenschaft der Juden« und sein Mitglied H. Heine. Stuttgart – Weimar 1997

Peters, Paul: Heinrich Heine »Dichterjude«. Die Geschichte einer Schmähung. Frankfurt a. M. 1990

Preisendanz, Wolfgang: Der Funktionsübergang von Dichtung und Politik bei Heine. In: Die nicht mehr schönen Künste. München 1968

Reich-Ranicki, Marcel: Heinrich Heine, das Genie der Haßliebe. In: Über Ruhestörer. Juden in der deutschen Literatur. München 1993

Rosenthal, Ludwig: Heinrich Heines Großoheim Simon von Geldern. Kastellaun 1978

Werner, Michael: Genius und Geldsack. Zum Problem des Schriftstellerberufs bei H. Heine. Hamburg 1978

Ziegler, Edda: Julius Campe. Der Verleger Heinrich Heines. Hamburg 1976

Zu Judenfeinschaft und Antisemitismus

Fries, Jakob Friedrich: Über die Gefährdung des Wohlstandes und Charakters der Deutschen durch die Juden. Heidelberg 1816

Marr, Wilhelm: Sieg des Judentums über das Germanentum. Bern 1879

Mayer, Hans: Außenseiter. Frankfurt a. M. 1975

Mayer, Hans: Der Widerruf. Über Deutsche und Juden. Frankfurt a. M. 2. Aufl. 1994

Mosse, George: Germans and Jews. New York 1970

Poliakov, Léon: Geschichte des Antisemitismus. Band 2, Worms 1978

Rühs, Friedrich: Über die Ansprüche der Juden an das deutsche Bürgerrecht. Berlin 1816

Schuppe, Erwin: Der Burschenschaftler Wolfgang Menzel. Frankfurt a. M. 1952

Treitschke, Heinrich von: Deutsche Geschichte im Neunzehnten Jahrhundert. Leipzig 1879–1894

Wagner, Richard: Das Judenthum in der Musik. Leipzig 1869. In: Gesammelte Schriften. Leipzig 1907, Band 10

Wulf, Joseph: Literatur und Dichtung im Dritten Reich. Gütersloh 1963

Untersuchungen in Zusammenhängen

Heinrich Heine und das Judentum. Eine Ausstellung des Heinrich-Heine-Instituts Düsseldorf. Augsburg 1994 (mit Beiträgen von Mark. H. Gelber, Walter Grab, Marcel Reich-Ranicki)

Heinrich Heine und die Zeitgenossen. Geschichtliche und literarische Befunde. Berlin und Weimar 1979 (Sammelband mit deutschen und französischen Autoren)

Dietze, Walter: Junges Deutschland und deutsche Klassik. Zur Ästhetik und Literaturtheorie des Vormärz. Berlin 1957

Hosfeld, Rolf (Hrsg.): Heinrich Heine und das neunzehnte Jahrhundert. Signaturen. Neue Beiträge zur Forschung. Berlin 1986

Rosenberg, Rainer: Literaturverhältnisse im deutschen Vormärz. Berlin 1975

Rosenberg, Rainer: Streitpunkt Vormärz. Berlin 1977

Sengle, Friedrich: Biedermeierzeit. 3 Bände, Stuttgart 1972–1980

Werner, Hans-Georg: Geschichte des politischen Gedichts in Deutschland 1815–1840. Berlin 1972

Geschichte und Literaturgeschichte

Brandes, Georg: Hauptströmungen der Literatur im 19. Jahrhundert. Berlin 1924, Band 6

Engelberg, Ernst: Deutschland von 1849–1871. In: Lehrbuch der deutschen Geschichte. Berlin 1960 ff.

Grandjonc, Jacques: Marx et les communistes allemands à Paris. Paris 1974

Höppner, Joachim/Seidel-Höppner, Waltraud: Von Babeuf bis Blanqui. 2 Bände, Leipzig 1975

Na'aman, Shlomoh: Lassalle. Eine politische Biographie. Hannover 1970

Obermann, Karl: Deutschland von 1815–1849. In: Lehrbuch der deutschen Geschichte. Berlin 1960 ff.

Pepperle, Heinz und Ingrid (Hrsg.): Die Hegelsche Linke. Leipzig 1985

Streisand, Joachim: Deutschland von 1789–1815. In: Lehrbuch der deutschen Geschichte. Berlin 1960 ff.

PERSONENREGISTER

Cherubini, Luigi 143
Chevalier, Michel 132f. 165
Chézy, Wilhelmine (Helmine) Christiane von 44
Chmelnitzki, Bogdan 324
Chomel, Auguste 293
Chopin, Frédéric 143 145 177 317 336 339 348
Christiani, Rudolf 77 169
Clairmont, Kitty 89
Clairville, Louis-François 376
Clemens, Aloys 134
Cobbett, William 121
Comte, Auguste 219
Condillac, Etienne-Bonnot de 218
Considérant, Victor 222f. 235
Constant de Rebecque, Benjamin 165
Cormenin, Louis-Marie de Lahaye 215 228
Corneille, Pierre 79 176
Cornelius, Peter von 93
Cortez, Hernando 308 355
Cotta von Cottendorf, Johann Friedrich Freiherr 83 90–93 95f. 124 149f. 167 171 276
Cotta von Cottendorf, Johann Georg Freiherr (Sohn von J. F. Cotta) 96 150 209f. 358
Cousin, Victor 177 185 221 241
Creizenach, Theodor Adolf 296
Crémieux, Isaac-Adolphe 286
Cromwell, Oliver 167 308
Cui, César 79
Custine, Astolphe 143
Cuvillier-Fleury, Alfred-Auguste 165

Dante Alighieri 256 279 366 373
Danton, Georges-Jacques 204
Darthé, Joseph 218
Daumer, Georg Friedrich 245f.
Daumier, Honoré 344f.
David, Jules-Amyntas 164
Decamps, Alexandre-Gabriel 167
Delacroix, Eugène 167
Delaroche, Paul 167
Delavigne, Casimir 165
Descartes, René 187
Dessauer, Joseph 352
Detmold, Johann Hermann 83 91 146 152 291
Devrient, Gustav Emil 98
Devrient, Ludwig 45
Dézamy, Théodore 214 228f.
Diebitsch-Sabalkanski, Iwan Iwanowitsch 115
Dieffenbach, Johann Friedrich 35 296
Dingelstedt, Franz Freiherr von 231 259 265–267 271 309 335
Döllinger, Ignaz von 93 124
Donizetti, Gaëtano 348
Donndorf, Maximilian 193
Droysen, Johann Gustav 96
Dumas, Alexandre, D. père 143 165 176 258 293 296 315
Dümmler, Friedrich Heinrich Georg Ferdinand 48 82
Dutilloy 228

Ebner, Hermann 259
Echtermeyer, Theodor 232
Egk, Werner 298
Eichendorff, Joseph Freiherr von 104 182 270

Geldern, Simon van (Heines
  Onkel) 20
Geldern, Simon Lazarus van
  (Heines Großonkel) 20–22
  26
Gellert, Christian Fürchtegott
  177
Gentz, Friedrich von 44 171
Gibbon, Edward 85 90
Giorgione 95 112
Girardin, Emile de 165
Goethe, Johann Wolfgang
  11–13 33 36 43f. 50f. 62
  69–71 73 80 83 88 91 97f.
  108f. 111 145 159 168 176f.
  182–185 189 192 198 200f.
  220 256 264f. 302 312 375
  377f.
Goldschmid, Meïr Aron 289
Goncourt, Edmond 315
Goncourt, Jules 315
Görres, Johann Joseph von 124
  335
Gottsched, Johann Christoph
  179
Gozlan, Léon 164 296
Grab, Walter 9 28
Grabbe, Christian Dietrich 45
  155 157 276 359
Gracchus, Tiberius Sempronius
  und Gaius Sempronius 121
Grass, Günter 346
Grégoire, Henri 21
Grenier, Edouard 315
Grillparzer, Franz 139 197 308
Grimm, Jacob 91 230
Grimm, Ludwig Emil 51 91
  230
Grimm, Wilhelm 91 230
Gruby, David 293 385

Grün, Karl Theodor Ferdinand
  224 236 240 296
Gubitz, Friedrich Wilhelm 44 84
Guizot, François 132 143 146
  154 214 254f. 280 292 357
  360
Günderode, Caroline von 145
Gurowski, Adam Graf 142
Gutzkow, Karl 137f. 181 199f.
  205 220 230 236f. 244
  309

Hädecke, Wolfgang 7
Hacks, Peter 38 80 97
Halle, Adolf 101
Halle, Therese, geb. Heine
  (Cousine) 101
Hanska-Rzewuska, Evelina 145
Hardt, Hermann von der 68
Harring, Harro 93
Hartmann, Moritz 231 296
Hasselrijs, Louis 385
Hebbel, Christian Friedrich 139
  258 308
Hegel, Georg Wilhelm Friedrich
  33 40 42–44 55 60 81 100
  110 133 167 185 190 233 237
  242 245 247 268 276 300 320
  323 327f. 330 345 359 367
  371
Heine, Amalie (Cousine) 30 71
  110
Heine, Armand (Cousin) 23
Heine, Betty (Peira), geb. van
  Geldern (Mutter) 17f. 22f.
  26f. 31 39 49 68 83 260 287
  315 318 382
Heine, Carl (Cousin) 25 70 148
  153 170 287 290–293 311 315
  318 381

Das Register wurde von Barbara Thron erstellt.

Inhalt